韩德强/主编

中国法院类案检索与裁判规则专项研究丛书

中国法学会研究会支持计划
最高人民法院审判理论研究会主持

工伤认定案件裁判规则

人民法院出版社

图书在版编目（CIP）数据

工伤认定案件裁判规则 / 韩德强主编. -- 北京 : 人民法院出版社，2022.8
（中国法院类案检索与裁判规则专项研究丛书）
ISBN 978-7-5109-3565-7

Ⅰ. ①工… Ⅱ. ①韩… Ⅲ. ①工伤事故－认定－审判－案例－中国 Ⅳ. ①D922.545

中国版本图书馆CIP数据核字(2022)第145875号

中国法院类案检索与裁判规则专项研究丛书
工伤认定案件裁判规则

韩德强　主编

责任编辑：杨佳瑞
执行编辑：姚丽蕾
封面设计：鲁　娟
出版发行：人民法院出版社
地　　址：北京市东城区东交民巷 27 号（100745）
电　　话：（010） 67550662（责任编辑） 67550558（发行部查询）
　　　　　65223677（读者服务部）
客 服 QQ：2092078039
网　　址：http://www.courtbook.com.cn
E - mail：courtpress@sohu.com
印　　刷：天津嘉恒印务有限公司
经　　销：新华书店

开　　本：787 毫米×1092 毫米　1/16
字　　数：411 千字
印　　张：23
版　　次：2022 年 8 月第 1 版　2022 年 8 月第 1 次印刷
书　　号：ISBN 978-7-5109-3565-7
定　　价：88.00 元

中国法院类案检索与裁判规则专项研究

首席专家组组长：姜启波

首席专家组成员（以姓氏笔画为序）：

丁文严　王　锐　王保森　王毓莹　代秋影　包献荣

刘俊海　李　明　李玉萍　杨　奕　吴光荣　沈红雨

宋建宝　陈　敏　范明志　周海洋　胡田野　钟　莉

袁登明　唐亚南　曹守晔　韩德强　黎章辉

工伤认定案件裁判规则编委会

主　编：韩德强

副主编：王　辉

专家组（以姓氏笔画为序）：

卜　素　于　帆　万宝方　王　辉　尹晓雯　刘　鑫　刘士浩

杜伟杰　张红久　张松鹤　桓　旭　韩德强　颜亚伟

中国法院
类案检索与裁判规则专项研究
说　明

最高人民法院《人民法院第五个五年改革纲要（2019—2023）》提出“完善类案和新类型案件强制检索报告工作机制”。2020 年 9 月发布的《最高人民法院关于完善统一法律适用标准工作机制的意见》（法发〔2020〕35 号）对此进行了细化，并进一步提出“加快建设以司法大数据管理和服务平台为基础的智慧数据中台，完善类案智能化推送和审判支持系统，加强类案同判规则数据库和优秀案例分析数据库建设，为审判人员办案提供裁判规则和参考案例”。为配合司法体制综合配套改革，致力于法律适用标准统一，推进人民法院类案同判工作，中国应用法学研究所组织了最高人民法院审判理论研究会及其下设 17 个专业委员会的力量，开展中国法院类案检索与裁判规则专项研究，并循序推出类案检索和裁判规则研究成果。

最高人民法院审判理论研究会及其分会的研究力量主要有最高人民法院法官和地方各级人民法院法官，国家法官学院和大专院校专家教授，国家部委与相关行业的专业人士。这些研究力量具有广泛的代表性，构成了专项研究力量的主体。与此同时，为体现法为公器，应当为全社会所认识，并利用优秀的社会专业人士贡献智力力量，专项研究中也有律师、企业法务参加，为专项研究提供经验与智慧，并参与和见证法律适用的过程。以上研究力量按照专业特长组成若干研究团队开展专项研究，坚持同行同专业同平台研究的基本原则。

专项研究团队借助大数据检索平台，形成同类案件大数据报告，为使用者提供同类案件裁判全景；从检索到的海量类案中，挑选可索引的、优秀的例案，为使用者提供法律适用参考，增加裁判信心，提高裁判公信；从例案中提炼出同类案件的裁判规则，分析裁判规则提要，提供给使用者参考。从司法改革追求的目标看，此项工作能够帮助法官从浩如烟海的同类案件中便捷找到裁判思路清晰、裁判法理透彻的好判决（例案），帮助法官直接参考从这些好判决中提炼、固化的裁判规则。如此，方能帮助法官在繁忙工作中实现类案类判。中国法院类案检索与裁判规则专项研究，致力于统一法律适用，实现法院依法独立行使审判权与法官依法独立行使裁判权的统一。这也正是应用法学研究的应有之义。

专项研究的成果体现为电子数据和出版物（每年视法律适用的发展增减），内容庞大，需要大量优秀专业人力长期投入。有关法院裁判案件与裁判内容检索的人工智能并不复杂，算法也比较简单，关键在于“人工”，在于要组织投入大量优秀的“人工”建设优质的检索内容。专项研究团队中的专家学者将自己宝贵的时间、智力投入“人工”建设优质内容的工作中，不仅仅需要为统一我国法律适用、提升裁判公信力作出贡献的情怀，还需要强烈的历史感、责任感，具备科学的体系思维和强大的理性能力。此次专项研究持续得越久，越能向社会传达更加成熟的司法理性，社会也越能感受到蕴含在优质司法中的理性力量。

愿我们砥砺前行。

2022 年 8 月

工伤认定案件裁判规则

前 言

随着社会发展及司法公开力度加大，案件裁判信息的交流与比较日益频繁、便捷，人民群众对法律适用及裁判尺度不统一问题的关注度不断提升，并成为强烈的社会司法需求。最高人民法院也在持续关注并出台措施加以应对，如 2018 年印发的《关于进一步全面落实司法责任制的实施意见》提出，健全完善法律统一适用机制，各级法院应当在完善类案参考、裁判指引等工作机制基础上，建立类案及关联案件强制检索机制，确保类案裁判标准统一、法律适用统一；存在法律适用争议或者“类案不同判”可能的案件，承办法官应当制作关联案件和类案检索报告。2019 年发布的《人民法院第五个五年改革纲要（2019—2023）》再次重申，完善统一法律适用机制，完善类案和新类型案件强制检索报告工作机制。推动类案同判已经成为提升司法公信、实现法律适用统一的重要工作内容和手段。而实现类案同判，首先要发现类案并确立类案裁判规则，进而通过规则约束个案裁判。

近年来，我国经济的迅猛发展，用工数量不断扩大，因劳动者伤亡而引发的工伤认定申请增长迅猛，对行政机关工伤认定不服而提起的行政诉讼呈明显上升趋势。该类案件涉及领域广、事实认定复杂，审理及协调难度较大。同时，现有的相关法律依据难以涵盖工伤认定的各种情形，裁判规则存在部分模糊地带，导致实践中类案不同判现象时有发生，严重影响司法的公正与权威。因此，研究工伤认定行政案件的类案裁判规则，对于规范工伤认定行为、依法保障劳动者合法权益、促使行政机关依法行政、妥善解决工伤认定行政争议具有重要的现实意义。

为确保工伤认定类裁判规则研究的公信度和权威性，最高人民法院审判理论研究会、中国应用法学研究所组织牵头，由河南省平顶山市中级人民法院负责具体的编著事务。平顶山市中级人民法院专门挑选长期从事行政审判实践和司法调研工作的资深法官、优秀法官助理和调研能手等组成高质量的编写团队，在最高人民法院研究员韩德强主编、平顶山中院院长王辉副主编的统筹指导下，认真论证、反复打磨，终成本书。针对工伤认定行政案件审理中遇到的争议问题、新类型或疑难复杂问题，编写团队依托大数据检索平台并辅之各类经典案例，从检索收集到的海量类案中，研究、分析、提炼类案裁判规则 33 条，并最终形成 20 条成熟的裁判规则。每条规则下均附有该规则的类案检索报告，确保项下案例与该规则具有高度契合性，保证统计数据的准确度。此外，每条规则下还提供了可供参考的例案、裁判规则提要及辅助信息，彰显了裁判规则的权威性、准确性和可适用性。可供参考例案均系编写团队精心挑选，通过个案向读者展示裁判思路；裁判规则提要是类案裁判规则的核心，是对规则的法理依据、审理要点及适用情形的具体阐释；辅助信息则附注了与裁判规则相关的法律条文，方便读者查阅。

本书 20 条裁判规则基本涵盖了当前工伤认定行政司法领域重点、热点问题，全面展示了该领域内的权威司法裁判观点，是工伤认定法官、律师及其他从事相关实务、研究人员工作的有益参考。当然，受制于编者水平等原因，本书难免存在疏漏，希望广大读者不吝赐教，帮助笔者进一步总结提高，共同凝聚工伤认定法律适用共识，推进类案同判，促进适法统一。

工伤认定案件裁判规则

凡 例

一、法律法规

1.《中华人民共和国民法典》，简称《民法典》；

2.《中华人民共和国宪法》，简称《宪法》；

3.《中华人民共和国民法总则》(已失效)，简称《民法总则》；

4.《中华人民共和国保守国家秘密法》，简称《保守国家秘密法》；

5.《中华人民共和国建筑法》，简称《建筑法》；

6.《中华人民共和国侵权责任法》(已失效)，简称《侵权责任法》；

7.《中华人民共和国立法法》，简称《立法法》；

8.《中华人民共和国劳动法》，简称《劳动法》；

9.《中华人民共和国劳动合同法》，简称《劳动合同法》；

10.《中华人民共和国社会保险法》，简称《社会保险法》；

11.《中华人民共和国行政诉讼法》，简称《行政诉讼法》；

12.《中华人民共和国行政复议法》，简称《行政复议法》；

13.《中华人民共和国村民委员会组织法》，简称《村民委员会组织法》；

14.《中华人民共和国工伤保险条例》，简称《工伤保险条例》；

15.《中华人民共和国劳动合同法实施条例》，简称《劳动合同法实施条例》；

16.《中华人民共和国工伤认定办法》，简称《工伤认定办法》。

二、司法解释及司法文件

1.《最高人民法院关于审理工伤保险行政案件若干问题的规定》，简称《审理工伤保险行政案件规定》；

2.《最高人民法院关于审理劳动争议案件适用法律若干问题的解释（三）》（已失效），简称《审理劳动争议案件解释（三）》；

3.《道路交通事故处理程序规定》，简称《交通事故处理规定》；

4.《实施〈中华人民共和国社会保险法〉若干规定》，简称《实施社会保险法规定》；

5.《人力资源社会保障部关于执行〈工伤保险条例〉若干问题的意见》，简称《执行工伤保险条例若干问题意见》；

6.《人力资源社会保障部关于执行〈工伤保险条例〉若干问题的意见（二）》，简称《工伤保险条例若干问题意见（二）》；

7.《劳动和社会保障部关于实施〈工伤保险条例〉若干问题的意见》，简称《实施工伤保险条例若干问题意见》；

8.《劳动和社会保障部关于确立劳动关系有关事项的通知》，简称《确立劳动关系有关事项通知》；

9.《人力资源和社会保障部办公厅关于工伤保险有关规定处理意见的函》，简称《工伤保险有关规定处理意见函》；

10.《国务院法制办公室对〈关于职工参加单位组织的体育活动受到伤害能否认定为工伤的请示〉的复函》，简称《职工参加单位组织的体育活动受伤害能否认定为工伤复函》；

11.《国务院法制办公室对〈关于职工违反企业内部规定在下班途中受到机动车伤害能否认定为工伤的请示〉的复函》，简称《职工违反企业内部规定下班途中受到机动车伤害能否认定为工伤复函》；

12.《国务院法制办公室对〈关于对《工伤保险条例》第十七条、第六十四条关于工伤认定申请时限问题的请示〉的复函》，简称《工伤认定申请时限问题复函》；

13.《最高人民法院行政审判庭关于超过法定退休年龄的进城务工农民因工伤亡的，应否适用〈工伤保险条例〉请示的答复》，简称《超过法定退休年龄的务工农民因工伤亡适用工伤保险条例答复》；

14.《最高人民法院行政审判庭关于离退休人员与现工作单位之间是否构成劳动关系以及工作时间内受伤是否适用〈工伤保险条例〉问题的答复》，简称《离退休人员与现工作单位之间是否构成劳动关系以及工作时间内受伤是否适用工伤保险条例问题答复》；

15.《最高人民法院行政审判庭〈关于劳动行政部门在工伤认定程序中是否具有劳动关系确认权的请示〉的答复》，简称《劳动行政部门在工伤认定程序中是否具有劳动关系确认权的批复》。

三、地方性法规、规章等规范性文件

《四川省高级人民法院关于审理工伤认定行政案件若干问题的意见》，简称《四川高院审理工伤认定行政案件若干问题的意见》。

目 录

第一部分

工伤认定案件裁判规则摘要

工伤认定案件裁判规则第 1 条：

职工违反用人单位内部规定在下班途中受到机动车伤害的，该事故伤害如符合工伤保险条例规定的情形，应当认定为工伤，但对用人单位利益造成较大损失的除外

【规则描述】 职工违反用人单位内部规定下班，在途中受到非本人主要责任的交通事故或者城市轨道交通、客运轮渡、火车事故伤害的，如果“下班途中”工伤认定的其他要件均满足，应认定为工伤。但是，从利益衡平角度出发，应对职工违反用人单位内部规定的程度加以合理限定。如果职工严重违反用人单位内部规定，对用人单位工作秩序造成重大不良影响或者给用人单位造成较大经济损失时，其在非正常下班途中受到机动车伤害的，不宜认定为工伤。

工伤认定案件裁判规则第 2 条：

当事人仅以社会保险行政部门作出工伤认定结论超过规定期限为由诉请撤销，若没有其他依法应予撤销情形的，不予支持

【规则描述】 现行工伤认定相关法律规范中对社会保险行政部门作出工伤认定结论的期限规定得较为笼统。实践中，社会保险行政部门由于等待劳动关系仲裁、诉讼结果、职业病或伤情鉴定等结论，申请人补充证明材料以及其他调查需要等原因，超过 60 日的规定期限作出工伤认定结论的情况较为常见，但《工伤保险条例》和《工伤认定办法》对因正当事由耽误期限仅作出了中止规定，没有延长、扣除的规定，且列举的情形较为单一。在此情况下，如工伤认定结论不存在《行政诉讼法》第七十条规定的依法应予撤销情形，当事人仅以社会保险行政部门超过规定期限作出工伤认定结论违反法定程序为由诉请撤销，不应予以支持。

工伤认定案件裁判规则第 3 条：

职工因参加用人单位组织或指定参与的文体活动受伤，如无证据证明活动非受指派不得参与，用人单位以职工自愿参加为由主张不应认定工伤的，不予支持

【规则描述】 用人单位或企业组织各类文化娱乐、体育竞技等活动主要目的是实现单位或企业利益，其基本态度应是鼓励或积极要求职工参与，虽然职工因参与活动也获得了休闲放松或物质、精神奖励等客观利益，但仍不影响“最大利益归于单位”的认定。国务院法制办、最高人民法院均已将用人单位组织的此类活动明确为工作安排，故此，在参加用人单位组织或由用人单位指定参与的文体活动中受伤，除有证据证明活动存在非经单位指派、选拔等程序不得参与的限定，用人单位以职工系自愿参加活动、不应认定为工伤抗辩的，人民法院不予采纳。

工伤认定案件裁判规则第 4 条：

社会保险行政部门对工伤认定申请应当采用形式审查标准，进行实质审查作出行政决定的，不予支持

【规则描述】 工伤认定包括申请、受理、用人单位举证、调查核实、认定等多个阶段，在程序性的申请、受理阶段，社会保险行政部门对申请材料的审查应当为形式审查，不能过度进行实质审查。根据《工伤保险条例》第十八条的规定，申请人提出工伤认定申请应当提交与用人单位存在劳动关系（包括事实劳动关系）的证明材料。在工伤认定申请中，申请人承担着存在劳动关系和因工受到伤害的初步证明责任。因此，对工伤认定申请的形式审查并非简单的申请资料是否完备的审查，社会保险行政部门需对申请资料是否达到符合工伤认定申请条件的证明程度，主要是劳动关系证明材料是否达到初步证明力，进行合理、审慎地审查核实。

工伤认定案件裁判规则第 5 条：

村民委员会与对外聘用人员的用工关系符合劳动关系特征，聘用人员因履行工作职责受到伤害的，应当认定为工伤

【规则描述】村民委员会系村民自我管理、自我教育、自我服务的基层群众性自治组织。根据《民法典》第一百零一条的规定，村民委员会具有基层群众性自治组织法人资格，可以从事为履行职能所需要的民事活动。村民委员会招聘外部工作人员从事劳动，其与聘用人员的用工关系符合《劳动法》和《劳动合同法》规定的形式及实质要件的，二者之间形成劳动关系，聘用人员在工作时间、工作场所内因工作原因受到伤害的，应当认定为工伤。

工伤认定案件裁判规则第 6 条：

职工醉酒与自身伤亡事故之间不存在因果关系，且职工所受伤害符合认定工伤或者视同工伤法定情形，社会保险行政部门仅以醉酒为由排除工伤认定的，不予支持

【规则描述】根据《工伤保险条例》第十六条的规定，醉酒系职工受到的伤害符合认定工伤或者视同工伤的排除性情形。虽然本规定未明确醉酒等不得认定为工伤或者视同工伤的情形需要和职工所受伤害存在因果关系，但是基于保障因工作遭受事故伤害或者患职业病的职工获得医疗救治和经济补偿的考量，在工伤认定过程中，应当考虑伤亡是否与醉酒存在因果关系，不存在因果关系的，则不能机械地适用第十六条规定，单纯以醉酒为由不予认定工伤。

工伤认定案件裁判规则第 7 条：

职工在用人单位要求或鼓励参加的单位组织的活动中受伤，应当视为工作原因，但参加与工作无关的活动除外

【规则描述】职工在参加单位组织的活动中受伤能否认定为工伤，核心要素是

工作原因。《审理工伤保险行政案件规定》第四条第二项和《工伤保险条例若干问题意见（二）》第四条，明确了职工在参加用人单位组织或受用人单位指派参加的活动中受伤，应当视为工作原因，并把参加与工作无关的活动作为阻却事由。为了更好地保护职工权益，除了用人单位要求职工参加单位组织的活动外，职工在单位鼓励职工参加的单位组织的活动中受伤，也应视为工作原因。

工伤认定案件裁判规则第 8 条：

职工在家加班，突发疾病死亡或者在 48 小时之内经抢救无效死亡的，应当认定为工伤

【规则描述】 职工为了单位的利益在家加班，是职工工作的延伸，应当属于“工作时间和工作岗位”，根据《工伤保险条例》第十五条第一项视同工伤的规定，在家加班期间突发疾病死亡或者在 48 小时内经抢救无效死亡，应认定为工伤。人民法院在对这类案件进行审理时，需要着重审查突发疾病与加班工作之间是否具有一定的关联性。

工伤认定案件裁判规则第 9 条：

职工因工外出，在履行工作职责过程中发生交通事故的，即使负事故主要责任或全部责任，也应当认定为工伤

【规则描述】《工伤保险条例》第十四条第五项规定，因工外出期间，由于工作原因受到伤害或者发生事故下落不明的，应认定为工伤。该条款并未对职工受伤害的过错程度与责任进行划分，这与《工伤保险条例》第十四条第六项职工不负主要责任才认定为工伤有着本质区别。在司法实践中，对因工外出途中与上下班途中的区分关键在于职工是否仍在履行工作职责，其中包括出发去外地的途中到完成工作返回单位的全部期间，在这期间内排除因职工个人活动受到伤害的阻却事由外，受到的伤害均应认定为工伤。

工伤认定案件裁判规则第 10 条：

超过法定退休年龄未享受养老保险待遇或未领取退休金的劳动者因工受伤的，可以认定为工伤

【规则描述】 法定退休年龄制度设计的初衷是保护劳动者权益，故不可成为剥夺劳动者劳动权利的借口，更不能成为排除工伤认定的法定事由。《离退休人员与现工作单位之间是否构成劳动关系以及工作时间内受伤是否适用工伤保险条例问题答复》明确了受聘于现工作单位离退休人员应当适用《工伤保险条例》的有关规定处理。《超过法定退休年龄的务工农民因工伤亡适用工伤保险条例答复》中已经明确用人单位聘用的超过法定退休年龄的务工农民，在工作时间内，因工作原因伤亡的，应当适用《工伤保险条例》的有关规定进行工伤认定。因此，无论是退休返聘人员，还是超法定退休年龄的务工农民工，在其未享受养老保险待遇或领取退休金的前提下，在工作时间、工作地点因工作原因发生事故可以认定为工伤。另外，对于已经参与工伤保险的超法定退休年龄的劳动者，在工作时间、工作地点因工作原因发生事故也可以认定为工伤。

工伤认定案件裁判规则第 11 条：

职工因履行工作职责，遭受到他人暴力行为造成伤亡的，应当认定为工伤

【规则描述】 在工伤认定司法实践中，职工工作过程中遭受他人暴力行为事件常见于安保、安检、销售等服务行业。《工伤保险条例》第十四条第三项规定“在工作时间和工作场所内，因履行工作职责受到暴力等意外伤害的”应当认定为工伤，该规定体现出法律对劳动者履行正当工作职责的权益保障。对于职工是否因履行工作职责遭受暴力行为，应当从遭受伤害的起因是履行工作职责或与履行工作职责相关联、遭受伤害职工应出于维护工作单位利益的目的、处置矛盾冲突须有合理限度等方面，充分审查职工履行工作职责与遭受他人暴力行为而致伤害之间是否存在因果关系，并作为认定工伤的重要依据。

工伤认定案件裁判规则第 12 条：

职工从事职业活动有多个工作场所的，职工往来于多个工作场所之间的合理区域应当认定为工作场所

【规则描述】《工伤保险条例》将“工作时间、工作场所、工作原因”作为认定工伤的一般性前提条件，但对于工作场所的认定标准和区分界限并未明确。在具体的案件审理中，各地法院对于工作场所的理解与认识仍存在较大分歧。对于工作场所的界定，应当遵循最大可能保障主观无恶意的劳动者在因工伤亡后能够获得救济的原则，包括用人单位能够对其日常生产经营活动进行有效管理的区域和职工为完成特定工作所涉及的相关区域以及自然延伸的合理区域。由此，因履行工作职责的需要，职工从事职业活动有多个工作场所的，职工往来于多个工作场所之间的合理区域应视为职工为完成特定工作所涉及的相关区域以及自然延伸的合理区域，该区域应当以工作场所予以认定。

工伤认定案件裁判规则第 13 条：

事故发生时伤害未曾发现，后经确诊并能证明是由事故引起的，受伤职工申请工伤认定的时效应当从确诊之日起算

【规则描述】 申请工伤认定的起算时限问题是引发审理工伤案件的主要争议焦点之一。实践中，职工因事故所受伤害与致害结果相继发生的较为常见，但特殊情况下部分伤害结果并非紧随事故发生即显现，而是潜伏一段时间后才实际显现或被发现。如将该部分特殊伤情也以事故伤害发生之日作为申请工伤认定的时限起算点，既不利于保护因公受伤职工的合法权益，也有机械解读法律条文之嫌。故应从工伤保险条例立法本意出发，结合该条例第十七条规定的整体解读，即对有证据证明所受伤害系因事故导致职工的申请工伤认定时限，可以其所受伤害确诊之日作为起算时点。

工伤认定案件裁判规则第 14 条：

建筑施工、矿山企业等用人单位将工程（业务）或经营权发包给不具备用工主体资格的组织或自然人，该组织或者自然人招用的劳动者因工伤亡的，由该具备用工主体资格的承包单位承担工伤保险责任

【规则描述】 具备用工主体资格的承包单位违反法律、法规规定，将承包业务转包、分包给不具备用工主体资格的组织或者自然人，该组织或者自然人招用的劳动者因工伤亡的，由该具备用工主体资格的承包单位承担用人单位依法应承担的工伤保险责任，并不以劳动者与发包单位形成劳动关系为必然前提条件。

工伤认定案件裁判规则第 15 条：

职工因第三人的原因受到伤害，社会保险行政部门以职工或者其近亲属已经获得民事赔偿为由，作出不予受理工伤认定申请或者不予认定工伤决定的，不予支持

【规则描述】 职工因工受到第三人侵权伤害，可以向侵权的第三人提出民事侵权赔偿主张，也可以向社会保险行政部门要求享受工伤保险待遇，除医疗费用外，可以同时获得民事侵权赔偿和享受工伤保险待遇。社会保险行政部门以职工或者其近亲属已经获得民事赔偿为由，作出不予受理工伤认定申请或者不予认定工伤决定的，人民法院不予支持。

工伤认定案件裁判规则第 16 条：

个人挂靠其他单位对外经营，其聘用的驾驶人因车辆运营造成伤亡，要求以被挂靠单位为承担工伤保险责任单位的，应予支持

【规则描述】 个人为参与道路运输经营，将自己的车辆登记在某具有运输经营许可资质的单位（公司）名下，向其缴纳一定管理费等费用，以该单位（公司）名义对外从事营运的挂靠行为，现今较为普遍。挂靠车辆的实际驾驶人往往是挂靠者所聘用的司机，其在驾驶挂靠车辆运营过程中，造成伤亡事故的情形屡有发生。在实践中，相对人以运营车辆所挂靠单位为承担工伤责任的主体，向社会保险行政部门申请工伤认定的，社会保险行政部门不应以二者之间不具备劳动关系为由不予受理或不予认定工伤，相对人以此为由提起行政诉讼，法院应当撤销不予认定工伤决定，视情形责令其重新作出工伤认定。

工伤认定案件裁判规则第 17 条：

职工在上班期间因解决合理生理需要受伤的，应当认定为工伤

【规则描述】 劳动者在工作过程中为解决或满足必要的基本生理需要而必须从事的事项，如工作期间吃饭、喝水、上厕所、通风等，是劳动者维持生理机能正常运转、维护正常工作状态所必需的条件，在此过程中受到意外伤害的，应认定为工伤。

工伤认定案件裁判规则第 18 条：

对职工是否因工作原因受到伤害，应以相当因果关系为标准进行审查

【规则描述】《工伤保险条例》第十四条第一项关于“工作时间、工作场所、工作原因”的“三工规定”是工伤认定的重要因素，其中最核心的要素是对“工作原因”的理解和把握。由于职工所受伤害的诱因复杂多样，故对其所受伤害与履行工作职责之间的关系应作全面、准确地理解和把握。司法实践中，应以“相当因果关系”为职工所受伤害是否系履行工作职责所致的审查标准，即职工受伤与履行工作职责之间存在相当因果关系的，应当认定为因公受伤。

工伤认定案件裁判规则第 19 条：

职工上下班途中遭遇无法认定责任的交通事故，社会保险行政部门以公安交通管理部门未出具交通事故责任认定书为由，拒绝作出工伤认定结论的，不予支持

【规则描述】 公安交通管理部门出具的交通事故责任认定书是社会保险行政部

门履行工伤认定职责的重要依据，但并非其作出工伤认定的唯一依据和前提条件。对于职工上下班途中遭遇的交通事故伤害，公安交通管理部门无法认定事故责任的，社会保险行政部门不得以此为由，拒绝作出工伤结论。社会保险行政部门应当依照其法定职权调查收集相关证据，在此基础上判断职工应否承担主要责任，并作出其是否应认定工伤的结论。

工伤认定案件裁判规则第 20 条：

职工或者其近亲属超出 1 年申请时限提出工伤认定申请，有证据证明存在不能归责于申请人的正当事由的，耽误的申请时间应当予以扣除

【规则描述】 职工或者其近亲属超出 1 年申请时限提出工伤认定申请的，社会保险行政部门应对逾期是否存在正当事由进行审查。对有证据证明存在不能归责于申请人自身的正当事由导致的超期，被耽误的时间应予扣除。扣除后尚未超过 1 年申请期限的，社会保险行政部门应予受理。

第二部分

工伤认定案件裁判规则

工伤认定案件裁判规则第 1 条：

职工违反用人单位内部规定在下班途中受到机动车伤害的，该事故伤害如符合工伤保险条例规定的情形，应当认定为工伤，但对用人单位利益造成较大损失的除外

【规则描述】　职工违反用人单位内部规定下班，在途中受到非本人主要责任的交通事故或者城市轨道交通、客运轮渡、火车事故伤害的，如果“下班途中”工伤认定的其他要件均满足，应认定为工伤。但是，从利益衡平角度出发，应对职工违反用人单位内部规定的程度加以合理限定。如果职工严重违反用人单位内部规定，对用人单位工作秩序造成重大不良影响或者给用人单位造成较大经济损失时，其在非正常下班途中受到机动车伤害的，不宜认定为工伤。

一、类案检索大数据报告

截至 2020 年 12 月 31 日，以“行政案件”“工伤”“违反用人单位内部规定”“下班途中”为关键词，通过 Alpha 案例库、法信平台、中国裁判文书网、元典智库、北大法宝等共检索到相关案件 132 件，经逐案阅看、筛选，与本规则直接关联案件 63 件。排除同一案件不同审级形成的文书，实际查找到高度关联的 30 篇裁判文书。整体情况如下：

如图 1–1 所示，从地域分布看，涉案数量最多的地域为山东省和河南省，山东省为 7 件，河南省为 5 件，湖南省和天津市为 3 件，山西省和江西省均为 2 件，其他省份均为 1 件。

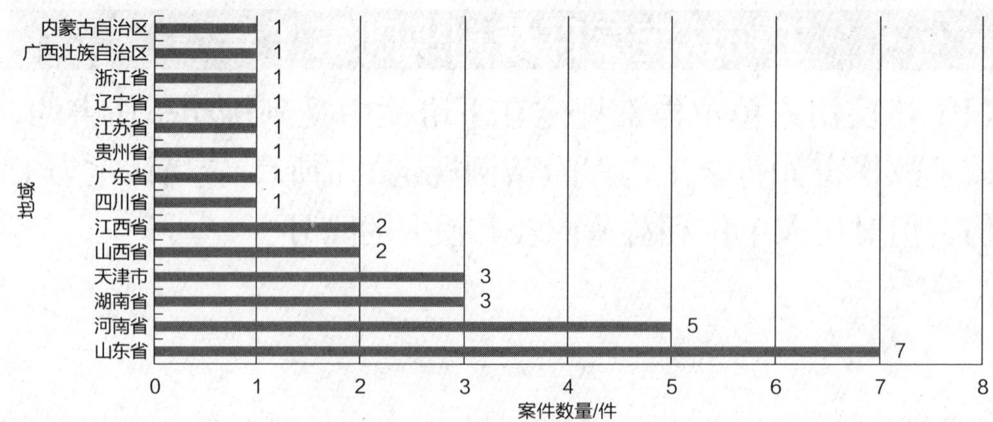

图 1–1 类案地域分布情况

如图 1–2 所示，从结案时间看，涉案数量最多的年份为 2019 年，共有 10 件，其次为 2018 年，共有 8 件。

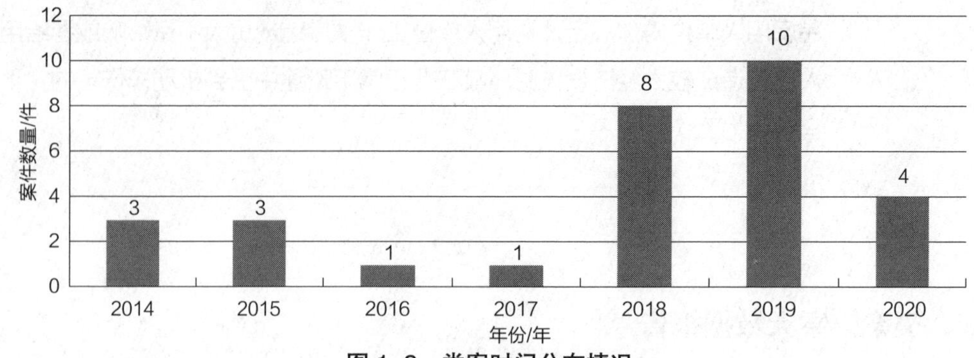

图 1–2 类案时间分布情况

如图 1–3 所示，从审理程序看，一审案件 8 件，二审案件 22 件，无再审案件。

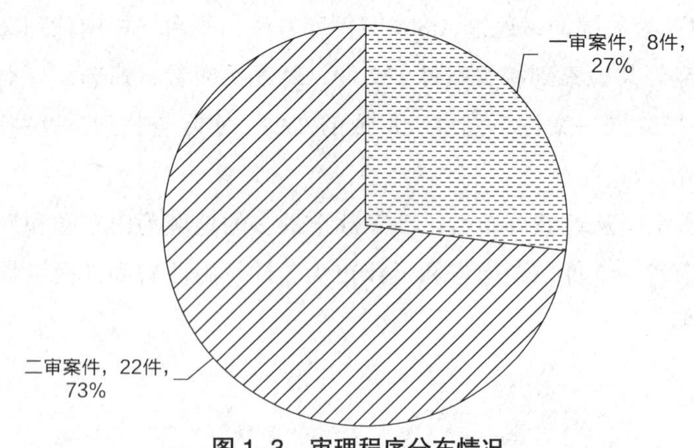

图 1–3 审理程序分布情况

如图 1-4 所示，从裁判结果看，支持本规则观点的有 21 件，不支持本规则观点的有 9 件。

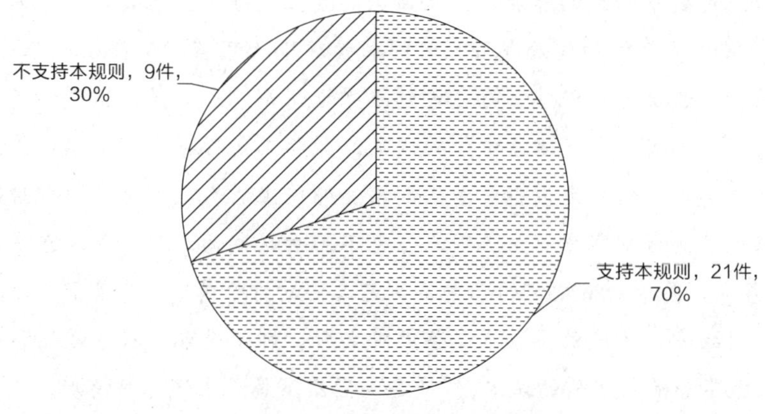

图 1-4　类案结果分布情况

二、可供参考的例案

例案一：张某某诉太康县人力资源和社会保障局工伤认定案

【法院】

河南省周口市中级人民法院

【案号】

（2020）豫 16 行终 98 号

【当事人】

上诉人（一审原告）：张某某

被上诉人（一审被告）：太康县人力资源和社会保障局

法定代表人：李某某，该局局长

一审第三人：河南省龙源纸业股份有限公司

法定代表人：冯某某，该公司董事长

【基本案情】

张某某上诉称，一审判决适用法律错误。首先，《职工违反企业内部规定下班途中受到机动车伤害能否认定为工伤的复函》认为，职工所受伤害只要符合《工伤保险条例》第十四条第六项规定的“上下班途中，受到机动车事故伤害的”规定，就应当认定为工伤。因此，对于“上下班途中”的认定，应作目的或原因来理解，上下班是用于限定途中的目的和原因，其强调的重点是途中，只要职工是为了开始或结束工作而往返于单位和住处即可，时间因素原则上不应受到提前或推迟的影响。即使职工因属于违反劳动纪律，存在迟到或早退情形，也只是应当受到劳动纪律的制裁，但并不影响其“上下班途中”的认定，即职工是否存在违反单位相关规章制度的情形，并不是工伤认定应当考量的因素。即使上诉人确实是属于擅自离岗外出（早退），根据目前审判实践的主流观点，也不影响认定为工伤。其次，早退不属于《工伤保险条例》第十六条规定的三种不认定工伤的排除情形。只有职工对其伤亡存在特定的主观故意，才能被排除在工伤救济之外。即使是职工存在过错程度较大的过失犯罪，也不影响对工伤的认定，“早退”显然不属于上述三种情形，不能据此排除对工伤的认定。最后，从《工伤保险条例》的立法目的出发，本案也应当认定为工伤。工伤保险制度的根本目的在于最大限度地保障因工作遭受的职工获得救济，对劳动者的合法权益进行倾斜性保护，这也是对《劳动法》基本原则的贯彻。早退仅是违反单位内部规定的行为，这种违反内部纪律的行为并不导致其丧失工伤保障的资格。综上所述，一审判决适用法律错误，应当予以撤销或改判，请求撤销一审判决，发回重审或者改判支持上诉人的诉讼请求。

太康县人力资源和社会保障局辩称，（1）根据《审理工伤保险行政案件规定》第六条规定：“对社会保险行政部门认定下列情形为‘上下班途中’的，人民法院应予支持：（一）在合理时间内往返于工作地与住所地、经常居住地、单位宿舍的合理路线的上下班途中；（二）在合理时间内往返于工作地与配偶、父母、子女居住地的合理路线的上下班途中；（三）从事属于日常工作所需要的活动，且在合理时间和合理路线的上下班途中；（四）在合理时间内其他合理路线的上下班途中。”对“上下班途中”的认定至少应当考虑以下三个要素：一是目的要素，即是否以上下班为目的；二是时间要素，即上下班时间是否合理；三是空间要素，即往返于工作地和居住地的路线是否合理。张某某在事发当天上班时间为2019年5月10日晚上7点30分至2019年5月11日早上7点30分下班，张某某未经请假在当天晚上9点多擅自回宿舍，属于上班早退行为，不能推定为合理的下班时间；张某某是因为天冷回宿舍添加衣服，同样不能推定为合理的下班时间。由此可见，张某某发生交通事故不符合上述法律法规规定的情形，答辩人对此不予认定工伤并无不当。（2）上诉人请求法院依据《职工违反企业内部规定下班途中受到机动车伤害能否认定为工伤的复函》作为认定工伤是错误的。案涉复函系国务院法制办针对地方政府机构在执行相关法律法规的过程中对具体事件及因素存在疑惑的时候，向国务院法制办请示后，国务院法制办对此作出的专业的详细的解释。因此，案涉复函是针对具体某一案件的答复，不具有普遍适用性。《审理工伤保险行政案件规定》是最高人民法院对审判工作中具体应用法律问题所作的解释，对各级人民法院的审判具有约束力，是办案的依据，具有普遍实用性。因此，在本案中，该复函对本案的审理不具有普遍适用性及关联性。综上所述，原审法院认定事实清楚，判决合法合理，请求二审法院依法驳回上诉人上诉请求，维持原判。

一审第三人河南省龙源纸业股份有限公司（以下简称龙源纸业）述称，一审法院认定事实正确，适用法律正确，应当驳回上诉人的上诉请求。上诉人系因无故脱岗，在公司没有任何人知晓的情况下发生的事故，且该外出行为发生在刚刚上班不久，根据《审理工伤保险行政案件规定》的规定，"上下班途中"应当发生在合理的时间内，上诉人在刚刚上班后不久就外出的行为显然不能包含在合理时间内，即上诉人的外出行为不应被认定为"上下班途中"，上诉人的上诉理由不能成立。请求二审法院依法驳回上诉，维持原判。

太康县人民法院查明，上诉人张某某系第三人龙源纸业员工，在第三人公司制浆车间工作。2019年5月10日张某某上夜班即2019年5月10日晚7点30分上班，2019年5月11日7点30分下班。当晚9点多张某某未请假脱岗回职工宿舍。其制浆车间班长在9点40分左右，巡视各个岗位时，发现张某某不在岗，随后再次巡视时张某某仍不在岗位。就给张某某打电话，张某某称在厂外边路上被汽车撞了。太康县公安局交通警察大队5月15日出具交通事故责任认定书载明：2019年5月10日22时0分，张某甲驾驶车牌号豫P的小型轿车，沿京广106国道行驶至京广106国道太康县永兴医院南时，与行人张某某刮撞，当事人张某甲负全部责任，当事人张某某无责任。2019年7月29日，张某某提出申请请求工伤认定。太康县人力资源和社会保障局于2019年7月29日受理，受理后调取了第三人的营业执照、劳动合同书、职工管理方面的文件和证明、上诉人的道路交通事故认定书及诊断证明等证据。并于2019年7月30日调查了上诉人所在的工作车间的车间班长、车间主任及原告工友，制作了调查笔录。2019年8月1日被上诉人对张某某进行了询问，制作了调查笔录，张某某在询问中也承认在岗期间没有给任何人打招呼就离开工作岗位回职工宿舍。被上诉人于2019年8月14日作出太人社工伤〔2019〕1号周口市不予认定工伤决定，决定主文内容：张某某所受伤害的情形，不符合《工伤保险条例》第十四条、第十五条之规定，属于不得认定或者视同工伤的情形。现决定不予认定或者视同工伤。上诉人不服该不予认定工伤决定，遂诉至法院。原审另查明，本案诉讼，被上诉人仅委托律师出庭应诉，未委托其工作人员出庭应诉。

河南省太康县人民法院作出（2020）豫1627行初5号行政判决：驳回张某某的诉讼请求。张某某不服，向河南省周口市中级人民法院提起上诉。河南省周口市中级人民法院于2020年6月28日作出二审判决：一、撤销太康县人民法院（2020）豫1627行初5号行政判决；二、撤销太康县人力资源和社会保障局于2019年8月14日作出的太人社工伤〔2019〕1号周口市不予认定工伤决定书；三、责令太康县人力资源和社会保障局在接到本判决之日起30内针对上诉人张某某的工伤认定申请重新作出处理。

【案件争点】

张某某违反企业劳动纪律，提前离岗从工作地点回宿舍的路上发生交通事故，是否属于工伤事故的范畴。

【裁判要旨】

周口市中级人民法院认为，工伤认定是无过错认定，受伤害职工是否违反单位规章制度、劳动纪律等不是认定工伤的前提条件。《职工违反企业内部规定下班途中受到机动车伤害能否认定为工伤复函》认为，职工所受伤害只要符合《工伤保险条例》第十四条第六项规定的“上下班途中，受到机动车事故伤害的”规定，就应当认定为工伤。因此，对于“上下班途中”的认定，应从目的或原因来理解，上下班是用于限定途中的目的和原因，其强调的重点是途中，只要职工是为了开始或结束工作而往返于单位和住处即可，时间因素原则上不应受到提前或推迟的影响。本案中，上诉人张某某提前离岗回宿舍，虽违反了一审第三人龙源纸业的劳动纪律，但其从工作地点回宿舍的路上发生交通事故是客观事实，根据上述分析仍应视为上下班途中发生交通事故，符合认定工伤的相关规定，故被诉不予认定工伤决定适用法律错误，应予以撤销。

例案二：南京舒乐假肢矫形器有限公司郑州分公司诉郑州市人力资源和社会保障局工伤认定案

【法院】

河南省郑州铁路运输中级人民法院

【案号】

（2020）豫71行终7号

【当事人】

上诉人（一审原告）：南京舒乐假肢矫形器有限公司郑州分公司

负责人：周某某，该公司总经理

被上诉人（一审被告）：郑州市人力资源和社会保障局

法定代表人：李某某，该局局长

一审第三人：唐某某

【基本案情】

南京舒乐假肢矫形器有限公司郑州分公司（以下简称南京舒乐郑州分公司）上诉称，（1）一审法院认定事实错误。唐某某系擅自脱岗，现有证据不能证明唐某某是在办完个人私事后的回家途中，故其不属于合理时间和合理路线的上下班途中。（2）一审法院适用法律错误。“合理时间、合理路线、以上下班为目的的上下班途中”三者是一个相互联系的整体，必须全部符合时间、空间、目的要素才可以认定为工伤。根据《审理工伤保险行政案件规定》第六条、《工伤保险有关规定处理意见函》《工伤保险条例若干问题意见（二）》第六条之规定，“上下班”的时间不可能包括“早退”和“脱岗”，上述行为本身不具有合理性和合法性，不属于“合理时间”，司法应当予以否定。本案中，唐某某违反企业内部规章制度，提前40分钟脱岗的行为完全不符合“合理的上下班时间”的立法规定，不应认定为“合理时间”的范畴，否则属于“合理时间”解释将无限放大。（3）在无证据证明唐某某系经过单位同意提前下班的情况下，应认定其属于擅离工作岗位发生交通事故受到的伤害，不符合下班途中应当予以认定工伤或者视同工伤的情形。综上，请求二审法院：（1）依法撤销一审判决，撤销《工伤认定决定》，支持南京舒乐郑州分公司的一审诉讼请求；（2）一审、二审诉讼费由郑州市人力资源和社会保障局（以下简称郑州市人社局》负担。

郑州市人社局辩称，其所作《工伤认定决定》事实清楚，程序合法，适用法规正确。唐某某所受伤害，符合《工伤保险条例》第十四条第六项之规定情形，应当认定为工伤。一审判决认定事实清楚，证据充分，适用法律正确，程序合法。请求二审法院驳回上诉，维持原判。

唐某甲述称，《工伤认定决定》认定事实清楚，证据充分，程序合法，适用法规正确，请求二审法院驳回上诉，维持原判。

经审理查明，唐某某为唐某甲之子，生前系南京舒乐郑州分公司的职工，担任司机职务。2017 年 4 月 11 日 11 时 20 分许，唐某某办完公事回到南京舒乐郑州分公司地下停车场后，未向公司说明之后去向。11 时 46 分许，唐某某在中国邮政储蓄银行股份有限公司郑州市城东路营业所缴纳了个人社保费用。后唐某某驾驶电动车回家途中，在郑州市顺河北街 108 号院门前与另一辆轿车车门相撞受伤，随即被送往黄河中心医院救治，诊断为急性重型颅脑损伤；右侧区骨瓣减压术、颅内血肿清除术后；中枢性呼吸循环衰竭。2017 年 4 月 16 日，唐某某经医院抢救无效死亡。2017 年 5 月 2 日，郑州市公安局交通警察支队一大队公交认字第〔2017〕10021 号《道路交通事故认定书》认定唐某某无事故责任。2017 年 10 月 26 日，郑州市管城回族区人民法院作出（2017）豫 0104 民初 6176 号民事判决，确认唐某某与南京舒乐郑州分公司自 2015 年 5 月起存在劳动关系。2018 年 1 月 4 日，郑州市中级人民法院作出（2017）豫 01 民终 18427 号民事判决，维持了上述一审判决。2018 年 2 月 11 日，唐某甲向郑州市人社局提出工伤认定申请，郑州市人社局于 2018 年 4 月 8 日受理后，向南京舒乐郑州分公司作出并送达豫（郑）工伤举证字〔2018〕0530009 号《郑州市工伤认定举证通知书》，并根据提交的材料进行调查核实后，于 2018 年 6 月 6 日作出豫（郑）工伤不认字〔2018〕0530009 号《郑州市不予认定工伤决定书》并送达。唐某甲不服向郑州铁路运输法院提起行政诉讼。因案涉《郑州市不予认定工伤决定书》适用法律、法规错误，2018 年 10 月 12 日，郑州铁路运输法院作出（2018）豫 7101 行初 271 号行政判决，判决撤销案涉《郑州市不予认定工伤决定书》，郑州市人社局于该判决生效之日起 60 日内对唐某某作出工伤认定决定。南京舒乐郑州分公司不服该判决提起上诉，2018 年 12 月 18 日，郑州铁路运输中级法院作出（2018）豫 71 行终 283 号行政判决，驳回上诉，维持原判。判决发生法律效力后，郑州市人社局按照生效判决在法定期间内重新进行了调查，并于 2019 年 2 月 25 日作出豫（郑）工伤认字〔2018〕0530009 号《郑州市工伤认定决定书》(以下简称《工伤认定决定》)，认定唐某某受到的伤害，符合《工伤保险条例》第十四条第六项的规定，属于工伤认定范围，予以认定工伤，并向唐某甲和南京舒乐郑州分公司送达。南京舒乐郑州分公司不服，向郑州铁路运输法院提起行政诉讼。

郑州铁路运输法院作出（2019）豫 7101 行初 256 号行政判决：驳回南京舒乐郑州分公司的诉讼请求。南京舒乐郑州分公司不服，向郑州铁路运输中级法院提起上诉。郑州铁路运输中级法院于 2020 年 4 月 15 日作出二审判决：驳回上诉，维持原判。

【案件争点】

唐某某所受到的交通事故伤害是否属于合理时间、合理路线的上下班途中。

【裁判要旨】

郑州铁路运输中级法院认为，《工伤保险条例》第十四条规定："职工有下列情形之一的，应当认定为工伤：……（六）在上下班途中，受到非本人主要责任的交通事故或者城市轨道交通、客运轮渡、火车事故伤害的……"第十六条规定："职工符合本条例第十四条、第十五条的规定，但是有下列情形之一的，不得认定为工伤或者视同工伤：（一）故意犯罪的；（二）醉酒或者吸毒的；（三）自残或者自杀的。"《审理工伤保险行政案件规定》第六条规定："对社会保险行政部门认定下列情形为'上下班途中'的，人民法院应予支持：……（三）从事属于日常工作生活所需要的活动，且在合理时间和合理路线的上下班途中……"据已查明的事实，唐某某所受交通事故伤害发生在下班途中，其情形符合上述规定。即便唐某某办完公事后提前40分钟离岗，违反了企业内部规章制度，但这并不属于《工伤保险条例》第十六条规定的不得认定为工伤或视同工伤的法定情形，不能据此阻却对其工伤的认定，故南京舒乐郑州分公司认为唐某某系擅自脱岗，所受伤害不应认定为工伤的上诉理由不能成立，依法不予支持。综上，郑州市人社局所作《工伤认定决定》认定事实清楚，适用法规正确，程序合法。一审判决认定事实清楚，适用法律正确，依法予以维持。

例案三：济南佳吉快运有限公司诉济南市人力资源和社会保障局工伤认定案

【法院】

济南市中级人民法院

【案号】

（2019）鲁01行终361号

【当事人】

上诉人（一审原告）：济南佳吉快运有限公司

法定代表人：付某某，该公司董事长

被上诉人（一审被告）：济南市人力资源和社会保障局

法定代表人：王某，该局局长

一审第三人：张某某

【基本案情】

济南佳吉快运有限公司（以下简称佳吉快运公司）上诉称，（1）一审所作判决适用法律错误。首先，《职工违反企业内部规定下班途中受到机动车伤害能否认定为工伤复函》，是对辽宁省政府法制办的一个答复性文件，并不属于法律法规，不能作为一审判决依据。且复函是就特定问题作出的特定答复，具有很强的针对性。请示中所述情况，与本案情况有实质区别，也不具有参考意义。其次，《审理工伤保险行政案件规定》第六条，对社会保险行政部门认定下列情形为"上下班途中"的，人民法院应予支持。第六条共四项情形，都强调合理时间。上下班途中的合理时间与合理路线，是两种相互联系的认定，属于上下班途中受机动车事故伤害情形的必不可少的时空概念，不应割裂开来。而一审认为时间要素不是确定上下班途中的决定性要素，只要符合合理路线的空间要素和下班的目的要素，就可以认定工伤，此种忽视合理时间的认定显然既不公平公正，也不符合法律规定。（2）本案不应认定工伤。上诉人认为，一审第三人张某某未到下班时间擅自离岗，也未请假，故意违反公司管理规定，此离开的时间显然不具有正当性，不属于最高人民法院规定的合理时间，故不应认定为上下班途中。综上，请求二审法院：撤销一审判决，依法改判；一审、二审诉讼费全部由被上诉人承担。

济南市人力资源和社会保障局（以下简称济南市人社局）二审期间未提交书面答辩意见。

一审第三人张某某二审期间未提交书面陈述意见。

经审理查明，2018 年 1 月 17 日，第三人张某某向被告济南市人社局提交工伤认定申请材料，因申请材料不全，被告济南市人社局当即书面通知第三人补正。2018 年 1 月 25 日，第三人提交补正材料，被告济南市人社局当即予以受理。同日，被告济南市人社局向原告邮寄申辩通知书。次日，原告签收上述申辩通知书。2018 年 1 月 30 日，原告向被告提交了申辩意见。2018 年 3 月 23 日，被告济南市人社局根据原告的申辩意见、第三人提交的材料及调查核实的情况作出 NOG2018030008 号《工伤认定书》（以下简称 008 号工伤认定）并送达原告佳吉快运公司、第三人张某某。另查明，2017 年 3 月 15 日，济南市公安局交通警察支队历城区大队作出的济（历城）公交认字〔2017〕第 00098 号《道路交通事故认定书》中认定，张某某在该事故中无责任。

山东省济南市历下区人民法院作出（2018）鲁 0102 行初 237 号行政判决：驳回佳吉快运公司的诉讼请求。佳吉快运公司不服，向山东省济南市中级人民法院提起上诉。山东省济南市中级人民法院于2019年5月27日作出二审判决：驳回上诉，维持原判。

【案件争点】

张某某在工作时间内提前离岗，在下班途中发生的交通事故，能否认定为工伤。

【裁判要旨】

济南市中级人民法院认为，本案中，各方当事人均对张某某与佳吉快运公司之间存在劳动关系，涉案交通事故发生的地点位于张某某上下班途中、发生的时间系在16时左右、张某某在该交通事故中无责任等事实均无异议，对上述事实予以确认。《工伤保险条例》第二十条第一款规定："社会保险行政部门应当自受理工伤认定申请之日起60日内作出工伤认定的决定，并书面通知申请工伤认定的职工或者其近亲属和该职工所在单位。"本案中，被上诉人济南市人社局于2018年1月25日受理一审第三人张某某的工伤认定申请，经审查后于当年3月23日作出008号工伤认定，并未超过法律规定的期限，程序合法。

本案的争议焦点系张某某在工作时间内提前离岗而在下班途中发生的交通事故，能否认定为工伤。对此，济南市中级人民法院认为，《工伤保险条例》第十四条规定："职工有下列情形之一的，应当认定为工伤：……（六）在上下班途中，受到非本人主要责任的交通事故或者城市轨道交通、客运轮渡、火车事故伤害的……"上述法律规定的认定工伤的情形，主要包括"上下班途中"及"非本人主要责任的交通事故"两个条件。法律规定的"上下班途中"，文意上是一个空间概念，即发生交通事故的地点是否位于上下班所经路线中。据此，判断是否符合上述情形中"上下班途中"的条件，应当基于交通事故是否系劳动者基于上下班的目的、所受伤害是否发生在上下班的路线中予以判断。现行《工伤保险条例》并未对"上下班的时间"作出明确限定，也并未对擅自离岗等非正常时间上下班的情形作出限制性规定。本案中，各方当事人对于涉案交通事故发生在张某某上下班途中这一问题并无异议，且根据济南市公安局交通警察支队历城区大队出具的道路交通事故认定书可以认定，张某某在该事故中并无责任。因此，张某某所发生的涉案交通事故，符合"上下班途中"及"非本人主要责任的交通事故"两个条件，对其认定工伤并无不当。上诉人佳吉快运公司主张因张某某存在擅自离岗的情形，因此对其不应认定工伤。对此，济南市中级人民法院认为，迟到早退、擅自离岗等均属于违反劳动纪律的行为，应当受到劳动纪律的制约，与本案分属不同的法律关系，不应影响一审第三人张某某申请认定工伤的资格，因此对上诉人佳吉快运公司的该项主张，不予支持。

三、裁判规则提要

关于职工违反用人单位内部规定，在下班途中受到机动车伤害，是否应当认定为工伤的问题，《职工违反企业内部规定下班途中受到机动车伤害能否认定为工伤复函》中明确，职工所受伤害只要符合《工伤保险条例》第十四条第六项规定的“上下班途中，受到机动车事故伤害的”规定，就应当认定为工伤。因此，如果职工是为了下班而往返于单位和住所，即使是违反用人单位内部规定的早退、晚走等行为，只要符合下班途中的目的要素和空间要素，即可认定工伤。但是，对职工违反用人单位内部规定的性质和程度也应加以合理限定，只有当职工没有严重违反用人单位内部规定，未对单位工作秩序造成重大不良影响，且未给单位造成较大经济损失的情况下，其非正常下班途中遭受机动车事故损害的，才应认定为工伤。

（一）从立法目的角度看，应当遵循适度向劳动者倾斜保护的原则

《工伤保险条例》属于《劳动法》的范畴，我国《劳动法》第一条规定，保护劳动者的合法权益是该法的立法目的，这在《工伤保险条例》第一条和《工伤认定办法》第一条中也均有所体现。从《工伤保险条例》的立法目的看，建立工伤保险制度，是为了保障因工作遭受事故伤害的职工获得医疗救治和经济补偿，以维护弱势群体受伤职工的合法权益。虽然用人单位与劳动者的法律地位是平等的，但实质上用人单位与劳动者之间依然存在强弱地位之分，这是由劳动关系的特征所决定的，而对劳动者的倾斜保护能够在一定程度上保障劳动者与用人单位的实质平等。[①] 因此，在作出工伤认定时，应当遵循适当向劳动者倾斜保护的原则。《工伤保险条例》及相关规定并没有将上下班途中限定为正常上下班途中，所以应从《工伤保险条例》的立法目的出发，作出有利受伤职工的解释。职工违反用人单位内部规定下班回家与按时下班后回家一样属于下班，在途中受到非本人主要责任交通事故伤害的，均属于在下班途中受到交通事故伤害。而且职工违反用人单位内部规定下班的行为，违反的是单位内部的规章制度，属于单位的内部管理问题，单位有权根据职工的违章违纪情节，依照规章制度进行相应的处罚。但是这与职工享受工伤保险待遇是两

① 王霞、刘翔宇:《未遵守考勤规定情形下“途中工伤”的认定》，载《广西政法管理干部学院学报》2020 年第 5 期。

个不同的法律关系，两者之间没有必然的联系，不能因为违反了用人单位内部的规章制度而剥夺了职工享受工伤待遇的权利。在济南佳吉快运有限公司诉济南市人力资源和社会保障局工伤认定案中，张某某擅自离岗，属于违反劳动纪律的行为，应当受到公司劳动纪律的处罚，但不应影响张某某申请认定工伤的资格。

（二）从法律解释角度看，应对“在下班途中”的内涵作较为广义的理解

关于下班途中的法律界定，《工伤保险条例》第十四条第六项规定，职工在上下班途中，受到非本人主要责任的交通事故或城市轨道交通、客运轮渡、火车事故伤害的，应当认定为工伤。《审理工伤保险行政案件规定》指出，在合理时间内往返于工作地与住所地、经常居住地、单位宿舍的合理路线的上下班途中，被社会保险行政部门认定为“上下班途中”的，人民法院应予支持。由于《工伤保险条例》并未对“在下班途中”作进一步的界定，实践中也有多种理解，但较多地理解为职工在合理的时间与路线上以下班为目的离开单位回到家中的过程。笔者认为，对“在下班途中”应作较为广义的理解，一方面包括职工按正常工作时间下班的途中，另一方面也应包括职工违反企业内部规定提前下班的途中。

从《工伤保险条例若干问题意见（二）》中“职工以上下班为目的、在合理时间内往返于工作单位和居住地之间的合理路线，视为上下班途中”的规定，以及《国务院法制办对〈关于职工违反企业内部规定在下班途中受到机动车伤害能否认定为工伤的请示〉的复函》的规定，可以看出，时间问题不是确定“下班途中”的决定性要素，只要职工是为了结束工作而往返于单位和住所，即使是违反用人单位内部规定的早退、晚走等行为，如果符合下班途中的目的要素和空间要素，也可认定为工伤。职工违反单位内部管理规定下班通常包括两种情形：早退、晚走，一般而言，单位制定规章制度时，对上下班时间均有规定，因加班所致的晚走从法律、情理上均不影响认定工伤，以此而论，将其他事由导致的早退、晚走排除在工伤认定范围之外，这实质上是以单位利益为核心的判断方法，显然与《劳动法》和工伤认定相关法律规范的宗旨相悖。《四川高院审理工伤认定行政案件若干问题的意见》第二十一条有过类似规定，认定职工工伤的“上下班途中”是指职工以上下班为目的，在合理时间内往返于工作单位和居住地的合理路线的途中。职工在合理时间段内的迟到、早退途中，应当认定为上下班途中。职工在上下班途中从事了其他活动，该活动是职工日常工作生活中必须的、合理的要求，且在合理时间内未改变以“上下班”为目的的合理路线，应当认定为“上下班途中”。在张某某诉太康县人力资源和

社会保障局工伤认定案中，张某某提前离岗回宿舍，虽然违反了龙源纸业的劳动纪律，但其从工作地点回宿舍的路上发生交通事故是客观事实，仍应视为下班途中发生交通事故，符合认定工伤的相关规定。

（三）从价值衡平角度看，在认定工伤时，应考虑职工违反用人单位内部规定的严重程度及造成的负面影响

在处理劳动者与企业的利益关系方面，保障劳动者的合法权益是根本目的，但对其权利行使也要加以正当限制，不能明显侵害用人单位的合法利益。在职工违反单位内部规定的情况下，尽管不能当然判断其因此丧失工伤保险待遇，但是职工违反用人单位内部规定毕竟构成对单位利益的损害，若将职工非正常下班途中遭受事故损害的风险一律由用人单位承担，对单位亦不公平。从公平合理且适当倾向于劳动者的原则出发，若职工严重违反用人单位内部规定，对单位工作秩序造成重大不良影响或者给单位造成较大经济损失时，职工非正常下班途中遭受事故损害的风险应由其本人承担；若职工只是一般性违反用人单位的内部规定，未对单位工作秩序造成重大不良影响，且未给单位造成较大经济损失的情况下，其非正常下班途中遭受事故损害的风险由企业承担较为适宜。如此，方能真正实现法的价值衡平，同时能够防止劳动者过分滥用权利。

四、辅助信息

《工伤保险条例》

第一条 为了保障因工作遭受事故伤害或者患职业病的职工获得医疗救治和经济补偿，促进工伤预防和职业康复，分散用人单位的工伤风险，制定本条例。

第十四条 职工有下列情形之一的，应当认定为工伤：

（一）在工作时间和工作场所内，因工作原因受到事故伤害的；

（二）工作时间前后在工作场所内，从事与工作有关的预备性或者收尾性工作受到事故伤害的；

（三）在工作时间和工作场所内，因履行工作职责受到暴力等意外伤害的；

（四）患职业病的；

（五）因工外出期间，由于工作原因受到伤害或者发生事故下落不明的；

（六）在上下班途中，受到非本人主要责任的交通事故或者城市轨道交通、客运轮渡、火车事故伤害的；

（七）法律、行政法规规定应当认定为工伤的其他情形。

第十六条 职工符合本条例第十四条、第十五条的规定，但是有下列情形之一的，不得认定为工伤或者视同工伤：

（一）故意犯罪的；

（二）醉酒或者吸毒的；

（三）自残或者自杀的。

《审理工伤保险行政案件规定》

第六条 对社会保险行政部门认定下列情形为“上下班途中”的，人民法院应予支持：

（一）在合理时间内往返于工作地与住所地、经常居住地、单位宿舍的合理路线的上下班途中；

（二）在合理时间内往返于工作地与配偶、父母、子女居住地的合理路线的上下班途中；

（三）从事属于日常工作生活所需要的活动，且在合理时间和合理路线的上下班途中；

（四）在合理时间内其他合理路线的上下班途中。

《职工违反企业内部规定下班途中受到机动车伤害能否认定为工伤复函》

职工所受伤害只要符合《工伤保险条例》第十四条第（六）项规定的“上下班途中，受到机动车事故伤害的”规定，就应当认定为工伤。

《工伤保险有关规定处理意见函》

关于新《工伤保险条例》第十四条第六项的规定如何理解和适用问题，经征得国务院法制办和最高人民法院同意，并商公安部、交通运输部、铁道部，提出如下处理意见，请遵照执行：

一、该条规定的“上下班途中”是指合理的上下班时间和合理的上下班路途。

二、该条规定的“非本人主要责任”事故包括非本人主要责任的交通事故和非本人主要责任的城市轨道交通、客运轮渡和火车事故。其中，“交通事故”是指《道路交通安全法》第一百一十九条规定的车辆在道路上因过错或者意外造成的人身伤亡或者财产损失事件。“车辆”是指机动车和非机动车；“道路”是指公路、城市道路和虽在单位管辖范围但允许社会机动车通行的地方，包括广场、公共停车场等用于公众通行的场所。

三、“非本人主要责任”事故认定应以公安机关交通管理、交通运输、铁道等部门或司法机关，以及法律、行政法规授权组织出具的相关法律文书为依据。

《工伤保险条例若干问题意见（二）》

六、职工以上下班为目的、在合理时间内往返于工作单位和居住地之间的合理路线，视为上下班途中。

《四川高院审理工伤认定行政案件若干问题的意见》

第二十一条 认定职工工伤的“上下班途中”是指职工以上下班为目的，在合理时间内往返于工作单位和居住地的合理路线的途中。

职工在合理时间段内的迟到、早退途中，应当认定为上下班途中。

职工在上下班途中从事了其他活动，该活动是职工日常工作生活中必须的、合理的要求，且在合理时间内未改变以“上下班”为目的的合理路线，应当认定为“上下班途中”。

工伤认定案件裁判规则第 2 条：

当事人仅以社会保险行政部门作出工伤认定结论超过规定期限为由诉请撤销，若没有其他依法应予撤销情形的，不予支持

【规则描述】　现行工伤认定相关法律规范中对社会保险行政部门作出工伤认定结论的期限规定得较为笼统。实践中，社会保险行政部门由于等待劳动关系仲裁、诉讼结果、职业病或伤情鉴定等结论，申请人补充证明材料以及其他调查需要等原因，超过 60 日的规定期限作出工伤认定结论的情况较为常见，但《工伤保险条例》和《工伤认定办法》对因正当事由耽误期限仅作出了中止规定，没有延长、扣除的规定，且列举的情形较为单一。在此情况下，如工伤认定结论不存在《行政诉讼法》第七十条规定的依法应予撤销情形，当事人仅以社会保险行政部门超过规定期限作出工伤认定结论违反法定程序为由诉请撤销，不应予以支持。

一、类案检索大数据报告

截至 2020 年 12 月 31 日，以“工伤决定”“超过期限”“违反法定程序”为关键词，通过 Alpha 案例库、法信平台、中国裁判文书网、元典智库、北大法宝等共检索到类案 178 件，经逐案阅看、分析，与本规则关联度较高的案件有 35 件。排除同一案件不同审级形成的多个文书，实际共查找到高度关联的 16 起案例裁判文书。整体情况如下：

如图 2–1 所示，从地域分布看，湖南省 4 件、广东省 3 件，四川省、河北省、湖北省、山西省、安徽省、甘肃省、辽宁省、江苏省、重庆市各 1 件，地域分布较为分散。

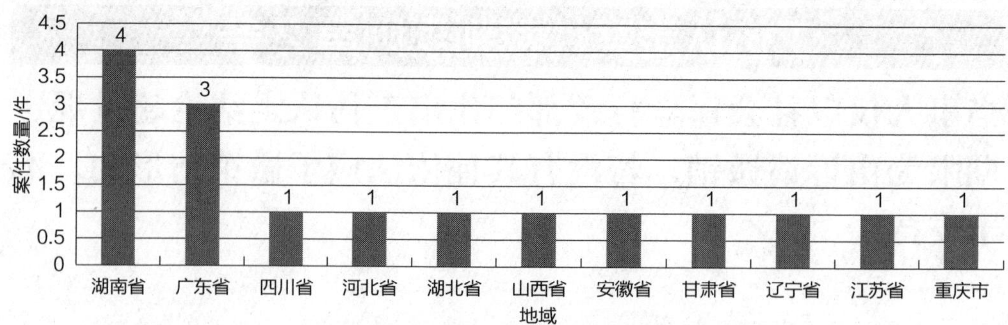

图 2–1 类案地域分布情况

如图 2–2 所示，从结案时间看，2013 年 1 件、2014 年 2 件、2015 年 1 件、2016 年 1 件、2017 年 4 件、2018 年 4 件、2019 年 1 件、2020 年 2 件。

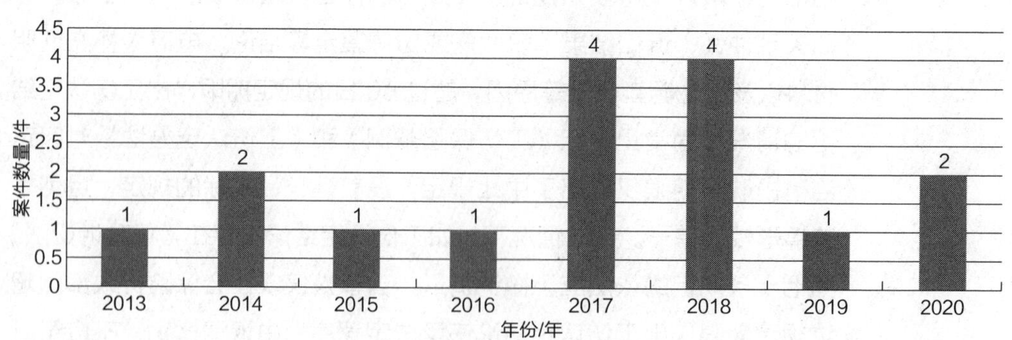

图 2–2 类案时间分布情况

如图 2–3 所示，从当事人的诉讼请求与事实理由看，当事人仅以“工伤认定结论超过规定期限、违反法定程序”为由诉请撤销的有 5 件，当事人以此作为诉请撤销的理由之一的案件有 11 件。

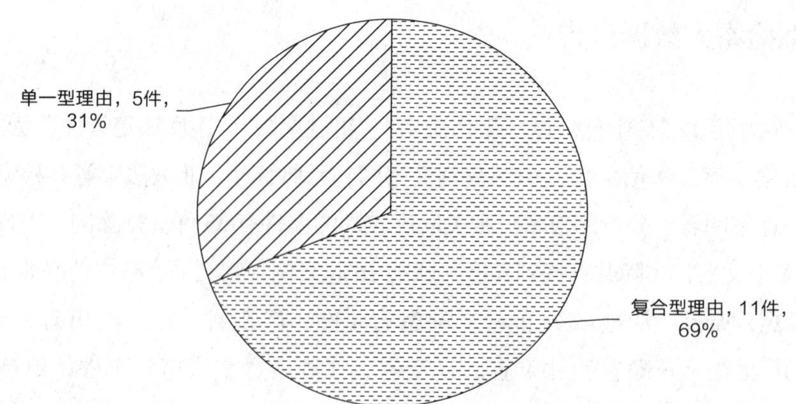

图 2–3 类案诉讼请求与事实理由的关系分布情况

如图 2–4 所示，从判决观点看，有 12 件判决驳回原告诉讼请求，有 2 件判决确认被诉工伤认定结论违法，另有 2 件一审判决驳回原告诉讼请求，二审改判确认被诉工伤认定结论违法。上述案例均支持了本裁判规则。

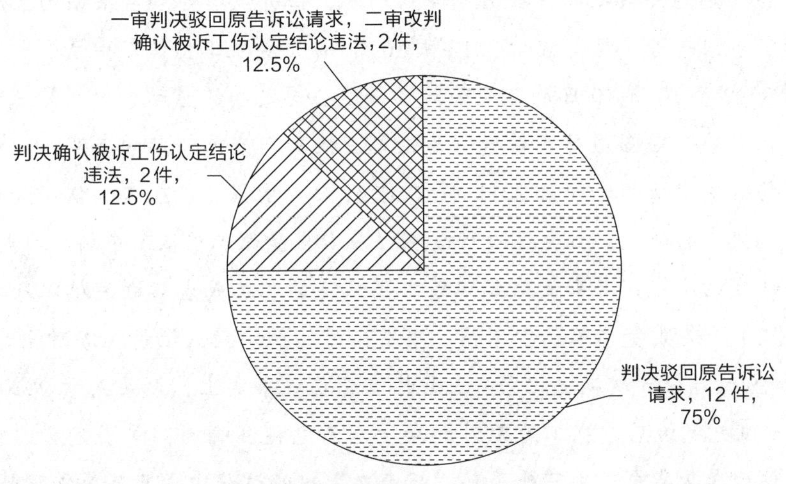

图 2–4　类案裁判方式分布情况

二、可供参考的例案

例案一：深圳市金鹏达建筑劳务有限公司诉深圳市人力资源和社会保障局社会保障行政确认案

【法院】

广东省深圳市中级人民法院

【案号】

（2013）深中法行终字第 352 号

【当事人】

上诉人（一审原告）：深圳市金鹏达建筑劳务有限公司

法定代表人：方某某，该公司董事长

被上诉人（一审被告）：深圳市人力资源和社会保障局

法定代表人：王某，该局局长

一审第三人：李某某

【基本案情】

上诉人深圳市金鹏达建筑劳务有限公司（以下简称金鹏达公司）上诉称，（1）深圳市人力资源和社会保障局（以下简称市社保局）作出行政行为超期。市社保局明知李某某与金鹏达公司之间存在劳动争议纠纷，但并没有等到李某某与金鹏达公司之间的劳动争议纠纷了结，就于2012年10月10日受理工伤认定申请。一审法院当庭已查明2012年10月10日前李某某与金鹏达公司之间的劳动争议纠纷未了结。实际上，市社保局是企图用补齐材料作为借口，掩盖其严重超期的事实。市社保局实际受理工伤认定申请的时间为2011年10月31日。依据《广东省工伤保险条例》第十六条第一款①的规定，社会保险行政部门应当自受理工伤认定申请之日起60日内作出工伤认定的决定，并书面通知申请工伤认定的职工或者其近亲属以及该职工所在单位。（2）李某某受伤不属于工伤。事发当天的初诊病例记录就诊时间为2010年11月8日15时0分，现病史记录：3小时前受伤。事实上，李某某于2010年11月8日中午下班吃完饭后，在工地以外的杂货店看电视和喝酒，喝酒完后回宿舍路上碰伤。碰伤后李某某自己去药店买药，后来在上班的过程中李某某感觉眼睛不舒服，谎称眼睛被钢筋击伤，后金鹏达公司派人陪同李某某到深圳市松岗人民医院就诊。李某某既未在工作时间也未在工作场所内，更未因工作原因受伤。综上，请求二审法院撤销一审判决，撤销涉案工伤认定决定，由市社保局承担全部诉讼费用。

被上诉人市社保局答辩称，金鹏达公司的诉讼主张不成立，市社保局于2011年10月31日收到李某某的工伤认定申请，经审核后要求李某某补齐医疗病历本和劳动合同以及证明劳动事实的证明，因李某某与金鹏达公司之间存在劳动争议纠纷，故李某某于2012年才陆续补齐材料，市社保局2012年10月10日受理工伤认定申请，2012年10月12日作出工伤认定的具体行政行为，程序合法，并无不当。本案中李某某在受伤害后，其就医时就陈述在工作中被钢筋击伤右眼，金鹏达公司也证明李某某系在工作中受伤，因此，职工受伤害的情形符合《广东省工伤保险条例》第九条第一项②规定，属于工伤。

一审第三人李某某述称，对金鹏达公司提出的工伤认定超期理由不认可，受理材料与工伤受理的概念不一样。市社保局提交的证据材料足以证明李某某是属于工

---

① 该条例已于2019年5月21日修正，本案所涉第十六条第一款修改为第十五条第一款，内容未作修改。

② 该条例已于2019年5月21日修正，本案所涉第九条第一项，条数、内容均未作修改。

伤，金鹏达公司所称的不属于工伤的证人证言，因证人与公司存在利害关系，不足以为证。

经审理查明，2011 年 10 月 31 日，李某某向市社保局申请工伤认定时称，其系金鹏达公司员工，任钢筋工和泥瓦工。2010 年 11 月 8 日 11 时许，李某某在金鹏达公司位于深圳市宝安区松岗洪桥头村学生工业园的建筑工地上，带班包工头田某某安排李某某剪钢筋，不料剪掉的钢筋弹起来击伤李某某右眼，李某某右眼当场流血不止，下午李某某感觉受伤严重去宝安区松岗人民医院救治，后转市二医院继续救治，前后住院两次，于 2011 年 10 月 17 日出院，请求工伤认定。李某某向市社保局提交了工伤认定申请表、身份证、病历本、企业法人注册登记资料等相关材料，其中事发当天的初诊病历记录就诊时间为：2010 年 11 月 8 日 15 时 0 分；现病史记录：3 小时前工作中被击伤右眼；李某某 2010 年 11 月 29 日在深圳市第二人民医院的出院小结中记载入院情况如下："患者 7 天前工作时不慎被钢筋击伤右眼部……"市社保局收到李某某上述材料后，于同日为金鹏达公司开具了《补齐材料告知书》，要求金鹏达公司补充提交医疗病历本及有效的书面劳动合同或事实劳动关系证明。市社保局于 2011 年 11 月 1 日向金鹏达公司注册地址邮寄《关于伤亡事故调查通知》，但未妥投。2012 年 5 月 28 日、7 月 13 日，李某某的委托代理人陈某军分别向市社保局提交了深福劳仲案字（2011）第 1599 号《仲裁裁决书》及民事起诉状、应诉通知书。其中《仲裁裁决书》裁决：李某某与金鹏达公司 2010 年 8 月 5 日至 2011 年 11 月 17 日期间存在劳动关系。市社保局于 2012 年 7 月 17 日再次向金鹏达公司邮寄了《关于伤亡事故调查处理通知》，金鹏达公司予以签收。金鹏达公司向市社保局提交了《深圳市员工伤（亡）事故调查报告书》，称 2010 年 11 月 8 日 13 时许，李某某在金鹏达公司位于深圳市宝安区松岗洪桥头村学生工业区下班吃完饭后，在楼下杂货店看电视和喝酒，喝完酒后李某某回宿舍路上碰伤眼睛，碰伤后自己去药店买药，回来时刚好上班时间，李某某就去上班，上班时候感觉眼睛越来越严重，就去找带班田某某说眼睛给钢筋击伤，田某某去叫司机莫某某一起送李某某到松岗人民医院就诊，因此金鹏达公司认为李某某所受伤害不是工伤。金鹏达公司同时提交了田某某等三人的证人证言，上述三人证言均称李某某是在下班后喝酒，路上把眼睛摔伤。2011 年 9 月 2 日，李某某向永诚财产保险股份有限公司申请商业理赔，称自己于 2010 年 10 月 8 日在松岗工地工作期间因钢筋跳起来伤到右眼。金鹏达公司在该理赔申请书上盖章予以确认。永诚财产保险股份有限公司赔偿了李某某 78519.29 元。市社保局于 2012 年 10 月 10 日向李某某发出受理告知书。市社保局综合审查上述材料，于

2012年10月12日作出深人社认字（福）（2012）第432881001号《深圳市工伤认定书》，认定本案李某某于2010年11月8日在宝安区松岗洪桥头村学生工业园工地因日常工作受伤。经查实，该员工的上述情形属工伤。金鹏达公司不服，遂提起行政诉讼。

广东省深圳市福田区人民法院经审理后作出一审判决：驳回金鹏达公司的诉讼请求。金鹏达公司不服，提起上诉。广东省深圳市中级人民法院于2013年7月19日作出（2013）深中法行终字第352号二审判决：驳回上诉，维持原判。

【案件争点】

1. 市社保局作出的深人社认字（福）（2012）第432881001号工伤认定决定是否超期。

2. 李某某受伤情形是否属工伤。

【裁判要旨】

广东省深圳市福田区人民法院一审认为，本案争议焦点是市社保局的具体行政行为是否超期，李某某受伤情形是否属工伤。关于市社保局具体行政行为是否超期问题，《广东省工伤保险条例》第十六条第一款[①]规定，社会保险行政部门应当自受理工伤认定申请之日起60日内作出工伤认定的决定，并书面通知申请工伤认定的职工或者其近亲属以及该职工所在单位。本案中，市社保局于2011年10月31日收到李某某的工伤认定申请，经审核后要求李某某补齐医疗病历本及有效的书面劳动合同或事实劳动关系证明，因李某某与金鹏达公司之间还存在劳动争议纠纷，故李某某于2012年才陆续向市社保局补齐材料。市社保局于2012年10月10日受理工伤认定申请，于2012年10月12日作出工伤认定具体行政行为。市社保局的行为并没有违反前述规定，故金鹏达公司主张市社保局具体行政行为超期的主张并不成立。关于李某某受伤情形是否属工伤问题，本案李某某在受伤后最早就医时就陈述工作中右眼被击伤，而之后的商业保险理赔过程中，金鹏达公司也出具证明证实李某某系在工作中受伤。金鹏达公司在工伤认定阶段虽向市社保局提交了田某东、田某富、李某华的证人证言，但上述三人均为金鹏达公司员工，与金鹏达公司有利害关系，其证言不足以证明李某某非因工作原因受伤，金鹏达公司应承担举证不能的后果。故，市社保局作出的深人社认字（福）（2012）第432881001号《深圳市工伤认定书》

① 该条例已于2019年5月21日修正，本案所涉第十六条第一款修改为第十五条第一款，内容未作修改。

认定李某某系金鹏达公司员工，李某某于2010年11月8日在宝安区松岗洪桥头村学生工业园工地因日常工作受伤，其受伤害情形符合《广东省工伤保险条例》第九条第一项[①]的规定，属于工伤，并无不当，一审法院予以支持。判决驳回金鹏达公司的诉讼请求。

广东省深圳市中级人民法院二审认为，涉案仲裁裁决书、民事起诉状、应诉通知书等法律文书足以证明李某某受伤害之时，其与金鹏达公司存在劳动关系。市社保局就是否存在劳动关系问题无需再等待相关民事案件审理结果而可以直接作出判断。市社保局再依据相关病历、理赔申请书、意外险出险通知书、未报案说明等证据材料，认定李某某系在工地因日常工作受伤，符合法律规定，法院予以确认。金鹏达公司否认李某某因工作原因受伤，但其对理赔申请书、意外险出险通知书、未报案说明等材料上的盖章行为不能作出合理解释，对其主张不予支持。另，李某某于2012年10月10日在市社保局出具的《工伤保险受理告知书存根》上签名，可视为该日期为市社保局正式工伤认定申请受理之日。市社保局在材料齐全、证据充分的基础上于2012年10月12日作出工伤认定，并无不妥。金鹏达公司关于市社保局作出工伤认定的期限超过法律规定的60日而违法的主张，不予采信。

例案二：重庆义三木业有限公司诉重庆市永川区人力资源和社会保障局劳动和社会保障行政确认案

【法院】

重庆市第五中级人民法院

【案号】

（2016）渝05行终508号

【当事人】

上诉人（一审原告）：重庆义三木业有限公司

法定代表人：薛某某，该公司董事长

被上诉人（一审被告）：重庆市永川区人力资源和社会保障局

法定代表人：王某某，该局局长

被上诉人（一审第三人）：陈某某

---

① 该条例已于2019年5月21日修正，本案所涉第九条第一项，条数、内容均未作修改。

【基本案情】

上诉人重庆义三木业有限公司（以下简称义三公司）上诉称，陈某某不是在正常的上下班时间下班，而且上诉人为其安排了职工宿舍，陈某某无需每天离开单位，其受伤不是在合理的上下班时间及上下班途中受伤，不符合《工伤保险条例》规定应认定工伤的情形，被上诉人重庆市永川区人力资源和社会保障局（以下简称永川区人社局）未认真全面地履行调查、核实职责。故诉请二审法院：撤销原审判决，并撤销工伤认定决定书。

被上诉人永川区人社局、陈某某未提交答辩意见。

重庆市永川区人民法院一审查明，义三公司是具有用工主体资格的企业法人，陈某某是具有就业资格的劳动者。陈某某系该公司职工，在义三公司从事打料工作。2015年5月10日17时20分许，陈某某从义三公司下班驾驶渝CVD873号普通摩托车回家，途经新永津路莲花加油站路口时，刘某某驾驶的川R47212号重型货车沿永川区新永津路从永川区陈食莲花场往永川方向行驶，行驶至该路口时，与前方等候的陈某某驾驶的渝CVD873号普通摩托车发生追尾碰撞，后又撞上唐某甲驾驶的渝B38V78号小型汽车，致陈某某受伤。2015年5月12日，重庆市永川区公安局交通巡逻警察支队以第5001186201502820号道路交通事故认定书认定，刘某某负此次事故的全部责任，陈某某无责任。2015年6月3日，陈某某的伤情经重庆医科大学附属永川医院诊断为：车祸伤，肝破裂，肝功能异常，双侧血气胸，肺挫伤，创伤性湿肺，失血性休克，肺部感染，右侧第5、6肋骨腋段及左侧第9、10、11、12肋骨骨折，右侧肩胛骨骨折，第1、2、3腰椎左侧横突骨折，左大腿软组织挫裂伤。2015年11月20日，陈某某向永川区人社局提出工伤认定申请。2015年11月30日，永川区人社局受理了陈某某提出的工伤认定申请，并于2015年12月8日向义三公司邮寄送达了工伤认定举证通知书。2016年2月25日，永川区人社局作出永人社伤险认决字〔2016〕14号《认定工伤决定书》，认定陈某某受伤属于工伤，于2016年2月26日向陈某某送达了《认定工伤决定书》，于2016年2月27日向义三公司邮寄送达了《认定工伤决定书》。义三公司收到《认定工伤决定书》后不服，于2016年8月22日向法院起诉，请求撤销永川区人社局作出的永人社伤险认决字〔2016〕14号《认定工伤决定书》。

重庆市第五中级人民法院另查明，永川区人社局于2015年11月30日对陈某某本人进行了调查，制作了《工伤认定调查笔录》。2015年12月29日，被上诉人永川区人社局作出《工伤认定告知书》，告知上诉人义三公司提交能佐证其举证意见的证据材料，在收到告知书之日起 15 日内进行证据补充。2016 年 1 月 7 日，上诉人义三公司向被上诉人提交《工伤认定再次举证意见》，认为交通事故所涉现场记录、照片等资料属国家机关（永川区交警支队）保存，申请被上诉人永川区人社局依法调取。2016 年 1 月 12 日，被上诉人永川区人社局作出《关于查询及复印陈某某交通事故案相关材料的函》，向重庆市永川区公安局交通巡逻警察支队申请查询并复印陈某某交通事故案件中的当事人及相关人员的陈述。重庆市永川区公安局交通巡逻警察支队向被上诉人永川区人社局提交了该支队于 2015 年 5 月 11 日对刘某某、唐某甲二人所作的《询问笔录》。2016 年 2 月 22 日，被上诉人永川区人社局对上诉人义三公司职工唐某乙进行了调查，并制作了《工伤认定调查笔录》。

重庆市永安区人民法院作出（2016）渝 0118 行初 181 号行政判决：驳回义三公司的诉讼请求。义三公司不服，提起上诉。重庆市第五中级人民法院于 2016 年 12 月 16 日作出（2016）渝 05 行终 508 号行政判决：驳回上诉，维持原判。

【案件争点】

永安区人社局作出的认定工伤决定是否合法。

【裁判要旨】

重庆市永安区人民法院一审认为，根据《工伤保险条例》第五条第二款“县级以上地方各级人民政府社会保险行政部门负责本行政区域内的工伤保险工作”的规定，永川区人社局是本辖区内的社会保险行政部门，故该局具有对本辖区内的受伤职工作出工伤认定决定的法定职责。义三公司是具有用工主体资格的企业，陈某某是具有就业资格的劳动者。根据《工伤保险条例》第十四条“职工有下列情形之一的，应当认定为工伤……（六）在上下班途中，受到非本人主要责任的交通事故或者城市轨道交通、客运轮渡、火车事故伤害的……”的规定，陈某某在下班途中受到非本人主要责任的交通事故受伤，符合《工伤保险条例》第十四条第六项的规定，应认定为工伤。义三公司提出其为陈某某提供了住宿，陈某某受伤不应认定为工伤。本案中，义三公司虽为陈某某提供了住宿，但陈某某有选择回家或在义三公司提供的住宿居住的权利，义三公司不能剥夺陈某某的选择权，故义三公司的此诉称理由不成立，不予支持。据此，义三公司要求撤销永川区人社局作出的永人社伤险认决字〔2016〕14 号认定工伤决定书的诉讼理由不成立，依法不予支持。综上，依照《行政诉讼法》第六十九条之规定，判决驳回义三公司的诉讼请求。

重庆市第五中级人民法院二审认为，根据《工伤保险条例》第五条第二款的规定，被上诉人永川区人社局具有作出本辖区内工伤认定的法定职权和相应职责。本案中，上诉人义三公司是具有用工主体资格的企业，被上诉人陈某某在上诉人义三公司工作。《工伤保险条例》第十四条第一项规定："职工有下列情形之一的，应当认定为工伤：（一）在工作时间和工作场所内，因工作原因受到事故伤害的。"被上诉人永川区人社局举示的调查笔录、询问笔录、病历资料、交通事故责任认定书等证据能够证明被上诉人陈某某系在下班途中受到非本人主要责任的交通事故伤害，其受伤情形符合上述法律规定，应当认定为工伤。同时，《工伤保险条例》第十九条第二款之规定："职工或者其近亲属认为是工伤，用人单位不认为是工伤的，由用人单位承担举证责任。"上诉人义三公司在工伤认定行政程序中，未按举证通知书的要求提供被上诉人陈某某非因工受伤的有效证据，上诉人应承担举证不能的法律责任。被上诉人永川区人社局举示的工伤认定申请表、受理通知书、举证通知书、送达回证、《调查笔录》《关于查询及复印陈某某交通事故案相关材料的函》《询问笔录》等证据，能够证明其履行了《工伤保险条例》所规定的受理、告知、调查等义务。虽然被上诉人永川区人社局从 2015 年 11 月 30 日受理工伤认定申请之日起至 2016 年 2 月 25 日作出工伤认定之日止，超过了法定 60 日内作出认定决定的法律规定，存在程序上认定超期的问题，但超期作出工伤认定决定对当事人的实体权利义务并不产生实际影响，应认定为瑕疵。被上诉人永川区人社局在今后的工伤认定工作中，应高度重视认定期限的法律规定，以免出现超期认定情形。综上所述，被上诉人永川区人社局作出的工伤认定决定，事实清楚，适用法律正确。原审判决驳回上诉人的诉讼请求并无不当，应予维持。上诉人义三公司提出的上诉理由不能成立，对其上诉请求不予支持。

例案三：广州市冀安运输服务有限公司诉广州市白云区人力资源和社会保障局、广州市人力资源和社会保障局工伤认定决定及行政复议决定案

【法院】

广东省广州铁路运输中级人民法院

【案号】

（2018）粤 71 行终 970 号

【当事人】

上诉人（一审原告）：广州市冀安运输服务有限公司

法定代表人：牛某某，该公司经理

被上诉人（一审被告）：广州市白云区人力资源和社会保障局

法定代表人：张某某，该局局长

被上诉人（一审被告）：广州市人力资源和社会保障局

法定代表人：郭某某，该局局长

被上诉人（一审第三人）：刘某某

【基本案情】

上诉人广州市冀安运输服务有限公司（以下简称冀安公司）上诉称：一审判决认定事实不清，证据不足。在被上诉人广州市白云区人力资源和社会保障局（以下简称白云区人社局）提供的两份调查笔录中均明确记载了“尤某某跟其他司机通宵打牌赌钱，到了第二天中午他们吃饭还喝了酒，之后就觉得不舒服”。这两份证据都说明尤某某在发病之前喝过酒，属于有证据证实。白云区人社局提供的尤某某死亡情况的证据绝大部分系程某直接或间接提供，但其说法前后不一，需调查核实。中国人民解放军第二六〇医院出具的诊断证明书、居民死亡医学证明（推断）书系事后开具，不能反映其死亡当天的真实情况，不具有真实性。该诊断证明只写了“诊断意见：急性心肌梗死；处理意见：急诊抢救”，没有任何关于尤某某入院当时状况及抢救情况的记载，也没有相关病历资料佐证，不能证明尤某某的死因，不具有证明效力，且醉酒是导致急性心肌梗死的原因之一，医院诊断证明只是对病情进行诊断，不涉及发病原因，不能因为诊断证明未提及发病原因而认为尤某某当时“没有喝酒或醉酒”，故一审判决适用法律不当。《工伤保险条例》第十六条规定，醉酒或吸毒的情形不得认定为工伤或者视同工伤。《工伤保险条例》第十九条规定，社会保险行政部门受理工伤认定申请后，根据审核需要可以对事故伤害进行调查核实。在本案中，当白云区人社局通过调查笔录得知“尤某某跟其他司机通宵打牌赌钱，到了第二天中午他们吃饭还喝了酒，之后就觉得不舒服”后，应当对此进一步调查尤某某是否因醉酒引起身体不适最终导致死亡。也就是只有排除尤某某死因与醉酒有关的合理怀疑，才能适用《工伤保险条例》第十五条。但是，白云区人社局未对上述情况进行调查核实，便匆匆作出工伤认定决定，该行政行为不符合法定程序，直接影响到上诉人的合法权益，不属于《行政诉讼法》第七十四条规定的“行政行为程序轻微违法，但对原告权利不产生实际影响的”的行政行为。综上所述，上诉人认为一审法院认定事实不清，适用法律错误。请求上级法院依法撤销原判决，依法改判或发回重审。

被上诉人白云区人社局、广州市人力资源和社会保障局（以下简称市人社局）

未提交二审答辩意见。

一审第三人刘某某未提供二审陈述意见。

经审理查明，周某某将粤A××××× 车挂靠冀安公司对外营运，该车行驶证登记车主是冀安公司，尤某某是周某某聘用驾驶该车的司机。2015年1月26日14时左右，尤某某驾驶粤A××××× 车外出送货至河北省石家庄市一处卸货点等待装卸货时，突发疾病晕倒，经中国人民解放军第二六〇医院抢救无效，于当日14时21分死亡。经医院诊断证明为：急性心肌梗死。2015年3月18日，刘某某（尤某某妻子）向白云区人社局提出工伤认定申请并提交工伤认定申请表、职工工伤投诉登记表、工伤认定申请报告、程某证明、诊断证明书、居民死亡医学证明（推断）书等材料。白云区人社局向刘某某送达了穗云人社工伤补〔2015〕69号《补材通知书》，告知刘某某需要补充尤某某与冀安公司存在劳动关系的证明材料。刘某某出具《提供不了劳动关系的说明》。2015年5月12日，白云区人社局作出穗云人社工伤举〔2015〕69号《工伤认定举证通知书》并于当日送达冀安公司。冀安公司在规定期限内向白云区人社局提交了对周某某、于某的询问笔录，粤A××××× 车行驶证，冀安公司公司运输报表等材料。周某某在笔录中陈述了将粤A××××× 车挂靠在冀安公司和其雇请尤某某的情况。白云区人社局于2015年5月12日对冀安公司经理冯某某和周某某进行调查并制作了《调查笔录》，又于2016年10月9日对刘某某进行调查并制作了《调查笔录》。刘某某向白云区人社局提交了经河北省深州市公证处于2015年7月3日公证的程某证人证言。2016年10月30日，刘某某向白云区人社局递交《请求尽快做出工伤认定结论》。2017年1月3日，白云区人社局向刘某某出具了编号为诉（2015）69号《受理回执》，受理回执中"受理时间"栏载明为"2017年1月3日"，"办结时限"栏载明为"自受理之日起60日内"。2017年1月9日，白云区人社局作出穗云人社工伤认〔2017〕000145号工伤认定决定，并分别于2017年1月14日、2017年1月11日送达给冀安公司、刘某某。冀安公司不服，于2017年1月16日向市人社局申请行政复议。市人社局受理后，于2017年3月7日作出穗人社复案字〔2017〕第6号行政复议决定，决定维持被告白云区人社局作出的穗云人社工伤认〔2017〕000145号工伤认定决定，并分别于2017年3月10日、2017年3月16日送达白云区人社局、冀安公司。冀安公司不服，诉至一审法院。

另查明，就尤某某与冀安公司是否存在劳动关系，刘某某向广州市白云区劳动人事争议仲裁委员会申请仲裁，该仲裁委作出的穗云劳人仲案字〔2015〕1302号《裁决书》，裁决尤某某与冀安公司2014年4月5日至2015年1月26日期间存在劳动关系。冀安公司不服，向广州市白云区人民法院提起民事诉讼，该院作出的（2015）穗云法民一初字第2751号民事判决确认冀安公司与尤某某在2014年4月5日至2015年1月26日期间存在事实劳动关系。冀安公司仍不服，向广州市中级人民法院提起上诉，该院作出的（2016）粤01民终6345号民事判决确认冀安公司与尤某某在2014年4月5日至2015年1月26日期间不存在事实劳动关系。

广州铁路运输第一法院作出（2017）粤7101行初1299号一审判决：一、确认被告白云区人社局作出的穗云人社工伤认〔2017〕000145号《工伤认定决定书》违法；二、驳回原告冀安公司其他诉讼请求。冀安公司不服，提出上诉。广东省广州铁路运输中级人民法院于2018年6月14日作出（2018）粤71行终970号二审判决：驳回上诉，维持原判。

【案件争点】

1. 被上诉人刘某某是否具备申请涉案工伤认定的主体资格。

2. 白云区人社局超期作出的被诉工伤认定决定是否应予撤销。

【裁判要旨】

广东省广州铁路运输中级人民法院认为，其一，关于被上诉人刘某某是否具备申请涉案工伤认定的主体资格的问题。虽然广州市中级人民法院终审判决书确认尤某某与冀安公司不存在事实劳动关系。但根据本案查明的事实，周某某将粤A××××× 车挂靠在冀安公司对外经营，并聘用尤某某驾驶该车运输货物，且粤A××××× 车行驶证登记车主是冀安公司。冀安公司亦未否认周某某将粤A××××× 车挂靠其公司对外经营这一事实。依照《审理工伤保险行政案件规定》第三条第一款第五项的规定："个人挂靠其他单位对外经营，其聘用的人员因工伤亡的，被挂靠单位为承担工伤保险责任的单位。"以及《工伤认定办法》第五条的规定："用人单位未在规定的时限内提出工伤认定申请的，受伤害职工或者其近亲属、工会组织在事故伤害发生之日或者被诊断、鉴定为职业病之日起1年内，可以直接按照本办法第四条规定提出工伤认定申请。"被上诉人刘某某作为尤某某的妻子，在尤某某死亡后一年内向白云区人社局提出工伤认定申请，白云区人社局受理其申请并作出处理，符合上述规定。冀安公司提出刘某某不具备申请工伤认定的主体资格的主张不能成立。其二，关于白云区人社局超期作出的本案被诉工伤认定决定是否应予撤销的问题。《工伤认定办法》第八条第一款规定："社会保险行政部门收到工伤认定申请后，应当在15日内对申请人提交的材料进行审核，材料完整的，作出受理或者不予受理的决定；材料不完整的，应当以书面形式一次性告知申请人需要补正的全部材料。

社会保险行政部门收到申请人提交的全部补正材料后，应当在15日内作出受理或者不予受理的决定。”第九条规定：“社会保险行政部门受理工伤认定申请后，可以根据需要对申请人提供的证据进行调查核实。”第二十条规定：“社会保险行政部门受理工伤认定申请后，作出工伤认定决定需要以司法机关或者有关行政主管部门的结论为依据的，在司法机关或者有关行政主管部门尚未作出结论期间，作出工伤认定决定的时限中止，并书面通知申请人。”根据上述规定，本案被上诉人刘某某于2015年3月18日向白云区人社局提出工伤认定申请，因未提供劳动关系证明，白云区人社局向其发出补充材料通知书，但在刘某某向白云区人社局提交了《提供不了劳动关系的说明》情况下，白云区人社局未在15日内作出受理决定，却又对本案的工伤认定进行调查核实。白云区人社局在知道冀安公司与刘某某就尤某某与冀安公司是否存在劳动关系进行仲裁、诉讼后，仍未作出受理决定并作出工伤认定决定的时限中止，直到刘某某于2016年12月30日向白云区人社局提出尽快作出工伤决定的请求后，才于2017年1月3日向刘某某出具受理回执，并于2017年1月9日作出涉案工伤认定决定书。由此可见，白云区人社局在刘某某工伤认定申请的受理程序上，不符合《工伤认定办法》的上述规定，属行政行为程序轻微违法，但不影响本案工伤认定决定结论的正确性。

三、裁判规则提要

在司法实践中，由于工伤认定的复杂性、多发性，需要中止认定甚至延长认定的期限及情形已远远超出现行工伤认定相关法律、法规规定的60日期限及“需要司法机关或者有关行政主管部门作出结论”的单一中止情形。从大数据报告及前述例案中不难发现，小部分超过60日规定期限作出工伤认定结论的原因确系劳动关系争议、职业病或伤情鉴定等，需等待司法机关或者有关行政主管部门作出结论。但大多数超期限作出的工伤认定结论往往是由于调查取证等特殊情形，此类耽误期限的事由如何认定暂无明确的法律依据。有鉴于此，法院在审理超过规定期限作出工伤认定结论的案件时，应对超过规定期限的理由是否正当、被诉工伤认定结论是否存在其他事实认定、适用法律是否适当等进行全面审查。如果没有其他依法应予撤销的情形，当事人仅以工伤认定部门超过规定期限为由诉请撤销的，法院不予支持。

（一）现行法律规范对工伤认定程序的时间期限规定较为笼统

我国现行法律规范对工伤认定程序尚未有详细规定，《工伤保险条例》第二十条第一款、第二款、第三款规定：“社会保险行政部门应当自受理工伤认定申请之日起60日内作出工伤认定的决定，并书面通知申请工伤认定的职工或者其近亲属和该职工所在单位。社会保险行政部门对受理的事实清楚、权利义务明确的工伤认定申请，应当在15日内作出工伤认定的决定。作出工伤认定决定需要以司法机关或者有关行政主管部门的结论为依据的，在司法机关或者有关行政主管部门尚未作出结论期间，作出工伤认定决定的时限中止。”该条虽规定了工伤认定的时间期限，但仅明确了社会保险行政部门“需要以司法机关或者有关行政主管部门的结论为依据的，在司法机关或者有关行政主管部门尚未作出结论期间，作出工伤认定决定的时限中止”一种情形，作为规章的《工伤认定办法》第十八条、第二十条、第二十一条的规定与前述规定的内容基本一致，这显然已不能满足实践需要。

（二）社会保险行政部门超过规定期限作出工伤认定结论的原因复杂

实践中，社会保险行政部门超过规定期限作出工伤认定结论的情况并不鲜见，其中虽有部分社会保险行政部门效率低下的原因，但从类案情况看，更为普遍的主要有以下三种原因：一是因劳动关系争议、职业病或伤情鉴定等需要以司法机关或者有关行政主管部门的结论为依据的。二是受理工伤认定申请后，因通知劳动者、用人单位补充材料或其他需要调查、核实的。三是案情复杂、需要向上级主管部门请示等其他特殊情况的。上述三种原因中仅有第一项符合期限中止的法定事由，其他两种原因虽亦属于行政法上的正当事由，但囿于工伤认定法律规范未有明确规定，在实践中往往会成为当事人诉请撤销工伤认定结论的主要理由。

（三）当事人仅以工伤认定结论超过规定期限为由诉请撤销的，人民法院不予支持

当事人仅以工伤认定结论超过规定期限为由诉请撤销的，法院应当全面审查被诉工伤认定结论是否存在其他事实认定、违反法定程序、适用法律等问题，如果不存在上述问题，不应予以支持。《工伤保险条例》以及《工伤认定办法》虽未对工伤认定程序作出详细规定，但司法实践中对该问题已有一定的探索，如《工伤认定申请时限问题复函》中指出，“工伤认定申请时限应扣除因不可抗力耽误的时间”。《审理工伤保险行政案件规定》第七条规定：“由于不属于职工或者其近亲属自身原因超

过工伤认定申请期限的，被耽误的时间不计算在工伤认定申请期限内。有下列情形之一耽误申请时间的，应当认定为不属于职工或者其近亲属自身原因：（一）不可抗力；（二）人身自由受到限制；（三）属于用人单位原因；（四）社会保险行政部门登记制度不完善；（五）当事人对是否存在劳动关系申请仲裁、提起民事诉讼。”这些规定虽未直接指向社会保险行政部门作出工伤认定结论的期限，但亦体现了实践中对工伤认定程序期限的考量，即耽误期限确因不可抗力或不属于自身的原因等正当事由的，被耽误的期限应考虑扣除或不计算在规定期限之内。再者，从确定工伤认定程序办理期限的角度看，其立法目的应是提高社会保险行政部门的工作效率、防止其无故拖延办理，旨在保护劳动者、用人单位的合法权益。如果不顾工伤认定程序的立法现状、司法实践情况及现实需要，对超期作出的工伤认定结论一律以违反法定程序为由判决撤销，既难以及时保护劳动者、用人单位的合法权益，也有违行政效率原则的初衷。

（四）需注意的其他问题

实践中，法院对仅超过规定期限作出工伤认定结论的处理方式尚不统一。有的法院一概认定为程序瑕疵问题，驳回原告的诉讼请求。有的法院则会审查超期理由是否正当，如认定属正当理由则驳回原告诉讼请求；如理由并不妥当，则适用《行政诉讼法》第七十四条第一款第二项的规定确认违法。从诉讼经济和行政效率的角度而言，如果被诉工伤认定结论没有事实认定不清、违反法定程序和法律适用等依法应予撤销的问题，则应进一步结合在案证据，对超过规定期限的事由进行审查，如果确系等待劳动者或用人单位补充材料、调查核实需要、案件复杂需要向上级主管部门请示等特殊情况而超过规定期限，则以驳回原告诉讼请求为宜。如果并无适当理由超期的，则应判决确认被诉工伤认定结论违法。同时，对于社会保险行政部门存在的无正当理由超期问题，可以在判决书中予以说明，也可以通过向相关行政部门提出司法建议等方式，督促其改正问题、提高效率。

四、辅助信息

《工伤保险条例》

第二十条　社会保险行政部门应当自受理工伤认定申请之日起60日内作出

工伤认定的决定，并书面通知申请工伤认定的职工或者其近亲属和该职工所在单位。

社会保险行政部门对受理的事实清楚、权利义务明确的工伤认定申请，应当在15日内作出工伤认定的决定。

作出工伤认定决定需要以司法机关或者有关行政主管部门的结论为依据的，在司法机关或者有关行政主管部门尚未作出结论期间，作出工伤认定决定的时限中止。

社会保险行政部门工作人员与工伤认定申请人有利害关系的，应当回避。

《工伤认定办法》

第十八条　社会保险行政部门应当自受理工伤认定申请之日起60日内作出工伤认定决定，出具《认定工伤决定书》或者《不予认定工伤决定书》。

第二十条　社会保险行政部门受理工伤认定申请后，作出工伤认定决定需要以司法机关或者有关行政主管部门的结论为依据的，在司法机关或者有关行政主管部门尚未作出结论期间，作出工伤认定决定的时限中止，并书面通知申请人。

第二十一条　社会保险行政部门对于事实清楚、权利义务明确的工伤认定申请，应当自受理工伤认定申请之日起15日内作出工伤认定决定。

《审理工伤保险行政案件规定》

第七条　由于不属于职工或者其近亲属自身原因超过工伤认定申请期限的，被耽误的时间不计算在工伤认定申请期限内。

有下列情形之一耽误申请时间的，应当认定为不属于职工或者其近亲属自身原因：

（一）不可抗力；

（二）人身自由受到限制；

（三）属于用人单位原因；

（四）社会保险行政部门登记制度不完善；

（五）当事人对是否存在劳动关系申请仲裁、提起民事诉讼。

《行政诉讼法》

第七十条　行政行为有下列情形之一的，人民法院判决撤销或者部分撤销，并可以判决被告重新作出行政行为：

（一）主要证据不足的；

（二）适用法律、法规错误的；

（三）违反法定程序的；

（四）超越职权的；

（五）滥用职权的；

（六）明显不当的。

第七十四条 行政行为有下列情形之一的，人民法院判决确认违法，但不撤销行政行为：

（一）行政行为依法应当撤销，但撤销会给国家利益、社会公共利益造成重大损害的；

（二）行政行为程序轻微违法，但对原告权利不产生实际影响的。

行政行为有下列情形之一，不需要撤销或者判决履行的，人民法院判决确认违法：

（一）行政行为违法，但不具有可撤销内容的；

（二）被告改变原违法行政行为，原告仍要求确认原行政行为违法的；

（三）被告不履行或者拖延履行法定职责，判决履行没有意义的。

工伤认定案件裁判规则第 3 条：

职工因参加用人单位组织或指定参与的文体活动受伤，如无证据证明活动非受指派不得参与，用人单位以职工自愿参加为由主张不应认定工伤的，不予支持

【规则描述】 用人单位或企业组织各类文化娱乐、体育竞技等活动主要目的是实现单位或企业利益，其基本态度应是鼓励或积极要求职工参与，虽然职工因参与活动也获得了休闲放松或物质、精神奖励等客观利益，但仍不影响“最大利益归于单位”的认定。国务院法制办、最高人民法院均已将用人单位组织的此类活动明确为工作安排，故此，在参加用人单位组织或由用人单位指定参与的文体活动中受伤，除有证据证明活动存在非经单位指派、选拔等程序不得参与的限定，用人单位以职工系自愿参加活动、不应认定为工伤抗辩的，人民法院不予采纳。

一、类案检索大数据报告

截至 2020 年 12 月 31 日，以“自愿参加”“单位组织”“活动受伤”“工作原因”为关键词，通过 Alpha 案例库、法信平台、中国裁判文书网、元典智库、北大法宝等共检索到类案 63 件，经逐案阅看、分析，排除同一案件因不同审级形成的多个文书，与本规则关联度较高的案件有 21 件。整体情况如下：

如图 3–1 所示，从地域分布看，福建省 5 件、广东省 5 件、山东省 4 件、广西壮族自治区 3 件、北京市 2 件、浙江省 1 件、安徽省 1 件。

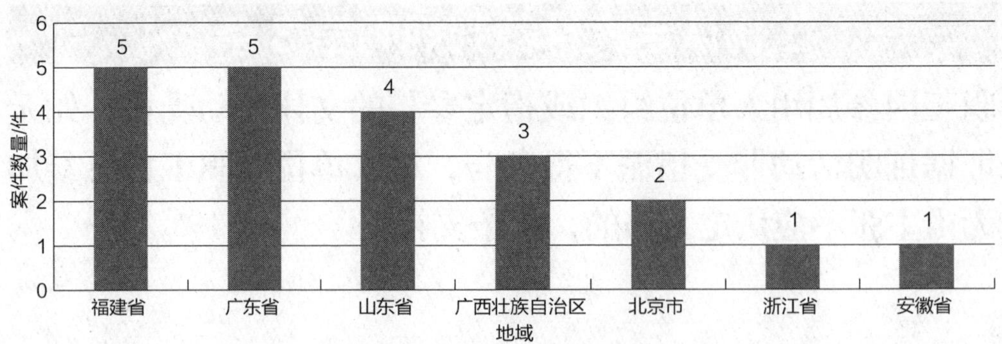

图 3–1　类案地域分布情况

如图 3–2 所示，从结案年度来看，2016 年 2 件、2017 年 6 件、2018 年 5 件、2019 年 4 件、2020 年 4 件。

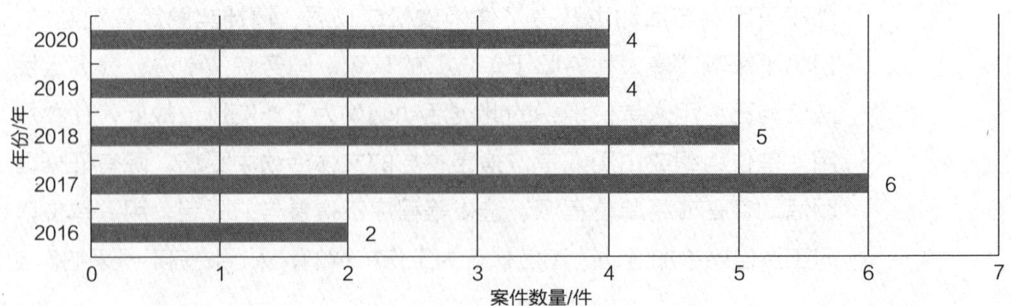

图 3–2　类案时间分布情况

如图 3–3 所示，关联度较高的 21 件案件中，裁判观点与本规则一致的有 19 件，占 90.5%；持不同观点的 2 件，占 9.5%。

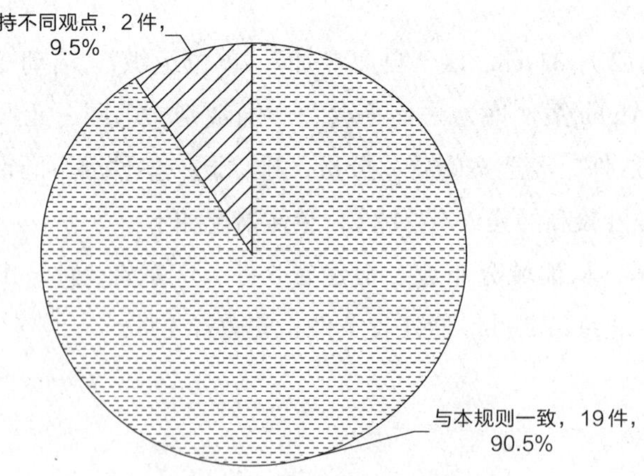

图 3–3　裁判结果分布情况

二、可供参考的例案

例案一：江西仁和云商科技有限公司北京办事处诉北京市东城区人力资源和社会保障局不予认定工伤决定案

【法院】

北京市第二中级人民法院

【案号】

（2017）京02行终641号

【当事人】

上诉人（一审被告）：北京市东城区人力资源和社会保障局

法定代表人：赵某，该局局长

被上诉人（一审原告）：金某

一审第三人：江西仁和云商科技有限公司北京办事处

负责人：刘某某，该公司总经理

【基本案情】

金某向一审法院诉称，其系江西仁和云商科技有限公司北京办事处（以下简称仁和公司北京办事处）品牌总监。2015年12月30日，其接受公司指定，到指定场所参与公司组织的年终总结活动。在活动即将结束期间，其被他人意外绊倒，经诊断为左脚踝关节骨折（左旋后外旋Ⅳ）。2016年2月3日，用人单位依法向北京市东城区人力资源和社会保障局（以下简称东城区人保局）提出工伤认定申请。但东城区人保局违法作出不予认定工伤决定。金某认为，工作年终总结会属于公司工作范畴，是正常工作时间的延续，不是与工作无关的朋友性质的聚餐，且其作为公司管理人员必须参加，否则将会面临处罚甚至被开除的风险。其情形符合《工伤保险条例》第十四条第二款的规定，东城区人保局机械解读《工伤保险条例》，错误地作出不予认定工伤决定，侵害了其合法权益。故请求判决撤销东城区人保局作出的不予认定工伤决定，并责令东城区人保局重新作出工伤认定结论，依法认定金某在2015年12月30日所受伤害为工伤。

东城区人保局辩称，2016年1月29日，仁和公司北京办事处为金某向该局提出工伤认定申请。2016年2月3日，该局依法作出京东人社工受字〔2016〕第0259118号《工伤认定申请受理决定书》并送达仁和公司北京办事处。2016年3月29日，该局依法作出不予认定工伤决定并送达。如果系公司组织的活动，必须要与工作有关。娱乐活动不属于工伤认定的范围。金某于2015年12月30日晚9点30分左右所受伤害，不符合《工伤保险条例》第十四条、第十五条认定工伤或视同工伤的情形，故依法作出不予认定工伤决定。被诉不予认定工伤决定事实清楚、适用法律法规准确、程序合法，请求判决驳回金某的诉讼请求。

仁和公司北京办事处述称，2015年12月30日晚的活动系公司行为而非个人聚餐，活动的经费由本单位负担，且在活动期间进行了年度工作总结，工作总结完成之后才唱歌。活动即将结束之时，金某送人时在活动场所门口受伤，应认定为工伤。请求判决撤销东城区人保局作出的不予认定工伤决定。

东城区人保局上诉称，金某受伤时所参加的活动为与工作无关的纯娱乐活动，且当天的活动没有要求员工必须参加。一审法院扩大了工作内容的认定范围，忽视了工伤认定“三工”原则的工作原因。故请求撤销一审判决，维持被诉不予认定工伤决定。

金某辩称，一审事实认定清楚，适用法律正确，请求二审法院予以维持。

仁和公司北京办事处述称，一审事实认定清楚，适用法律正确，请求予以维持。

经审理查明，仁和公司北京办事处的住所地为北京市东城区。金某与仁和公司北京办事处所签劳动合同的起止时间为2015年7月1日至2016年7月1日。2015年12月30日晚，金某参加了由仁和公司北京办事处在中服大厦四层组织的活动。该活动费用由仁和公司北京办事处支付。当日晚9时30分许，金某于活动结束时，在中服大厦门口被人意外绊倒受伤，经医院诊断为踝关节骨折（左旋后外旋Ⅳ）。2016年1月29日，仁和公司北京办事处向东城区人保局提出工伤认定申请，并提交了《工伤报告》、金某与仁和公司北京办事处签订的《劳动合同书》、金某的住院记录、诊断证明等材料。东城区人保局于2016年2月3日作出《工伤认定申请受理决定书》，并于同年2月17日送达仁和公司北京办事处。东城区人保局分别于2016年3月21日、3月24日对金某及仁和公司北京办事处职员徐某某进行了询问，并制作了询问笔录。经调查，东城区人保局认为金某受到的伤害不符合《工伤保险条例》第十四条、第十五条认定工伤或者视同工伤的情形，于2016年3月29日作出不予认定工伤决定，并于同年4月7日送达金某及仁和公司北京办事处。金某不服该决定，向法院提起行政诉讼。一审第三人仁和公司北京办事处在一审庭审中陈述，金某受伤时所参加的是公司组织的与工作有关的活动，并非个人行为，活动费用由公司支付。活动期间进行了工作总结及下一年工作展望等。

北京市东城区人民法院于2017年3月1日作出（2016）京0101行初869号一审判决：一、撤销东城区人保局于2016年3月29日作出的不予认定工伤决定；二、责令东城区人保局于判决生效之日起60日内针对第三人仁和公司北京办事处提出的工伤认定申请重新作出处理决定；三、驳回金某的其他诉讼请求。宣判后，东城区人保局不服，提起上诉。北京市第二中级人民法院于2017年6月29日作出（2017）京02行终641号二审判决：驳回上诉，维持原判。

【案件争点】

1. 金某参加涉案活动是否可以认定为工作原因。

2. 金某自愿参加该活动是否构成排除认定工伤事由。

【裁判要旨】

北京市第二中级人民法院认为，其一，关于金某参加涉案活动是否可以认定为工作原因的问题。判断职工所参加的活动是否与工作有关、是否由于工作原因，不应仅从活动的形式予以判断，而应结合活动的性质、内容、目的、是否为单位组织安排、费用承担等多方面因素进行审慎考量和判断。根据合法有效的证据及查明的事实，金某受伤当晚参加的活动系由其供职单位仁和公司北京办事处组织并承担经费。该活动内容包括工作总结、工作展望及娱乐交流等，是仁和公司北京办事处的单位行为，有别于单位职工自发组织、自愿参加的个人行为。因此，该项活动与单位工作存在关联性。其二，关于金某自愿参加该活动是否构成排除认定工伤事由的问题。金某作为仁和公司北京办事处的职工，其根据用人单位安排，到指定场所参加用人单位鼓励或积极要求的年终总结活动，因该类活动从形式上看系用人单位统一组织，内容上由用人单位指定地点、负担费用，客观上是为了用人单位的利益，故其与职工个人自发组织的活动有本质区别。由于用人单位在组织该类活动时，往往会鼓励或积极要求甚至指派职工参加，因此，金某的个人意愿并不能构成排除认定工伤事由。

例案二：武汉和祥顺人力资源有限公司诉武汉市人力资源和社会保障局工伤行政确认案

【法院】

湖北省武汉市中级人民法院

【案号】

（2018）鄂01行终876号

【当事人】

上诉人（一审原告）：武汉和祥顺人力资源有限公司

法定代表人：韩某某，该公司总经理

被上诉人（一审被告）：武汉市人力资源和社会保障局

法定代表人：黄某某，该局局长

一审第三人：许某某

【基本案情】

武汉和祥顺人力资源有限公司（以下简称和祥顺公司）上诉称，一审法院认为上诉人并未举证证明许某某2017年1月4日的伤情与2016年10月16日无关，被上诉人武汉市人力资源和社会保障局（以下简称市人社局）在《工伤认定决定书》中引用2017年1月4日协和医院西院的诊断结果并无不当，该事实认定有误。一审法院审理程序存在重大瑕疵，将举证责任分配给上诉人，显然是对"谁主张谁举证"的僵化性理解。综上，请求二审法院：（1）撤销一审判决，改判撤销市人社局作出的武人社工险决字（2017）第4298号《认定工伤决定书》；（2）诉讼费由被上诉人市人社局承担。

被上诉人市人社局、一审第三人许某某在二审中未提交书面答辩意见。

经审理查明，上诉人和祥顺公司与一审第三人许某某签订《劳动合同》，约定由和祥顺公司将第三人许某某派遣至与该公司存在劳务外包关系的用工单位工作。2016年10月16日12时左右，许某某参加用工单位组织的400米接力赛过程中不慎摔伤，用工单位将许某某送至协和医院西院检查，2016年10月16日协和医院西院X线检查报告单检查结果："1.左肘关节未见明显错位骨折；2.右膝关节未见明显错位骨折。诊断意见：请结合临床复查或进一步检查除外隐匿性骨损伤"，当日门诊病历已遗失。2017年1月4日许某某再次到协和医院西院治疗右膝伤情，门诊病历诊断为："1.右膝外伤；右膝滑膜炎。"2017年3月5日许某某在武汉市普爱医院接受检查，当日该医院右膝关节MR平扫显示"1.右侧胫骨骨质水肿；挫伤。2.内侧半月板后角Ⅱ损伤。3.前交叉韧带损伤。4.滑膜炎，关节囊腔少量积液。"2017年4月10日至4月21日，许某某在武汉市普爱医院住院治疗右膝伤情，入院诊断及出院诊断均为右膝前交叉韧带损伤、半月板损伤。2017年9月15日，武汉市汉南区劳动人事争议仲裁委员会针对许某某与和祥顺公司之间的劳动争议纠纷作出汉劳人仲裁字〔2017〕第226号《仲裁裁决书》，确认双方之间在2016年8月至2016年12月期间存在事实劳动关系。2017年9月29日，被上诉人市人社局受理一审第三人许某某提交的工伤认定申请，内容为其2016年10月16日12时左右参加单位组织的400米接力赛过程中不慎摔倒受伤要求认定工伤。许某某向市人社局提交了《工伤认定申请表》、工伤认定申请、身份证复印件、和祥顺公司的企业信息咨询报告、汉劳人仲裁字〔2017〕第226号《仲裁裁决书》、褚某某出具的证明书及身份证复印件、门诊病历（2017年1月4日、4月6日）、武汉市普爱医院诊断报告单、武汉市普爱医院出院记录。2017年9月29日市人社局向许某某出具《工伤认定申请受理决定书》，并于2017年10月9日向和祥顺公司邮寄送达《工伤认定申请协助调查通知书》及《工伤认定申请表》复印件。2017年10月22日，许某某、和祥顺公司向市人社局递交一份《用人单位意见》及注明用人单位意见并加盖该公司公章的《工伤认定申请表》副本，和祥顺公司表示不同意认定工伤，2017年11月21日，和祥顺公司还向市人社局提交一份《关于许某某事件经过的报告》，详细阐述不同意认定工伤的理由。市人社局经调查，于2017年12月10日作出“武人社工险决字（2017）第4298号”《认定工伤决定书》，认定许某某2016年10月16日12时左右参加用工单位组织的400米接力赛过程中摔伤，协和医院西院2017年1月4日诊断其伤情为右膝外伤、右膝滑膜炎，许某某当日所受伤害属于在工作时间和工作场所内因工作原因受到事故伤害所致，符合《工伤保险条例》第十四条第一项的规定，认定为工伤。市人社局于2018年1月11日向和祥顺公司邮寄送达《认定工伤决定书》，许某某于2018年1月16日收到该《认定工伤决定书》。和祥顺公司不服武人社工险决字（2017）第4298号《认定工伤决定书》诉至一审法院。请求：（1）撤销市人社局作出的武人社工险决字（2017）第4298号《认定工伤决定书》；（2）一审被告承担本案诉讼费。

湖北省武汉市江岸区人民法院认为，许某某参加涉案体育活动中受伤符合《工伤保险条例》第十四条第一项规定的认定工伤情形，被诉认定工伤决定结果正确。虽然市人社局超出了《工伤保险条例》规定的60日法定期限、且无法定中止、延长情形，但该程序轻微违法并不影响当事人的合法权益。依照《行政诉讼法》第七十四条第一款第二项的规定，作出（2018）鄂0102行初136号行政判决：确认被告市人社局超过法定期限作出武人社工险决字（2017）第4298号《认定工伤决定书》程序违法。宣判后，和祥顺公司不服，提起上诉。湖北省武汉市中级人民法院于2018年12月26日作出（2018）鄂01行终876号行政判决：驳回上诉，维持原判。

【案件争点】

1. 一审第三人许某某参加用工单位举办的职工运动会受伤，是否属于因工作原因受伤。

2. 工伤保险责任是否应由上诉人承担。

【裁判要旨】

湖北省武汉市中级人民法院认为，关于一审第三人许某某参加用工单位举办的职工运动会受伤，是否属于因工作原因受伤的问题。根据《工伤保险条例若干问题意见（二）》第四条的规定："职工在参加用人单位组织或者受用人单位指派参加其他单位组织的活动中受到事故伤害的，应当视为工作原因，但参加与工作无关的活动除外。"本案中，许某某在400米接力赛中摔倒受伤，该体育活动系由其所在用工单位组织举办，用工单位组织此类体育赛事活动，是加强职工之间的团结和睦、增强员工凝聚力、调动员工积极性、提高工作效率的一种手段和方式。因此，此类体育赛事活动应该视为用工单位的工作内容，员工应该积极参加。许某某是受上诉人派遣，在用工单位工作，其参加用工单位组织的体育活动，应属于受上诉人指派参加其他单位组织活动的情形。根据上述规定，许某某在体育比赛活动中受伤，应当视为因工作原因受伤，符合《工伤保险条例》第十四条第一项规定的认定为工伤的情形。

关于工伤保险责任是否应由上诉人承担的问题。根据《审理工伤保险行政案件规定》第三条第一款第二项规定，劳务派遣单位派遣的职工在用工单位工作期间因工伤亡的，派遣单位为承担工伤保险责任的单位。本案上诉人与一审第三人存在劳动关系，在上诉人将一审第三人派遣至用工单位工作期间，一审第三人因工受伤，该工伤保险责任依法应由上诉人承担。

例案三：温某某诉阳山县人力资源和社会保障局工伤认定决定及行政复议决定案

【法院】

广东省清远市中级人民法院

【案号】

（2018）粤18行终48号

【当事人】

上诉人（一审原告）：温某某

被上诉人（一审被告）：阳山县人力资源和社会保障局

法定代表人：莫某某，该局局长

被上诉人（一审被告）：清远市人力资源和社会保障局

法定代表人：梁某，该局局长

一审第三人：阳山县联合铸锻有限公司

法定代表人：何某某

【基本案情】

上诉人温某某上诉称，上诉人是参加一审第三人阳山县联合铸锻有限公司（以下简称联合公司）组织的篮球赛过程中受伤的，依法应认定为因工受伤。联合公司每年都会在公司内篮球场举行篮球赛，参加人员都是公司的领导、干部、员工，并且都是由人事部部长刘某某负责的，是人事部安排各班组组长报名参赛的。上诉人从2014年至2016年的篮球赛都参加。篮球赛首先是在联合精机事业部进行的，每年都会组织几组球队进行比赛来决定名次和奖励。上诉人在2016年8月18日上班时，班长冯某某到曲轴车间找到上诉人，统一报名参加篮球赛。阳山县人力资源和社会保障局（以下简称阳山县人社局）提供的调查笔录中的4人均与联合公司存在利害关系，其笔录不可信。上诉人在2016年8月24日的比赛过程中，因为在争抢篮球之后投篮时受伤。当上诉人知道伤情之后，于2016年9月11日回到公司找到人事部部长刘某某，把上诉人的病情转告给他，并要求给上诉人申报工伤。刘某某拒不给上诉人报工伤。根据《全国总工会劳动保险部关于劳动保险问题解答》《工伤保险条例》第十四条第一项、第二项的规定，上诉人参加联合公司的篮球赛是受单位领导安排组织的体育活动，其性质就是“单位负责人临时指定的工作”。根据《企业职工工伤保险试行办法》（已失效）应认定为工伤。上诉请求：（1）撤销清远市清新区人民法院作出的案号为（2017）粤1803行初93号《行政判决书》；（2）支持上诉人温某某的诉讼请求；（3）一审、二审诉讼费由两被上诉人负担。

被上诉人阳山县人社局辩称，经调查认定，用人单位联合公司在2015年曾以公司名义举办过篮球比赛，但没有证据显示用人单位在2016年8月24日组织或授权精机事业部人事部长刘某某组织三人篮球比赛。上诉人仅凭口头认为2016年8月24日下午下班后举行的三人篮球比赛是单位组织的，却没有其他确实有效的证明材料来加以佐证。虽然，本场三人篮球比赛有联合公司所属的精机事业部的人事部长刘某某参加或牵头，但并不代表他就是代表公司组织了这次活动。用人单位并没有以任何形式向精机事业部下发开展三人篮球比赛活动的通知和为他们本场自发组织的篮球比赛活动提供相关经费。上诉人的上诉理由显然缺乏事实依据和法律依据。

经审理查明，上诉人温某某于2014年2月入职一审第三人联合公司，是该公司员工，2014年2月至2016年8月均有参加社会保险的记录。2016年8月24日18时50分许，温某某参加由联合公司人事部部长刘某某自发组织的三人篮球赛过程中，不慎致左脚受伤。2016年8月25日至9月17日期间，温某某以“脚痛”“脚伤上不了班”为由向联合公司请假，又于2016年9月17日以“由于脚伤上不了班”为由向联合公司辞职。温某某分别于同年8月25日、9月10日、11月3日辗转阳山县人民医院、阳山县黎埠镇申志钊诊所、清远市人民医院等三家医疗机构治疗，最终于同年11月21日在佛山市中医院进行了手术治疗并被诊断为左跟腱陈旧断裂伤。联合公司于同年12月23日向被上诉人阳山县人社局提出工伤认定申请。阳山县人社局受理后，于2017年1月19日向联合公司发出了限期举证通知书。联合公司于2017年1月24日出具《关于温某某个人申请工伤的材料举证报告及说明》，称涉案篮球赛并非由联合公司组织。阳山县人社局向温某某、唐某某、张某某、冯某某、刘某某等人进行了调查，于2017年3月2日作出阳人社工伤认定决字〔2017〕11号《工伤认定决定书》，认定温某某是参加非本单位组织的篮球比赛致左侧跟腱陈旧裂断伤，不属工伤。温某某不服，于2017年4月29日向被上诉人清远市人力资源和社会保障局（以下简称清远市人社局）申请行政复议。清远市人社局受理后，于2017年6月20日作出清人社行复字〔2017〕5号《行政复议决定书》，维持了阳人社工伤认定决字〔2017〕11号《工伤认定决定书》。温某某仍不服，遂引发本案诉讼。

广东省清远市清新区人民法院作出（2017）粤1803行初93号行政判决：驳回温某某的诉讼请求。宣判后，温某某不服，提起上诉。广东省清远市中级人民法院于2018年8月20日作出（2018）粤18行终48号行政判决：驳回上诉，维持原判。

【案件争点】

1. 涉案篮球赛是否由联合公司所组织。

2. 温某某参赛是否可以认定为受公司指派。

3. 温某某所受伤害应否认定为工伤。

【裁判要旨】

广东省清远市中级人民法院认为，其一，关于涉案篮球赛是否由联合公司所组织的问题。本案中并无证据证明联合公司组织或者授权其他部门、个人组织涉案篮球比赛，也没有证据证明联合公司曾对外下发开展涉案篮球赛的通知或者为涉案篮球赛提供经费、衣物、用品等。由此可见，涉案篮球赛并非由联合公司组织，仅是联合公司的内部员工因个人爱好而自发组织起来的篮球活动。温某某自述在公司公告栏处看见联合公司组织篮球赛的文件，但却未能提供相关证据予以证实，且与其他证人的陈述相反。阳山县人社局按照温某某提供的7人名单，调查了刘某某、唐某某、冯某某、张某某4人，4名被调查人的陈述均明确表示联合公司未组织涉案篮球比赛。虽然涉案篮球赛有联合公司所属的精机事业部的人事部长刘某某参加或牵头，但并无证据证明刘某某系受联合公司授权组织了这次活动。

其二，关于温某某参赛是否可以认定为受公司指派的问题。从阳山县人社局调查的证据以及对4名被调查人的调查笔录均证实了涉案篮球赛是由爱好篮球运动的员工自发组织的，并无相关的证据显示上诉人温某某参加的篮球比赛是由联合公司组织或者由其授权其他部门、个人组织的。上诉人温某某虽称其在公司的公告栏中看到过涉案篮球赛的公告，但其没有提供任何关于涉案篮球比赛的信息、物品等证据予以证实。据此，现有证据不足以认定温某某系受公司指派参加涉案篮球比赛。

其三，关于温某某所受伤害应否认定为工伤的问题。根据《职工参加单位组织的体育活动受伤害能否认定为工伤复函》的意见，作为单位的工作安排，职工参加体育训练活动而受到伤害的，应当依照《工伤保险条例》第十四条第一项中关于“因工作原因受到事故伤害的”的规定，认定为工伤。本案，根据阳山县人社局的调查结论，结合在案证据，不能认定涉案篮球比赛系由联合公司组织，也无法认定温某某参加涉案比赛系受公司指派，故温某某所受伤害不符合上述规定，依法不能认定为工伤。

三、裁判规则提要

工伤认定的核心要素是工作原因，而该类案件的核心难题是对工作原因的理解和把握。特别是随着经济社会的发展，申请认定工伤案件的样态日趋多样化、复杂化，加剧了该类案件的审理难度。近年来，用人单位经常组织一些文体娱乐、竞技活动，如户外拓展训练、体育竞技比赛、年会等。司法实践中，对该类文体活动中所受伤害是否应认定为工伤的问题，有许多用人单位以受伤害职工未经指派、系自愿参加活动作为抗辩理由，主张不予认定工伤，这一抗辩事由在收集到的例案中较为普遍。

用人单位或企业组织各类文化娱乐、体育竞技等活动主要目的是实现单位或企业利益，其基本态度应是鼓励或积极要求职工参与，虽然职工因参与活动也获得了休闲放松或物质、精神奖励等客观利益，但仍不影响“最大利益归于单位”的认定。国务院法制办、最高人民法院均已将用人单位组织的此类活动明确为工作安排，故此，在参加用人单位组织或由用人单位指派参与的文体活动中受伤，除有证据证明活动存在需受指派、选拔等参与程序限定，用人单位以职工系自愿参加活动、不应认定为工伤抗辩的，人民法院不予采纳。

（一）涉案活动必须是由用人单位组织或用人单位指派参与的其他活动

《工伤保险条例》第十四条第一项虽对“工作原因”未作出详细规定，但《审理工伤保险行政案件规定》第四条第二项规定：“职工参加用人单位组织或者受用人单位指派参加其他单位组织的活动受到伤害的，社会保险行政部门认定为工伤的，人民法院应予支持。”《职工参加单位组织的体育活动受伤害能否认定为工伤复函》（国法秘函〔2005〕311 号）的意见认为，作为单位的工作安排，职工参加体育训练活动而受到伤害的，应当依照《工伤保险条例》第十四条第一项中关于“因工作原因受到事故伤害的”规定，认定为工伤。上述两个规定明确了“用人单位组织活动或受用人单位指派参加活动”“职工因单位安排参加体育训练”应认定为工作原因，这是该类型案件必须首先解决的问题，即将用人单位组织的或用人单位指派参加的活动纳入工作原因范畴之内。该类活动必须是由用人单位组织或由用人单位指派参加的其他活动。从“工作安排”这一角度出发，职工应服从用人单位的工作安排是基本常识，而用人单位安排的工作主要是基于单位需要且服务于单位利益的，其内容一般不会与职工所签订的劳动合同完全一致。因此，职工参加用人单位组织的活动或用人单位指派参与的其他活动，当然应认定为是出于工作原因，因参加活动受到伤害的，应认定为工伤。

（二）实践中应以全面、客观的判断标准对涉案活动性质作出认定

从收集的例案情况看，活动形式、参加方式、经费保障等往往成为抗辩涉案活动非单位组织的主要理由，这也是该类型案件中阻却工伤认定的主要因素。从最高人民法院以及国务院法制办公室将职工参加用人单位组织的活动视为工作原因的理据可知，该类活动因最大利益归于用人单位而应将之视为工作安排，故这些活动的形式、规模、流程等细节虽各不相同，但全面、客观地考察这些活动后，只要其实

质符合“最大利益归于用人单位”，其他如活动组织方式、规模流程、经费保障等细节即使有缺失，仍应认定为用人单位组织或由用人单位指派参加的其他活动，毕竟实践中不同的用人单位和企业对活动的精力及经济投入不同，事后工伤认定部门调查取证以及法院认定都不可能完整重现活动所有细节。因此，判断职工所参加的活动是否属于工作原因，不应仅从该活动的内容、形式等表象予以考虑，更应从活动目的、性质、是否增加了单位利益以及是否为单位组织安排、费用承担等全面、客观地进行审慎考量。

（三）如用人单位不能证明活动存在“非受指派或选拔不得参与”的限定，仅以职工系自愿参加为由主张不予认定工伤的，人民法院不予支持

实践中，容易形成讼争的案件大多是涉案活动组织较为随意的，这些活动没有明确参与方式、参加人员范围等详细、具体的流程规定。因此，用人单位大多以并非受单位指派而是职工自愿参加活动作为抗辩理由。例如，例案二“武汉和祥顺人力资源有限公司诉武汉市人力资源和社会保障局工伤行政确认案”，用人单位认为许某某系自愿参加活动，单位并未要求或指派其参加比赛，故其主张许某某所受伤害不应认定为工伤。其抗辩理由和主张颇具代表性。如前所述，用人单位组织文体活动的主要目的是实现其自身利益，在此前提下，鼓励或积极要求职工参加活动应是单位的基本态度，除非有证据证明对参加人员有受指派或选拔等明确的程序性限定，否则，即使没有证据显示受到单位指派，也不宜将参加活动职工的主观意愿推定为自愿参加，更不能将职工因自愿参加活动受伤作为排除工伤认定的情形，这既没有法律依据，也不符合一般社会认知。故此，用人单位以受伤害职工系自愿参加活动为由抗辩的，其主张不应予以采纳。

最高人民法院和国务院法制办公室均已将职工参加用人单位组织或指定参加的活动明确认定为工作安排。从实践经验来看，用人单位或企业之所以热衷于组织文化娱乐或体育竞技等活动，且鼓励或积极要求职工参加，其目的在于该类活动能够给用人单位或企业带来利益。必须指出的是，该类活动在实现用人单位或企业利益的同时，也能使职工休闲放松或得到物质、精神奖励等，客观上也为职工创造了利益。但唯一能够构成本裁判规则例外情形的为用人单位举证证明涉案活动存在参加限定，如单位选派部分优秀职工参加具有表彰、奖励性质的活动或单位选拔、指派部分职工代表单位参加文娱、体育比赛等竞技类活动，此类活动对参加人员限定既明确又合理。故此，本裁判规则并非对该类文体活动持否定性评价，其现实意义在

于提醒用人单位、企业在开展各种文体活动时，一定要充分考虑到可能产生的危险，提前做好活动预案和安全防护措施，这样既能够实现活动的预期目标，又能够确保参加活动的职工安全，最终通过这些形式多样的文体活动实现用人单位与职工利益的双赢。

四、辅助信息

《工伤保险条例》

第十四条 职工有下列情形之一的，应当认定为工伤：

（一）在工作时间和工作场所内，因工作原因受到事故伤害的；

（二）工作时间前后在工作场所内，从事与工作有关的预备性或者收尾性工作受到事故伤害的；

（三）在工作时间和工作场所内，因履行工作职责受到暴力等意外伤害的；

（四）患职业病的；

（五）因工外出期间，由于工作原因受到伤害或者发生事故下落不明的；

（六）在上下班途中，受到非本人主要责任的交通事故或者城市轨道交通、客运轮渡、火车事故伤害的；

（七）法律、行政法规规定应当认定为工伤的其他情形。

《审理工伤保险行政案件规定》

第四条 社会保险行政部门认定下列情形为工伤的，人民法院应予支持：

（一）职工在工作时间和工作场所内受到伤害，用人单位或者社会保险行政部门没有证据证明是非工作原因导致的；

（二）职工参加用人单位组织或者受用人单位指派参加其他单位组织的活动受到伤害的；

（三）在工作时间内，职工来往于多个与其工作职责相关的工作场所之间的合理区域因工受到伤害的；

（四）其他与履行工作职责相关，在工作时间及合理区域内受到伤害的。

《职工参加单位组织的体育活动受伤害能否认定为工伤复函》

作为单位的工作安排，职工参加体育训练活动而受到伤害的，应当依照《工伤保险条例》第十四条第（一）项中关于“因工作原因受到事故伤害的”的规定，认定为工伤。

工伤认定案件裁判规则第 4 条：

社会保险行政部门对工伤认定申请应当采用形式审查标准，进行实质审查作出行政决定的，不予支持

【规则描述】 工伤认定包括申请、受理、用人单位举证、调查核实、认定等多个阶段，在程序性的申请、受理阶段，社会保险行政部门对申请材料的审查应当为形式审查，不能过度进行实质审查。根据《工伤保险条例》第十八条的规定，申请人提出工伤认定申请应当提交与用人单位存在劳动关系（包括事实劳动关系）的证明材料。在工伤认定申请中，申请人承担着存在劳动关系和因工受到伤害的初步证明责任。因此，对工伤认定申请的形式审查并非简单的申请资料是否完备的审查，社会保险行政部门需对申请资料是否达到符合工伤认定申请条件的证明程度，主要是劳动关系证明材料是否达到初步证明力，进行合理、审慎地审查核实。

一、类案检索大数据报告

截至 2020 年 12 月 31 日，以“行政案件”“工伤”“实质审查”为关键词，通过 Alpha 案例库、法信平台、中国裁判文书网、元典智库、北大法宝等共检索到案件 194 件，经逐案阅看、筛选，与本规则直接关联案件 16 件。排除同一案件不同审级形成的多个文书，实际查找到高度关联的 14 篇裁判文书。整体情况如下：

如图 4-1 所示，从地域分布看，涉案数量最多的地域为广东省和山西省，均为 3 件，其他省份均为 1 件。

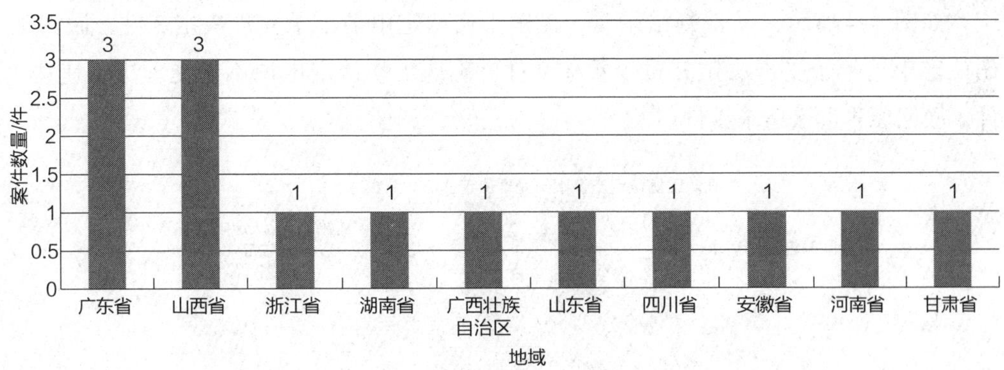

图 4–1　类案地域分布情况

如图 4–2 所示，从结案时间看，涉案数量最多的年份为 2020 年，共有 4 件，其次为 2015 年，为 3 件。

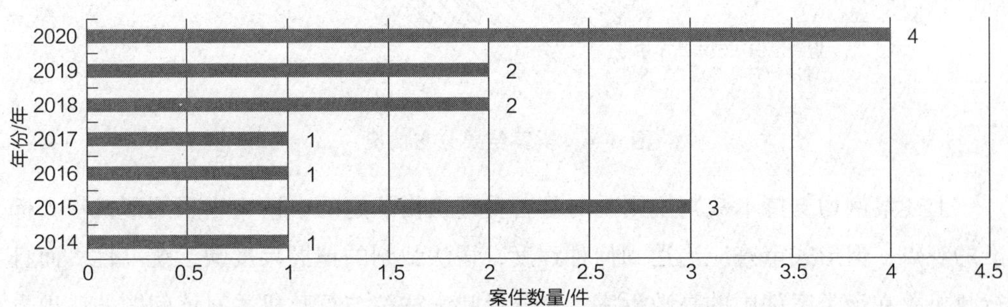

图 4–2　类案时间分布情况

如图 4–3 所示，从审理程序看，一审案例 8 件，二审案例 6 件，无再审案例。

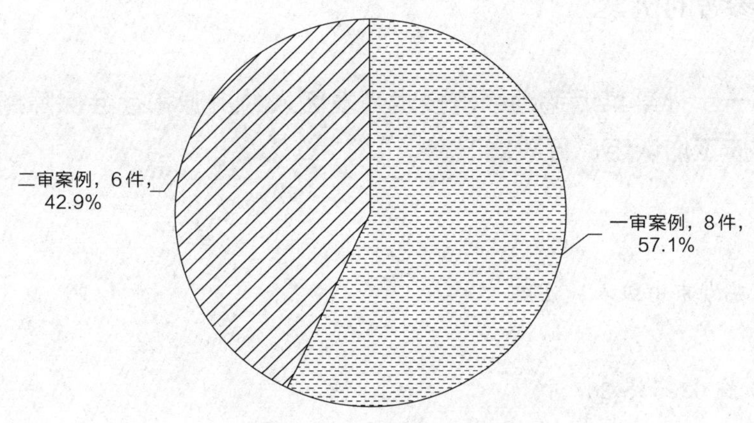

图 4–3　审理程序分布情况

如图4-4所示，从裁判结果看，撤销工伤认定申请不予受理决定3件，撤销工伤认定申请不予受理决定并责令重作9件，确认工伤认定申请不予受理决定违法1件，驳回原告诉讼请求1件。

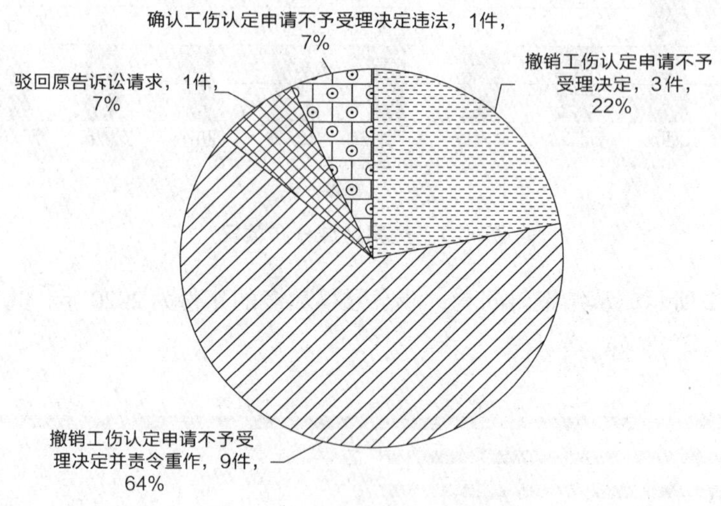

图4-4　类案结果分布情况

上述案例均支持本裁判规则中对是否受理工伤认定的申请应当采用形式审查标准的观点，但形式审查应当达到何种程度，司法裁判的把握尺度缺乏统一性。而且行政机关在该类案件中的高败诉率，充分反映出法院与行政机关对该问题的认识也存在明显差异。

二、可供参考的例案

例案一：孙某某诉芜湖经济技术开发区人力资源和社会保障局、芜湖市人民政府工伤认定、行政复议案

【法院】

安徽省芜湖市中级人民法院

【案号】

（2020）皖02行终207号

【当事人】

上诉人（一审被告）：芜湖经济技术开发区人力资源和社会保障局

法定代表人：邓某某，该局局长

被上诉人（一审原告）：孙某某

一审被告：芜湖市人民政府

法定代表人：单某某

一审第三人：芜湖明达物业管理有限公司

法定代表人：涂某某，该公司总经理

【基本案情】

芜湖经济技术开发区人力资源和社会保障局（以下简称经开区人社局）上诉称，其在受理工伤认定申请时，应当进行实质性审查。一审判决混淆工伤认定受理条件中的举证责任和工伤认定过程中的举证责任，适用法律错误。请求撤销安徽省芜湖经济技术开发区人民法院作出的（2020）皖0291行初9号行政判决，依法改判驳回被上诉人全部诉讼请求。

孙某某辩称，上诉人受理工伤认定申请时，进行实质审查违反法律程序。受理工伤认定申请时应当为形式审查。请求驳回上诉。

芜湖市人民政府述称，其所作的复议程序合法，复议决定具有事实和法律依据。请求依法改判。

芜湖明达物业管理有限公司（以下简称明达公司）述称，并没有法律规定工伤认定只能形式审查，不能进行实质性审查，一审判决推定上诉人应当形式审查没有法律依据，系认定错误。被上诉人父亲发生交通事故时已经63周岁，显然已不适用《劳动合同法》，不存在与用人单位的劳动关系，上诉人作出不予受理工伤认定申请决定正确。无论被上诉人父亲是否享受基本养老保险待遇，其已达到法定退休年龄，继续就业形成的是劳务关系，而非劳动关系。芜湖市人民政府作出的行政复议决定程序正当，适用法律正确。请求作出公正判决。

经审理查明，孙某某的父亲孙某甲受明达公司指派到麦凯瑞汽车饰品公司从事保安工作，明达公司通过员工的个人账户向孙某甲发放报酬。2019年1月28日15时32分，汤某某驾驶三轮轻便摩托车与孙某甲驾驶的两轮轻便摩托车车头发生碰撞，造成孙某甲受伤及两车受损的道路交通事故，后孙某甲经医院抢救无效死亡。2019年11月1日，孙某某向经开区人社局提出工伤认定申请，除《工伤认定申请表》以外，还提交了身份证、户口簿、《道路交通事故认定书》、路线图、医院病历、火化证明、死亡医学证明、徽商银行账户流水、明达公司企业信用信息、押金收据、安保人员考勤表、《灵活就业人员参加企业职工养老保险登记表》的复印件。收到材料后，经开区人社局认为孙某甲发生交通事故死亡时已超过60周岁，且孙某甲1996年1月至2010年12月期间的企业职工养老保险已补缴，孙某甲在年满60周岁时应当能享受职工养老保险待遇；经开区人社局与当涂县人社局电话联系，该局反馈孙某甲自2016年8月起已经享受职工养老保险待遇；孙某某提交的押金收据、徽商银行账户流水，证明孙某甲每月收到的报酬标注为“劳务费”。经开区人社局根据上述情况，认定孙某甲与明达公司之间系劳务关系，不属于工伤认定申请的受理范围。

2019年11月7日，经开区人社局工作人员向孙某某询问并制作询问笔录，在询问过程中告知孙某某需补正劳动关系（包括事实劳动关系）证明材料，待补正后，按程序受理工伤认定申请，孙某某表示“好的”。2019年12月16日，孙某某向经开区人社局书面表示，关于孙某甲劳动关系证明材料无法提交，望按流程处理；当日，经开区人社局制作了20192426号《工伤认定申请不予受理决定书》。孙某某收到20192426号《工伤认定申请不予受理决定书》后，向芜湖市人民政府申请了行政复议，要求撤销案涉《工伤认定申请不予受理决定书》并认定孙某甲所受伤害为工伤。芜湖市人民政府于2020年2月13日收到孙某某提交的复议申请材料。芜湖市人民政府认为案情复杂，决定复议决定延期30日作出，并将《延期审理通知书》向孙某某邮寄送达。2020年5月6日，芜湖市人民政府作出芜市行复〔2020〕6号《行政复议决定书》，维持20192426号《工伤认定申请不予受理决定书》。孙某某对该复议决定不服，提起诉讼。

安徽省芜湖经济技术开发区人民法院于2020年8月31日作出一审判决：撤销经开区人社局于2019年12月16日作出的20192426号《工伤认定申请不予受理决定书》、芜湖市人民政府于2020年5月6日作出的芜市行复〔2020〕6号《行政复议决定书》，经开区人社局于本判决生效之日起30日内重新作出行政行为。经开区人社局不服，提起上诉。安徽省芜湖市中级人民法院于2020年12月17日作出二审判决：撤销安徽省芜湖经济技术开发区人民法院作出的（2020）皖0291行初9号行政判决；驳回孙某某的诉讼请求。

【案件争点】

1. 孙某某提交的工伤认定申请材料是否符合受理条件。

2. 经开区人社局在未受理申请前进行调查核实是否合法。

【裁判要旨】

安徽省芜湖市中级人民法院认为，(1)《工伤保险条例》第十九条规定，社会保险行政部门受理工伤认定申请后，根据审核需要可以对事故伤害进行调查核实，用人单位、职工、工会组织、医疗机构以及有关部门应当予以协助。职工或者其近亲属认为是工伤，用人单位不认为是工伤的，由用人单位承担举证责任。该条款系对社会保险行政部门受理工伤认定申请后，如何对事故伤害进行调查及如何分配举证责任所作的规定，而不是对受理前的调查核实及举证责任分担进行规定，且该条也仅是规定对事故伤害的调查核实，并未对劳动关系与否的调查进行规定。本案所争议的是经开区人社局是否应当受理工伤认定申请，而不涉及工伤认定申请后的事宜，故一审判决选择适用上述法律条款属适用法律错误。(2)《工伤保险条例》第十八条第一款规定："提出工伤认定申请应当提交下列材料：（一）工伤认定申请表；（二）与用人单位存在劳动关系（包括事实劳动关系）的证明材料；（三）医疗诊断证明或者职业病诊断证明书（或者职业病诊断鉴定书）。"第十八条第三款规定："工伤认定申请人提供材料不完整的，社会保险行政部门应当一次性书面告知工伤认定申请人需要补正的全部材料。申请人按照书面告知要求补正材料后，社会保险行政部门应当受理。"据此，申请认定工伤的职工与用人单位存在劳动关系（包括事实劳动关系）系工伤保险行政机关受理工伤认定申请案件的前提。本案中，在提交工伤认定申请时，申请材料显示孙某甲已63岁，已超过法定退休年龄，因不同于一般年龄的职工工伤认定，经开区人社局在收到申请材料后，针对该特殊情形是否具有劳动关系进行必要的调查系尽审慎核实职责，该调查核实行为并无不当。(3)《审理劳动争议案件解释（三）》（已失效）第七条规定，用人单位与其招用的已经依法享受养老保险待遇或领取退休金的人员发生用工争议，向人民法院提起诉讼的，人民法院应当按劳务关系处理。本案中，已有证据证明孙某甲已在马鞍山领取企业离退休职工基本养老金，已依法享受养老保险待遇。据此，经开区人社局认为孙某甲与明达公司不构成劳动关系，并告知孙某某需补正劳动关系（包括事实劳动关系）证明材料的行为于法有据。经开区人社局在收到孙某某无法提供劳动关系证明材料的书面意见后，作出被诉的20192426号《工伤认定申请不予受理决定书》并无不当。芜湖市人民政府据此作出的行政复议决定正确，程序合法，予以支持。(4)由于孙某甲和明达公司之间是否构成劳动关系存在较大争议，孙某某可依法通过申请劳动争议仲裁的方式确认劳动关系，待确认构成劳动关系后，仍可申请工伤认定，主张工伤保险权益。综上，上诉人的上诉理由成立，予以支持。

例案二：吴某、王某某诉酒泉市人力资源和社会保障局社会保障行政决定案

【法院】

甘肃省高级人民法院

【案号】

（2017）甘行终字 222 号

【当事人】

上诉人（一审原告）：吴某

上诉人（一审原告）：王某某

被上诉人（一审被告）：酒泉市人力资源和社会保障局

法定代表人：贾某某，该局局长

【基本案情】

吴某、王某某上诉称，一审判决认定事实不清，适用法律错误，判决结果错误。首先，上诉人提交的材料已经充分证明上诉人之子吴某甲与酒泉市金辉农业开发有限公司（以下简称金辉农业开发公司）存在事实劳动关系，属于因公受伤的事实证据。被上诉人在收到上诉人提交的工伤认定申请及证据材料后，未严格依照《工伤认定办法》第八条规定的时间出具《工伤认定申请受理决定书》，严重违反法定程序，对上诉人的申请置之不理，拖延时间，致使上诉人的工伤认定申请长时间未能受理，无法进入工伤认定程序。其次，根据《最高人民法院行政审判庭关于劳动行政部门在工伤认定程序中是否具有劳动关系确认权请示的答复》规定，劳动部门具有确认劳动关系的职权。从《工伤保险条例》规定的内容及立法原意上分析，对事实劳动关系的确认不应作为工伤认定的独立程序或前置程序。在工伤认定程序中，对劳动关系的确认，不是一个独立的程序而是工伤认定程序中的一环，应由劳动保障部门行使行政确认权。申请人应当提交与用人单位存在劳动关系（包括事实劳动关系）的证明材料，对该证明材料没有限制性规定，即没有规定是否有劳动合同，在没有劳动合同的前提下可以提供其他证明材料。工伤认定部门对申请人提交的材料只作形式审查，不作实质审查。有劳动关系的证明责任应当由用人单位承担举证责任。最后，一审庭审活动中，行政机关负责人未到庭，仅委派 1 名科员参加，程序违法。请求撤销一审判决；撤销酒人社工不受字（2016）1 号《工伤认定申请不予受理决定书》；责令被上诉人依法受理上诉人的工伤认定申请，并限期作出工伤

认定。

酒泉市人力资源和社会保障局（以下简称酒泉市人社局）辩称，上诉人于2015年提出工伤认定申请，答辩人第一次作出的不予受理决定没有上位法支持，自行撤销了该决定。之后，答辩人对上诉人作出《工伤认定补正材料告知书》，要求上诉人提交吴某甲与用人单位存在劳动关系的证明材料。上诉人之后补充的还是原来的材料。认定工伤必须有劳动关系，吴某甲是实习生，并没有劳动关系，依据《工伤认定办法》第六条，应当不予受理。请求维持一审判决，维持被上诉人作出的不予受理决定。

经审理查明，吴某、王某某系死者吴某甲父母。吴某甲生前于2012年9月被酒泉职业技术学院生物工程系录取，在该校大专班学习。2014年4月17日，酒泉职业技术学院生物工程系、吴某甲、金辉农业开发公司三方共同签订《校企合作学生实习协议》一份，约定由学院派遣吴某甲等18名学生到金辉农业开发公司从事技术员实习工作，实习时间为2014年5月1日至2014年10月15日，实习期工资为每月1400元。协议同时约定，金辉农业开发公司为实习学生购买实习期间的综合意外伤害保险（或工伤保险）。协议签订后，酒泉职业技术学院将包括吴某甲在内的18名学生派往金辉农业开发公司从事技术员实习工作。因金辉农业开发公司与张掖市诚丰农业开发有限责任公司（以下简称诚丰农业公司）有业务合作关系，2014年7月3日，金辉农业开发公司将吴某甲派往诚丰农业公司在张掖市甘州区大满镇的西瓜制种基地从事西瓜制种指导工作。2014年7月15日5时30分许，诚丰农业公司指派吴某甲驾驶该公司甘J×××× 号“江淮”牌轻型普通货车送公司人员许某等前往西瓜制种基地，在甘州区张大公路9公里+800米处时，吴某甲驾驶车辆与对向行驶的轻型普通货车相撞，造成道路交通事故。吴某甲受伤后因伤势过重，经张掖市人民医院抢救无效于2014年7月28日死亡。该起交通事故经甘州区公安局交警大队（2014）第00902号事故责任书认定，吴某甲负事故主要责任。

2015年4月10日，吴某向酒泉市人社局递交工伤认定申请书，请求认定吴某甲为因工死亡。2015年6月2日，酒泉市人社局作出酒人社工不受字〔2015〕1号《不予受理决定书》。吴某收到该不予受理决定书后不服，向张掖市中级人民法院提起诉讼，要求撤销该不予受理决定书，案件审理过程中，酒泉市人社局于2015年12月17日以适用依据不充分为由，作出酒人社工撤字〔2015〕1号《撤销不予受理决定书》，撤销了被诉的酒人社工不受字〔2015〕1号《不予受理决定书》，于同日作出《工伤认定补正材料告知书》，并向吴某送达，要求提交吴某甲与用人单位存在劳动关系的证明材料。吴某收到被告送达的酒人社工撤字〔2015〕1号《撤销不予受理决定书》后，向张掖市中级人民法院申请撤回起诉，张掖市中级人民法院依法审查后裁定准许吴某撤回起诉。

2015年12月24日，酒泉市人社局收到吴某寄送的相关材料后，认为没有提交有关吴某甲劳动关系的证明材料，于2015年12月25日作出《工伤认定程序中止通知书》，告知吴某待将吴某甲的劳动关系证明材料补齐后，重新启动工伤认定程序，向吴某送达了该通知书。吴某收到该通知书后，多次向酒泉市人社局提出异议并要求恢复工伤认定程序。2016年7月27日，酒泉市人社局作出《工伤认定程序启动通知书》，同年7月29日，作出酒人社工不受字〔2016〕1号《工伤认定申请不予受理决定书》，并向吴某邮寄送达了该两份行政文书。吴某不服，提起诉讼。

另查明，金辉农业开发公司为包括吴某甲在内的17人在平安养老保险股份有限公司甘肃分公司投保了"团体人身智盈D-1款保险一份"，该公司实际未为吴某甲缴纳过工伤保险费用。

甘肃省张掖市中级人民法院作出一审判决：驳回吴某、王某某的诉讼请求。吴某、王某某不服，提起上诉。甘肃省高级人民法院于2017年6月18日作出二审判决：撤销张掖市中级人民法院（2016）甘07行初26号行政判决；确认酒泉市人社局于2016年7月29日作出的酒人社工不受字〔2016〕1号不予受理决定违法。

【案件争点】

1. 吴某、王某某是否提交了证明存在劳动关系的材料。

2. 不予受理决定程序是否合法。

3. 行政机关仅委派1名科员参加庭审是否程序违法。

【裁判要旨】

甘肃省高级人民法院认为，本案中，上诉人吴某、王某某和被上诉人酒泉市人社局争议的主要问题：上诉人是否提交了证明存在劳动关系的材料。上诉人认为其提交的《校企合作学生实习协议》可以直接证明受害人吴某甲到金辉农业开发公司实习，存在书面的劳动合同关系。被上诉人认为上诉人提交的材料中没有吴某甲劳动关系证明材料。劳动关系是指用人单位招用劳动者为其成员，劳动者在用人单位的管理下，提供由用人单位支付报酬的劳动而产生的权利义务关系。经审查，本案上诉人之子吴某甲为在校学生，金辉农业开发公司未招用其为员工，上诉人提交的《校企合作学生实习协议》系公司、学校与实习学生签订的实习协议，内容为规定各方在实习期限内权利义务的协议，并非与用人单位存在劳动关系的证明材料。《工伤保险条例》第二条第二款规定，中华人民共和国境内的企业、事业单位、社会团体、民办非企业单位、基金会、律师事务所、会计师事务所等组织的职工和个体工商户的雇工，均有依照本条例的规定享受工伤保险待遇的权利。据此，在校学生到用人单位实习期间发生伤亡事故的，不属于工伤认定的对象。上诉人吴某、王某某所申请的工伤认定系在校学生在实习期间发生的事故，不属于工伤认定对象。故上诉人认为其提交的《校企合作学生实习协议》即能证明存在书面劳动合同关系的理由不能成立。

关于不予受理决定程序是否合法的问题。本案中，被上诉人酒泉市人社局于2015年12月17日向上诉人作出《工伤认定补正材料告知书》，告知上诉人吴某向其提交吴某甲与用人单位存在劳动关系的证明材料。被上诉人于2015年12月24日收到上诉人寄送的相关材料后，再次以上诉人吴某没有提供吴某甲劳动关系证明材料为由，于2015年12月25日作出《工伤认定程序中止通知书》。《工伤保险条例》第二十条第三款规定："作出工伤认定决定需要以司法机关或者有关行政主管部门的结论为依据的，在司法机关或者有关行政主管部门尚未作出结论期间，作出工伤认定决定的时限中止。"被上诉人以上诉人寄送的材料中没有吴某甲劳动关系证明为由，作出《工伤认定程序中止通知书》不符合上述法律规定，亦违反在15日内作出受理或者不予受理的决定的规定。但上述行为并不影响上诉人申请认定工伤未提交劳动关系的证明材料的事实，亦不影响被上诉人作出被诉不予受理决定结果的正确。故被上诉人酒泉市人社局作出的不予受理决定程序虽存在轻微违法，但对上诉人的权利义务不产生实际影响，应确认违法。

关于一审庭审中行政机关负责人未到庭，仅委派1名科员参加，程序违法的问题。《行政诉讼法》第三条第三款规定："被诉行政机关负责人应当出庭应诉。不能出庭的，应当委托行政机关相应的工作人员出庭。"本案一审庭审中，被上诉人酒泉市人社局的负责人因参加重要会议向法庭说明情况，由被上诉人委托其工作人员姜某某出庭参加庭审活动。据此，被上诉人一审庭审活动中出庭应诉行为符合上述法律规定。上诉人的该项上诉理由不能成立。

综上，被上诉人酒泉市人社局作出的酒人社工不受字〔2016〕1号不予受理决定的行为认定事实清楚、适用法律正确、结果正确，但程序轻微违法，予以确认。一审判决认定事实清楚，适用法律错误，结果不当，应予纠正。

例案三：孔某诉山东省枣庄市市中区人力资源和社会保障局工伤认定案

【法院】

山东省枣庄市市中区人民法院

【案号】

（2015）市中行初字第70号

【当事人】

原告：孔某

被告：枣庄市市中区人力资源和社会保障局

法定代表人：张某，该局局长

第三人：枣庄市市中区园林管理处

法定代表人：秦某某，该处主任

【基本案情】

孔某述称，其丈夫侯某某系枣庄市市中区园林管理处的工作人员，具体负责辖区内绿化工作。2015年3、4月，枣庄市创建国家级园林城市，侯某某带领同事在多处加班加点进行绿化。4月12日，侯某忙碌到晚上10点左右，说不舒服，同事劝其尽快到医院检查治疗，侯某某答应先回家吃药再说。由于身体不适，侯某某直到深夜才回家。到了深夜4点多，侯某某口吐白沫，后两次拨打120电话，但侯某某还是因抢救无效于4月13日早上6：30分死亡。枣庄市市中区园林管理处于4月16日向枣庄市市中区人力资源和社会保障局（以下简称市中区人社局）提出工伤认定申请，市中区人社局于5月5日作出工伤认定申请不予受理通知书。根据《工伤保险条例》第十五条的规定，侯某某的情况应视为工伤。市中区人社局在接到申请后没有审查直接作出不予受理决定违法。请求依法撤销市中区人社局作出的市中人社理函（2015）1号工伤认定申请不予受理通知书，责令依法受理并予以认定。

市中区人社局辩称，程序合法，2015年4月28日，枣庄市市中区园林管理处申报侯某某工伤认定，附相关材料12份，经认真审核证据材料，以事实为依据，对照法律法规规定，2015年5月5日作出工伤认定申请不予受理通知书，并于次日送达申请人。认定事实清楚，园林处提供的工伤认定申请和证据材料主要包括工伤申请表、证人证言、医疗机构出诊出车时间及诊断证明、电话通话记录清单。侯某某系枣庄市市中区园林管理处绿化管理二所所长、园林工程公司项目经理，2015年4月

13 日凌晨 5 时 46 分 30 秒在其家中，其家人用侯某某的手机拨打 120 急救电话，枣庄矿业集团枣庄医院院前急救病历记载：患者姓名侯某某，现场地址华山小区，出车时间 2015 年 4 月 13 日 5 时 50 分，到达时间 5 时 57 分，主诉病史呼吸心跳停止，死亡时间 2015 年 4 月 13 日 6 时 48 分许，死亡原因：猝死。综上，市中人社理函（2015）1 号工伤认定申请不予受理通知书完全符合有关工伤认定规范性文件的规定。请求依法予以维持，驳回孔某的诉讼请求。

枣庄市市中区园林管理处未发表陈述意见。

经审理查明，孔某的丈夫侯某某系枣庄市市中区园林管理处职工。2015 年 4 月 12 日，侯某某加班到晚上 10 点左右时，感觉身体不适，后回家。2015 年 4 月 13 日 4 时许，侯某某口吐白沫，病情加重。其家人拨打 120 电话，后因抢救无效于当日 6 时 48 分死亡。枣庄市市中区园林管理处于 2015 年 4 月 16 日制作关于认定侯某某同志因工死亡的申请，并由孔某填写了工伤认定申请表后，将有关材料向市中区人社局进行了申报。2015 年 5 月 5 日，市中区人社局依据《工伤保险条例》《工伤认定办法》的相关规定，对枣庄市市中区园林管理处申报侯某某因工死亡的申请作出市中人社理函（2015）1 号工伤认定申请不予受理通知书。孔某不服，遂提起诉讼。

山东省枣庄市市中区人民法院于 2015 年 7 月 27 日作出一审判决：撤销市中区人社局于 2015 年 5 月 5 日作出的市中人社理函（2015）1 号工伤认定申请不予受理通知书，责令市中区人社局于判决生效之日起 15 日内受理枣庄市市中区园林管理处的工伤认定申请，并依法对侯某某的死亡作出是否工伤认定的决定。

【案件争点】

枣庄市市中区园林管理处为侯某某申报工伤认定是否符合受理的条件。

【裁判要旨】

山东省枣庄市市中区人民法院认为，关于孔某在庭审中提出市中区人社局未在法定时间内作出决定的问题。《工伤认定办法》第八条规定的受理期限是收到工伤认定申请后 15 日内。虽然《关于认定侯某某同志因工死亡的申请》及孔某在《工伤认定申请表》上的落款时间均为 2015 年 4 月 16 日，但在申报工伤的多份材料中，收集证据的时间均在 4 月 16 日之后，由此可以得出市中区人社局收到申报工伤材料的时间不是 4 月 16 日当日。故应认定市中区人社局是在法定期限内作出的市中人社理函（2015）1 号工伤认定申请不予受理通知书。

关于枣庄市市中区园林管理处为侯某某申报工伤认定是否符合受理条件的问题。《工伤保险条例》第十八条第三款规定："工伤认定申请人提供材料不完整的，社会保险行政部门应当一次性书面告知工伤认定申请人需要补正的全部材料。申请人按照书面告知要求补正材料后，社会保险行政部门应当受理。”《工伤认定办法》第七条规定：“工伤认定申请人提交的申请材料符合要求，属于社会保险行政部门管辖范围且在受理时限内的，社会保险行政部门应当受理。”第八条第一款规定：“社会保险行政部门收到工伤认定申请后，应当在15日内对申请人提交的材料进行审核，材料完整的，作出受理或者不予受理的决定；材料不完整的，应当以书面形式一次性告知申请人需要补正的全部材料。社会保险行政部门收到申请人提交的全部补正材料后，应当在15日内作出受理或者不予受理的决定。”《工伤保险条例》是行政法规，《工伤认定办法》是部门规章。本案中，《工伤认定办法》第八条第一款的规定与《工伤保险条例》第十八条第三款的规定不完全一致，根据《立法法》的规定，本案在是否受理问题上，应适用《工伤保险条例》第十八条第三款的规定，即只要申请材料完整，社会保险行政部门就应当受理。本案中，枣庄市市中区园林管理处已按《工伤保险条例》第十八条第一款及《工伤认定办法》第六条的规定提交了完整的申请材料，属于市中区人社局的管辖范围且在受理时限内，市中区人社局按规定应予以受理。至于侯某某的情形是否符合应当认定为工伤或视同工伤的规定情形，市中区人社局则应当在受理工伤申报后进行实质审查方可作出决定。故市中区人社局认为侯某某的情形不属于视同工伤的情形而直接作出市中人社理函（2015）1号工伤认定申请不予受理通知书的程序违法，依法应予撤销。

三、裁判规则提要

在工伤认定程序中，申请人提交的材料达到何种程度才符合工伤认定的申请条件，行政机关对工伤认定申请的受理是适用形式审查还是实质审查标准，现行法律法规并未作出明确规定。从前述例案和类案检索大数据报告中可以看出，在司法实践中，对工伤的申请受理阶段与具体认定阶段予以区分并无分歧，受理阶段进行程序性审查，认定阶段进行实质性审查。但在程序性审查尺度的把握上，仍然存在不同认识。例如，在例案一中，一审法院认为在受理工伤认定申请阶段对申请材料的审查应当为材料“完整性”审查，要求申请人在提起工伤申请阶段便需提交相对完整、能充分证明劳动关系的材料，与法律规定相悖，且不能充分保障劳动者的合法权益；二审法院却认为，申请认定工伤的劳动者与用人单位存在劳动关系（包括事实劳动关系）系行政机关受理工伤认定申请的前提，行政机关针对特殊情形下，是否具有劳动关系进行必要的调查系尽审慎核实职责。在例案二中，虽然不予受理决定程序被确认违法，但是法院支持酒泉市人社局在工伤认定申请受理阶段，通过对《校企合作学生实习协议》的审查，以“没有劳动关系证明材料”为由，作出不予受理决定。在例案三中，法院却认为，只要申请资料完整，行政机关就应当先受理，再进行实质审查。

笔者认为，在工伤认定申请受理阶段，应当仅对提交的申请材料作形式审查，对劳动关系证明材料是否达到初步证明力尽到合理、审慎的审查核实义务，但超过合理的范围与限度进行实质审查，作出决定的，法院应当不予支持。

（一）是否受理工伤认定申请应当适用形式审查标准

是否受理工伤认定申请应当适用形式审查标准，可以从以下四个方面予以说明：

其一，从法律规定来看，《工伤保险条例》第十八条规定：“提出工伤认定申请应当提交下列材料：（一）工伤认定申请表；（二）与用人单位存在劳动关系（包括事实劳动关系）的证明材料；（三）医疗诊断证明或者职业病诊断证明书（或者职业病诊断鉴定书）。工伤认定申请表应当包括事故发生的时间、地点、原因以及职工伤害程度等基本情况。工伤认定申请人提供材料不完整的，社会保险行政部门应当一次性书面告知工伤认定申请人需要补正的全部材料。申请人按照书面告知要求补正材料后，社会保险行政部门应当受理。”很明显，该规定可理解为社会保险行政部门应对工伤认定申请作形式审查。

《工伤认定办法》第八条第一款规定：“社会保险行政部门收到工伤认定申请后，应当在15日内对申请人提交的材料进行复核，材料完整的，作出受理或者不予受理的决定；材料不完整的，应当以书面形式一次性告知申请人需要补正的全部材料，社会保险行政部门收到申请人提交的全部补正材料后，应当在15日内作出受理或者不予受理的决定。”有观点认为，根据该条款规定，在材料完整的情况下，既然不是当然受理申请，那么社会保险行政部门进行的就是实质审查。且不论作为规章的《工伤认定办法》的效力低于《工伤保险条例》，单从文义解释来看，将该条款理解为可作实质性审查就不够准确。即便申请资料是完整的，工伤认定申请依然可能因为存在超过申请期限等情形，而不被受理。由此来看，《工伤认定办法》的规定或许并非意在强调对申请的实质审查，而是考虑到是否超过申请期限、是否属于受理范围等情形的严谨性表达。

其二，从工伤认定程序阶段划分来看，既然有申请、受理、举证、调查核实、认定等法定流程与步骤的设置，那么不同阶段应当予以区分。申请、受理系程序性处理阶段，受理后，才能进入举证、调查核实等实体性处理阶段，并最终作出是否为工伤的认定。故在受理阶段，审查标准理应为形式审查。

其三，从职工权益保障来看，实践中，用人单位特别是小企业、个体工商户不与职工签订劳动合同，没有工资条、考勤表等情况非常普遍，职工在申请工伤认定时，难以提供与用人单位存在劳动关系的有效证据，更多地需要借助社会保险行政部门的调查核实才能取得。在职工处于弱势地位的情况下，如果在申请阶段对职工证明与用人单位存在劳动关系给予过重的举证责任，要求其提供确实充分、真实有效的劳动关系证明材料，对申请材料作实质审查，那么很多申请将因证据不足而不被受理，根本无法进入下一个阶段，职工的合法权益就难以得到有效保障。

其四，从审查实际操作来看，根据《工伤认定办法》的规定，是否受理工伤认定申请的决定，应当在收到申请或者全部补正材料后的15日内作出。在较短时间内，要求社会保险行政部门进行实质审查并作出决定，操作难度大且不符合现实。

综上，是否受理工伤认定申请适用形式审查标准，更符合立法目的，也更具合理性。

（二）形式审查范围应当合理限定

如上文所述，对是否受理工伤认定申请应作形式审查，但这并不意味着有限的形式审查是单纯地对申请材料完整性的种类、数量进行审查。《工伤保险条例》第十九条规定："社会保险行政部门受理工伤认定申请后，根据审核需要可以对事故伤害进行调查核实，用人单位、职工、工会组织、医疗机构以及有关部门应当予以协助。职业病诊断和诊断争议的鉴定，依照职业病防治法的有关规定执行。对依法取得职业病诊断证明书或者职业病诊断鉴定书的，社会保险行政部门不再进行调查核实。职工或者近亲属认为是工伤，用人单位不认为是工伤的，由用人单位承担举证责任。"对该规定的理解，可以明确两点：一是受理申请后的调查核实主要是针对事故伤害，并非劳动关系；二是受理申请后用人单位主要承担的是"不是工伤"的举证责任。再结合《工伤保险条例》第十八条，提出申请需要提交与用人单位存在劳动关系（包括事实劳动关系）的证明材料的规定，可以得出，在申请阶段，职工就承担着并需要完成与用人单位存在劳动关系的举证责任。这是受理工伤认定申请的前提。只是基于职工在劳动关系中处于弱势地位的考量，这种举证的证明要求和标准不宜过高，应当与职工的举证能力相一致，无须达到确实充分、真实有效的程度，只要达到初步证明的程度，就符合工伤认定的申请条件。也就是说，对存在劳动关系初步证明力的审查，即为形式审查的合理范围和介入限度。

因此，工伤认定申请资料不但要完整，而且要对存在劳动关系具有一定程度的、初步的证明力，社会保险行政部门需对此进行合理审慎地审核。如果申请资料中显示有主体不适格等明显不构成劳动关系的情形，进入实质审查的认定阶段已无现实意义，且增加程序成本，行政机关直接作出不予受理决定的，法院应当予以支持；如果申请资料中显示有职工超过法定退休年龄等劳动关系认定特殊情形，行政机关进行必要调查核实，据此作出受理或者不予受理决定的，法院不宜以在受理阶段进行实质审查为由予以撤销。

（三）劳动关系初步证明只需达到高度盖然性

对工伤认定程序中的劳动关系初步证明标准的理解，可参照行政诉讼。虽然两者存在一定区别，但是其基本的价值取向和采取标准具有同质性。举证达到的证明标准主要有三种类型：排除合理怀疑、明显优势和高度盖然性。行政诉讼采用的证明标准通常介于刑事诉讼和民事诉讼之间，较多是优势证明标准，但在工伤认定申请中，如上文所述，职工承担的只是与用人单位存在劳动关系的初步证明责任，不宜采用过于苛责的证明标准，只要达到高度盖然性即可。在没有劳动、聘用合同的情况下，行政机关应当根据申请人是否能够说明用人单位、工作场所的基本情况，车间、同事的基本情况以及工资福利发放情况等方面综合认定。只要申请人提供的证明材料能够初步证明存在劳动关系，并受到事故伤害，申请也未超过时效，行政机关就应当受理。受理后，用人单位不认为是工伤的，对否认存在劳动关系或者工伤事实承担主要举证责任，此时的举证则需达到明显优势证明标准。这是对劳动关系中弱势方保护的应有之义。

四、辅助信息

《工伤保险条例》

第十八条　提出工伤认定申请应当提交下列材料：

（一）工伤认定申请表；

（二）与用人单位存在劳动关系（包括事实劳动关系）的证明材料；

（三）医疗诊断证明或者职业病诊断证明书（或者职业病诊断鉴定书）。

工伤认定申请表应当包括事故发生的时间、地点、原因以及职工伤害程度等基本情况。

工伤认定申请人提供材料不完整的，社会保险行政部门应当一次性书面告知工伤认定申请人需要补正的全部材料。申请人按照书面告知要求补正材料后，社会保险行政部门应当受理。

第十九条 社会保险行政部门受理工伤认定申请后，根据审核需要可以对事故伤害进行调查核实，用人单位、职工、工会组织、医疗机构以及有关部门应当予以协助。职业病诊断和诊断争议的鉴定，依照职业病防治法的有关规定执行。对依法取得职业病诊断证明书或者职业病诊断鉴定书的，社会保险行政部门不再进行调查核实。

职工或者其近亲属认为是工伤，用人单位不认为是工伤的，由用人单位承担举证责任。

《工伤认定办法》

第六条 提出工伤认定申请应当填写《工伤认定申请表》，并提交下列材料：

（一）劳动、聘用合同文本复印件或者与用人单位存在劳动关系（包括事实劳动关系）、人事关系的其他证明材料；

（二）医疗机构出具的受伤后诊断证明书或者职业病诊断证明书（或者职业病诊断鉴定书）。

第七条 工伤认定申请人提交的申请材料符合要求，属于社会保险行政部门管辖范围且在受理时限内的，社会保险行政部门应当受理。

第八条 社会保险行政部门收到工伤认定申请后，应当在15日内对申请人提交的材料进行审核，材料完整的，作出受理或者不予受理的决定；材料不完整的，应当以书面形式一次性告知申请人需要补正的全部资料。社会保险行政部门收到申请人提交的全部补正材料后，应当在15日内作出受理或者不予受理的决定。

社会保险行政部门决定受理的，应当出具《工伤认定申请受理决定书》；决定不予受理的，应当出具《工伤认定申请不予受理决定书》。

第九条 社会保险行政部门受理工伤认定申请后，可以根据需要对申请人提供的证据进行调查核实。

《劳动行政部门在工伤认定程序中是否具有劳动关系确认权的答复》

湖北省高级人民法院：

你院《关于劳动行政部门在工伤认定程序中是否具有劳动关系确认权的请示》收悉。经研究，答复如下：

根据《劳动法》第九条和《工伤保险条例》第五条、第十八条的规定，劳动行政部门在工伤认定程序中，具有认定受到伤害的职工与企业之间是否存在劳动关系的职权。

此复。

工伤认定案件裁判规则第 5 条：

村民委员会与对外聘用人员的用工关系符合劳动关系特征，聘用人员因履行工作职责受到伤害的，应当认定为工伤

【规则描述】 村民委员会系村民自我管理、自我教育、自我服务的基层群众性自治组织。根据《民法典》第一百零一条的规定，村民委员会具有基层群众性自治组织法人资格，可以从事为履行职能所需要的民事活动。村民委员会招聘外部工作人员从事劳动，其与聘用人员的用工关系符合《劳动法》和《劳动合同法》规定的形式及实质要件的，二者之间形成劳动关系，聘用人员在工作时间、工作场所内因工作原因受到伤害的，应当认定为工伤。

一、类案检索大数据报告

截至 2020 年 12 月 31 日，以“行政案件”“工伤”“聘用”“村民委员会”为关键词，通过 Alpha 案例库、法信平台、中国裁判文书网、元典智库、北大法宝等共检索到案件 352 件，经逐案阅看、筛选，与本规则直接关联案件有 14 件。排除同一案件不同审级形成的多个文书，实际查找到高度关联的 10 篇裁判文书。整体情况如下：

如图 5–1 所示，从地域分布看，没有明显的地域性、集中性特征，广泛分布在广东省、湖南省、四川省等省份。

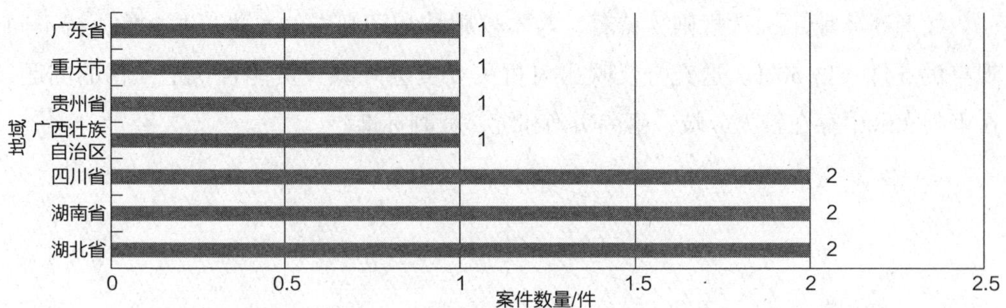

图 5-1　类案地域分布情况

如图 5-2 所示，从结案时间看，2015 年 1 件，2017 年 1 件，2018 年 1 件，2019 年 2 件，2020 年 5 件，案件发生率较低，但是从 2019 年开始表现出增长趋势。

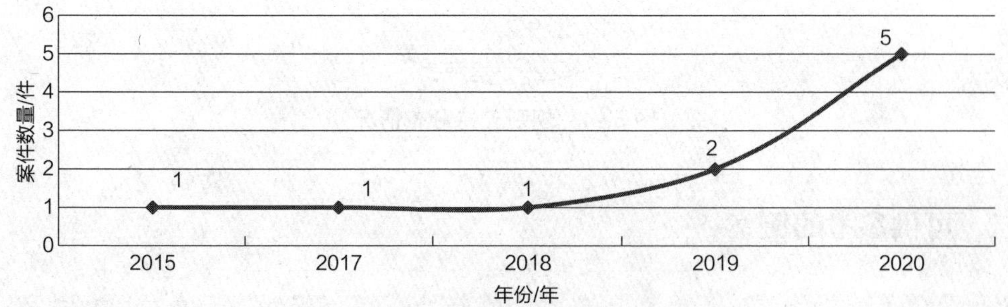

图 5-2　类案时间分布情况

如图 5-3 所示，从涉案案由看，涉及不服行政复议决定的 1 件，不服工伤认定申请不予受理决定的 8 件，不服工伤认定申请不予受理决定及行政复议决定的 1 件。

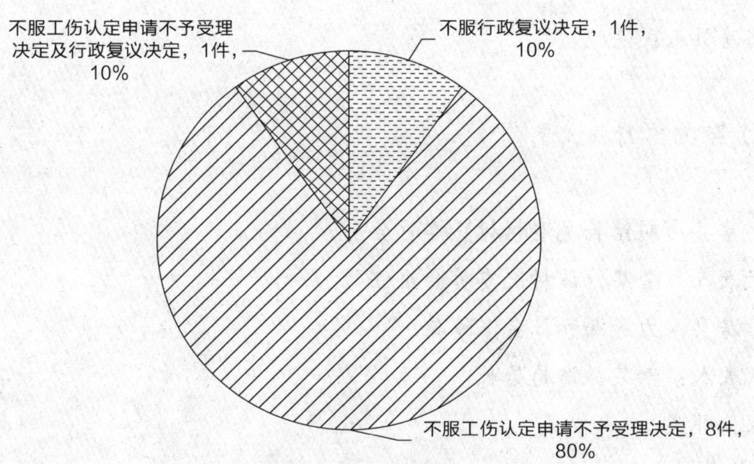

图 5-3　类案案由分布情况

如图5–4所示，从规则支持看，与本规则持相同观点的5件，占50%；持不同观点的5件，占50%。这充分反映出对村民委员会外聘人员能否认定工伤的问题，在审判实践中存在较大分歧，亟待明确和统一裁判标准。

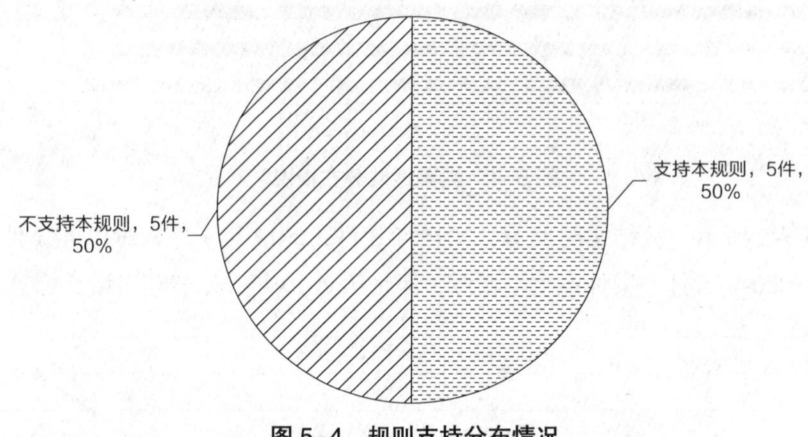

图5–4 规则支持分布情况

二、可供参考的例案

例案一：房县白鹤镇长龙堰村村民委员会诉房县人力资源和社会保障局工伤认定案

【法院】

湖北省房县人民法院

【案号】

（2019）鄂0325行初3号

【当事人】

原告：房县白鹤镇长龙堰村村民委员会

法定代表人：金某，该村民委员会主任

被告：房县人力资源和社会保障局

法定代表人：李某，该局局长

第三人：邓某

【基本案情】

房县白鹤镇长龙堰村村民委员会（以下简称长龙堰村委会）诉称，（1）其与第三人之间属雇佣关系，而非劳动关系。村委会非《劳动法》规定的企业、个体经济组织、民办非企业单位、国家机关、事业单位、社会团体等组织，不是法律规定的用工主体；第三人是村集体八组的农民，系农村劳动者，也不能成为劳动关系的主体。双方签订的《村级保洁员协议》明确约定，保洁所需一切工具均由第三人承担，并且原告不承担任何工伤、养老保险，不受国家公权力的干预。尽管第三人的保洁行为在一定程度上也要接受原告的监督、管理和支配，但原告的各项规章制度对第三人不具有约束力，第三人不需要遵从原告的考勤管理、奖惩管理、人事管理、工资晋级管理等，第三人在实际保洁工作中是相对独立的，保洁时间相对自由，两者之间不存在隶属关系。双方的关系属于第三人为原告提供劳务，原告支付报酬的典型雇佣关系。（2）第三人所受事故伤害是在工作场所之外，且属违反规定冒险作业，自身存在重大过错。按照双方所签订的《村级保洁员协议》的约定，第三人保洁的路段是从中渠至邓家湾、高速路桥至羊鼻岭大桥村级主要道路的保洁。且按照协议约定，对收集到的垃圾要运到收集点集中，不得露天焚烧垃圾。但第三人遭受事故伤害的地点并非双方约定的保洁场所。且第三人违反规定，擅自点燃燃放后的鞭炮垃圾，因未炸完的鞭炮爆炸致第三人受伤。第三人所受的伤害，不符合工作地点、工作时间、工作原因而受伤的工伤认定必要条件，不能对其认定为工伤。（3）第三人所受事故伤害时间系双方实际签订协议之前，双方的劳务关系尚处于不确定的阶段。双方所签订的《村级保洁员协议》是每年一签。2018 年度的协议期限是 2018 年 1 月 1 日至 2018 年 12 月 31 日，协议签订时间落款虽然是 2018 年 1 月 1 日，但第三人所受到伤害时间是 2018 年 1 月 2 日，实际双方签订协议的时间是 2018 年 1 月 6 日（有第三人在协议上的说明为证）。因此，被告作出的房人社工认字〔2018〕55 号《工伤认定决定书》事实采信有误，法律适用错误，请求依法撤销。

房县人力资源和社会保障局（以下简称房县人社局）辩称，（1）房人社工认字〔2018〕55 号认定工伤决定书事实清楚。①原告与本案第三人邓某存在事实劳动关系，而非雇佣关系。根据邓某提供的证据及相关人员的调查，邓某于 2015 年 6 月开始在房县白鹤镇长龙堰村从事村级公路保洁员工作，负责原告管辖范围内的村级公路保洁，工资由镇政府以转移支付方式拨付至原告，由原告发放。另《村级保洁员协议》对邓某的工作范围及日常工作监督检查都有明确规定，已符合《劳动法》和《劳动合同法》规定的实质及形式要件，可以认定双方存在劳动关系。至于原告认为村委会不具备用工主体资格，完全是对法律的曲解。根据《劳动法》和《劳动合同法》规定，除国家机关（国家行政机关、人大、政协）与公务员形成的行政管理关系外，其他组织均可成为用工主体，原告对用工主体的理解，完全是对法律的狭义理解，并不符合《劳动法》和《劳动合同法》的立法原意。②邓某受伤属于在工作范围内、工作时间、工作地点受伤。邓某作为村级公路保洁员，在其工作范围内清扫垃圾是其工作职责所在，至于把垃圾集中起来后如何处理，工作规范并未强制要求。其将垃圾焚烧也完全是出于工作需要，不能因违规焚烧垃圾否认其因存在过错而不是在工作。③邓某受伤时是在劳动合同期限内。邓某从2015年6月即被招录为村级公路保洁员。期限内原告并未解除与邓某的合同关系，而且约定每年签订一次合同，而邓某恰好是在合同签订后第二天上班工作中受到意外伤害，不存在所谓双方的劳务关系处于不确定阶段。（2）认定邓某工伤适用法律正确。邓某受伤是在工作时间、工作地点遭受意外伤害，而且邓某和原告存在事实劳动关系。依据《工伤保险条例》第十四条第一项之规定，认定邓某左眼所受伤害属工伤，适用法律正确，程序合法。综上，房人社工认字〔2018〕55号认定工伤决定书认定事实清楚，适用法律正确，请求法院予以维持。

经审理查明，邓某于2015年6月开始在长龙堰村委会从事保洁工作，负责长龙堰村主要道路垃圾的清理，双方签订有《村级保洁员协议》，协议系一年一签。2018年2月6日，双方签订2018年度《村级保洁员协议》。协议约定：保洁时间从2018年1月1日至2018年12月31日，一年一聘；每月工资为1000元，长龙堰村委会负责支付工资；保洁路段从中渠至邓家湾，从高速路桥至羊鼻岭大桥。协议同时约定保洁员必须服从村分管卫生负责人管理，村委会经常组织人员不定期进行检查，不符合工作要求的，有权对保洁员进行考核，若整改不到位的，次月停发工资解除合同，并对保洁员提供的保洁服务享有监督权和检查权。2018年1月2日早上7时许，邓某开始从高速路桥向羊鼻岭大桥清扫道路，上午9时许，清扫到羊鼻岭路段，然后在羊鼻岭路段焚烧垃圾。因村民孙某家前一天燃放鞭炮后的鞭炮纸内有哑炮，燃烧导致爆炸，溅起的异物冲击到邓某左眼太阳穴附近，导致邓某受伤。事故发生后，邓某被送往十堰市太和医院住院治疗。2018年7月25日，邓某向房县人社局提出工伤认定申请。2018年9月6日，房县人社局作出房人社工认字〔2018〕55号工伤认定决定书，认为：邓某于2018年1月2日左眼所受伤为工伤。长龙堰村委会不服该工伤认定，故提起诉讼。

湖北省房县人民法院于2019年6月3日作出判决：驳回长龙堰村委会要求撤销房县人社局作出的房人社工认字〔2018〕55号工伤认定决定书的诉讼请求。

【案件争点】

1. 长龙堰村委会是否具有用人单位的主体资格。

2. 长龙堰村委会与邓某是否存在事实劳动关系。

3. 邓某是否是在工作时间和工作场所内因工作原因受伤。

【裁判要旨】

湖北省房县人民法院认为，认定工伤的基础性条件是存在劳动关系。关于长龙堰村委会是否具有用人单位主体资格的问题。《民法总则》第一百零一条第一款①规定："居民委员会、村民委员会具有基层群众性自治组织法人资格，可以从事为履行职能所需要的民事活动。"可见村民委员会具有用人单位的主体资格。关于原告与第三人邓某是否存在事实劳动关系的问题。邓某从2015年6月开始就在原告处从事村级公路保洁工作，至事发之日从事该工作近三年，双方虽然签订的是村级保洁协议而非劳动合同，但该协议中对邓某的工作要求及日常工作监督检查都有明确约定，邓某必须服从原告的管理，接受原告的监督、检查和考核，尽管双方在协议中约定保洁所需一切工具均由邓某自己承担，但是庭审查明原告为邓某从事保洁工作提供了翻斗车、电瓶垃圾车和工作服，双方已符合《劳动法》和《劳动合同法》规定的实质及形式要件，应当认定双方存在劳动关系。关于邓某是否是在工作时间和工作场所内因工作原因受伤的问题。2018年度《村级保洁员协议》中，虽然邓某签字的时间是2018年2月6日，但协议约定的保洁时间是从2018年1月1日至2018年12月31日，且2018年1月2日邓某确实在从事保洁工作，当日上午9时许，邓某在焚烧垃圾时被鞭炮炸伤眼部，事故发生地点在孙某家门口，该处位于卫生保洁区中段，其是在工作时间、工作场所内因工作原因受到伤害，原告称邓某违反协议约定焚烧垃圾，不影响工伤的认定。综上，被告房县人社局作出的房人社工认字〔2018〕55号工伤认定决定书，事实清楚，适用法律、法规正确，程序合法，应当予以维持。

例案二：李某诉湖南省人力资源和社会保障厅工伤认定案

【法院】

湖南省长沙市中级人民法院

【案号】

（2018）湘01行终429号

① 对应《民法典》第一百零一条第一款，内容未作修改。

【当事人】

上诉人（一审第三人）：长沙市雨花区跳马镇关刀新村村民委员会

负责人：游某某，该村民委员会主任

被上诉人（一审原告）：李某

一审被告：湖南省人力资源和社会保障厅

法定代表人：胡某，该厅厅长

【基本案情】

长沙市雨花区跳马镇关刀新村村民委员会（以下简称关刀新村村委会）上诉称，村民委员会是基层群众自治性组织，不属于《劳动法》《劳动合同法》《工伤保险条例》等法律法规列举规定的用人单位，不具备用人单位资格，其与李某甲之间没有建立劳动关系，当然也不适用《工伤保险条例》的规定。李某甲是在非工作时间、非工作场所内发生事故，不应认定工伤。湖南省人力资源和社会保障厅（以下简称湖南省人社厅）作出被诉行政复议决定时，并不存在超期答复、超期送达情形。请求撤销原判并改判恢复被诉行政复议决定的法律效力。

李某辩称，原审判决认定事实清楚，适用法律正确，请求驳回上诉，维持原判。

湖南省人社厅述称，原审判决适用法律错误，请求支持关刀新村村委会的上诉请求。

经审理查明，2016年7月1日，李某的父亲李某甲（乙方）与关刀新村村委会（甲方）签订《合同书》，约定："合同期限自2016年7月1日起至2017年5月31日；根据甲方工作需要，乙方同意从事关刀新村关刀片环境卫生工作，乙方应按甲方工作要求，完成指定工作责任区域（江连塘、黄金园、荷叶塘、夏石港、双皮塘五个组内农户环卫督促及道路）的环境卫生；除合同规定的休息日外，其他为工作时间，保洁员须按时上下班，每天工作时间不少于8小时，不得迟到、早退；保洁员工资分基本工资和绩效工资……乙方解除劳动合同，应当提前三十日以书面形式通知甲方；等等。"

2016年8月1日7时许，李某甲身穿保洁员工作服驾驶电动车在洞株公路夏石港段进行保洁巡查、清扫工作时，被汽车撞伤，后经医治无效死亡。2017年5月19日，李某以李某甲在工作过程中遭遇交通事故经医治无效死亡为由，向长沙市人力资源和社会保障局（以下简称长沙市人社局）申请工伤认定。2017年6月28日，长沙市人社局作出长人社工伤认字〔2017〕172号《认定工伤决定书》，认定李某甲死亡的情形符合《工伤保险条例》的有关规定，属于工伤。2017年7月25日，关刀新村村委会向湖南省人社厅申请行政复议。湖南省人社厅于2017年7月31日作出《行政复议受理通知书》受理关刀新村村委会的行政复议申请，同日向长沙市人社局发出《行政复议答复通知书》，向李某甲的亲属发出《第三人参加行政复议通知书》。在长沙市人社局提交答复书及证据后，于2017年9月29日作出《行政复议决定延期通知书》，决定行政复议决定延期至2017年10月29日作出。2017年10月30日，湖南省人社厅作出湘人社复决字〔2017〕第44号《行政复议决定书》，以适用依据错误、内容明显不当为由撤销长沙市人社局作出的《认定工伤决定书》，责令长沙市人社局在本决定书生效之日起60日内重新作出工伤认定决定。2017年11月3日，湖南省人社厅将《行政复议决定书》邮寄送达给李某。李某不服，提起诉讼。

湖南省长沙市天心区人民法院于2018年5月2日作出一审判决：撤销被告湖南省人社厅于2017年10月30日作出的湘人社复决字〔2017〕第44号《行政复议决定书》；恢复长沙市人社局于2017年6月28日作出的长人社工伤认字〔2017〕172号《认定工伤决定书》的法律效力；驳回原告李某的其他诉讼请求。一审第三人关刀新村村委会不服，提起上诉。湖南省长沙市中级人民法院于2018年11月1日作出二审判决：驳回上诉，维持原判。

【案件争点】

关刀新村村委会与李某甲是否形成劳动关系。

【裁判要旨】

湖南省长沙市中级人民法院认为，《劳动合同法》第二条规定：“中华人民共和国境内的企业、个体经济组织、民办非企业单位等组织（以下称用人单位）与劳动者建立劳动关系，订立、履行、变更、解除或者终止劳动合同，适用本法。国家机关、事业单位、社会团体和与其建立劳动关系的劳动者，订立、履行、变更、解除或者终止劳动合同，依照本法执行。”本案中，关刀新村村委会作为依法成立的基层群众性自治组织，其与李某甲签订的《合同书》对合同期限、工作内容、工作纪律、劳动报酬、规章制度等进行了约定，且该合同中有多处“劳动合同”的字眼，故从该合同的形式与实质来看，关刀新村村委会与李某甲之间形成了劳动关系，应受《劳动法》《劳动合同法》及《工伤保险条例》的调整。湖南省人社厅及关刀新村委员会主张村民委员会不具备用人单位的主体资格，关刀新村村委会与李某甲之间形成的关系不属于《工伤保险条例》调整范围，没有法律依据且与本案事实不符，不予采纳。李某甲于2016年8月1日7时30分左右，在洞株公路夏石港段进行保洁工作时，被汽车撞伤，后经医院医治无效死亡，其情形符合《工伤保险条例》第十四条第一项“职工有下列情形之一的，应当认定为工伤：（一）在工作时间和工作场所内，因工作原因受到事故伤害的……”的规定，应当认定为工伤。湖南省人社厅认定长沙市人社局作出的涉案认定工伤决定适用依据错误，内容明显不当，撤销涉案认定工伤决定，属于适用法律错误，依照《行政诉讼法》第七十条第二项的规定，应予撤销，遂判决驳回上诉，维持原判。

例案三：马某某诉六盘水市人力资源和社会保障局工伤认定案

【法院】

贵州省六盘水市中级人民法院

【案号】

（2020）黔02行终160号

【当事人】

上诉人（一审原告）：马某某

被上诉人（一审被告）：六盘水市人力资源和社会保障局

法定代表人：张某某，该局局长

被上诉人（一审第三人）：六盘水市水城县南开苗族彝族乡双山村民委员会

法定代表人：刘某某，该村民委员会主任

【基本案情】

马某某上诉称，村委会属于依法成立的组织，应被列为民办非企业单位，且属于依法成立的法人，故村委会具有用工主体资格，一审认为村委会不具有用工主体资格错误。因此，请求撤销水城县人民法院作出的（2020）黔0221行初15号行政判决；改判撤销被上诉人六盘水市人力资源和社会保障局（以下简称六盘水市人社局）作出的六盘水工认受字〔2019〕0200049号工伤认定申请不予受理决定书，责令被上诉人重新作出工伤认定。

六盘水市人社局在法定期限内未提交书面答辩意见。

六盘水市水城县南开苗族彝族乡双山村民委员会（以下简称双山村委会）在法定期限内未提交书面意见。

经审理查明，马某某于2019年2月1日被双山村委会聘用为“四创”管理员，聘用时间为3个月，同年4月4日，马某某在参加双山村拆危除杂工作时砸伤左脚，双山村委会先将马某某送往水城县南开乡卫生院治疗，后送到水矿总医院住院治疗。

2019年11月5日，马某某向六盘水市人社局提出工伤认定申请，六盘水市人社局经调查后于2019年11月7日作出六盘水工认受字〔2019〕0200049号工伤认定申请不予受理决定书，认为马某某提出的工伤认定申请不符合受理条件，决定不予受理，该决定书于同日送达马某某。马某某不服该决定书，提起诉讼。

贵州省水城县人民法院认为，申请工伤认定，应具备劳动者与用人单位存在劳动关系或者事实劳动关系和劳动者在工作时间、工作场所因工作原因受到事故伤害等必要条件。《劳动法》第二条、《劳动合同法》第二条、《劳动合同法实施条例》第三条及《工伤保险条例》第二条对用人单位范围采取列举式的规定，即可作为用人单位主体的是中华人民共和国境内的企业、个体经济组织、民办非企业单位、国家机关、事业单位、社会团体以及依法成立的会计师事务所、律师事务所等合伙组织和基金会。而村民委员会是基层群众自治组织，明显不在上述法律法规列举的用人单位范围内，不能作为劳动关系上的用工主体；从立法意图方面看，上述法律法规虽在列举的用人单位后加上“等组织”的表述，但不宜对此作扩张解释，如将村委会、居委会等群众自治组织也算作“等组织”的范围，是对相关法律条文未表述项目的增加表述，也是对法律条文的擅自解释，不符合立法意图，如随意对法律条文中的“等组织”作扩张解释，则用工单位主体的范围将处于不确定性，从而影响劳动关系的认定。双山村委员会不是适格的劳动关系主体，其与马某某建立的聘用关系也不是法律意义上的劳动关系，属民事法律上的雇佣关系。遂作出一审判决：驳回马某某的诉讼请求。马某某不服，提起上诉。贵州省六盘水市中级人民法院于2020年9月1日作出二审判决：驳回上诉，维持原判。

【案件争点】

双山村村委会是否具有用人单位的主体资格。

【裁判要旨】

贵州省六盘水市中级人民法院认为，《劳动法》第二条规定：“在中华人民共和国境内的企业、个体经济组织（以下统称用人单位）和与之形成劳动关系的劳动者，适用本法。国家机关、事业组织、社会团体和与之建立劳动合同关系的劳动者，依照本法执行。”《劳动合同法》第二条规定：“中华人民共和国境内的企业、个体经济组织、民办非企业单位等组织（以下称用人单位）与劳动者建立劳动关系，订立、履行、变更、解除或者终止劳动合同，适用本法。国家机关、事业单位、社会团体和与其建立劳动关系的劳动者，订立、履行、变更、解除或者终止劳动合同，依照本法执行。”《村民委员会组织法》第二条规定：“村民委员会是村民自我管理、自我教育、自我服务的基层群众性自治组织……”本案中，马某某与双山村委会存在聘用关系，因村民委员会属于基层群众性自治组织，故村民委员会不属于《劳动法》和《劳动合同法》规定的用人单位，不具备用人单位的主体资格，一审认定马某某与双山村委会之间的关系不属于劳动关系并无不当。综上，上诉人马某某的上诉请求不能成立，应予驳回。

三、裁判规则提要

日常生活中，村民委员会聘用外部人员从事保洁、保安等工作而产生工伤认定纠纷的现象较为常见。主要问题是劳动关系的认定，而这一问题的关键点在于村民委员会是否具备用工主体资格。由于法律法规未明确规定，在审判实践中，各地法院的观点并不一致。例如，在例案一与例案二中，虽然法院都支持涉案认定工伤的决定，即认为村民委员会与外聘人员之间构成劳动关系，但是所持理由却存在差异。这种差异的产生与案件事实有所关联，但也反映出法院的不同态度。在例案一中，法院直接认定村民委员会具备用人单位的主体资格，而在例案二中，法院以“签订有劳动合同，应受《劳动法》《劳动合同法》及《工伤保险条例》的调整”为由，间接认定村民委员会用人单位的主体资格。对比而言，在例案三中，法院所持观点却完全相反，以“双山村委会不具备用人单位的主体资格”为由，认定构成劳务关系而非劳动关系。鉴于这种明显的分歧，讨论分析村委会外聘人员能否认定工伤具有现实意义。结合实践中的问题和相关例案裁判，对此类案件的审理提出以下意见。

（一）《民法典》对村民委员会的法人化具有重要意义

我国《宪法》和《村民委员会组织法》将村民委员会界定为自我管理、自我教育、自我服务的基层群众性自治组织。这种规定看似明确，实则导致村民委员会的法律地位模糊不清，游离在机关事业单位、社会团体以外，没有独立法人资格。这造成长期以来对村民委员会性质与法律地位认识的混乱以及审判实践中村民委员会诉讼地位的争议。基于此，《民法总则》对村民委员会进行法人化改造，赋予其独立法人资格。《民法典》第一百零一条第一款明确规定：“居民委员会、村民委员会具有基层群众性自治组织法人资格，可以从事为履行职能所需要的民事活动。”村民委员会具备独立法人资格，成为明确的民事法律关系主体之一，其重要法律意义在于可以作为独立民事主体参与民事活动，其主体地位受法人制度的保护。这对涉及村民委员会的很多问题产生影响，如本规则涉及的村民委员会用工主体资格问题，因此，应当予以重视。

（二）村民委员会可以成为《劳动合同法》规定的用人单位主体

我国劳动法意义上的用人单位范围，采取的是列举主义。结合《劳动法》第二条、《劳动合同法》第二条、《劳动合同法实施条例》第三条以及《工伤保险条例》第二条规定，明确可作为用人单位主体的是中华人民共和国境内的企业、个体经济组织、民办非企业单位、国家机关、事业单位、社会团体以及依法成立的会计师事务所、律师事务所等合伙组织和基金会。虽然村民委员会不在列举范围之内，但是是否就必然被排除之外？这值得商榷。上述规定在列举之余，都有“等组织”的表述。村民委员会是否具备用人主体资格，关键在于是否能被认定为“等组织”。一直以来，法院倾向于否定村民委员会具备用工主体资格的主要原因是法律未明确村民委员会的法人地位。但是，该障碍已随着《民法总则》（现为《民法典》总则编）将村民委员会纳入法人范畴而消除。《民法典》赋予村民委员会独立法人资格，不但是对法人制度的补充完善，而且是对《劳动法》《劳动合同法》中对用工单位规定“等组织”的内容扩展。认定村民委员会属于《劳动合同法》规定的用人单位是对“等组织”的合理与当然解释。法院在审理此类案件时，对此应当有新的认识。事实上，从案例情况来看，有些法院的观点确实随着《民法总则》的修改而有所变化，认可在 2017 年 10 月 1 日后成立劳动关系，之前属于劳务关系。根据《民法典》第九十六条规定，机关法人与村民委员会均为特别法人。那么，同为特别法人的国家机关具有用工单位资格，村民委员会也应当可以成为用工单位主体。再者，根据《村民委员会组织法》规定，村民委员会由乡、民族乡、镇人民政府提出，经村民会议讨论同意，报县级人民政府批准设立。作为依法设立的组织，村民委员会管理有财产，能够以自己的名义享有权利和承担义务，作为用工单位与劳动者建立劳动关系不存在问题。

此外，从劳动者权益保障的角度来看，在村民委员会对外聘用人员从事劳动已非常普遍的情况下，如果用工本质符合劳动关系特征，却仅因村民委员会用工单位主体资格定性不明问题就否定劳动关系的建立，势必会产生法律真空地带。这不利于劳动者合法权益的保障，也不能消除司法实践的争议和困惑。更何况，当前部分统筹地区已经将村民委员会作为用人单位纳入工伤保险参保范围，虽然尚无强制性规定，也无明确政策依据，但至少反映出村民委员会作为用人单位主体，具有一定的现实基础，也是促进基层自治组织工作开展、强化村民委员会服务功能的现实需要。

（三）需正确区分劳动关系和劳务关系

在认可村民委员会具备用人单位主体资格的前提下，判定村民委员会与对外聘用人员的用工关系是否符合劳动关系的特征，牵涉劳动关系与劳务关系正确区分与认定的问题。劳动关系与劳务关系具有明显区别，其中最为基础和核心的区别是主体关系的不同。就前者来说，用人单位与劳动者之间不仅具有提供劳动与支付报酬的财产关系，更重要的是具有行政隶属关系，即劳动者必须接受用人单位的管理，服从用人单位的安排，双方在实际工作中的地位并不平等；就后者而言，双方之间是纯粹地提供劳务和支付报酬的财产关系，没有人身从属性，法律地位和实际地位都是平等的。

在实践中，用人单位未与劳动者签订劳动合同的情况时常发生，村民委员会用工更是如此。审判实践中，不能仅以是否签订书面合同作为区分劳动关系与劳务关系的标准，应当结合劳动关系的全部构成要件，根据合同或者协议内容、工作性质、工作情况等实际，综合、合理地判断村民委员会与聘用人员是否具有行政隶属关系，如聘用人员是否连续稳定地从事工作且工作是否为村民委员会业务的组成部分，村民委员会对聘用人员是否享有管理和支配权。村民委员会与外聘人员的用工关系符合劳动关系特征，因工受到伤害的，应当依法认定为工伤。

四、辅助信息

《民法典》

第九十六条 本节规定的机关法人、农村集体经济组织法人、城镇农村的合作经济组织法人、基层群众性自治组织法人，为特别法人。

第一百零一条 居民委员会、村民委员会具有基层群众性自治组织法人资格，可以从事为履行职能所需要的民事活动。

未设立村集体经济组织的，村民委员会可以依法代行村集体经济组织的职能。

《村民委员会组织法》

第二条 村民委员会是村民自我管理、自我教育、自我服务的基层群众性自治组织，实行民主选举、民主决策、民主管理、民主监督。

村民委员会办理本村的公共事务和公益事业，调解民间纠纷，协助维护社会治安，向人民政府反映村民的意见、要求和提出建议。

村民委员会向村民会议、村民代表会议负责并报告工作。

《劳动法》

第二条第一款　在中华人民共和国境内的企业、个体经济组织（以下统称用人单位）和与之形成劳动关系的劳动者，适用本法。

《劳动合同法》

第二条　中华人民共和国境内的企业、个体经济组织、民办非企业单位等组织（以下称用人单位）与劳动者建立劳动关系，订立、履行、变更、解除或者终止劳动合同，适用本法。

国家机关、事业单位、社会团体和与其建立劳动关系的劳动者，订立、履行、变更、解除或者终止劳动合同，依照本法执行。

《劳动合同法实施条例》

第三条　依法成立的会计师事务所、律师事务所等合伙组织和基金会，属于劳动合同法规定的用人单位。

《工伤保险条例》

第二条　中华人民共和国境内的企业、事业单位、社会团体、民办非企业单位、基金会、律师事务所、会计师事务所等组织和有雇工的个体工商户（以下称用人单位）应当依照本条例规定参加工伤保险，为本单位全部职工或者雇工（以下称职工）缴纳工伤保险费。

中华人民共和国境内的企业、事业单位、社会团体、民办非企业单位、基金会、律师事务所、会计师事务所等组织的职工和个体工商户的雇工，均有依照本条例的规定享受工伤保险待遇的权利。

工伤认定案件裁判规则第 6 条：

职工醉酒与自身伤亡事故之间不存在因果关系，且职工所受伤害符合认定工伤或者视同工伤法定情形，社会保险行政部门仅以醉酒为由排除工伤认定的，不予支持

【规则描述】 根据《工伤保险条例》第十六条的规定，醉酒系职工受到的伤害符合认定工伤或者视同工伤的排除性情形。虽然本规定未明确醉酒等不得认定为工伤或者视同工伤的情形需要和职工所受伤害存在因果关系，但是基于保障因工作遭受事故伤害或者患职业病的职工获得医疗救治和经济补偿的考量，在工伤认定过程中，应当考虑伤亡是否与醉酒存在因果关系，不存在因果关系的，则不能机械地适用第十六条规定，单纯以醉酒为由不予认定工伤。

一、类案检索大数据报告

截至 2020 年 12 月 31 日，以“行政案件”“工伤”“醉酒”“阻却事由”为关键词，通过 Alpha 案例库、法信平台、中国裁判文书网、元典智库、北大法宝共检索到案件 21 件，经逐案阅看、筛选，与本规则直接关联案件 11 件。排除同一案件不同审级形成的多个文书，实际查找到高度关联的 9 篇裁判文书。整体情况如下：

如图 6–1 所示，从地域分布看，涉案数量最多的地域为山东省，共 3 件；其次为河北省，共 2 件；其他省份均为 1 件。

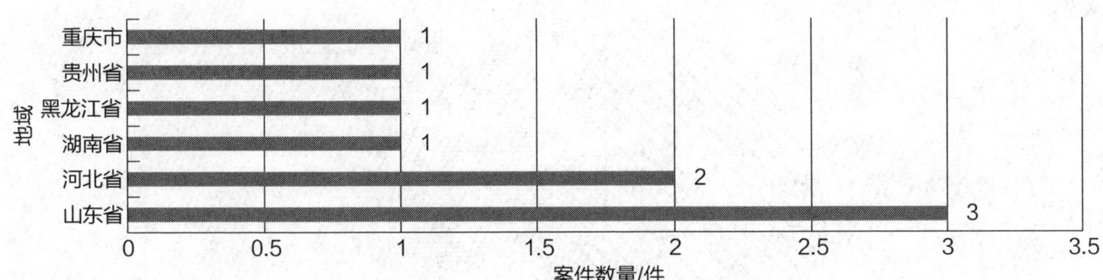

图 6-1 类案地域分布情况

如图 6-2 所示，从结案时间看，均为 2018 年以后，且集中分布在 2020 年。其中，2018 年 1 件，2019 年 2 件，2020 年 6 件。

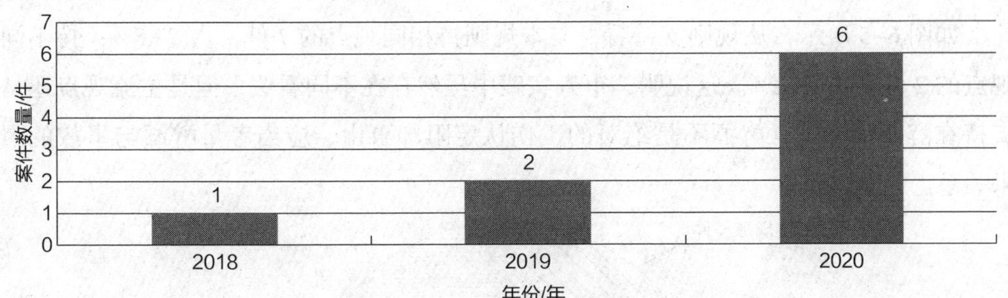

图 6-2 类案时间分布情况

如图 6-3 所示，从审理程序看，一审案例 3 件，二审案例 5 件，再审案例 1 件。其中，二审案例中驳回上诉、维持原判的 3 件，撤销一审判决并改判的 2 件。

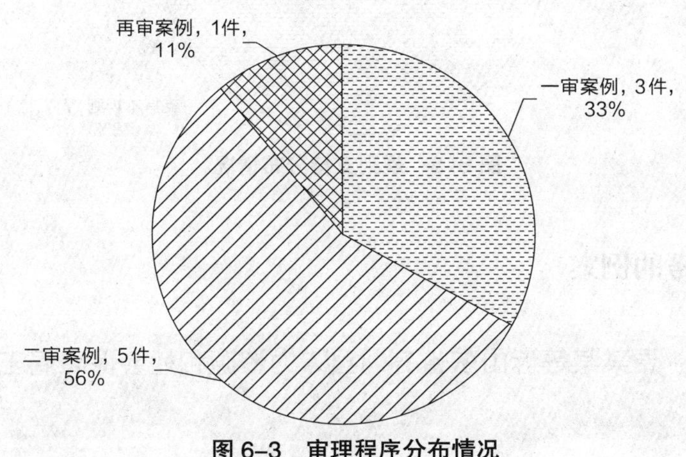

图 6-3 审理程序分布情况

如图 6-4 所示，从生效裁判结果看，撤销不予认定工伤决定并责令重作 3 件，驳回原告诉讼请求 6 件。

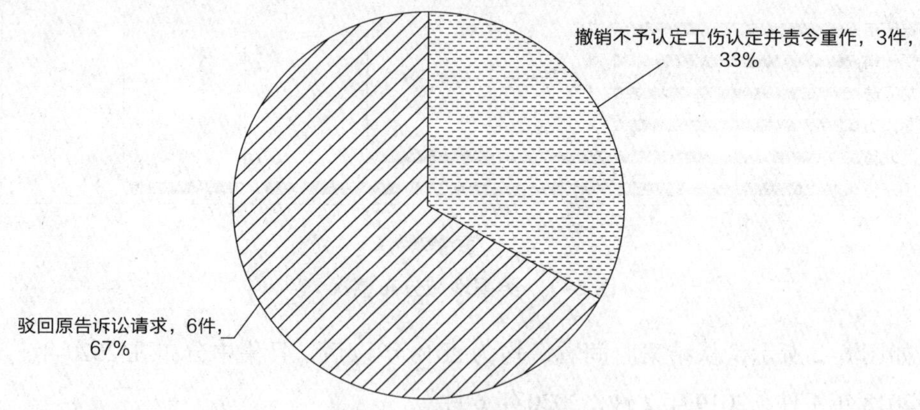

图 6–4　类案结果分布情况

如图 6–5 所示，从规则支持看，与本规则持相同观点的 7 件，占 77.8%；持不同观点的 2 件，占 22.2%。这说明，审判实践中虽然存在不同看法，但是主流观点还是支持在醉酒情形下，醉酒不是绝对的工伤认定阻却事由，应当考量醉酒与事故的因果关系。

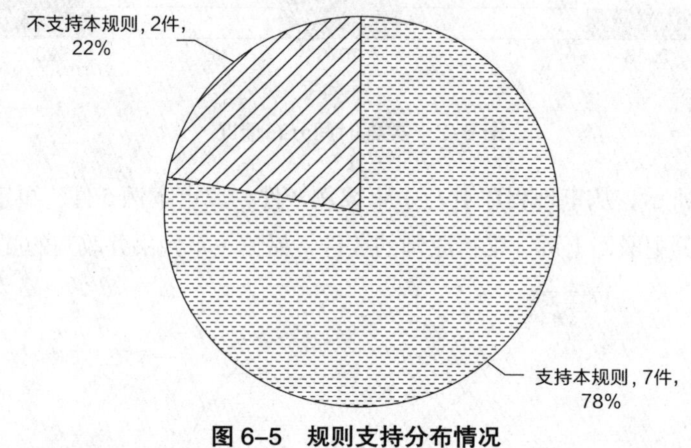

图 6–5　规则支持分布情况

二、可供参考的例案

例案一：贾某某等诉山东省齐河县人力资源和社会保障局工伤行政确认案

【法院】

山东省齐河县人民法院

【案号】

（2020）鲁1425行初23号

【当事人】

原告：贾某某

原告：张某甲

原告：张某乙

原告：张某丙

原告：张某丁

原告：王某某

被告：齐河县人力资源和社会保障局

法定代表人：客某某，该局局长

第三人：青岛校企英才人力资源开发有限公司齐河分公司

法定代表人：毛某某，该公司总经理

【基本案情】

贾某某、张某甲、张某乙、张某丙、张某丁、王某某诉称，张某某于2019年3月30日在回家途中发生交通事故当场死亡，根据德州市公安局交通警察支队齐河大队出具的道路交通事故认定书载明，杨某某未按操作规范安全驾驶、文明驾驶机动车，未按规定右侧通行的违法行为是这起交通事故的主要责任。张某某超速行驶，醉酒驾驶机动车的违法行为负事故次要责任。2019年4月1日，原告向齐河县人力资源和社会保障局（以下简称齐河县人社局）提出工伤认定申请，齐河县人社局以醉酒驾驶为由不予认定为工亡。基于以上事实，原告认为：（1）醉酒不是导致交通事故的主要原因，应根据醉酒与事故伤害之间是否存在因果关系区别对待，不能一概将醉酒者排除在工伤之外。本案中，杨某某未按操作规范安全驾驶、文明驾驶机动车，未按规定右侧通行的违法行为是导致这场交通事故的主要因素，该起交通事故并非由张某某醉酒驾驶引发的，张某某的死亡与醉酒之间无直接因果关系。张某某在上下班途中，受到非本人主要责任的交通事故或者城市轨道交通、客运轮渡、火车事故伤害的，理应依据《工伤保险条例》第十四条之规定，认定为工亡。（2）根据上位法优于下位法的原则，应当认定张某某为工亡。《社会保险法》与《工伤保险条例》相关条款对于醉酒认定工伤相关事宜的表述不同。《工伤保险条例》第十六条规定，职工符合本条例第十四条、第十五条的规定，但是有醉酒或者吸毒的，不得认定为工伤或者视同工伤。但是《社会保险法》第三十七条第二款规定，职工因醉酒或者吸毒导致本人在工作中伤亡的，不认定为工伤。《社会保险法》的表述强调了禁止性内容与工伤之间的因果关系，而《工伤保险条例》的规定却没有“导致本人在工作中伤亡的”的表述，认定标准明显严于《社会保险法》。《社会保险法》是全国人大常委会发布的法律，《工伤保险条例》是国务院发布的行政法规。《立法法》第八十八条规定，法律的效力高于行政法规、地方性法规、规章。故而《社会保险法》效力高于《工伤保险条例》。在《社会保险法》与《工伤保险条例》关于醉酒工伤认定规定不一致的情况下，应以《社会保险法》的规定为准。《社会保险法》及《工伤保险条例》旨在保障劳动者因工作原因受到人身伤害后，让没有过错责任的工伤职工获得法定的经济救助。不区分醉酒行为与事故伤害发生之间是否存在因果关系，将使存在醉酒情节的伤害事故一律被排除在认定工伤范围以外，这既不符合《社会保险法》《工伤保险条例》的立法宗旨和目的，也不能充分保障无过错劳动职工的合法权益。本案中，张某某事发时虽然醉酒，但杨某某未按操作规范安全驾驶、文明驾驶机动车，未按规定右侧通行的违法行为是这起交通事故的主要责任所致，是造成张某某死亡的直接原因，继而张某某的死亡与醉酒之间并无任何因果关系。张某某在上下班途中，受到非本人主要责任的交通事故伤害，完全符合认定工伤的条件，理应认定为工亡。请求依法撤销齐河县人社局作出的齐人社伤字〔2019〕51号不予认定工亡决定书。

齐河县人社局辩称，（1）被告的工伤认定程序合法。第三人青岛校企英才人力资源开发有限公司齐河分公司于2019年4月11日向我局提出工伤认定申请，我局当日受理，经核实申请材料，我局于2019年4月12日作出齐人社伤字〔2019〕51号《不予认定工亡决定书》，并送达双方当事人，整个工伤认定程序合法有效。（2）答辩人作出的齐人社伤字〔2019〕51号《不予认定工亡决定书》事实清楚、证据充分。《道路交通事故认定书》（第371425120190000102号）证明张某某承担事故的次要责任，且存在醉酒情形。《实施工伤保险条例若干问题意见》规定，职工以上下班为目的、在合理时间内往返于工作单位和居住地之间的合理路线，视为上下班途中；《工伤保险有关规定处理意见函》规定，“上下班途中”是指合理的上下班时间和合理的上下班路途。本案中，根据调查显示，张某某下班时间为18点27分，事故发生时间为20点38分，中间间隔2个多小时。从张某某从工作单位驾车回家的路程、路况来看，合理的下班途中时间10多分钟足矣。因此，张某某发生交通事故的时间并非合理的下班途中时间。（3）被告作出的齐人社伤字〔2019〕51号《不予认定工亡决定书》适用法律法规正确。《社会保险法》与《工伤保险条例》并不冲突。《社会保险法》第三十七条规定："职工因下列情形之一导致本人在工作中伤亡的，不认定为工伤：（一）故意犯罪的；（二）醉酒或者吸毒的；（三）自残或者自杀……"专门强调了在"工作中"伤亡的，对于上下班途中、因工外出等其他情形没有作出具体规定，只是通过在第四项"法律、行政法规规定的其他情形"，作了笼统规定。而《工伤保险条例》是国务院的行政法规，按照《社会保险法》第三十七条第四项不认定张某某为工亡，也是符合法律规定的，二者并不冲突。而且张某某醉酒与其伤亡之间存在直接的因果关系。张某某明知其醉酒，仍然驾驶机动车的行为违反了法律规定，发生了交通事故。从社会效应来讲，如果认定张某某醉酒发生伤亡的情况属于工伤，就等于纵容职工下班后可以放心大胆去喝酒，发生事故只要是非本人主要责任就是工伤，这无疑加大了用人单位的风险，同时也与立法本意相悖。我局作出的齐人社伤字〔2019〕51号《不予认定工亡决定书》，事实清楚、证据充分，适用法律法规正确，认定程序合法。请求驳回原告的诉讼请求。

青岛校企英才人力资源开发有限公司齐河分公司述称，不予认定工亡决定书为被告作出，与第三人无关，事故发生后，第三人为张某某办理了申请认定工亡的手续，履行了法定义务，其他与第三人无关，第三人不应承担法律责任。

经审理查明，张某某于2019年3月30日发生交通事故当场死亡，德州市公安局交通警察支队齐河大队出具的道路交通事故认定书，认定杨某某未按操作规范安全驾驶、文明驾驶机动车，未按规定右侧通行的违法行为是这起交通事故的主要责任，张某某超速行驶、醉酒驾驶机动车负事故次要责任。2019年4月1日，第三人向齐河县人社局提出工伤认定申请，齐河县人社局于2019年4月12日作出的《不予认定工亡决定书》载明："申请人于2019年4月1日向本机关提出工伤认定申请，经审查材料后，本机关于2019年4月11日受理。调查核实情况如下：该职工于2019年3月30日18时27分收车后，于20时38分左右在开私家车回家途中发生交通事故当场死亡，因超速行驶、醉酒驾驶被公安交警部门认定承担事故次要责任。张某某受到交通事故当场死亡，因醉酒驾驶，符合《工伤保险条例》第十六条第一款第二项'醉酒或者吸毒的'不得认定为工亡之规定，现不予认定为工亡。"原告对该不予认定工亡决定书不服，提起诉讼。

山东省齐河县人民法院于2020年9月27日作出一审判决：驳回原告贾某某、张某甲、张某乙、张某丙、张某丁、王某某的诉讼请求。

【案件争点】

张某某的醉酒行为与其伤亡之间是否存在因果关系。

【裁判要旨】

山东省齐河县人民法院认为，《工伤保险条例》第十六条规定："职工符合本条例第十四条、第十五条的规定，但是有下列情形之一的，不得认定为工伤或者视同工伤：（一）故意犯罪的；（二）醉酒或者吸毒的；（三）自残或者自杀的。"《社会保险法》第三十七条规定："职工因下列情形之一导致本人在工作中伤亡的，不认定为工伤：（一）故意犯罪；（二）醉酒或者吸毒；（三）自残或者自杀；（四）法律、行政法规规定的其他情形。"上述法律法规均将醉酒驾驶机动车排除在工伤认定之外，《社会保险法》则强调了醉酒驾驶与伤亡之间的因果关系。本案中，交警部门的道路交通事故认定书认定张某某醉酒驾驶且张某某醉酒驾驶、超速行驶是事故发生的次要原因，可见张某某的醉酒行为与其伤亡之间存在因果关系。齐河县人社局对张某某作出的齐人社伤字〔2019〕51号《不予认定工亡决定书》证据确凿、适用法律法规正确。同时，被告在收到工伤认定申请后，依法予以受理、向第三人发出了举证通知，经审查后在法定期限内作出了齐人社伤字〔2019〕51号《不予认定工亡决定书》，并依法进行了送达，符合法定程序。原告诉讼请求缺乏事实与法律依据，不予支持。

例案二：田某等诉山东省济南市人力资源和社会保障局工伤行政确认案

【法院】

山东省济南市中级人民法院

【案号】

（2018）鲁01行终46号

【当事人】

上诉人（一审原告）：田某、刘某某、杨某某、龚某甲、龚某乙

被上诉人（一审被告）：济南市人力资源和社会保障局

法定代表人：王某，该局局长

一审第三人：济南黄河路桥建设集团有限公司

法定代表人：张某某，该公司董事长

【基本案情】

田某、刘某某、杨某某、龚某甲、龚某乙上诉称，一审法院适用法律错误。一

审法院认为龚某某系工作结束后与同事一起外出用餐时饮酒，其在返回时所受伤害并非发生在工作中，不适用《社会保险法》第三十七条规定的醉酒导致本人在工作中伤亡，应不认定工伤的情形，却又认为《工伤保险条例》第十六条规定的情形是属于《社会保险法》第三十七条第四项授权法律、行政法规对工伤认定的排除作出的规定。而《工伤保险条例》第十六条是对该条例第十四条、第十五条规定的例外性规定。显然，一审法院在适用法律上是相互矛盾的。《社会保险法》第三十七条规定的"工作中"应作扩大解释，应包含《工伤保险条例》第十四条、第十五条规定的情形在内，龚某某死亡的时间属于《社会保险法》第三十七条规定的工作中的情形。被上诉人并未以龚某某的死亡未发生在工作中不予认定工伤。因此，一审法院对于《社会保险法》和《工伤保险条例》相应规定的适用存在错误。从《社会保险法》和《工伤保险条例》两部法规的效力、立法时间及条文修改的变化来看，《工伤保险条例》第十六条第二项醉酒不得认定工伤的规定为2010年12月20日修订内容，于2011年1月1日施行。而《社会保险法》第三十七条醉酒导致本人在工作中伤亡不认定工伤的规定，于2011年7月1日施行。《工伤保险条例》修改前与《社会保险法》规定相同，均规定只有醉酒导致伤亡才不认定工伤。《社会保险法》的规定是对《工伤保险条例》规定的替代，也是对原立法精神的回归。两部法律、法规条文之所以发生修改并恢复的变化也是遵循为了充分保证职工相应权利。综上，请求依法撤销一审判决并予以改判。

济南市人力资源和社会保障局（以下简称济南市人社局）未在二审中答辩。

济南黄河路桥建设集团有限公司（以下简称黄河路桥公司）未在二审中陈述意见。

经审理查明，2016年12月3日22时12分许，杨某甲超速驾驶超载的鲁AE91××/鲁AQ0××挂号重型半挂牵引车沿省道102线由东向西行驶，行驶至16公里525.8米处（芙蓉茶楼路口）时，与饮酒后的行人龚某某由南向北通过路口发生道路交通事故，造成龚某某死亡，车辆损坏。济南市公安局交警支队历城区大队作出济（历城）公交认字〔2016〕第00989号《道路交通事故认定书》，认定杨某甲承担事故全部责任，龚某某不承担事故责任。2016年12月7日，济南市公安局交通警察支队作出《检验鉴定报告》，检验意见：杨某甲静脉血中未检出乙醇成分，龚某某心血中检出乙醇成分，含量204mg/100mL。

2016年12月23日，黄河路桥公司向济南市人社局提交龚某某工伤认定申请表。因缺少材料，济南市人社局向黄河路桥公司作出工伤认定申请材料补正通知书；材料补正后，济南市人社局于2017年1月10日予以受理。2017年2月6日，济南市人社局作出编号F2017010011《不予认定工伤决定书》，主要内容为："龚某某，男，黄河路桥公司职工，1982年8月8日出生。2016年12月3日22时12分，该同志与同事在饭店吃完饭后准备返回项目部，步行至省道102线16公里525.8米处时被一半挂车撞到致死。"济南市公安局交警支队历城大队出具了《道路交通事故认定书》及《检验鉴定报告》，载明龚某某发生交通事故时为饮酒后且血液中的乙醇含量为204mg/100mL。根据《工伤保险条例》第十六条第二项和《社会保险法》第三十七条第二项的规定"醉酒或者吸毒"不得认定为工伤。《实施社会保险法规定》第十条规定："社会保险法第三十七条第二项中的醉酒标准，按照《车辆驾驶人员血液、呼气酒精含量阈值与检验》（GB19522—2004）执行。公安机关交通管理部门、医疗机构等有关单位依法出具的检测结论、诊断证明等材料，可以作为认定醉酒的依据。"《车辆驾驶人员血液、呼气酒精含量阈值与检验》（GB19522—2004）规定，醉酒的标准为血液中的酒精含量大于或者等于80mg/100mL，《检验鉴定报告》证明龚某某血液中的酒精含量为204mg/100mL，已经达到醉酒标准。据此，对龚某某死亡不予认定或者视同工伤。

另查明，2016年12月20日，黄河路桥公司在向济南市人社局出具的《职工工伤事故调查报告》中述称："2016年12月3日20时40分左右，龚某某与项目部任某某、芦某某、朱某某等同志，在忙完综合管廊K11+853-K11+833段顶板钢筋绑扎及自检后，已过项目部食堂就餐时间，便一同到位于工地以东郭店镇的饭店吃饭，饭后准备返回项目部继续察看管廊施工情况。"该报告未对龚某某是否饮酒的情况进行描述。2017年1月17日，济南市人社局在对芦某某、任某某制作的调查笔录中，芦某某、任某某均作出"期间都没有喝酒"的陈述。

山东省济南市历下区人民法院作出一审判决：驳回田某、刘某某、杨某某、龚某甲、龚某乙的诉讼请求。田某等不服，提起上诉。山东省济南市中级人民法院于2018年3月5日作出二审判决：撤销济南市历下区人民法院（2017）鲁0102行初158号行政判决；撤销上诉人济南市人社局作出的F2017010011号《不予认定工伤认定书》；被上诉人济南市人社局在本判决书生效之日起30日内，重新作出关于龚某某工伤决定的具体行政行为。

【案件争点】

醉酒是否一律成为认定工伤的阻却条件。

【裁判要旨】

山东省济南市中级人民法院认为，该法律适用问题之所以产生争议，系因《工伤保险条例》与《社会保险法》对此作出了不完全一致的规定。《工伤保险条例》第十六条规定："职工符合本条例第十四条、第十五条的规定，但是有下列情形之一的，不得认定为工伤或者视同工伤：（一）故意犯罪的；（二）醉酒或者吸毒的；（三）自残或者自杀的。"《社会保险法》第三十七条规定，职工因下列情形之一导致本人在工作中伤亡的，不认定为工伤：（1）故意犯罪；（2）醉酒或者吸毒；（3）自残或者自杀；（4）法律、行政法规规定的其他情形。可以看出，《工伤保险条例》与《社会保险法》关于醉酒不予认定工伤的规定是不一致的。从文义上理解，前者规定无论醉酒与职工伤亡之间是否存在因果关系，均不得认定为工伤；而后者规定中"导致本人在工作中伤亡"的表述则强调了醉酒与职工伤亡之间的因果关系，即醉酒造成行为失控进而引发职工伤亡事故的，对于职工伤亡不认定为工伤；反之，如果醉酒与职工伤亡事故之间不存在因果关系，则不得以醉酒为由不予认定工伤。此为两规定文义解释效果不一致之处，也是本案争议产生的根源，需要解决法律规范竞合的选择适用问题。《立法法》第八十八条第一款规定："法律的效力高于行政法规、地方性法规、规章。"依照此规定，《社会保险法》在效力上高于《工伤保险条例》，两规定出现不一致时，应当以前者规定为裁判依据。因此，就醉酒是否作为认定工伤的阻却条件而言，应当以《社会保险法》的规定为评判标准，即如果醉酒行为系职工伤亡事故的引发原因，则醉酒成为认定工伤的阻却条件；反之，则醉酒不应成为认定工伤的阻却条件。

回到本案，龚某某在交通事故发生时虽处于醉酒状态，但《交通事故认定书》认定龚某某不负事故责任，这说明事故的发生并非龚某某醉酒所致，即龚某某醉酒与交通事故发生、龚某某死亡之间不存在因果关系。被上诉人济南市人社局及一审法院在未区分醉酒与伤亡事故发生之间是否存在因果关系的情况下，单纯以醉酒为由不予认定龚某某工伤，属法律适用不当，应予纠正。5上诉人要求撤销济南市人社局作出的《不予认定工伤决定书》的诉讼请求，应予以支持。

另外，行政诉讼司法审查范围限于行政机关的具体行政行为。济南市人社局作出的《不予认定工伤决定书》中对龚某某不予认定工伤的理由为"醉酒"，该决定书对龚某某死亡是否发生在"工作时间"并未进行认定。因此，对5上诉人关于此事实的上诉理由不予审查。同时，工伤认定需要综合考虑工作原因、工作场所、工作时间等要素，二审法院认为龚某某醉酒不成为认定工伤的阻却事由，不等同于认定龚某某构成工伤。至于龚某某是否构成工伤属于济南市人社局行政职权范围，应由其依法重新作出认定。综上，一审判决适用法律不当，导致判决结果错误，予以纠正。5上诉人的上诉理由成立，予以支持。

例案三：李某某等诉石家庄市人力资源和社会保障局、河北省人力资源和社会保障厅工伤行政确认及行政复议案

【法院】

河北省高级人民法院

【案号】

（2019）冀行申1234号

【当事人】

再审申请人（一审原告、二审被上诉人）：李某某、王某某、李某乙

被申请人（一审被告、二审上诉人）：石家庄市人力资源和社会保障局

法定代表人：王某庆，该局局长

被申请人（一审被告）：河北省人力资源和社会保障厅

法定代表人：宋某某，该厅厅长

一审第三人：原灵寿县鏍照石材厂

经营者：李某丙

【基本案情】

李某某、王某某、李某乙申请再审称，（1）醉酒和伤亡事故存在因果关系，才能构成认定工伤的阻却事由。醉酒是否一律成为认定工伤的阻却条件，对此《社会保险法》第三十七条与《工伤保险条例》第十六条作出了不完全一致的规定。从文义上理解，后者规定无论醉酒与职工伤亡之间是否存在因果关系，均不得认定为工伤；而前者规定中“导致本人在工作中伤亡”的表述则强调了醉酒与职工伤亡之间的因果关系，即醉酒造成行为失控进而引发职工伤亡事故的，对于职工伤亡不认定为工伤，反之，如果醉酒与职工伤亡事故之间不存在因果关系，则不得以醉酒为由不予认定工伤。根据《立法法》第八十八条第一款的规定，《社会保险法》在效力上高于《工伤保险条例》，两者规定不一致时，应当以前者规定为裁判依据。（2）李某甲的醉酒状态和最后的伤亡事故没有因果关系。根据灵寿县公安交通警察大队作出的交通事故认定书，李某甲在本次事故中无责任，这说明事故的发生并非李某甲醉

酒所致，即李某甲醉酒与交通事故发生、李某甲死亡之间不存在因果关系。被申请人在未区分醉酒与伤亡事故发生之间是否存在因果关系的情况下，单纯以醉酒为由不予认定李某甲工伤，属法律适用不当。请求撤销二审判决，依法再审。

石家庄市人力资源和社会保障局（以下简称石家庄市人社局）提交意见称，综合工伤认定申请表、医院诊断证明书、居民死亡医学证明书、道路交通事故认定书、道路交通事故现场图、法医毒物检验报告书、灵寿县交警大队的询问笔录、灵寿县人力资源和社会保障局的多份调查笔录等证据，证明2015年11月13日22时30分左右，李某甲在201省道21公里599.87米处，醉酒发生交通事故死亡。根据《工伤保险条例》第十六条规定，醉酒或者吸毒的，不得认定为工伤或者视同工伤。李某甲离开单位回家途中，醉酒发生交通事故死亡，不应认定为工亡。石家庄市人社局作出的本案被诉不予认定工伤决定，认定事实清楚，适用法规适当，认定结论正确，程序合法。二审法院判决合法适当。请求驳回申请人的再审申请。

一审查明，李某某、王某某系死者李某甲的父母，李某乙系死者李某甲之子。李某丙是灵寿县鏐照石材厂个体经营者。2009年3月12日，灵寿县鏐照石材厂与李某甲签订无固定期限劳动合同。2015年11月13日22时30分左右，李某甲从单位回家途中，行至201省道21公里599.87米处（灵寿县鏐照石材厂门前路段）发生交通事故死亡。2016年1月26日，灵寿县公安交通警察大队出具《道路交通事故责任认定书》，认定李某甲无责任。2015年12月8日，灵寿县鏐照石材厂向灵寿县人力资源和社会保障局提出李某甲的工伤认定申请。该局同日受理后，依据《工伤保险条例》第二十条第三款的规定，于2016年1月28日中止认定。2016年11月7日，恢复认定。2016年11月10日，石家庄市人社局以“李某甲同志受到的伤害，不符合《工伤保险条例》第十四条、第十五条认定工伤或者视同工伤的情形；或者根据《工伤保险条例》第十六条第二项之规定，属于不得认定为工伤或者视同工伤的情形”作出冀伤险认决字（2016）01260212号不予认定工伤决定。李某某、王某某、李某乙不服，于2016年12月26日向石家庄市长安区人民法院提起行政诉讼。2017年6月21日，石家庄市长安区人民法院作出（2017）冀0102行初58号行政判决，撤销了石家庄市人社局的不予认定工伤决定，并判令其在法定期限内重新作出认定。2017年9月21日，石家庄市人社局作出冀伤险认决字（2017）01260162号不予认定工伤决定。李某某、王某某、李某乙仍不服，于2017年10月19日向石家庄市长安区人民法院提起行政诉讼。石家庄市长安区人民法院于2017年11月20日作出（2017）冀0102行初186号行政判决，撤销了石家庄市人社局的不予认定工伤决定，并判令其重新作出认定。石家庄市人社局不服，上诉至石家庄市中级人民法院，后又申请撤回上诉。2018年2月28日，石家庄市中级人民法院作出（2018）冀01行终44号行政裁定，准予其撤回上诉。2018年5月15日，石家庄市人社局作出冀伤险认决字（2018）01260065号不予认定工伤决定，并送达当事人。李某某、王某某、李某乙仍不服，于2018年6月21日向河北省人力资源和社会保障厅申请行政复议。该厅同日受理后，于2018年8月10日中止审理，2019年3月28日，恢复审理。经审查，于2019年4月2日作出行政复议决定，认为《工伤保险条例》第十六条规定了不属于工伤的情形，其中第二项为"醉酒或者吸毒的"。此为排除性条款，即使受伤职工符合《工伤保险条例》第十四条、第十五条之规定，若存在该情形的，就不得认定为工伤或者视同工伤。李某甲事发之时为醉酒状态，依据《工伤保险条例》第十六条之规定，不能认定或者视同工伤，维持了石家庄市人社局的不予认定工伤决定，并送达当事人。

一审另查明，2015年11月19日，河北医科大学法医鉴定中心出具《法医毒物检验报告书》，检测结果为：李某甲心血中酒精含量292.49mg/100mL。

2016年1月26日，灵寿县公安交通警察大队作出灵公交认字（2016）第162400016号道路交通事故责任认定，认定驾驶人负此事故的全部责任，李某甲无责任。

2016年6月29日，河北省灵寿县人民法院作出的（2016）冀0126刑初字47号刑事判决，认定起诉书认定被害人李某甲"醉酒倒卧于公路"的事实。

2018年5月14日，灵寿县行政审批局三圣院乡便民服务中心作出（灵）登记个注核字（2018）第2211号《准予注销登记通知书》，准予李某丙注销其经营的灵寿县鏢照石材厂。

河北省石家庄市长安区人民法院作出一审判决：撤销石家庄市人社局作出的冀伤险认决字（2018）01260065号不予认定工伤决定和河北省人力资源和社会保障厅作出的冀人社行复决（2018）49号行政复议决定，并责令石家庄市人社局在法定期限内重新作出行政行为。石家庄市人社局不服，提起上诉。河北省石家庄市中级人民法院于2019年9月16日作出二审判决：撤销河北省石家庄市长安区人民法院（2019）冀0102行初56号行政判决；驳回被上诉人李某某、王某某、李某乙的诉讼请求。李某某、王某某、李某乙不服，向河北省高级人民法院申请再审。河北省高级人民法院于2020年3月16日作出再审裁定：驳回李某某、王某某、李某乙的再审申请。

【案件争点】

醉酒阻却工伤认定是否需要与伤亡事故之间存在因果关系。

【裁判要旨】

河北省高级人民法院认为,《工伤保险条例》第十四条、第十五条分别规定了职工应当认定为工伤或者视同工伤的具体情形。同时该条例第十六条第二项规定，职工符合本条例第十四条、第十五条的规定，但是具有醉酒或者吸毒情形的，不得认定为工伤或者视同工伤。本案中，申请人亲属李某甲在离开单位回家途中发生非本人责任的交通事故致亡，属于《工伤保险条例》第十四条第六项规定的应当认定为工伤的情形。但是，其时李某甲心血中酒精含量292.49mg/100mL，已经属于醉酒状态。故被申请人石家庄市人社局适用《工伤保险条例》第十六条第二项关于排除工伤认定情形的规定，作出本案被诉不予认定工伤决定，并无不当。被申请人河北省人力资源和社会保障厅依法定程序作出本案被诉行政复议决定，维持上述不予认定工伤决定，亦无不妥。李某某等人主张只有在醉酒与伤亡事故发生之间存在因果关系的情况下才能构成工伤认定的阻却事由，在《社会保险法》与《工伤保险条例》规定不一致的情况下，应以前者的规定作为裁判依据。但是,《工伤保险条例》第十六条规定系职工符合认定工伤或者视同工伤条件下的排除性条款，并未对排除性情形与事故发生之间的因果关系作出规定。虽然《社会保险法》第三十七条亦系工伤认定的排除性规定，但该条第四项认可了法律、行政法规规定的其他情形，故石家庄市人社局依据《工伤保险条例》的规定作出本案被诉不予认定工伤决定，与《社会保险法》的规定并不相悖。因此，李某某等人的主张缺乏法律依据，二审法院判决驳回其诉讼请求，符合法律规定。李某某等人申请再审的理由不能成立，依法难以支持。

三、裁判规则提要

工伤认定排除是指即使职工符合工伤或者视同工伤认定的标准，但是存在故意犯罪、醉酒、吸毒、自杀自残等情形时不认定工伤。在工伤认定中，该条款具有举足轻重的地位。特别是醉酒工伤认定排除条款的争议一直存在，加之实践中醉酒伤亡的情形又较为复杂，导致醉酒排除条款适用的不统一无可避免。审判实践中，存在两种截然不同的观点。例如，例案一和例案二的观点认为，在适用醉酒排除事由时，应当考虑醉酒与事故之间的因果关系；例案三的观点则认为，醉酒排除事由是绝对规范，醉酒产生工伤认定的绝对阻却效果。有关醉酒排除工伤认定，涉及法律规范竞合、立法目的解释、因果关系等较为复杂的问题，值得通过类案进行深入的分析讨论，透彻理解有关裁判规则。笔者同意第一种观点，认为醉酒不是认定工伤的绝对阻却事由，应当根据职工醉酒与伤亡事故之间是否存在因果关系予以区别对待。存在因果关系的，不予认定工伤；不存在因果关系的，则不得仅以醉酒为由不予认定工伤。

（一）应当区分饮酒与醉酒

1. 醉酒的认定标准问题。根据《工伤保险条例规定》，醉酒排除认定工伤所指的“醉酒”并非通常意义的饮酒。饮酒尚未达到醉酒程度的，并不能排除认定工伤。然而《工伤保险条例》中却未对“醉酒”标准作出规定。《实施社会保险法规定》（人力资源和社会保障部令第 3 号）第十条规定：“社会保险法第三十七条第二项中的醉酒标准，按照《车辆驾驶人员血液、呼气酒精含量阈值与检验》（GB19522—2004）执行。公安机关交通管理部门、医疗机构等有关单位依法出具的检测结论、诊断证明等材料，可以作为认定醉酒的依据。”根据《车辆驾驶人员血液、呼气酒精含量阈值与检验》（GB1955—2010）（修订后），车辆驾驶人醉酒后驾车血液中的酒精含量阈值为大于或者等于 80mg/100mL。此为认定醉酒的最低标准，如果职工血液中的酒精含量低于此标准，则不应当认定为醉酒。

2. 醉酒的证明问题。审判实践中，醉酒情形的存在须通过法律事实证据予以证明。根据《审理工伤保险行政案件规定》第一条规定，认定是否存在醉酒情形，应当以有权机构出具的事故责任认定书、结论性意见和人民法院生效裁判等法律文书为依据，但有相反证据足以推翻事故责任认定书和结论性意见的除外。也就是说，醉酒情形的认定原则上以有权机构的事故责任认定书等为判断依据。但是在没有相关法定事实依据即法律文书不存在或者内容不明确的情况下，社会保险行政部门可以根据相关证据，结合职工饮酒后的语言表情、行为举止、思想状态等，综合分析职工饮酒是否达到醉酒程度。法院应当依法对此进行审查。

3. 醉酒的证明责任问题。《工伤保险条例》第十九条第二款规定：“职工或者其近亲属认为是工伤，用人单位不认为是工伤的，由用人单位承担举证责任。”据此，在醉酒的认定中，证明责任系由用人单位承担，用人单位不能提供相应证据或者提供的证据不足以证明职工醉酒的，将承担举证不能的责任。

（二）应当强调醉酒与伤亡之间具有因果关系

在醉酒阻却认定工伤的问题上，是否应当强调醉酒与伤亡事故之间的因果关系，涉及《工伤保险条例》和《社会保险法》相关条款的冲突与竞合。这也是导致分歧的根本原因和关键所在。《工伤保险条例》第十六条规定："职工符合本条例第十四条、第十五条的规定，但是有下列情形之一的，不得认定为工伤或者视同工伤：（一）故意犯罪的；（二）醉酒或者吸毒的；（三）自残或者自杀的。"就该规定，从文义理解来看，只是将醉酒作为职工符合认定工伤或者视同工伤条件下的排除性情形，并未对醉酒与事故发生之间是否应当具有因果关系作出规定。而《社会保险法》第三十七条规定："职工因下列情形之一导致本人在工作中伤亡的，不认定为工伤：（一）故意犯罪；（二）醉酒或者吸毒；（三）自残或者自杀；（四）法律、行政法规规定的其他情形。"该表述又明显强调了醉酒与事故之间的因果关系。在这种矛盾情况下，如何适用法律，从类案检索情况来看，审判实践中主要有三种观点：第一种，根据上位法优于下位法的规则，适用《社会保险法》；第二种，运用目的解释，认为适用《工伤保险条例》仍然要考虑醉酒与事故之间的因果关系；第三种，认为《社会保险法》第三十七条第四项认可法律、行政法规规定的其他情形，适用《工伤保险条例》与《社会保险法》并不相悖。本规则所面临的法律适用问题，应当通过"上位法优于下位法"规则予以解决。《社会保险法》与《工伤保险条例》分属不同位阶，前者系法律，属上位法，后者系行政法规，属下位法。两者的冲突应当通过适用上位法即《社会保险法》予以解决。因此，醉酒是否能够阻却认定工伤应当考虑其与事故伤亡之间的因果关系。而且，如果"一刀切"式地将醉酒作为阻却认定工伤的绝对事由，一概不考虑其与事故发生之间的因果关系，将会导致认定工伤或者视同工伤排除情形的泛化。

（三）因果关系的认定

醉酒与事故之间因果关系认定的本质是解决醉酒与伤亡结果之间联系的问题，也就是界定醉酒与伤亡结果之间的联系达到什么样的程度才算是具有因果关系。相关法律规定之所以将醉酒作为认定工伤或者视同工伤的排除情形，主要是考虑醉酒容易导致行为失控进而引发各种事故，当事人对此是明知的，存在一定程度的过错。基于对工作时不饮酒这一良好社会风尚引导与职工权益保障的平衡，在醉酒与事故之间因果关系的认定上，应当相对较为严格，在符合认定工伤或者视同工伤情况下，只有醉酒与伤亡结果无因果关系，即不负事故责任时，醉酒才会丧失排斥认定工伤或者视同工伤的作用。例如，在例案一中，张某某对交通事故负次要责任，依然不予认定工伤。这与认定工伤情况中的“非本人主要责任”相比，显然是更为严格的。当然，这是符合利益平衡原则的。

综上，除符合一般工伤认定的要件外，醉酒排除认定工伤或者视同工伤还应当具备以下三个特殊要件：（1）职工达到醉酒程度；（2）醉酒有有权机关的事故责任认定书、结论性意见等证据证明；（3）醉酒与伤亡之间存在因果关系。

四、辅助信息

《立法法》

第八十八条 法律的效力高于行政法规、地方性法规、规章。

行政法规的效力高于地方性法规、规章。

《社会保险法》

第三十七条 职工因下列情形之一导致本人在工作中伤亡的，不认定为工伤：

（一）故意犯罪；

（二）醉酒或者吸毒；

（三）自残或者自杀；

（四）法律、行政法规规定的其他情形。

《工伤保险条例》

第十六条 职工符合本条例第十四条、第十五条的规定，但是有下列情形之一的，不得认定为工伤或者视同工伤：

（一）故意犯罪的；

（二）醉酒或者吸毒的；

（三）自残或者自杀的。

第十九条 社会保险行政部门受理工伤认定申请后，根据审核需要可以对事故伤害进行调查核实，用人单位、职工、工会组织、医疗机构以及有关部门应当予以协助。职业病诊断和诊断争议的鉴定，依照职业病防治法的有关规定执行。对依法取得职业病诊断证明书或者职业病诊断鉴定书的，社会保险行政部门不再进行调查核实。

职工或者其近亲属认为是工伤，用人单位不认为是工伤的，由用人单位承担举证责任。

《审理工伤保险行政案件规定》

第一条　人民法院审理工伤认定行政案件，在认定是否存在《工伤保险条例》第十四条第（六）项“本人主要责任”、第十六条第（二）项“醉酒或者吸毒”和第十六条第（三）项“自残或者自杀”等情形时，应当以有权机构出具的事故责任认定书、结论性意见和人民法院生效裁判等法律文书为依据，但有相反证据足以推翻事故责任认定书和结论性意见的除外。

前述法律文书不存在或者内容不明确，社会保险行政部门就前款事实作出认定的，人民法院应当结合其提供的相关证据依法进行审查。

《工伤保险条例》第十六条第（一）项“故意犯罪”的认定，应当以刑事侦查机关、检察机关和审判机关的生效法律文书或者结论性意见为依据。

《实施社会保险法规定》

第十条　社会保险法第三十七条第二项中的醉酒标准，按照《车辆驾驶人员血液、呼气酒精含量阈值与检验》（GB19522-2004）执行。公安机关交通管理部门、医疗机构等有关单位依法出具的检测结论、诊断证明等材料，可以作为认定醉酒的依据。

工伤认定案件裁判规则第 7 条：

职工在用人单位要求或鼓励参加的单位组织的活动中受伤，应当视为工作原因，但参加与工作无关的活动除外

【规则描述】 职工在参加单位组织的活动中受伤能否认定为工伤，核心要素是工作原因。《审理工伤保险行政案件规定》第四条第二项和《工伤保险条例若干问题意见（二）》第四条，明确了职工在参加用人单位组织或受用人单位指派参加的活动中受伤，应当视为工作原因，并把参加与工作无关的活动作为阻却事由。为了更好地保护职工权益，除了用人单位要求职工参加单位组织的活动外，职工在单位鼓励职工参加的单位组织的活动中受伤，也应视为工作原因。

一、类案检索大数据报告

截至 2020 年 12 月 31 日，以“工伤认定”“单位组织”“要求或鼓励”“工作无关”“个人活动”为关键词通过 Alpha 案例库、法信平台、中国裁判文书网、元典智库、北大法宝等共检索到类案 58 件，经逐案阅看、分析，排除同一案件因不同审级形成的多个文书，与本规则关联度较高的案件有 18 件。整体情况如下：

如图 7-1 所示，从地域分布看，江西省 5 件、北京市 3 件、广东省 3 件、四川省 3 件、河北省 1 件、江苏省 1 件、湖北省 1 件、辽宁省 1 件。

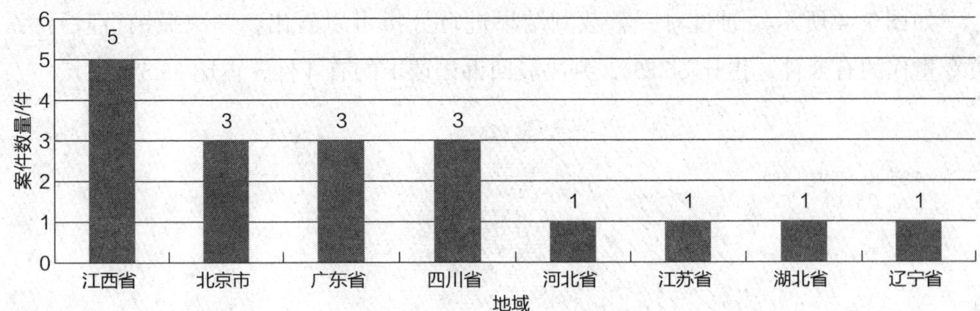

图 7–1　类案地域分布情况

如图 7–2 所示，从审理程序分布来看，一审案例 12 件，二审案例 5 件，再审案例 1 件。

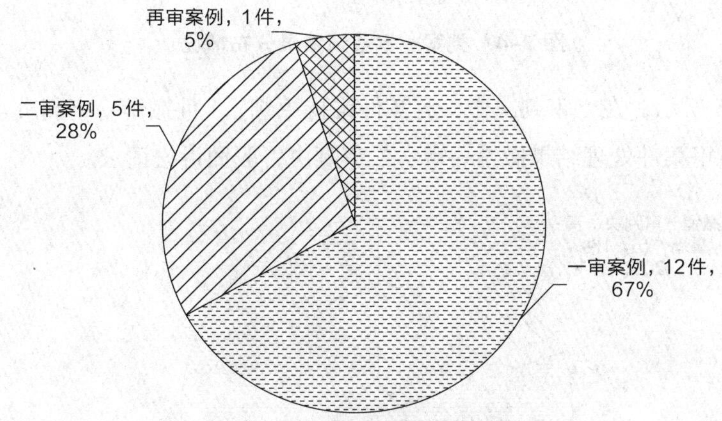

图 7–2　类案审理程序分布情况

如图 7–3 所示，从结案年度来看，2012 年 1 件、2014 年 1 件、2015 年 2 件、2017 年 5 件、2018 年 3 件、2019 年 4 件、2020 年 2 件。

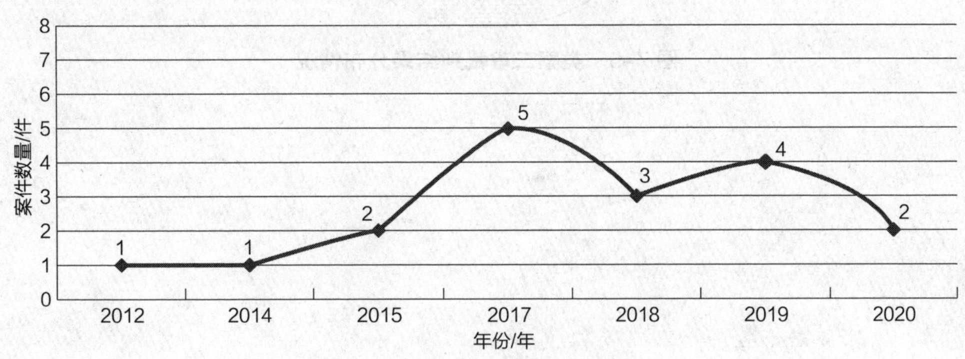

图 7–3　类案结案年度分布情况

如图 7–4 所示，通过对一审裁判结果进行分析可以看出，判决撤销行政行为、责令重作的有 8 件，占比 66.7%，判决驳回诉讼请求的有 4 件，占比 33.3%。

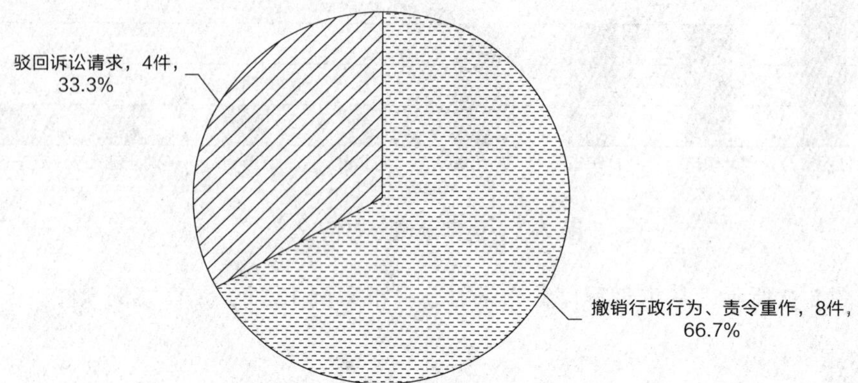

图 7–4　类案一审裁判结果分布情况

如图 7–5 所示，在二审判决中，有 4 件维持原判，1 件撤销一审判决、责令重新作出。1 件再审案件处理结果撤销一审、二审判决，驳回诉讼请求。

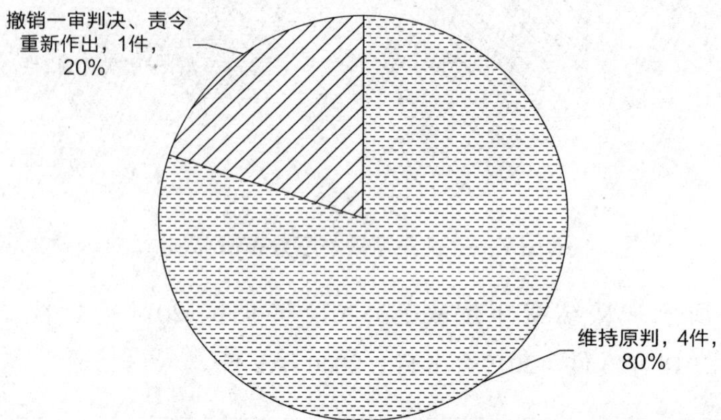

图 7–5　类案二审裁判结果分布情况

二、可供参考的例案

例案一：陈某诉东莞市人力资源和社会保障局、东莞市人民政府社会保障行政确认纠纷案

【法院】

广东省东莞市中级人民法院

【案号】

（2019）粤19行终25号

【当事人】

上诉人（一审原告）：陈某

被上诉人（一审被告）：东莞市人力资源和社会保障局

法定代表人：司某

被上诉人（一审被告）：东莞市人民政府

法定代表人：肖某某，该市市长

一审第三人：东莞莫仕连接器有限公司

法定代表人：林某某，该公司董事长

【基本案情】

陈某上诉称，陈某为东莞莫仕连接器有限公司（以下简称莫仕公司）的制造工程经理，作为公司高管为响应莫仕公司《东莞莫仕人力资源部政策与程序》文件倡导的关爱员工、激发员工的工作热情，鼓励员工参与策划、组织的宗旨，陈某作为公司管理高层积极组织部门人员参加并亲身参与其中，与团队人员达成良好的互动，激发团队人员的工作热情。同时，该羽毛球活动中设有比赛规则、裁判且专人计算分数，具有竞技性质，且羽毛球活动后，公司会组织公司人员聚会吃饭，是公司团队建设活动。陈某因在参加单位组织的团队建设活动中受伤，应认定为工伤。根据最高人民法院行政审判参考性案例：郎毅娜诉北京市朝阳区劳动和社会保障局社会保障行政确认案（行政审判指导案例第34号），裁判要旨：职工在参加单位组织的团队建设活动中受伤，如果该活动系由单位组织安排，且单位鼓励或要求职工积极参加，应属于工伤认定范畴。判断职工参加活动是否属于工作原因，不应仅从该活动的内容形式予以考虑，更应该从该项活动的目的、性质、是否为单位组织安排、费用承担等多方面因素进行审慎考量。从以下方面进行论证本案：（1）活动目的：

通过《东莞莫仕人力资源部政策与程序》第1条及第4.6.3、第4.2.1条可以看出，公司组织活动具有激发员工的工作热情，加强员工与员工、员工与公司的感情的目的，且公司积极鼓励员工参加，是公司致力于营造和谐的工作及文娱生活环境，为公司的团队建设活动。（2）活动的性质：通过《东莞莫仕人力资源部政策与程序》第3.1条可以看出，员工福利委员会性质为莫仕公司人力资源部的组织部门，公司最高管理代表是员工福利委员会所有活动的决策者，即员工福利委员会的人员的变动、活动小组的划分、活动项目、活动经费、活动情况等都需要经过莫仕公司批准，该羽毛球活动受到公司管理、组织及约束。（3）活动经费：通过《东莞莫仕人力资源部政策与程序》第4.2.6条可以看出，经费由公司进行支付，并非陈某违反公司安排自行参加的其他活动。（4）安全保证义务：通过《东莞莫仕人力资源部政策与程序》第4.6.4条规定，可以看出员工福利委员会是有保证陈某安全的义务的。本案一审判决与最高人民法院行政审判指导案例第三十四条宗旨相违背，侵犯陈某的合法权益。公司团建活动为莫仕公司组织、鼓励员工参加，且参与公司组织的活动具有工作的性质，符合《工伤保险条例》第十四条第一项规定。国务院法制办公室对辽宁省人民政府法制办公室作出的《关于职工参加单位组织的体育活动受到伤害能否认定为工伤的请示》的复函规定，作为单位的工作安排，职工参加体育训练活动而受到伤害的，应当依照《工伤保险条例》第十四条第一项的规定。综上所述，该活动是由公司组织安排，且公司鼓励、要求职工积极参加的公司团建活动，应属于工伤。东莞市人力资源和社会保障局（以下简称东莞市人社局）作出的案涉《不予认定工伤决定书》和东莞市人民政府（以下简称东莞市政府）作出的《行政复议决定书》、一审判决存在认定事实不清，适用法律错误。请求二审法院维护陈某合法权益，纠正一审法院的错误，依法作出公正判决。故请求法院判令：（1）撤销一审判决并依法改判；（2）撤销东莞市人社局作出的案涉《认定工伤决定书》和东莞市政府作出的案涉《行政复议决定书》；（3）东莞市人社局、东莞市政府承担本案诉讼费用。

被上诉人东莞市人社局辩称，陈某参加的羽毛球活动与工作无关，陈某在此活动中受伤不应认定工伤。陈某参加公司福利委员会发起的羽毛球活动，在打羽毛球的过程中滑倒，摔伤右股部，伤后被送至石碣医院治疗的事实均无异议。《工伤保险条例若干问题意见（二）》第四条规定与《职工参加单位组织的体育活动受伤害能否认定为工伤复函》规定，作为单位的工作安排，职工参加体育训练活动而受到伤害的，应当依照《工伤保险条例》第十四条第一项的规定，认定为工伤。可见，单位组织的活动是否与工作有关是本案认定工伤的关键。东莞市人社局认为，实践中用人单位均有组织各种活动的情况，而这些活动是否与工作有关应当以是否在正常工作时间组织，是否具有强制性以及活动最主要直接目的是否为了工作予以区分，而不能凡是活动均以加强团建激发工作热情的说法解释为与工作有关。否则用人单位组织的所有活动均可以此为由解释为与工作有关，也就失去了前述法律规定的意义。从本案看来，莫仕公司的羽毛球活动由公司福利委员会发起、组织和管理，时间固定为每周三下班时间18点至20点，由员工自愿选择参加与否，无单位强制性安排和指派，无竞技目的，完全属于公司对于员工的福利，与工作并无直接关系。综上，东莞市人社局作出不予认定工伤并无不当，且无程序违法，请求二审法院驳回陈某上诉请求。

被上诉人东莞市政府二审答辩意见与一审答辩意见一致。

经审理查明：陈某为莫仕公司员工，担任工程经理职务。陈某上班时间为：早上8时至12时，13时30分至17时30分。2017年12月20日19时30分，陈某当日下班后，在莫仕公司组织的羽毛球活动中因接球时不慎滑倒，扭伤右股部，后被送至东莞市石碣医院治疗。东莞市石碣医院诊断陈某为“右股骨颈基底部骨折”。据查，该羽毛球活动由莫仕公司定期发起，活动时间为每周三18时至20时，由公司的员工福利委员会轮流发起、组织和管理；场地预定、活动用品、场地租金支付均由陈某负责；发起方式是由员工福利委员会人员通过公司工作邮箱向全体活动人员发送电子邮件邀请。2018年1月3日，莫仕公司向东莞市人社局提交了《工伤认定申请表》，就陈某于2017年12月20日所受伤害申请认定工伤。东莞市人社局当日受理其申请后，依法要求陈某就莫仕公司所申请的事项和理由作出答复及提供相关证据材料。为查清事实，东莞市人社局于2018年1月22日向陈某进行了调查询问。东莞市人社局综合取得各项证据材料，于2018年2月11日作出东社保工伤认字第GSRD2203638543号《不予认定工伤决定书》，认定陈某于2017年12月20日发生事故受到的伤害，不符合《广东省工伤保险条例》第九条、第十条认定工伤或者视同工伤的情形，决定不予认定或者视同工伤。陈某对此不服，于2018年2月24日向东莞市政府提起复议。东莞市政府于2018年4月19日作出东府行复〔2018〕92号《行政复议决定书》，维持了东莞市人社局作出的上述东社保工伤认字第GSRD2203638543号《不予认定工伤决定书》。陈某仍不服，向一审法院提起行政诉讼，请求撤销东莞市人社局作出的案涉不予工伤认定决定及东莞市政府所作行政复议决定。另查明，根据《中共广东省委办公厅广东省人民政府办公室关于印发〈东莞市机构改革方案〉的通知》（粤办发〔2018〕118号），东莞市组建市人力资源和社会保障局，不再保留东莞市人力资源局、东莞市社会保障局。东莞市机构编制委员会办公室于2019年1月10日颁发了东莞市人社局的统一社会信用代码证书。

广东省东莞市第一人民法院作出（2018）粤1971行初369号行政判决：驳回陈某的全部诉讼请求。陈某不服一审判决提出上诉。广东省东莞市中级人民法院2019年4月2日作出二审判决：驳回上诉，维持原判。

【案件争点】

职工自愿参加单位发起的活动，并在活动中受伤，是否属于因工作原因受伤。

【裁判要旨】

东莞市第一人民法院认为，根据《工伤保险条例》第五条第二款“县级以上地方各级人民政府社会保险行政部门负责本行政区域内的工伤保险工作”及第二十条第一款“社会保险行政部门应当自受理工伤认定申请之日起60日内作出工伤认定的决定，并书面通知申请工伤认定的职工或者其近亲属和该职工所在单位”的规定，东莞市人社局作为东莞市行政区域内的社会保险行政部门，依法享有对东莞市行政区域内的工伤事故进行处理和认定的法定职权。2018年1月3日，莫仕公司向东莞市人社局提交《工伤认定申请表》，就陈某于2017年12月20日所发生的事故伤害申请工伤认定。东莞市人社局于2018年1月3日受理后，依法进行调查核实，于2018年2月11日作出东社保工伤认字第GSRD2203638543号《不予认定工伤决定书》，并依法送达陈某及莫仕公司，其执法主体适格、程序合法，一审法院予以确认。根据《行政复议法》第十二条第一款“对县级以上地方各级人民政府工作部门的具体行政行为不服的，由申请人选择，可以向该部门的本级人民政府申请行政复议，也可以向上一级主管部门申请行政复议”的规定，东莞市政府具有对于东莞市人社局作出的案涉《不予认定工伤决定书》进行复议的法定职权。2018年2月24日，陈某向东莞市政府申请行政复议，东莞市政府于2018年3月2日受理后，于2018年4月19日作出案涉《行政复议决定书》，送达给各方当事人，符合《行政复议法》第十七条及第三十一条第一款的规定，其主体适格，程序合法。本案的争议焦点为东莞市人社局作出东社保工伤认字第GSRD2203638543号《不予认定工伤决定书》及东莞市政府所作东府行复〔2018〕92号《行政复议决定书》是否合法有据。各方当事人对于陈某是在2017年12月20日19时30分下班后，在莫仕公司组织的羽毛球活动中因接球时不慎滑倒扭伤的事实并无争议。从活动的性质来看，该羽毛球活动确属莫仕公司的福利委员会发起、组织和管理，该活动的时间是于周三的下班时间18时开始，活动属于员工自愿参加，是公司举办旨在调节员工身心的一种福利活动，内容与工作并无直接关联。根据《广东省工伤保险条例》第九条第一项“职工有下列情形之一的，应当认定为工伤：（一）在工作时间和工作场所内，因工作原因受到事故伤害的”《审理工伤保险行政案件规定》第四条第二项“社会保险行政部门认定下列情形为工伤的，人民法院应予支持：……（二）职工参加用人单位组织或者受用人单位指派参加其他单位组织的活动受到伤害的”及参照《工伤保险条例若干问题意见（二）》第四条“职工在参加用人单位组织或者受用人单位指派参加其他单位组织的活动中受到事故伤害的，应当视为工作原因，但参加与工作无关的活动除外”的规定，认定工伤的前提是单位组织的活动是否与工作相关，本案中公司组织的羽毛球活动是员工自愿选择参加，并非强制要求，不属于单位工作安排或者指派，属于与工作无关的活动。因此，陈某并非因工作原因受伤，不属于上述法律法规所规定的认定为工伤的情形。而陈某提到的2005年《职工参加单位组织的体育活动受伤害能否认为工伤复函》“作为单位的工作安排，职工参加体育训练活动而受到伤害的，应当依照《工伤保险条例》第十四条第（一）项中关于‘因工作原因受到事故伤害的’的规定，认定为工伤”，如前所述，陈某参加此次活动并不属于单位的工作安排，故也不符合该复函的规定情形，陈某认为东莞市人社局应认定其案涉事故为工伤的主张缺乏法律依据。综上，东莞市人社局作出案涉不予工伤认定决定及东莞市政府所作行政复议决定事实清楚，程序合法，适用法律正确。

东莞市中级人民法院认为，陈某在参加公司羽毛球活动中受伤，事发时间是下班之后，地点是在羽毛球场，也非工作场所，且该羽毛球活动属于与工作无直接关联的福利性活动，并无强制性和约束性。故不属于在工作时间和工作场所内因工作原因受到事故伤害的情形，东莞市人社局不予认定工伤，并无不当。

例案二：佛山市顺德区拓球明新空调热泵实业有限公司诉佛山市顺德区民政和人力资源社会保障局工伤行政确认案

【法院】

广东省佛山市中级人民法院

【案号】

（2019）粤06行终713号

【当事人】

上诉人（一审第三人）：卢某某

上诉人（一审被告）：佛山市顺德区民政和人力资源社会保障局

法定代表人：麦某某，该局局长

被上诉人（一审原告）：佛山市顺德区拓球明新空调热泵实业有限公司

法定代表人：苏某某

【基本案情】

上诉人佛山市顺德区民政和人力资源社会保障局（以下简称顺德人社局）上诉称，劳动法律法规的立法宗旨就是保护劳动者的合法权益，在劳动关系上遵循劳动者利益优先保护的原则。因此对《工伤保险条例》第十四条认定为工伤的解释应当从宽，对十六条不得认定为工伤的解释应当从严。根据该立法宗旨，《审理工伤保险行政案件规定》第五条第二款及《工伤保险条例若干问题意见（二）》第四条规定中陈述的"个人活动""与工作无关的活动"均应受到严格限制，应当理解为那些完全脱离了工作、学习、开会或者既定活动内容的活动，而不应当仅仅从字面上作出表面化的理解。本案中，一审判决已明确认定该次外出旅游活动是佛山市顺德区拓球明新空调热泵实业有限公司（以下简称拓球明新公司）组织的活动。旅游活动本身就具有娱乐性质，而且当天安排活动的地点是在海角城景区内的海岸，活动全程由旅游公司的大巴车负责接送，卢某某即使是在所谓的自由活动时间也只能服从拓球明新公司的安排在指定的活动地点内活动，并不存在脱离拓球明新公司监管的情形，因此，卢某某在旅游过程中只要从事与旅游有关的行为均应被视为与工作有关，而不应再以旅游过程中是单位组织的集体行动还是自由活动时间的个人活动来区分该活动是否与工作有关。如果非要割裂两种活动之间的联系，将不利的后果由员工承担，这对于员工来说是非常苛刻的，也是对《工伤保险条例》第十四条第五项人为地进行了缩小解释，并不符合法律的立法宗旨。另外，最高人民法院在公报案例郎毅娜诉北京市朝阳区劳动和社会保障局社会保障行政确认案裁判要旨中明确指出：职工在参加单位组织的团队建设活动中受伤，如果该活动系由单位组织安排，且单位鼓励或要求职工积极参加，那么应属工伤认定范畴。本案一审查明事实明确显示，卢某某参加的活动系由拓球明新公司组织安排，且要求职工积极参加。根据这一裁判要旨，卢某某的受伤应属工伤认定范畴。综上，请求二审法院撤销一审法院判决，并依法改判驳回拓球明新公司的诉讼请求。

上诉人卢某某上诉称，第一，一审法院一方面认定"卢某某 2017 年 9 月 19 日参加的台山市海角城外出旅游活动是拓球明新公司组织的活动，属于因工外出期间"，另一方面又作出"虽然因工外出期间，但不属于参加用人单位组织的活动中受到事故伤害的情形”，相互矛盾，是将旅游中的自由活动与整个旅游活动割裂开来，认定事实不清。第二，员工参加公司组织的旅游活动，有别于个人自发的旅游活动。卢某某参加拓球明新公司组织的激励员工并鼓励员工参加的外出旅游集体活动，这些活动应当认定为是工作的组成部分，是因工作原因的延续，员工在公司组织的旅游活动中受伤，应当获得工伤保护，卢某某的受伤应当认定为工伤。第三，工伤保护的法律原则和精神，重心是保障无恶意劳动者在劳动中伤亡后能获得救济，所以对于工伤，应尽可能朝着有利于劳动者的角度进行宽泛理解，即扩展到发生在生产劳动过程中。而生产劳动过程应包括工作和进行与工作相关事物的活动。本案中，拓球明新公司是外出旅游集体活动的倡导者、组织者、资金提供者，员工在外出旅游集体活动中始终处于单位的组织管理中，其目的是调节员工身心，增强职工的团结和睦，提高员工工作积极性，更有利于工作的开展，因此，拓球明新公司组织的外出旅游集体活动应当认定为属于与工作相关事物的活动。综上，顺德人社局作出的被诉《认定工伤决定书》是正确的，一审判决认定事实不清，适用法律不当。请求二审法院撤销一审判决，并依法改判驳回拓球明新公司的诉讼请求。

经审理查明，卢某某是拓球明新公司的员工，从事焊接工作。2017 年 9 月 19 日，卢某某前往由拓球明新公司组织的台山市海角城外出旅游活动，当日 10 时 45 分左右（自由活动时间期间），其在沙滩跳跃时不慎失去重心摔倒，导致颈椎受伤，送至当地医院治疗后转送至中国人民解放军广州军区广州总医院治疗，出院诊断为：（1）颈椎骨折伴截瘫；（2）肺部感染；（3）低蛋白血症；（4）低钠血症。2017 年 12 月 7 日，卢某某的姐姐卢某甲就卢某某受到的事故伤害向顺德人社局提出工伤认定申请。2018 年 8 月 10 日，顺德人社局向拓球明新公司送达佛顺民社工举〔2018〕228 号《工伤认定举证通知书》，要求拓球明新公司在限期内履行举证责任，拓球明新公司于同年 8 月 23 日向顺德人社局提交《关于卢某某工伤认定的答复意见》、协议条款、公司在职人员（含兼职、劳务辅助人员）名单及委托手续等材料。同年 11 月 27 日，顺德人社局再次向拓球明新公司送达佛顺民社工举〔2018〕重 228 号《工伤认定举证通知书》，要求拓球明新公司在限期内履行举证责任，拓球明新公司逾期未向顺德人社局提交任何证据材料。顺德人社局经调查核实后，于 2018 年 12 月 7 日作出佛顺民社认工〔2018〕7418 号《认定工伤决定书》，认定卢某某受到的“1. 颈椎骨折伴截瘫；2. 肺部感染”事故伤害为工伤，并于同年 12 月 20 日送达卢某某，于同年 12 月 22 日送达拓球明新公司。另查，卢某某就其与拓球明新公司的劳动关系争议申请仲裁，佛山市顺德区劳动人事争议仲裁委员会于 2018 年 2 月 5 日作出顺劳人仲案终字〔2018〕37 号《仲裁裁决书》，确认拓球明新公司与卢某某于2017年6月21日至2017年12月20日之间存在劳动关系。

佛山市顺德区人民法院于2019年3月13日作出一审判决：一、撤销顺德人社局作出的佛顺民社认工〔2018〕7418号《认定工伤决定书》；二、顺德人社局在本判决发生法律效力之日30日内重新作出行政行为。顺德人社局不服一审判决，上诉到佛山市中级人民法院。佛山市中级人民法院于2019年12月20日作出二审判决：驳回上诉，维持原判。

【案件争点】

职工在参加用人单位组织的旅游活动过程中，在自由活动环节受伤，是否属于因工作原因受伤。

【裁判要旨】

佛山市中级人民法院认为，一般而言，职工参加用人单位组织安排，由用人单位承担相关费用、旨在增强职工之间交流和提高团队合作精神的活动，并在正常、合理开展活动的过程中受到事故伤害的，应当视为工作原因，可予认定为工伤。但是，如果将职工在活动过程中由于职工个人自主意愿或主观因素而超出了活动安排范围导致受伤的所有情况都囊括在工伤认定范围之内，那么显然超出了用人单位组织活动时正常、合理且可预期的风险防控范围，过分苛责用人单位组织活动时的注意义务。具体到本案中，卢某某于顺德人社局的《调查笔录》中陈述其受伤是在外出旅游过程中的自由活动环节，没有人安排，是他自己跟着其他人往水里跳导致受伤的；事发时在场的拓球明新公司员工曾某某在《调查笔录》中亦述称，卢某某受伤时是在自由活动时间，卢某某从沙滩方向向曾某某这边速步过来，那个地点的水深大约过膝盖一点，他就往水里前跃，像游泳员跳进水里一样而致受伤，当时没有人叫他这样做，该跳水行为不是拓球明新公司安排的。拓球明新公司在《关于2017公司年度旅游注意事项》第7点中强调了职工在旅游期间务必注意个人人身安全和财产安全，不能按自己的想法去做一些脱离团队的危险活动。由此可见，卢某某作为一名完全民事行为能力人，于水深仅到膝盖的海边游玩，应当认识到往水里前跃俯冲的危险性，卢某某出于个人自主意愿而作出往水里前跃的危险行为而致受伤，该情形已经超出了拓球明新公司在组织活动时应当予以考虑的正常、合理的风险防控范围，不能认定为与用人单位组织活动相关、由于工作原因受伤。

例案三：郭某某诉武汉市人力资源和社会保障局工伤行政确认案

【法院】

湖北省武汉市中级人民法院

【案号】

（2017）鄂 01 行终 767 号

【当事人】

上诉人（一审第三人）：武汉市金凌房地产经纪有限公司

法定代表人：张某某，该公司总经理

被上诉人（一审原告）：郭某某

一审被告：武汉市人力资源和社会保障局

法定代表人：黄某某，该局局长

【基本案情】

上诉人武汉市金凌房地产经纪有限公司（以下简称金凌公司）诉称，本案属于依法应当中止受理的情形。按照《审理工伤保险行政案件规定》第二条的规定，人民法院受理工伤认定行政案件后，发现原告或者第三人在提行政诉讼前已经就是否存在劳动关系申请劳动仲裁或者提起民事诉讼的，应当中止行政案件的审理。因此，本案应当中止审理。武汉市人力资源和社会保障局（以下简称武汉市人社局）的《不予认定工伤决定书》描述的"郭某某虽系在参加单位拓展活动当天受伤……"与案件的事实不符，被上诉人参加户外活动，本身不应当归属"工作原因"，且私自活动，超出指定范围，受伤与参加的活动无关。综上，程序上，本案应当依法中止审理。实体上，本次事故纯属被上诉人擅自行动、不听从教练安排脱离活动场所，从事其他非指定活动项目，缺乏自我安全保护意识所造成的，与本次活动本身没有内在本质联系，应当依法不予认定工伤。请求二审法院撤销一审判决，改判驳回被上诉人的诉讼请求。

被上诉人郭某某辩称，金凌公司与郭某某的劳动关系已经得到依法确认，本案不应当中止审理。武汉市中级人民法院作出的（2017）鄂 01 民特 515 号裁定书及武汉市汉南区劳动人事争议仲裁委员会作出的汉劳人仲裁字第（2017）第 35 号裁决书均对金凌公司与郭某某之前存在劳动关系进行了认定。武汉市人社局认定郭某某不属于工作原因受伤适用法律错误，应予以撤销，重新作出认定为工伤的行政行为。郭某某所参加的拓展训练系由金凌公司要求、组织、管理并缴纳费用，本质上是一种工作安排。郭某某受伤时未脱离拓展训练场地，未脱离集体，不应认定为从事与工作无关的活动。综上，依照《工伤保险条例》第十四条第一项中关于“因工作原因受到事故伤害的”的规定，应认定郭某某受伤为工伤。请求二审法院依法驳回金凌公司的上诉请求。

一审被告武汉市人社局辩称，一审法院对金凌公司与郭某某之间的劳动关系认定准确，金凌公司主张本案应中止审理没有事实及法律依据。该局在工伤认定程序中具有劳动关系确认权，认定双方存在劳动关系事实清楚、证据充分。郭某某系在脱离单位集体项目情况下，自行活动而受伤，根据《工伤保险条例若干问题意见（二）》第四条之规定，郭某某当日受伤不能认定为是工作原因受伤，不应认定为工伤。

经审理查明，2016年7月22日9时左右，郭某某参加单位组织的拓展训练，在集体开展“高空断桥”项目过程中，独自在旁边区域里活动时摔伤。武汉市普爱医院2016年8月18日出院记录诊断其左胫骨平台粉碎性骨折，左腓骨头骨折，左膝外侧副韧带损伤，左膝前交叉韧带损伤，皮肤挫伤。2016年10月17日，郭某某以2016年7月22日参加单位组织的拓展训练，在试练过程中踩空受伤为由，向武汉市人社局申请工伤认定。武汉市人社局于2016年10月25日受理了原告郭某某提出的工伤认定申请，并于同日向第三人金凌公司邮寄了《工伤认定申请协助调查通知书》《工伤认定申请表》《工伤认定申请受理决定书》。金凌公司收到上述材料后向被告武汉市人社局提交了《郭某某情况说明》，主张郭某某受伤因其个人鲁莽导致，不应认定为工伤。武汉市人社局调查后，于2016年12月25日作出的武人社工险决字（2016）第4345号《不予认定工伤决定书》，对郭某某所受伤害不予认定工伤。郭某某不服，提起行政诉讼。

湖北省武汉市江汉区人民法院作出（2017）鄂0103行初103号一审行政判决：一、撤销被告武汉市人社局2016年12月25日作出的武人社工险决字（2016）第4345号《不予认定工伤决定书》的行政行为。二、责令被告武汉市人社局于本判决生效后，针对郭某某提出的工伤认定申请，依法重新作出行政行为。宣判后，第三人金凌公司不服，提起上诉。湖北省武汉市中级人民法院于2018年1月5日作出二审判决：驳回上诉，维持原判。

【案件争点】

职工在参加用人单位组织的拓展训练项目过程中，独自在旁边区域里活动时受伤，是否属于因工作原因受伤。

【裁判要旨】

湖北省武汉市中级人民法院认为，郭某某参加的拓展活动系由上诉人金凌公司出资、组织，并倡导员工积极参与。该活动的性质属于企业团队建设活动，应属于企业的一项工作安排，员工在团队建设活动中受伤，符合《工伤保险条例》第十四条第五项及《工伤保险条例若干问题意见（二）》第四条规定的因工作原因受伤的情形。被上诉人郭某某在拓展活动中，虽然不是在规定的项目上受伤，但其活动的区域并未脱离拓展基地，且导致其受伤的行为及行为目的也不是明显地与拓展训练无关，故其所受伤害应属于在集体拓展活动中受伤，不应视为“参加与工作无关的活动”。上诉人金凌公司认为单位组织的拓展训练仅仅是员工福利，与单位工作无关，郭某某参加户外拓展活动受伤，不应当归属“工作原因”，且被上诉人私自活动，超出指定范围，所受伤害与参加的活动无关的观点不成立，不予支持。一审被告武汉市人社局作出不予认定工伤的决定，认定被上诉人郭某某所受伤害系自行活动受伤，不符合《工伤保险条例》第十四条第一项的规定，属于适用法律错误，应予撤销。

三、裁判规则提要

工伤保险的立法核心是劳动者因工作原因受到人身伤害后，让没有过错责任的职工获得来自社会的经济救助和精神安慰，以此来体现国家和社会对劳动者等弱势群体的保护与关怀。《审理工伤保险行政案件规定》第四条第二项“社会保险行政部门认定下列情形为工伤的，人民法院应予支持：……（二）职工参加用人单位组织或者受用人单位指派参加其他单位组织的活动受到伤害的”以及《工伤保险条例若干问题意见（二）》第四条“职工在参加用人单位组织或者受用人单位指派参加其他单位组织的活动中受到事故伤害的，应当视为工作原因，但参加与工作无关的活动除外”，都明确了因工作原因受伤的情形。但随着我国市场经济的发展，举办一些活动已逐渐成为国内一些企业进行人力资源培训、加强和培养团队合作精神、调动职工积极性、提高工作效率的一种手段和方式，与工作存在关联性，是职工工作的延伸。职工在这类活动中伤亡的事件也屡屡发生，能否认定为工伤成为当事人双方矛盾的焦点，也是司法审判中的一个难点。人民法院在审理这类案件时，要充分发挥审判职能作用，在尊重立法本意及精神的前提下，准确界定职工是否属于因工作原因受伤，主要从以下两个方面着手：其一，审查该活动是否系单位组织，即单位是否要求或者鼓励职工参加；其二，要审查职工受伤的活动是否与工作有关，即职工受伤的活动与单位组织的活动是否有因果关系。

（一）单位要求或者鼓励职工参加的活动，应认定为因“工作原因”

目前立法层面并未对工作概念进行界定，对工作的理解，既不能拘泥于形式，只限于本职工作，也不能无限扩大，认为凡是与用人单位相关的活动均属于工作，而是应包含本职工作、与单位生产经营相关的非本职工作，以及其他单位临时安排的与单位生产经营无直接关联的非本职工作任务。前两点比较容易理解，也不易于产生争议。而对于单位临时组织的与其生产经营本身没有直接关联、与本职工作无关的活动能否认定为工作，则要看该活动对职工来说是否属于单位安排的任务，即需要考虑该活动是否是单位强制要求或积极鼓励的。如果是，则表明该项活动代表单位意志，对职工而言就可以认定为单位工作安排，而无须再具体考量单位组织该活动与其生产经营的关系。如果该活动不是单位要求或积极鼓励的，仅仅是职工利用了单位的平台、场地或渠道，由职工自愿参加，则该活动与其生产经营等工作无关，不能视为工作原因。在例案一中，企业固定每周三下班后开展体育活动，且企业还提供组织、管理职责，企业虽然没有明确要求或者鼓励职工参加，但是公司福利委员会每周定期发邀请函，就具有鼓励的性质，虽然是职工可以自主选择参加或者不参加，但这种鼓励职工参与活动应认为与工作有关联，应视为工作原因。

（二）职工在参加与工作无关的活动中受伤，不属于因工作原因

《工伤保险条例若干问题意见（二）》第四条规定：“职工在参加用人单位组织或者受用人单位指派参加其他单位组织的活动中受到事故伤害的，应当视为工作原因，但参加与工作无关的活动除外。”由此可见，并非职工在参加单位组织的活动中受伤就属于工伤，而是应该是导致职工受伤的活动与单位组织的活动之间有一定的联系，才能认定为工作原因。根据《工伤保险条例》的立法宗旨，应倾向于对职工的权益保护。所以，《审理工伤保险行政案件规定》第五条第二款及《工伤保险条例若干问题意见（二）》第四条规定中明确的“个人活动”“与工作无关的活动”均应受到严格限制，应当理解为那些完全脱离了工作、学习、开会或者既定活动内容的活动，而不应当仅仅从字面上作出表面化的理解。在实践中，职工参加单位组织的活动时，单位一般都会事先安排好需要开展哪些活动，具体流程是什么等，在这些环节与活动中受伤，则属于工伤无疑。比如例案三中，郭某某在拓展活动中，虽然不是在规定的项目上受伤，但其活动的区域并未脱离拓展基地，且导致其受伤的行为及行为目的也不是明显地与拓展训练无关，故其所受伤害应属于在集体拓展活动中

受伤，不应视为“参加与工作无关的活动”。但是如果是在所列项目之外，且职工因个人原因或者职工进行完全与活动安排无关的行为导致受伤，则属于与工作无关的活动，不能视为工作原因。比如在例案二中，卢某某受伤时是在自由活动时间，出于个人自主意愿而作出往水里前跃的危险行为而致受伤，该情形已经超出了企业应当予以考虑的正常、合理的风险防控范围，所以不能认定为与用人单位组织活动相关、由于工作原因受伤。

四、辅助信息

《工伤保险条例》

第十四条　职工有下列情形之一的，应当认定为工伤：

（一）在工作时间和工作场所内，因工作原因受到事故伤害的；

（二）工作时间前后在工作场所内，从事与工作有关的预备性或者收尾性工作受到事故伤害的；

（三）在工作时间和工作场所内，因履行工作职责受到暴力等意外伤害的；

（四）患职业病的；

（五）因工外出期间，由于工作原因受到伤害或者发生事故下落不明的；

（六）在上下班途中，受到非本人主要责任的交通事故或者城市轨道交通、客运轮渡、火车事故伤害的；

（七）法律、行政法规规定应当认定为工伤的其他情形。

《审理工伤保险行政案件规定》

第四条　社会保险行政部门认定下列情形为工伤的，人民法院应予支持：

（一）职工在工作时间和工作场所内受到伤害，用人单位或者社会保险行政部门没有证据证明是非工作原因导致的；

（二）职工参加用人单位组织或者受用人单位指派参加其他单位组织的活动受到伤害的；

（三）在工作时间内，职工来往于多个与其工作职责相关的工作场所之间的合理区域因工受到伤害的；

（四）其他与履行工作职责相关，在工作时间及合理区域内受到伤害的。

第五条 社会保险行政部门认定下列情形为“因工外出期间”的，人民法院应予支持：

（一）职工受用人单位指派或者因工作需要在工作场所以外从事与工作职责有关的活动期间；

（二）职工受用人单位指派外出学习或者开会期间；

（三）职工因工作需要的其他外出活动期间。

职工因工外出期间从事与工作或者受用人单位指派外出学习、开会无关的个人活动受到伤害，社会保险行政部门不认定为工伤的，人民法院应予支持。

《工伤保险条例若干问题意见（二）》

第四条 职工在参加用人单位组织或者受用人单位指派参加其他单位组织的活动中受到事故伤害的，应当视为工作原因，但参加与工作无关的活动除外。

《职工参加单位组织的体育活动受伤害能否认定为工伤复函》

辽宁省人民政府法制办公室：

你办《关于职工参加单位组织的体育活动受到伤害能否认定为工伤问题的请示》（辽政法〔2005〕6号）收悉。经研究，答复如下：

作为单位的工作安排，职工参加体育训练活动而受到伤害的，应当依照《工伤保险条例》第十四条第（一）项中关于“因工作原因受到事故伤害的”的规定，认定为工伤。

《广东省工伤保险条例》

第九条 职工有下列情形之一的，应当认定为工伤：

（一）在工作时间和工作场所内，因工作原因受到事故伤害的；

（二）工作时间前后在工作场所内，从事与工作有关的预备性或者收尾性工作受到事故伤害的；

（三）在工作时间和工作场所内，因履行工作职责受到暴力等意外伤害的；

（四）患职业病的；

（五）因工外出期间，由于工作原因受到伤害或者发生事故下落不明的；

（六）在上下班途中，受到非本人主要责任的交通事故或者城市轨道交通、客运轮渡、火车事故伤害的；

（七）法律、行政法规规定应当认定为工伤的其他情形。

工伤认定案件裁判规则第 8 条：

职工在家加班，突发疾病死亡或者在48小时之内经抢救无效死亡的，应当认定为工伤

【规则描述】　职工为了单位的利益在家加班，是职工工作的延伸，应当属于“工作时间和工作岗位”，根据《工伤保险条例》第十五条第一项视同工伤的规定，在家加班期间突发疾病死亡或者在 48 小时内经抢救无效死亡，应认定为工伤。人民法院在对这类案件进行审理时，需要着重审查突发疾病与加班工作之间是否具有一定的关联性。

一、类案检索大数据报告

截至 2020 年 12 月 31 日，以“工伤认定”“在家加班”为关键词通过 Alpha 案例库、法信平台、中国裁判文书网、元典智库、北大法宝共检索到类案 98 件，经逐案阅看、分析，剔除同一案件因不同审级形成的多个文书，与本规则关联度较高的案件有 55 件。整体情况如下：

如图 8–1 所示，从地域分布看，河南省 12 件、河北省 7 件、广东省 4 件、湖北省 3 件、安徽省 3 件、广西壮族自治区 4 件、湖南省 5 件、四川省 3 件、福建省 3 件、其他省市 11 件。

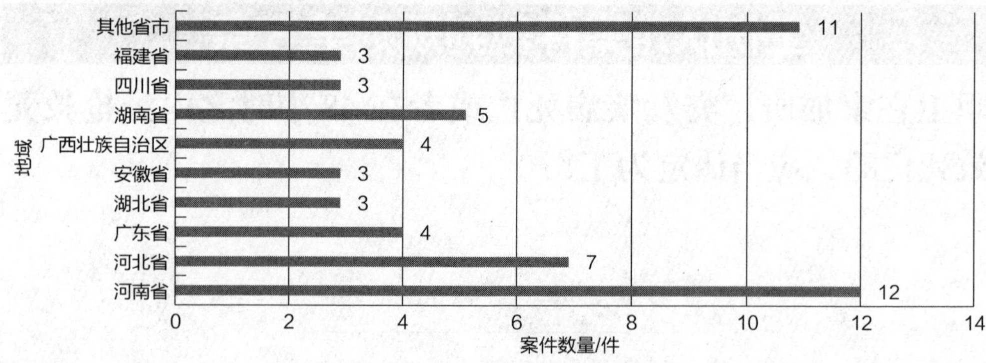

图 8-1　类案地域分布情况

如图 8-2 所示，从结案年度分布来看，2014 年到 2020 年此类案件的数量呈现逐步上升趋势，其中 2014 年 1 件、2016 年 1 件、2017 年 3 件、2018 年 13 件、2019 年 16 件、2020 年 21 件。

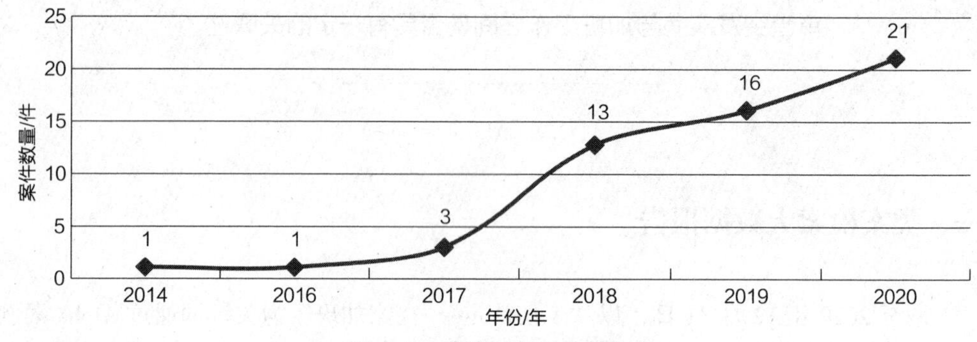

图 8-2　类案时间分布情况

如图 8-3 所示，从审理程序分布来看，一审案例 19 件，二审案例 35 件，再审案例 1 件。

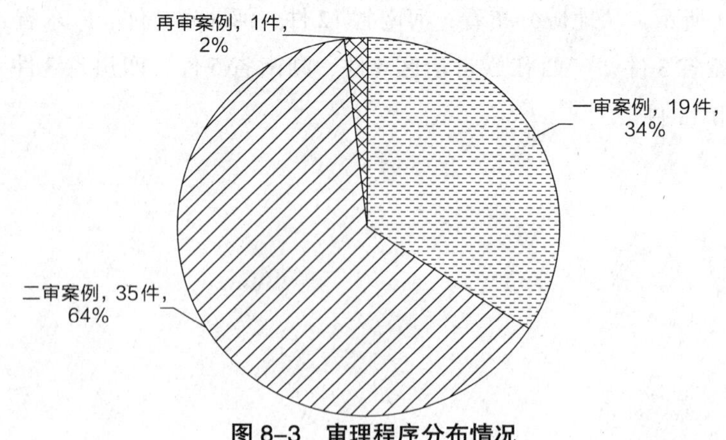

图 8-3　审理程序分布情况

如图 8–4 所示，通过对一审裁判结果进行可视化分析可以看出，判决撤销行政行为、责令重新作出的有 10 件，占比 66.7%，判决驳回诉讼请求的有 9 件，占比 33.3%。

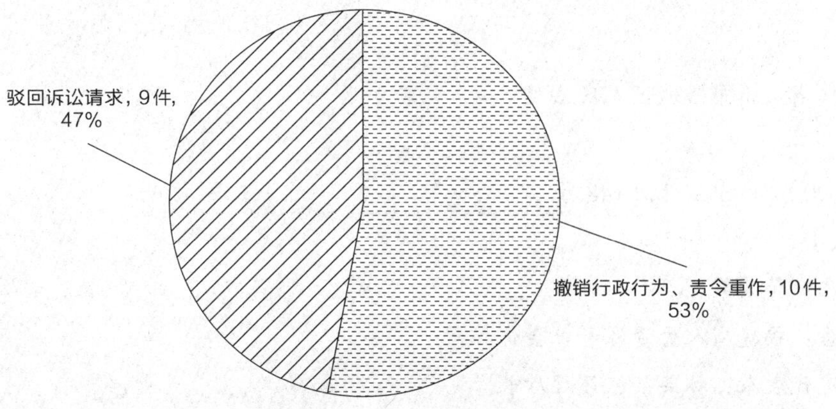

图 8–4　类案一审裁判结果分布

如图 8–5 所示，在二审判决中，有 21 件为维持原判，14 件撤销一审判决、责令行政机关重新作出行政行为。

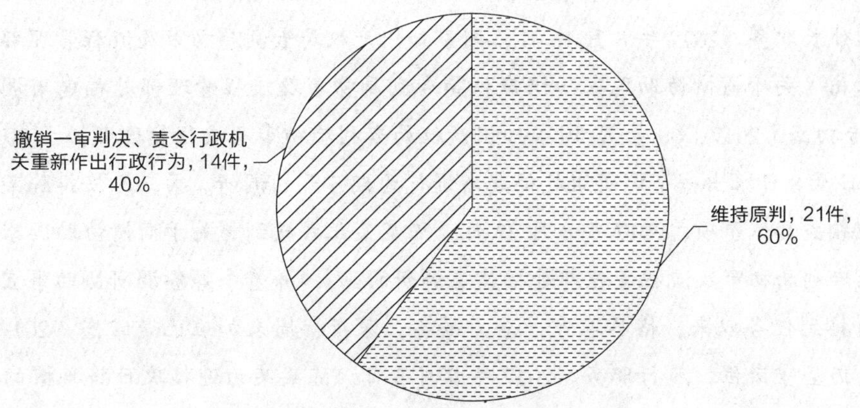

图 8–5　类案二审裁判结果分布情况

二、可供参考的例案

例案一：薛某某诉福建省人力资源和社会保障厅工伤行政确认案

【法院】

福建省泉州市鲤城区人民法院

【案号】

（2020）闽0502行初148号

【当事人】

原告：薛某某

被告：福建省人力资源和社会保障厅

法定代表人：林某某，该厅厅长

第三人：福建省知识产权局

法定代表人：颜某某，该局局长

【基本案情】

原告薛某某诉称，陈某某系原告配偶，陈某某生前为第三人职工，担任规划发展处副处长职务。2017年8月16日，国家知识产权局专利局初审及流程管理部向第三人发出《关于商情协助国家知识产权局专利局初审及流程管理部赴福建省调研的函》（专初函〔2017〕69号），国家知识产权局专利局初审及流程管理部拟于2017年9月4日至8日派出一个调研组赴福建省进行为期5天的调研。第三人安排陈某某负责办理相关具体事项。2017年8月23日，陈某某正式接到《关于商情协助国家知识产权局专利局初审及流程管理部赴福建省调研的函》，并着手筹备调研协助事宜。陈某某自接到任务以来，恪尽职守，全力筹备，深夜、周末加班已是常态。2017年9月2日仍坚守岗位，履行职务。2017年9月3日，陈某某为迎接次日将抵榕的初审及流程管理部调研组人员，为准备之后的调研协助事宜，因时间紧迫，任务繁重，陈某某只好将调研筹备工作带回家中处理，包括分析处理截至2017年6月全省有效专利统计数据等有关工作。期间，陈某某在履行职务过程中突发疾病，经抢救无效死亡。2017年12月25日，被告受理了第三人提出的工伤认定申请，2018年2月23日作出闽人社工认字〔2018〕3号《福建省省本级机关事业单位不予认定工伤决定书》，认为陈某某同志突发疾病死亡的时间和地点不在工作时间和工作岗位，不予认定为工伤。陈某某任职以来，兢兢业业履行职责，长期超负荷工作，经常加班至深夜乃至凌晨，积劳成疾，极度消瘦。曾于2011年被评为全国专利系统先进工作者。其不幸逝世后，第三人福建省知识产权局作出“向陈某某学习的决定”，号召全省知识产权机构开展向陈某某学习的活动。事发当日，陈某某应第三人的指示负责国家知识产权局专利局初审及流程管理部调研事宜，因时间紧、工作任务繁重，陈某某在家加班筹备调研工作系履行职务行为，陈某某住处应属于工作区域的合理延伸范围，所谓“工作岗位”，实际上应是指其岗位职责和工作任务。从陈某某突发疾病时的行为看，其乃是在履行职务，为了单位的利益在家中加班工作，与次日工作具有紧密关联性，应当认定在工作时间和工作岗位突发疾病死亡，符合《工伤保险条例》第十五条第一款规定的在工作时间和工作岗位，突发疾病死亡或者在48小时之内经抢救无效死亡的情形，依法应认定为工伤。该认定也更符合《工伤保险条例》关于视同工伤规定的立法本意。综上，被告作出的闽人社工认字〔2018〕3号《福建省省本级机关事业单位不予认定工伤决定书》认定事实不清，适用法律错误，依法应予纠正。特诉请:（1）依法撤销福建省人力资源和社会保障厅作出的闽人社工认字〔2018〕3号《福建省省本级机关事业单位不予认定工伤决定书》，并责令被告重新作出具体行政行为；（2）本案诉讼费由被告承担。庭审中原告补充诉讼请求；（3）鉴定费1万元由被告承担。

被告福建省人力资源和社会保障厅辩称，（1）被告作出本案工伤认定决定，程序合法。2017年12月1日被告收到第三人提出的关于陈某某（薛某某之夫）的工伤认定申请后，于2017年12月14日通知第三人补正材料，并在收到补正的材料后于2017年12月25日予以受理。经审理后，被告于2018年2月23日作出闽人社工认字〔2018〕3号《福建省省本级机关事业单位不予认定工伤决定书》，决定对陈某某突发疾病死亡的情形不予认定工伤。（2）被告作出本案工伤认定决定，适用依据正确。陈某某突发疾病死亡的时间和地点，不在工作时间和工作岗位，单位也没有要求其2017年9月3日加班。陈某某突发疾病死亡的情形既不符合《工伤保险条例》第十五条第一项“在工作时间和工作岗位，突发疾病死亡或者在48小时之内经抢救死亡的”，也不符合《工伤保险条例》任何一种拟定或视同工伤的情形，因此不应认定为工伤。综上，被告所作出的闽人社工认字〔2018〕3号《福建省省本级机关事业单位不予认定工伤决定书》，程序合法、适用依据正确，特请驳回原告的诉讼请求。

第三人福建省知识产权局未提交书面陈述意见及证据。

经审理查明，原告薛某某系陈某某的配偶，陈某某生前供职于福建省知识产权局。2017年8月16日，国家知识产权局专利局初审及流程管理部出具《关于商请协助国家知识产权局初审及流程管理部赴福建省调研的函》（专初函〔2017〕69号）。陈某某于2017年8月23日阅处上述文件，并接到办理协助国家知识产权局相关部门工作人员2017年9月4日至8日赴榕调研具体事项的工作任务。根据原告提供的家用电脑截图显示，文件名为201706有效.xls的修改日期为2017年9月3日13：45。根据福建省立金山医院院前急救医疗记录单第1页记载："患者姓名陈某某……现场病情评估心脏骤停，无自主呼吸。现场体检：呼吸无、循环脉搏无、皮肤冷、苍白、神经痛反应无……"第2页记载："……抢救30min后再次评估患者仍无自主呼吸、心跳，告知家属抢救无效，家属要求继续抢救并要求转诊总院……"根据南京军区福州总医院2017年9月3日的陈某某门诊病历，诊断结果为猝死。原告薛某某于2017年11月6日填写了《福建省省本级工伤认定申请表》，福建省知识产权局亦同意申请工伤认定。第三人福建省知识产权局于2017年12月1日向福建省人力资源和社会保障厅发出闽知函〔2017〕103号《关于报送陈某某同志工伤认定申请的函》，为陈某某申请工伤（因工死亡）认定。被告福建省人力资源和社会保障厅于2018年2月23日作出闽人社工认字〔2018〕3号《福建省省本级机关事业单位不予认定工伤决定书》。原告薛某某对被告作出的不予认定工伤的决定不服，故提起行政诉讼。

闽伊〔2018〕电鉴字第041号《司法鉴定意见书》记载："……六、鉴定意见时间从2015年1月1日至2017年9月3日期间，鉴材电脑（家用电脑和办公电脑）工作文件记录共计11317条，具体情况如下：1.上班文件6697份。2.加班文件4620份，其中后半夜加班文件544份……4.加班文件对比上班文件的比例为68.99%。5.后半夜加班文件占加班文件的比例为：11.77%……"

福州市鼓楼区人民法院于2019年4月22日作出一审判决：一、撤销被告福建省人力资源和社会保障厅于2018年2月23日作出的闽人社工认字〔2018〕3号《福建省省本级机关事业单位不予认定工伤决定书》；二、责令被告福建省人力资源和社会保障厅在本判决生效后60日内重新作出工伤认定决定书；三、本案诉讼费用及司法鉴定费用共计10050元由被告承担。

【案件争点】

1.用人单位未要求加班，薛某某的证据是否能够证明其在家加班。

2.职工在保存单位的文件后不久突发疾病在48小时内死亡，是否应认定为工伤。

【裁判要旨】

福州市鼓楼区人民法院认为，从原告提供的家用电脑截图、专初函〔2017〕69

号《关于商请协助国家知识产权局初审及流程管理部赴福建省调研的函》、福建省知识产权局收文处理单及福建省立金山医院院前急救医疗记录单、司法鉴定意见书可以看出，陈某某经常加班，在国家知识产权局赴榕调研组将于2017年9月4日到达之际，负责此次协助调研工作任务的陈某某有理由在2017年9月2日、9月3日占用个人时间加班完善岗位职责工作，这一事实与其家用电脑2017年9月2日、3日文件修改日期相互印证。同时急救医疗记录单显示呼救时间系14点56分，到达现场时间系15点01分，现场病情评估心脏骤停，无自主呼吸，而2017年9月3日家用电脑文件的修改日期显示为13点45分，因此不能排除陈某某发病时间在加班工作期间的可能性。被告仅凭原告申请工伤认定时的陈述，认定陈某某发病时已结束工作，上床休息，明显证据不足。而且陈某某单位出具的情况说明载明，陈某某在调研组抵榕前的周末（9月2日、3日）将有关事务带回家中处理。被告仅以“单位没有要求9月3日加班”，陈某某周末工作，不是工作时间，事实认定依据亦不足。庭审中被告以陈某某将省知识产权局的工作文件带回家中处理违反《保守国家秘密法》的相关规定以此否定其加班，法院不予采纳，并对陈某某长期加班工作与突发疾病是否存在因果关系，是否因长时间工作劳累造成猝死等问题均未予认定，作出不予工伤认定，认定部分事实不清，证据不充分。被告福建省人力资源和社会保障厅应当结合本案司法鉴定意见，在对相关事实进行全面调查取证的基础上，正确认定，依法重新作出具体行政行为。

例案二：张某某诉济南市人力资源和社会保障局工伤行政确认案

【法院】

山东省济南市中级人民法院

【案号】

（2019）鲁01行终753号

【当事人】

上诉人（原审被告）：济南市人力资源和社会保障局

法定代表人：王甲，该局局长

被上诉人（原审原告）：张某某

一审第三人：中国联合网络通信有限公司济南市分公司

负责人：张某甲，该公司总经理

【基本案情】

上诉人济南市人力资源和社会保障局（以下简称济南市人社局）上诉称，王某突发疾病的情况是在家中且发病时间不在被上诉人及一审第三人在工伤认定过程中所主张的工作时间（8：30至17：00）内。王某虽然在2018年6月21日4点多曾通过手机收发故障单，但其后续的休息、洗澡等行为已经构成了工作状态的中断，并非一直处于工作状态。上诉人认定王某7时15分左右在家中突发疾病的情况不属于在工作时间和工作岗位，不予认定或视同工伤，事实清楚、证据充分确凿，适用法律法规正确，程序合法。一审判决无限延伸工作时间和工作岗位，不符合《工伤保险条例》的立法本意。综上，一审法院认定事实不清、适用法律错误，请求二审法院撤销一审判决，诉讼费由被上诉人承担。

被上诉人张某某及一审第三人中国联合网络通信有限公司济南市分公司（以下简称联通济南分公司）未提交书面答辩意见。

经审理查明，2018年10月9日，济南市人社局作出编号为F2018100001号《不予认定工伤决定书》，主要内容为："2018年7月19日，联通济南分公司为王某向我局提起工伤认定申请，因材料不全我局向其出具补正通知书，2018年8月21日申请人补正完结，本机关当即予以受理。王某，男，联通济南分公司高新区综合维护中心员工，从事综合维护调度岗。2018年6月21日7时15分左右，该同志在家中出现呕吐、昏厥症状，后经120送医疗机构抢救于当日8时59分死亡。经调查，该局认为虽然王某在家中曾通过手机收发故障单，但其在家中发病时并不是履行工作的时间，不符合工作时间和工作岗位突发疾病死亡的情形。其情形不符合《工伤保险条例》第十四条、第十五条认定工伤或者视同工伤的情形。现决定不予认定或者视同工伤。"

另查明，张某某与王某系夫妻关系。王某系联通济南分公司高新综合维护中心员工，从事工作岗位为综合维护调度岗。根据联通济南分公司《关于王某从事工作岗位的说明》，综合维护调度岗位的工作要求为必须全天24小时接收系统故障派单，并在规定时限内调动各方资源，积极协调跟踪故障处理，反馈故障处理情况，在故障处理完毕后及时进行回单。根据王某2018年6月21日短信及通话记录截屏显示，2018年6月21日00：57分，王某手机短信接收到（10）65590156发送的37001806144510、37011806044810两个故障单；04：50分接收到系统验证码，并在04：53分电话联系传输值班电话（0531）82900014；06：08分，王某手机接收到（10）65590156发送的37001806145780故障单，06：09分电话联系传输值班电话

（0531）82900014。联通济南分公司提交的37001806144510网络故障单处理记录截屏显示，在故障处理环节王某签收时间为2018年6月21日04：49；37011806044810网络故障单处理记录截屏显示，在故障处理环节王某签收时间为2018年6月21日04：50。2018年6月21日7时15分左右，王某在家中出现呕吐、昏厥症状，送医后经抢救于当日8时59分死亡。济南市中心医院居民死亡医学证明（推断）书载明死亡原因为猝死。2018年8月22日，济南市人社局对张某某制作调查笔录，主要内容为："……问：请详细叙述一下王某事故的情况。答：……晚上快12点时我起来上厕所，看到他还在客厅里没睡电视也开着。我问他怎么还没休息，他说还没回单再等一会。6月21日凌晨四点左右，因为我家养的小狗出了点动静我醒了，听到王某在他卧室里（我与孩子在一个房间睡，他在另一个房间睡觉）打电话。5点左右，我起来准备遛狗，发现他在客厅打电话，我问他怎么这么早起，他说自己4点多已经开始打电话派单。他说他有点头晕，我就扶了他一下，拽着他的手让他上床躺一会。过了10多分钟，他自己起来又躺到沙发上，我让他去孩子的床上去再睡一会。之后我开始做饭，大约6点多钟，我听到他在孩子的床上给值班室打电话。大约7点钟左右，我叫孩子起床时，他还在床上躺着，但没睡着。大约7点20分左右，孩子在吃饭，他去洗澡。7点半左右，我送孩子从电梯口回来，看到王某洗完澡之后，躺在他自己的床上吐了，浑身发青，我叫他已经没有意识。我马上打了120，8点左右120来了，急救人员急救后马上送中心医院。到医院后医生开始抢救，8点46分左右大夫说他已经停止呼吸了……"2018年8月22日，济南市人社局对联通济南分公司高新综合维护中心的经理何某某制作调查笔录，主要内容为："……问：你知道王某事故的情况吗，详细叙述一下。答：2018年6月20日下午5点10分左右，王某来到我和朱某某的办公室，我们三个聊了一会，当时没发现他有什么异常。聊了20分钟左右，他下班回家了。当天晚上11点左右，我在手机微信群里看到王某对故障进行派单。早上5点40多，我在手机里看到他对故障进行派单……问：请讲一下王某的具体工作内容？答：王某是障碍管理员，这个岗位只有他一人，他负责将市公司网络维护中心派来的故障单转派给相关人员，线路维护人员和抢修人员根据他派的故障单进行抢修处理……事发前几天的夜间故障情况是，6月17日18点有一个故障，6月18日没有故障，6月19日两个故障，6月20日两个故障……"

济南市历下区人民法院作出（2018）鲁0102行初569号行政判决：一、撤销济南市人社局作出的编号F2018100001号《不予认定工伤决定书》；二、济南市人社局于判决生效之日起在法定期限之内，重新作出关于王某工伤认定的具体行政行为。

济南市人社局不服，提起上诉，济南市中级人民法院于2019年9月10日作出二审判决：驳回上诉，维持原判。

【案件争点】

王某在家加班时发病送医经抢救后死亡的情形是否属于《工伤保险条例》第十五条第一款第一项规定的视同工伤的情形。

【裁判要旨】

济南市中级人民法院认为，职工为了单位的利益，将工作带回家，占用个人时间继续工作，应当属于《工伤保险条例》第十五条第一款第一项规定的“工作时间和工作岗位”，职工在此期间突发疾病死亡，其权利更应当受到保护，只有这样理解，才符合倾斜保护职工权利的工伤认定立法目的。联通济南分公司出具的《关于王某从事工作岗位的说明》、王某手机通话记录明细、微信群聊天记录、短信记录截屏、故障单处理记录截屏及联通济南分公司员工的证人证言等证据均可以证明王某所在工作岗位的工作要求是必须全天24小时接收系统故障派单，并在规定处理时限内调动各方资源积极协调跟踪故障处理，在故障处理完毕后及时进行回单。由于王某工作岗位性质的特殊性，其在常规8小时工作时间以外处理故障派单，亦属于履行工作职责，不能因其在家中突发疾病，从而否定工伤情形的存在，而应结合证据反映的实际情况予以认定。济南市人社局认为虽然王某在家中曾通过手机收发故障单，但其在家中发病时并不是履行工作的时间。而根据王某电话记录明细、短信截屏等显示，王某曾于2018年6月19日凌晨00：43、01：26和6月20日凌晨00：36、02：32、06：11时间段根据其工作岗位性质进行过工作联系；并且其于6月21日凌晨00：57、04：50、04：53、06：08、06：09在家中进行了接收或派发故障单的工作，结合济南市人社局对张某某所作调查笔录，王某在4点多已经开始派单工作，在5点左右已经有头晕现象发生，而其在06：08、06：09还通过手机短信接收故障单并电话与传输值班室联系，应当认定其一直处于工作时间。而王某虽然在7点15分左右出现呕吐、昏厥症状，但其从5点多已有头晕症状，其后又一直处于工作状态，从工伤认定倾向性保护职工合法权益的原则出发，应当认定王某属于在“工作时间和工作岗位”突发疾病，符合《工伤保险条例》第十五条规定的视同工伤的情形。济南市人社局作出的不予工伤认定决定事实不清，一审判决予以撤销并责令济南市人社局重新作出认定并无不当。

例案三：李某某诉吉水县人力资源和社会保障局工伤行政确认案

【法院】

江西省吉水县人民法院

【案号】

（2019）赣0822行初1号

【当事人】

原告：李某某

被告：吉水县人力资源和社会保障局

法定代表人：王某某，该局局长

第三人：吉水县扶贫办公室

法定代表人：陈某某，该办公室主任

【基本案情】

原告李某某诉称，彭某某响应组织号召，服从单位安排，积极主动参加疫情防控网格化小区值守工作，20天来，没有歇过。2020年2月19日，彭某某在单位上班时商量方案材料起草事宜，晚上在家中加班起草《吉水县开展脱贫攻坚挂牌督战和网格化管理工作方案》。工作至20日凌晨0时15分许，彭某某在起身上卫生间过程中，晕倒在卫生间。随后，家属紧急将其送往吉水县人民医院抢救，吉水县人民医院颅脑、胸部CT显示：脑干出血、肺部感染。做完检查后，转入吉安市中心人民医院抢救，21日，经南大二附院专家会诊，临床考虑脑死亡，患者无治疗价值。之后，医院出具了疾病证明书，确诊脑死亡时间为21日15时。由于家属出于亲情不愿意放弃治疗，患者继续依靠呼吸机辅助呼吸和药物治疗才致使抢救时间超过48小时。《工伤保险条例》的立法本意在于保护劳动者的合法权益，鉴于脑死亡对生命终结具有不可逆转性，持续救治只能延缓心肺死亡时间，在死亡标准没有明确法律规定的情况下，应当作出对劳动者有利的解释，故脑死亡应当属于“48小时之内抢救无效死亡的”情形。被告作出的吉水人社伤认字〔2020〕第32号《不予认定工伤决定书》，决定不予认定或视同工伤完全错误，严重侵害了原告的合法权益，应当予以撤销，根据我国《行政诉讼法》第二条之规定，现特提此诉，请求法院查明事实，依法判决：（1）法院依法撤销被告作出的吉水人社伤认字〔2020〕第32号《不予认定工伤决定书》；（2）本案诉讼费用全部由被告负担。

被告吉水县人力资源和社会保障局（以下简称吉水县人社局）辩称，（1）关于事实认定问题：彭某某脑死亡虽然发生在突发疾病后的48小时之内，但脑死亡并非临床医学死亡。而彭某某从2020年2月20日入院抢救，至3月6日出院，时间间隔15天，医院却始终未宣布其临床死亡。截至目前，在无明确规定脑死亡可以作为死亡认定标准的情况下，只能以医院宣布临床医学死亡为死亡认定标准。因此，彭某某因病死亡不属于“突发疾病在48小时内经抢救无效死亡”的情形；（2）关于法律适用问题：答辩人依照《工伤保险条例》第五条第二款、第十五条第一项之规定以及参照人社部《关于转发吉林市工伤认定的函》（人社工险便函〔2016〕02号）之精神，从而认定彭某某所受伤害不能视同工伤（亡）；（3）关于程序问题：吉水县扶贫办公室于2020年3月20日提出书面工伤认定申请，答辩方于2020年3月27日予以受理，后答辩方工作人员依法开展相关调查核实工作。综上，答辩人所作吉水人社伤认字〔2020〕第32号《不予认定工伤决定书》，事实清楚，适用法律正确，程序合法。

经审理查明，原告李某某的丈夫彭某某生前是吉水县扶贫办公室干部。今年春节后上班至2月29日期间，受新冠疫情影响，单位实行弹性工作制，且明确晚上可在家里上班。2020年2月19日，彭某某在单位上班时商量方案材料起草事宜，因材料须在次日下午下班前完成，晚上彭某某在家中加班起草《吉水县开展脱贫攻坚挂牌督战和网格化管理工作方案》。工作至20日凌晨0时15分许，彭某某在起身上卫生间过程中，晕倒在卫生间。随后，家属紧急将其送往吉水县人民医院抢救，吉水县人民医院颅脑、胸部CT显示：脑干出血、肺部感染。做完检查后，转入吉安市中心人民医院抢救。21日，经南大二附院专家会诊，患者脑干出血，无自主呼吸，各种反射消失，根据病情推断，临床考虑脑死亡，患者无治疗价值。之后，吉安市中心人民医院（南昌大学附属吉安医院）出具了疾病证明书，确诊脑死亡时间为21日15时。彭某某从突发疾病至确认脑死亡时间为39小时。由于家属不愿意放弃治疗，患者继续依靠呼吸机辅助呼吸和药物进行治疗。由于彭某某病情不断恶化，无好转迹象，3月6日家属经过考虑要求办理出院，并签署拒绝继续住院同意书。出院诊断为：脑干出血、脑死亡、肺部感染、高血压病。3月7日彭某某在家中死亡。2020年3月24日，《农民日报》头版头条刊登了一位基层干部的生命绝唱——追记防疫扶贫“双线”作战的江西吉水县扶贫干部彭某某。2020年3月20日，第三人吉水县扶贫办公室向被告吉水县人社局提出申请，要求认定原告李某某的丈夫彭某某于2020年2月20日突发疾病死亡属工伤。被告认为目前我国除医疗机构出具临床死亡证明外，尚无立法确定其他死亡标准的情况下，即使医院认定彭某某出现脑死亡，也不能认定其实质上死亡，其突发疾病至抢救无效死亡已超过48小时，不符合《工伤保险条例》相关规定及人力资源和社会保障部《关于转发吉林市工伤认定案例的函》（人社工险便函〔2016〕02号）中工伤认定精神，作出吉水人社伤认字〔2020〕第32号《不予认定工伤决定书》，决定不予认定或视同工伤。原告对被告作出的工伤行政确认不服，提起诉讼。

江西省吉水县人民法院于2020年5月27日作出（2020）赣0822行初1号行政判决：撤销被告吉水县人社局作出的吉水人社伤认字〔2020〕第32号《不予认定工伤决定书》，并限被告吉水县人社局于本判决生效之日起15日内对彭某某死亡事件重新作出工伤行政确认。

【案件争点】

职工在家加班突发疾病，在48小时内脑死亡是否属于《工伤保险条例》规定的因工死亡。

【裁判要旨】

江西省吉水县人民法院认为，根据《工伤保险条例》第五条第二款规定，吉水县人社局具有辖区内工伤行政确认的职权。原告李某某是彭某某的妻子，彭某某生前是吉水县扶贫办公室干部。彭某某晚上在家加班为单位写材料是其在工作时间和工作岗位的延伸，因此彭某某是在工作时间、工作岗位突发疾病，原告、被告均提供了相关证据予以证实，各方当事人对上述事实无异议，予以确认。被告向法庭提交其收集的证据证实，彭某某在突发疾病39小时左右已确诊脑死亡，彭某某从突发疾病至抢救无效确诊脑死亡在48小时之内。对于法律意义上的死亡概念，我国并未出台相关认定标准。脑死亡和心肺死亡哪个属于死亡标准，在医学上也一直存有争议，未形成统一意见。在国际上有些国家已立法确定脑死亡属于法律意义上的死亡。法律确定脑死亡有利于维护患者的尊严，节约国家医疗资源，及时进行器官移植以挽救其他患者的生命健康。结合《工伤保险条例》第一条“保护劳动者权益、分散用人单位的工伤风险”的立法本意来看，针对本案彭某某抢救时间的认定，应作出有利于劳动者的解释，以保护劳动者的合法权益。彭某某病发后39小时确诊为脑死亡，脑干产生的损伤不可逆转，医院专家认为其存活的可能性为零，由于其家属出于亲情不愿意放弃治疗，患者继续依靠呼吸机辅助呼吸和药物治疗才致使抢救时间超过48小时。对于彭某某出现的这种特殊状态，应认定属于《工伤保险条例》第十五条第一款规定的视同工伤的情形。被告不予认定彭某某死亡视同工伤系认定明显不当，应予撤销。

三、裁判规则提要

随着我国经济社会的快速发展，用工形式以及用工场所发生着变化，现今企业之间竞争日趋激烈，选择居家办公或在家加班的劳动者也越来越多。特别是新冠肺炎疫情期间，居家办公和在家加班被企业与职工普遍接受，但随之而来的是在家加班期间突发疾病死亡所引发的工伤认定纠纷大量进入法院。根据《工伤保险条例》第十五条的规定："职工有下列情形之一的，视同工伤：（一）在工作时间和工作岗位，突发疾病死亡或者在48小时之内经抢救无效死亡的……""视同工伤"不要求必须是工作原因导致的伤害，而是基于社会公共利益或者公平正义的原则，对职工的一种倾斜性保护，给予职工以工伤保险待遇。突发疾病视同工伤的认定需要满足工作时间、工作岗位、疾病突发、48小时内死亡4个要件。因为目前法律法规对这一"视同工伤"条款的规定较为模糊，针对在家加班行为的性质以及举证责任的分配都需要更进一步的分析。但是工伤认定除了考虑职工权益的同时，还应兼顾用人单位、社会保险基金之间的利益平衡，不宜无限制、无原则地扩大。

（一）在家加班应属于在工作时间和工作岗位

"工作时间和工作岗位"一般是指单位规定的上班时间和上班地点。但是，职工为了单位的利益，在家加班工作期间，也应当属于"工作时间和工作岗位"。主要原因如下：第一，理解"工作时间和工作岗位"，首先应当要看职工是否为了单位的利益从事本职工作。在单位规定的工作时间和地点突发疾病死亡视为工伤，为了单位的利益，将工作带回家，占用个人时间继续工作，期间突发疾病死亡，其权利更应当受到保护，这样才有利于对职工的合法权利进行保护。第二，《工伤保险条例》第十四条第一项、第二项、第三项认定工伤时的法定条件是"工作时间和工作场所"，而第十五条视为工伤时使用的是"工作时间和工作岗位"，相对于"工作场所"而言，"工作岗位"是指组织要求个体完成的一项或多项责任任务以及赋予个体的权利总和，工作岗位强调更多的不是工作的处所和位置，而是岗位职责、工作任务。职工在家加班工作，就是为了完成岗位职责，当然应当属于第十五条规定的"工作时间和工作岗位"。第三，视为工伤是法律规范对工伤认定的扩大保护，不宜将其范围再进一步扩大理解。第十五条将"工作场所"替换为"工作岗位"，本身就是法律规范对工作地点范围的进一步拓展，将"工作岗位"理解为包括在家加班工作，是对法律条文的正常理解，不是扩大解释。所以，在家加班应属于在工作时间和工作岗位。

（二）突发疾病应与工作具有一定的关联性

根据《实施工伤保险条例若干问题意见》第三条的规定，突发疾病包括各种疾病。也就是说《工伤保险条例》第十五条所规定的突发疾病并未明确种类、发病原因以及是否跟职工个人体质相关，核心是强调疾病的突然性，属于始料不及、猝不及防的疾病，且在短时间内（48小时内）造成了死亡这一严重后果。在实践中，若职工有慢性病病史，在单位上班时，因旧病发作不应当视为突发。

在实践中，有些突发疾病也并非即时显现，从开始发病到出现严重症状，进而引起死亡有一定的过程，而且其中难免有与加班无关的其他事项，比如加班间隙上厕所、吃东西等，如何认定是在家加班时突发疾病也很难提供较为充足的证据予以证明。《工伤保险条例》第十九条就规定，职工或者其近亲属认为是工伤，用人单位不认为是工伤的，由用人单位承担举证责任。同时赋予了社会保险行政部门可以根据需要对事故伤害进行调查核实的职责。因用人单位或者社会保险行政部门未提供充足的证据或未调查清楚导致工伤认定事实不清、证据不足的，人民法院在裁判时就更倾向于保护劳动者的权益，具体到本规则而言，当有证据证明职工加班与死亡有一定关联性，又没有相反的证据足以推翻时，就应当认定为工伤。比如例案一、例案二中，职工都因为在家加班期间死亡，例案一的证据显示，文件修改保存时间与确认死亡间隔为1小时16分钟，例案二的证据显示，王某从4点多开始加班，5点多已有头晕症状，其后又一直处于工作状态，直至7点15分左右出现呕吐、昏厥症状。这两个例案都表明，在现实生活中，在家加班因为受到场所、证人等客观因素影响，职工或其近亲属很难提供充足的证据证明是否在加班时突发疾病，而且因为疾病的发展需要一个过程，许多病情初期症状并不明显。所以，从倾向性保护职工合法权益的原则出发，对于有证据证明突发疾病与在家加班具有一定关联的，就应予以认定为工伤。

（三）对48小时之内死亡的时间应作出有利于劳动者的解释

对于48小时的起算时间，《实施工伤保险条例若干问题意见》第三条规定，“48小时”的起算时间，以医疗机构的初次诊断时间作为突发疾病的起算时间。尽管在实践中也有争议，但总体上有规则可以遵循。对于48小时内的死亡时间，在司法实践中争议较大，比如脑死亡和心肺死亡哪个属于死亡标准，在医学上也一直未形成统一意见，再比如医务人员确认职工无生存希望，家属坚持治疗超过48小时是否能够认定为工伤也存在争议。正如例案三中，劳动者在48小时之内脑死亡，但是抢救时间却超出了48小时，对于是否符合《工伤保险条例》第十五条的规定就存在不同意见。这种理解冲突的现象一方面源于法律解释的不足；另一方面是司法实践的情况多种多样，无法用有限的法条涵盖所有情况。从《工伤保险条例》第一条“保护劳动者权益分散工伤风险”的立法本意来看，对于死亡时间的理解，应作出有利于劳动者的解释，以保护劳动者的合法权益。所以对48小时内经抢救无效死亡的时间判断的重点在于抢救这一行为是否能够起到改变劳动者死亡结果的效果，而无须考量抢救是否延续了劳动者的死亡时间。因此，当劳动者在家加班时突发疾病送往医院救治后，医务人员在48小时内通过确诊已无生存希望，但是家属要求继续抢救而使劳动者超过48小时死亡的，也应被认定为工伤。

四、辅助信息

《工伤保险条例》

第十五条 职工有下列情形之一的，视同工伤：

（一）在工作时间和工作岗位，突发疾病死亡或者在48小时之内经抢救无效死亡的；

（二）在抢险救灾等维护国家利益、公共利益活动中受到伤害的；

（三）职工原在军队服役，因战、因公负伤致残，已取得革命伤残军人证，到用人单位后旧伤复发的。

职工有前款第（一）项、第（二）项情形的，按照本条例的有关规定享受工伤保险待遇；职工有前款第（三）项情形的，按照本条例的有关规定享受除一次性伤残补助金以外的工伤保险待遇。

第十九条 社会保险行政部门受理工伤认定申请后，根据审核需要可以对事故伤害进行调查核实，用人单位、职工、工会组织、医疗机构以及有关部门应当予以协助。职业病诊断和诊断争议的鉴定，依照职业病防治法的有关规定执行。对依法取得职业病诊断证明书或者职业病诊断鉴定书的，社会保险行政部门不再进行调查核实。

职工或者其近亲属认为是工伤，用人单位不认为是工伤的，由用人单位承担举证责任。

《实施工伤保险条例若干问题意见》

第三条　条例第十五条规定“职工在工作时间和工作岗位，突发疾病死亡或者在48小时之内经抢救无效死亡的，视同工伤”。这里“突发疾病”包括各类疾病。“48小时”的起算时间，以医疗机构的初次诊断时间作为突发疾病的起算时间。

工伤认定案件裁判规则第 9 条：

职工因工外出，在履行工作职责过程中发生交通事故的，即使负事故主要责任或全部责任，也应当认定为工伤

【规则描述】 《工伤保险条例》第十六条第五项规定，因工外出期间，由于工作原因受到伤害或者发生事故下落不明的，应认定为工伤。该条款并未对职工受伤害的过错程度与责任进行划分，这与《工伤保险条例》第十四条第六项职工不负主要责任才认定为工伤有着本质区别。在司法实践中，对因工外出途中与上下班途中的区分关键在于职工是否仍在履行工作职责，其中包括出发去外地的途中到完成工作返回单位的全部期间，在这期间内排除因职工个人活动受到伤害的阻却事由外，受到的伤害均应认定为工伤。

一、类案检索大数据报告

截至 2020 年 12 月 31 日，以“工伤认定”“因工外出”“负事故主要责任”“负事故全部责任”为关键词通过 Alpha 案例库、法信平台、中国裁判文书网、元典智库、北大法宝等共检索到类案 65 件，经逐案阅看、分析，排除同一案件因不同审级形成的多个文书，与本规则关联度较高的案件有 11 件。整体情况如下：

如图 9–1 所示，从地域分布看，甘肃省 2 件、内蒙古自治区 2 件、新疆维吾尔族自治区 1 件、四川省 1 件、贵州省 1 件、河南省 1 件、广西壮族自治区 1 件、山东省 1 件，湖北省 1 件。

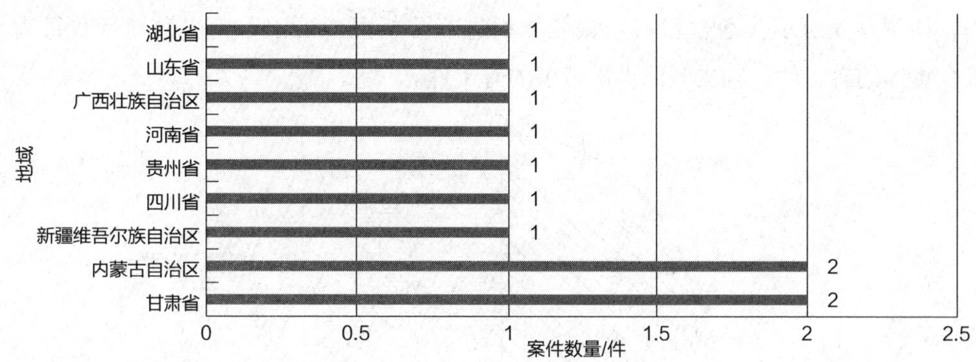

图 9-1　类案地域分布情况

如图 9-2 所示，从结案年度来看，2014 年 1 件、2015 年 1 件、2016 年 1 件、2017 年 3 件、2018 年 2 件、2019 年 2 件、2020 年 1 件。

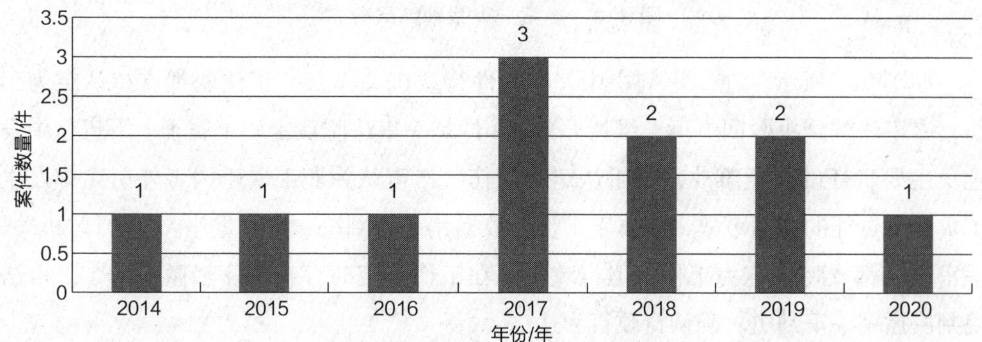

图 9-2　类案结案年度分布情况

如图 9-3 所示，从审理程序分布来看，一审案例 2 件，二审案例 9 件。

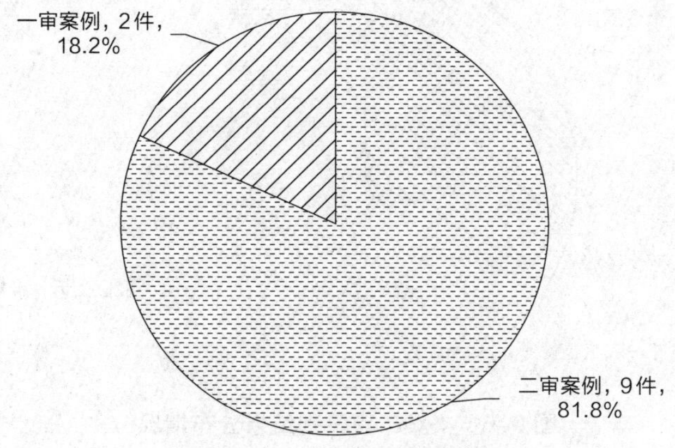

图 9-3　审理程序分布情况

如图 9–4 所示，通过对一审裁判结果进行分析可以看出，判决撤销行政行为，责令重作的有 1 件，判决驳回诉讼请求的有 1 件。

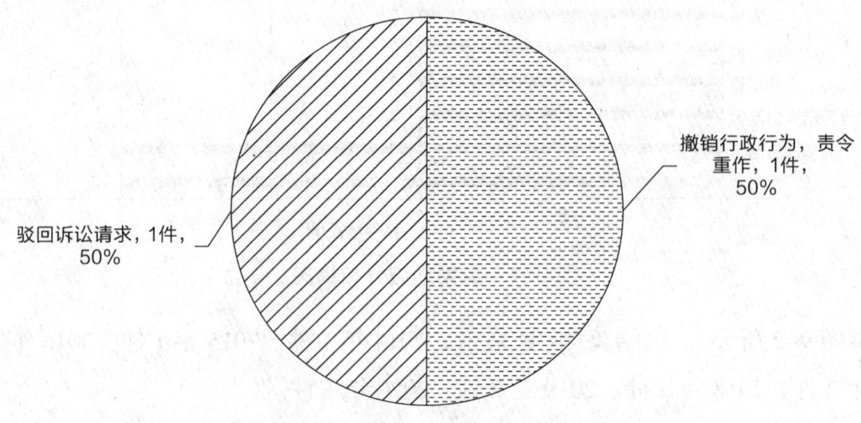

图 9–4　类案一审裁判结果分布

如图 9–5 所示，在二审判决中，有 6 件行政机关以及一审法院都支持认定为工伤，二审法院判决驳回上诉，维持原判。2 件是一审法院认定职工属于上下班途中发生负主要责任的交通事故，不予认定为工伤，二审认为职工属于因工外出途中发生了负主要责任的交通事故，应属于工伤，故撤销一审判决、责令重作。1 件行政机关、一审法院都支持认定为工伤，但行政机关在工伤认定时存在程序轻微违法，二审法院判决撤销一审判决、确认行政行为违法。

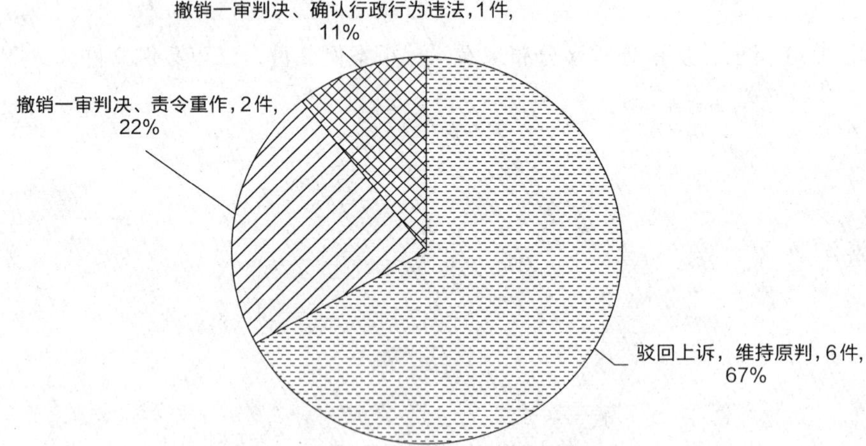

图 9–5　类案二审裁判结果分布情况

二、可供参考的例案

例案一：黄某某诉安龙县人力资源和社会保障局工伤行政确认案

【法院】

贵州省黔西南布依族苗族自治州中级人民法院

【案号】

（2014）兴行终字第34号

【当事人】

上诉人（一审原告）：黄某某

被上诉人（一审被告）：安龙县人力资源和社会保障局

法定代表人：贾某某，该局局长

一审第三人：安龙县龙山小学

法定代表人：颜某某，该校校长

【基本案情】

上诉人黄某某诉称，（1）一审判决认定上诉人系在“下班途中”受伤有误，上诉人应是在“工作途中”受伤。因为上诉人在基教办录完资料后，还需将“两基”材料归还到龙山小学办公室。故上诉人从基教办骑摩托车返回龙山小学是为了放材料，理应属“工作途中”，故上诉人是在“工作场所”因事故受伤。（2）证人王某某的证言不能作为定案依据。一是因为王某某所在单位与本案有利害关系。上诉人在原审诉讼中将基教办列为第三人，但因其不是法人，故一审法院未将其列为第三人。但上诉人系为基教办工作才发生事故，其虽无法人资格，但作为其办公室人员的王某某与本案有利害关系，证言效力低。二是因为证人王某某关于“17点所有‘两基’工作人员都离开办公室”的证言与实际不符，其发给上诉人的短信中要求加班录材料，既然是加班，就不可能17点下班，同时其他证人也证实当天上诉人系19点左右离开。故其证言不实。（3）一审判决适用法律错误。按照《工伤保险条例》的立法本意，“工作场所”不仅仅限于狭义上的劳动场所，具体应包括围墙内所有场所、指派外出工作场所及路线。上诉人系在单位指派外出的工作线路上受伤，属于工作场所内受伤，而不是上下班途中。所以，一审判决适用《工伤保险条例》第十四条第六项之规定，认为上诉人系在下班途中，受到本人负主要责任的交通事故，从而不认定上诉人为工伤，系适用法律错误。（4）上诉人本次受伤与出差途中受伤性质相同。职工出差往返途中，“往返”不属于上下班途中，而是工作途中，而上诉人从龙山小学往返基教办办公室与出差性质相同。故请求：（1）依法撤销原判；（2）依法撤销安人社工伤不认定（2014）第021号《不予认定工伤决定书》。

安龙县人力资源和社会保障局（以下简称安龙县人社局）辩称，作出安人社工伤不认字（2014）021号《不予认定工伤决定书》证据确凿，适用法律法规正确，符合法定程序，应予维持。黄某某系在下班返回龙山小学途中发生交通事故，且经交警认定为本人负交通事故全部责任，故此认定无误。请求法院驳回黄某某的诉讼请求。

经审理查明，黄某某系龙山小学教师，同时该学校安排黄某某兼职从事龙山镇纳院片区的“两基”资料员的工作。2013年11月19日，黄某某及龙山小学校长颜某某均收到“两基”办公室王某某的短信通知，要求“两基”资料员从19日至21日到“两基”办公室录入资料，之后龙山小学校长颜某某安排黄某某到基教办进行“两基”资料录入工作。2013年11月21日，黄某某在龙山小学上完课后，于15时到办公室设在龙山中学的基教办录入“两基”资料。结束工作后，黄某某驾驶贵EHP××× 号普通二轮摩托车由龙山中学往龙山小学方向行驶，19时40分，当行至安龙县龙山镇纳赖村坡基组路段时侧翻于道路，造成贵EHP××× 号普通二轮摩托车受损，贵EHP××× 号普通二轮摩托车驾驶人黄某某受伤的交通事故。黄某某受伤后，当日被送到兴义市人民医院住院治疗，诊断为：“1.开放性颅脑损伤：①原发性脑干损伤；②左侧额颞叶、右侧颞叶脑挫裂伤；③左侧颞部急性硬膜外血肿；④前颅窝底骨折并脑脊液鼻漏；⑤多发颅骨骨折；⑥左侧颞顶头皮血肿。2.吸入性肺炎。3.双眼挫伤。4.全身多处软组织挫擦伤。”2013年12月4日，安龙县交警大队作出安公交认字（2013）第0869号《道路交通事故认定书》，认定黄某某负本次事故的全部责任。

2013年11月28日，龙山小学向被告提交工伤认定申请，要求认定黄某某受伤为工伤。2014年3月4日，安龙县人社局作出安人社工伤不认字（2014）第21号《不予认定工伤决定书》，认定黄某某所受的伤害不属于工伤。同时查明，每周星期一至星期五，黄某某一般居住在龙山小学的宿舍内。另外，其在安龙县栖凤街道办事处鸿福小区购买有商品房。黄某某的驾驶证号52232819781116×××× 号，准驾车型为C1E。

安龙县人民法院作出（2014）安行初字第8号一审判决：维持安龙县人社局于2014年3月4日作出的安人社工伤不认字（2014）第021号《不予认定工伤决定

书》。黄某某不服一审判决，提起上诉。黔西南布依族苗族自治州中级人民法院于2014年9月21日作出二审判决：一、撤销贵州省安龙县人民法院（2014）安行初字第8号行政判决；二、撤销安龙县人社局于2014年3月4日作出的安人社工伤不认字（2014）第021号《不予认定工伤决定书》；三、安龙县人社局于本判决生效之日起90日内对黄某某受到的事故伤害是否为工伤重新作出认定。

【案件争点】

1. 黄某某受伤系因工外出还是在下班途中。

2. 黄某某所受之伤是否应认定为工伤，安龙县社保局作出的安人社工伤不认字（2014）第021号不予认定工伤决定是否合法。

【裁判要旨】

黔西南布依族苗族自治州中级人民法院认为，安龙县人社局作为法定的工伤认定部门，具有合法的工伤认定资格。基础教育管理办公室（以下简称基教办）是为9年义务教育和基本扫除青壮年文盲而设置的临时机构，工作人员由相关部门临时抽派。该案中黄某某就职于龙山小学，受单位指派到办公室设在龙山中学的基教办兼任“两基”资料员。2013年11月19日，在收到基教办王某某的短信通知后，龙山小学校长颜某某即安排黄某某于19日至21日到基教办去录“两基”资料。因资料未录完，同月21日14时左右，颜某某校长又安排黄某某去基教办继续录资料，15时许黄某某在龙山小学上完课后，自驾摩托车到基教办录入“两基”资料，并加班至19时方结束。黄某某录完资料后即驾驶贵EHP××× 号普通二轮摩托车往龙山小学方向行驶，19时40分当行至安龙县龙山镇纳赖村坡基组路段时侧翻于道路，造成贵EHP××× 号普通二轮摩托车受损，贵EHP××× 号普通二轮摩托车驾驶人黄某某受伤的交通事故。黄某某上课时（周一至周五）为方便工作，住在学校安排的教师宿舍，平时则住县城自购的商品房。其上下班路径就应该是学校—宿舍，或学校—家，但是黄某某却是根据校长的安排（或指派）到设在龙山中学的基教办录入“两基”材料，回来的路途中因安全事故而受到伤害；黄某某是临时抽派到基教办做资料录入，本职工作是教师，出事之日是根据基教办的要求和本校校长的安排，且是在下了课马上又赶到基教办所在地的龙山中学录资料。为了完成资料的录入，一直加班到19时许，黄某某应当属于因工外出期间因工作原因受到伤害，符合《工伤保险条例》第十四条第五项“因工外出期间，由于工作原因受到伤害或者发生事故下落不明的”之情形。

例案二：白银颐达驾驶员培训陪驾有限公司诉白银市人力资源和社会保障局工伤行政确认案

【法院】

甘肃省高级人民法院

【案号】

（2016）甘行终340号

【当事人】

上诉人（一审原告）：白银颐达驾驶员培训陪驾有限公司

法定代表人：王某某，该公司经理

被上诉人（一审被告）：白银市人力资源和社会保障局

法定代表人：张某，该局局长

被上诉人（一审第三人）：刘某某

被上诉人（一审第三人）：王甲

被上诉人（一审第三人）：王某某

【基本案情】

白银颐达驾驶员培训陪驾有限公司（以下简称颐达公司）诉称，第一，白人社工伤认2015（220）号《白银市工伤认定决定书》以“一审、二审法院均认定王乙属于因工外出期间发生交通事故死亡”为由作出王乙属于工亡的认定不符合法律规定。第二，王乙在事发时是“因工外出”并不意味着王乙必然构成工伤（工亡）。（1）《工伤保险条例》第十四条第五规定，适用该条第五项构成工伤的，必须符合两个要件。王乙虽然符合第一个“因工外出”要件，但是是否符合“由于工作原因”受到伤害，被上诉方并没有在重新作出的白人社工伤认2015（220）号《白银市工伤认定决定书》中进行调查、认定。（2）《审理工伤保险行政案件规定》第五条规定，本案中王乙前往白银市考试中心的任务是带学员熟悉场地并组织学员参加第二天的考试活动，王乙是因工外出期间，其工作任务应当是考试结束返回平川后才能结束，但是王乙在工作中途违反教练场使用规定，擅自离岗返回平川，从事已经是与此次因工外出工作无关的活动，其在途中发生交通事故，不属于由于工作原因受到的伤害。所以，一审判决无视上述案件事实，在白银市人力资源和社会保障局（以下简称白银市人社局）证据不足的情况下，认定王乙属于工伤符合相关法律规定为由，驳回颐达公司的诉讼请求。请求二审依法撤销庆阳市中级人民法院（2016）甘10行初2号行政判决。

被上诉人白银市人社局辩称，该局作出的白人社工伤认2015（220）号工伤认定决定书认定王乙系因工外出期间，由于工作原因受到的伤害事实清楚、适用法律正确。请求二审法院依法予以维持。

第三人刘某某、王甲、王某某述称，白人社工伤认2015（220）号白银市工伤认定决定书事实认定清楚，适用法律正确，认定王乙工伤（工亡）合法有据。请求二审依法驳回上诉，维持原判。

经审理查明，王乙系颐达公司机动车驾驶培训教练。2014年3月10日，颐达公司指派王乙、王丙、周某三人到白银市机动车驾驶证考试中心，带领学员熟悉场地准备参加机动车驾驶证考试。颐达公司和往常一样没有向王乙等人告知就近住宿并统一安排住宿。当晚20时许，王乙、王丙按照惯例决定驾驶教练车返回平川，当行驶至国道109线1599KM＋600M路段时，与前方同向停放在路南机动车道上的重型货车尾部左侧相撞，发生交通事故致王乙死亡、王丙受伤。经白银市公安局交通警察支队靖远大队认定，王乙应承担事故的主要责任。王乙妻子刘某某于2014年7月31日向白银市人社局提出工伤（工亡）认定申请，白银市人社局认为，王乙未按照颐达公司就近住宿的要求，而是与王丙开车返回平川欲回家中，途中发生交通事故，致王乙死亡，属于上下班途中的交通事故，王乙负主要责任。根据《工伤保险条例》第十四条第六项的规定，王乙不符合认定为工伤的情形。白银市人社局于2014年9月2日作出白人社工伤认2014（303）号《白银市工伤认定决定书》，决定不予认定王乙为工伤。刘某某不服向白银市白银区人民法院提起行政诉讼，2014年11月12日，白银区人民法院作出（2014）白行初字第12号行政判决，认定王乙系因工外出，虽然王乙的死亡是由于其违反《道路交通安全法》的有关规定所致，并承担事故的主要责任，虽有过错，但认定工伤遵循的是无过错原则，不影响对王乙的工伤认定。根据《工伤保险条例》第十六条的规定，除非王乙存在自杀或犯罪等行为，才不得认定为工伤。白银市人社局应当根据《工伤保险条例》第十四条第五项的规定，认定王乙为工伤。白银市人社局作出白人社工伤认2014（303）号《白银市工伤认定决定书》，决定不予认定王乙为工伤，认定事实、适用法规均有错误，应当予以撤销。判决：一、撤销被告白银市人社局于2014年9月2日作出的白人社工伤认2014（303）号白银市工伤认定决定；二、责令被告白银市人社局重新作出具体行政行为。判处后，颐达公司不服，向白银市中级人民法院提出上诉，2015年4月29日，白银市中级人民法院作出（2015）白中行终字第9号行政判决，驳回上诉，维持原判。2015年7月14日，白银市人社局作出白人社工伤认2015（220）号白银市工伤认定决定，认定王乙属于因工外出期间发生交通事故死亡，根据《工伤保险条例》第十四条第五项“因工外出期间，由于工作原因受到伤害或者发生事故下落不明的”应当认定为工伤的规定，认定王乙为工伤（工亡）。

颐达公司不服，向庆阳市中级人民法院提起行政诉讼，认为王乙属于下班途中发生交通事故，并在该起事故中承担主要责任，因此王乙被认定为工伤不符合相关规定，请求依法撤销白人社工伤认2015（220）号白银市工伤认定决定，判令白银市人社局重新作出工伤认定决定。

庆阳市中级人民法院认为，依据《工伤保险条例》第五条第二款“县级以上地方各级人民政府社会保险行政部门负责本行政区域内的工伤保险工作”的规定，白银市人社局具有负责本行政区域内工伤保险工作的主体资格，并具有依法对本辖区内的企业职工受到伤害是否构成工伤进行认定的法定职责。2014年3月10日，颐达公司教练员王乙等人受公司指派，带领学员前往白银市机动车驾驶证考试中心熟悉场地。当晚，在颐达公司没有统一安排住宿的情况下，按照惯例与另一名教练员驾驶教练车返回平川途中，发生交通事故。根据王乙妻子刘某某的申请，2015年7月14日，白银市人社局作出白人社工伤认2015（220）号《白银市工伤认定决定》，认定王乙属于因工外出期间发生交通事故死亡，依据《工伤保险条例》第十四条第五项“因工外出期间，由于工作原因受到伤害或者发生事故下落不明的”应当认定为工伤的规定，认定王乙为工伤（工亡）。白银市人社局作出被诉的工伤（工亡）认定决定符合法规规定的程序要求，其工伤认定程序合法。王乙在返回平川途中发生交通事故，虽是本人承担事故的主要责任，但根据《工伤保险条例》第十四条第五项的规定，因工外出期间，由于工作原因受到伤害的，应当认定为工伤的规定。其中并无区分职工在受到伤害过程中的因过错程度及责任大小，不应认定为工伤（工亡）的情形。因此，白银市人社局据此作出认定王乙为工伤（工亡）的决定，认定事实清楚、证据确实充分、适用法律法规正确。关于原告颐达公司提出王乙不按照单位要求在考试场附近住宿，私自驾车返回平川区并发生交通事故，且负事故的主要责任，其行为应当属于上下班返回途中发生交通事故，根据《工伤保险条例》第十四条第六项，不应认定为工伤的理由及其委托代理人提出依照保险条例因工外出受伤害并不必然认定为工伤，王乙因个人原因私自返回家中，不属于履行工作内容的意见，因缺乏事实根据和法律依据，不予支持。

庆阳市中级人民法院作出（2016）甘10行初2号行政判决：驳回原告颐达公司

的诉讼请求。颐达公司不服一审判决，上诉到甘肃省高级人民法院。甘肃省高级人民法院于2016年9月22日作出二审判决：驳回上诉，维持原判。

【案件争点】

职工因工外出完成工作后返回途中发生交通事故是否属于因工外出途中受到事故伤害。

【裁判要旨】

甘肃省高级人民法院认为，根据《工伤保险条例》第十四条第五项规定，因工外出期间，由于工作原因受到伤害或者发生事故下落不明的应当认定为工伤。本案中，2014年3月10日，颐达公司指派王乙、王丙、周某三人到白银市机动车驾驶证考试中心，（该考试中心位于白银区）带领学员熟悉场地准备参加机动车驾驶证考试。当晚颐达公司并未告知王乙等人在附近住宿，王乙等人驾驶教练车在返回平川途中，发生交通事故，应当认定王乙属于因工外出期间因工作原因发生交通事故。白银市人社局依据《工伤保险条例》第十四条第五项的规定，作出白人社工伤认2015（220）号《白银市工伤认定决定》，认定事实清楚，适用法律正确。

关于颐达公司提出王乙不是因工作原因受到事故伤害的问题。从一审、二审查明的事实看，因上诉人无证据证实其已统一对教练员王乙等人安排住宿，故受害人王乙工作完成后当晚返回途中发生交通事故，应属于“因工作原因”受到事故伤害。综上，颐达公司的上诉理由不能成立。

例案三：张掖市越鑫建筑机械设备租赁有限责任公司诉张掖市人力资源和社会保障局工伤行政确认案

【法院】

甘肃省高级人民法院

【案号】

（2018）甘行终371号

【当事人】

上诉人（一审原告）：张掖市越鑫建筑机械设备租赁有限责任公司

法定代表人：于某某，该公司经理

被上诉人（一审被告）：张掖市人力资源和社会保障局

法定代表人：陈某某，该局局长

被上诉人（一审第三人）：秦某某

【基本案情】

上诉人张掖市越鑫建筑机械设备租赁有限责任公司（以下简称越鑫公司）上诉称，一审判决认定事实不清，判决结果错误。第一，越鑫公司并未指派秦某某前往山丹县维修塔吊，其受伤并非因工外出的职务行为，越鑫公司与秦某某不存在劳动关系，不应认定为工伤。秦某某在发生交通事故前并未在越鑫公司上过班，越鑫公司并未与秦某某建立书面劳动关系和事实劳动关系，且其在事故发生前公司已经放假多日，事发当日秦某某为何到山丹县公司并不知情。第三人秦某某驾驶自己所有的小汽车是为自己办理私事，其维修的塔吊是否为公司塔吊无任何证据证明，其发生交通事故并非为公司办理业务，也非在上下班期间发生交通事故，不符合工伤认定范围，不属于因工受伤。第二，秦某某所驾驶的甘 G77××× 号长安牌小型面包车原属于于某某所有，但于某某于 2014 年 1 月 24 日将该车出售给秦某某，上述事实有车辆买卖合同等证据证明，在本案第三人秦某某发生交通事故前，第三人秦某某驾驶的甘 G77××× 号长安牌小型面包车所有权及使用权已经发生实质性转移，秦某某驾驶自己所有的小轿车发生交通事故并非履行工作职务的行为，与越鑫公司无关，非因工外出行为，不应认定工伤。第三，秦某某发生交通事故后，经山丹县公安局交警大队认定，其负事故主要责任。即便假设第三人秦某某系在下班过程中发生交通事故，因其负事故主要责任，根据《工伤保险条例》的规定，也不能认定其系因工受伤。根据秦某某在一审庭审中的陈述，其工作任务是为公司进行塔吊安装、维修工作。由此可知，第三人秦某某的工作场所和工作地点相对而言比较固定，公司塔吊拉到哪个工地，该工地就是第三人的工作地点和工作场所。开车并不是公司安排的工作内容，张掖市人力资源和社会保障局（以下简称张掖市人社局）和第三人也无有效证据证明公司在事发当日指派其因工外出的事实。第四，在本案交通事故发生后，张掖市人社局并未对秦某某受伤的事实进行调查，也未向一审法庭提交其履行工伤调查职责的书面证据。一审判决仅依据确认劳动关系的判决书直接认定第三人秦某某系因工受伤，该判决结果无任何事实依据。故，请求二审法院撤销一审判决，发回重审；撤销张掖市人社局作出的张人社工伤认字（2016）3-218 号《认定工伤决定书》。

被上诉人张掖市人社局辩称，越鑫公司与第三人秦某某之间的劳动关系已经被法院民事判决予以确认，故越鑫公司与秦某某之间存在劳动关系。经张掖市人社局调查核实：2014 年 9 月 13 日 13 时 15 分，秦某某被越鑫公司负责人派往张掖市山丹县维修塔吊，驾驶甘 G77××× 号小型面包车和同事返回张掖途中，由东向西行驶至 G312 线 2606KM+42M 处时车辆驶入左道，与迎面行驶的小型轿车相撞受伤。该事实已经仲裁委员会裁决书、民事判决书、住院病历资料、道路交通事故认定书、考勤表、录音笔录和光盘等证据予以印证。以上证据形成完整的证据链，足以证明第三人事发当天系受越鑫公司指派，前往山丹县维修吊车后在驾车返回张掖途中发生交通事故，因工受伤。第三人秦某某于 2016 年 4 月 5 日向张掖市人社局提出恢复工伤认定的申请程序，在恢复调查程序后，张掖市人社局于 2016 年 4 月 22 日向越鑫公司送达《调查举证通知书》，因越鑫公司无人无法送达，采取邮寄送达方式无人签收被退回，于 2016 年 6 月 9 日采取公告送达方式在《张掖日报》向越鑫公司送达《调查举证通知书》。越鑫公司于 2016 年 8 月 31 日向张掖市人社局提交《工伤认定答辩书》，仅书面辩称秦某某发生交通事故不是在为上诉人外出工作期间发生事故，而是外出办自己私事。越鑫公司在规定的举证期限内未提供证据证明秦某某不属于因工作原因受伤。根据《工伤保险条例》第十九条第二款的规定，越鑫公司应当在规定期限内举证，但其拒不举证。本案认定事实清楚，证据确凿，调查程序合法，适用法律准确。请求二审法院维持一审判决和张人社工伤认字（2016）3-218 号《认定工伤决定书》。

被上诉人秦某某辩称，秦某某并未接到越鑫公司放假的通知，9 月第三人的工友还有考勤，越鑫公司称 9 月已经放假没有事实根据。秦某某和于某某的通话记录可以证明秦某某外出是受公司委派，受伤后上诉人垫付了秦某某的医药费，间接证明第三人受伤与上诉人存在关系。请求二审法院判决驳回上诉，维持原判。

经审理查明，越鑫公司成立于 2011 年 4 月 1 日，经营范围为建筑机械设备租赁、维修及零配件的销售，土石方施工。第三人秦某某在原告越鑫公司从事塔吊安装、维修工作。2014 年 9 月 13 日 13 时 15 分，秦某某被越鑫公司的法定代表人于某某派往张掖市山丹县维修塔吊后，驾驶 G77××× 号小型面包车和同事返回张掖途中，由东向西行驶至国道 312 线 2606KM+42M 路段时，发生交通事故。当日被送往山丹县人民医院住院治疗，后于 2014 年 9 月 14 日转至张掖市人民医院住院治疗，诊断为：多发伤、头部软组织损伤、胸部损伤、肺挫伤、心脏损伤、肱骨骨折（左侧）、鹰嘴骨折（左侧）、股骨干骨折（双侧）、胫腓骨骨折（左侧）、失血性休克、失血性贫血、右侧额叶脑挫裂伤、左侧臂丛神经损伤、左侧肘关节脱位、双侧坠积性肺炎。2015 年 5 月 27 日，秦某某向张掖市人社局提交工伤认定申请，6 月 11 日张掖市人社局对该申请作出受理决定。并于 7 月 10 日向越鑫公司送达了《甘肃省职工工伤认定调查举证通知书》，7月21日，越鑫公司提交工伤认定答辩书，否认与秦某某之间存在劳动关系。7月27日，张掖市人社局中止工伤认定程序。秦某某向甘州区劳动人事争议仲裁委员会申请仲裁，2015年9月14日，仲裁委作出（2015）甘区劳人裁字第148号裁决书，裁决原告与第三人之间存在劳动关系。越鑫公司提起诉讼，张掖市甘州区法院于2015年12月17日作出（2015）甘民初字第6508号民事判决书，判决原告与第三人存在劳动关系。2016年3月14日，张掖市中级人民法院作出（2016）甘07民终141号民事判决书，判决维持甘州区人民法院判决，确认原告越鑫公司与第三人秦某某之间存在劳动关系。秦某某于2016年4月5日向张掖市人社局申请恢复工伤认定程序，4月22日，张掖市人社局向越鑫公司送达《甘肃省职工工伤认定调查举证通知书》。8月31日，越鑫公司向被告提交了工伤认定答辩书。11月2日，张掖市人社局作出了张人社工伤认字（2016）3-218号《认定工伤决定书》。

甘肃省嘉峪关市中级人民法院作出（2018）甘02行初12号行政判决：驳回越鑫公司的诉讼请求。越鑫公司不服，提起上诉。甘肃省高级人民法院于2018年9月4日作出（2016）甘行终340号二审判决：一、撤销甘肃省嘉峪关市中级人民法院（2018）甘02行初12号行政判决；二、确认被上诉人张掖市人社局于2016年11月2日作出的张人社工伤认字（2016）3-218号认定工伤决定违法。

【案件争点】

1.秦某某与越鑫公司之间是否存在劳动关系。

2.张掖市人社局作出的张人社工伤认字（2016）3-218号《认定工伤决定书》是否合法。

【裁判要旨】

甘肃省高级人民法院法院认为，其一，关于秦某某与越鑫公司之间是否存在劳动关系。根据《最高人民法院关于行政诉讼证据若干问题的规定》第七十条的规定，生效的人民法院裁判文书或者仲裁机构裁决文书确认的事实，可以作为定案依据。本案中，甘州区劳动人事争议仲裁委员会作出的（2015）甘区劳人裁字第148号《仲裁裁决书》，裁决秦某某与越鑫公司之间存在劳动关系。越鑫公司不服该裁决书，向法院提起民事诉讼。张掖市甘州区人民法院作出（2015）甘民初字第6508号民事判决书，判决秦某某与越鑫公司之间存在劳动关系。越鑫公司不服，提出上诉。张掖市中级人民法院作出（2016）甘07民终141号民事判决书，判决驳回上诉，维持原判。根据上述已生效的仲裁裁决和民事判决书，可以认定秦某某与越鑫公司之间存在劳动关系。越鑫公司诉称其与秦某某之间不存在劳动关系的上诉理由不能成立。

其二，张掖市人社局作出的张人社工伤认字（2016）3-218号《认定工伤决定书》认定事实是否清楚，适用法律是否正确，是否符合法定程序。

关于认定事实是否清楚的问题。2014年9月13日13时15分，秦某某被越鑫公司的法定代表人于某某派往张掖市山丹县维修塔吊后，驾驶甘G77×××号小型面包车和同事返回张掖途中，由东向西行驶至国道312线2606KM+42M路段时，发生交通事故。上述事实有张掖市人社局提供的当事人陈述、证人证言、医院诊断证明及住院病历、仲裁裁决书和民事判决书、道路交通事故认定书、视听资料等证据予以证实，该事实认定清楚，证据充分。关于越鑫公司提出并未指派秦某某前往山丹县维修塔吊，事发当日是秦某某驾驶自己所有的小汽车办理私事的上诉理由。张掖市人社局认定秦某某被越鑫公司负责人派往山丹县维修塔吊，对该事实张掖市人社局提供对秦某某、刘某的调查笔录，秦某某与于某某、谈某等人的录音光盘予以证实，该事实认定清楚。《工伤认定办法》第十七条规定："职工或者其近亲属认为是工伤，用人单位不认为是工伤的，由该用人单位承担举证责任。用人单位拒不举证的，社会保险行政部门可以根据受伤害职工提供的证据或者调查取得的证据，依法作出工伤认定决定。"越鑫公司在行政程序中和一审审理中均未提供证据予以证实，该上诉理由不能成立。

关于适用法律是否正确的问题。《工伤保险条例》第十四条规定："职工有下列情形之一的，应当认定为工伤：……（五）因工外出期间，由于工作原因受到伤害或者发生事故下落不明的；（六）在上下班途中，受到非本人主要责任的交通事故或者城市轨道交通、客运轮渡、火车事故伤害的。"本案中，张掖市人社局适用《工伤保险条例》第十四条第五项作出被诉工伤认定决定，越鑫公司上诉认为秦某某受伤属于《工伤保险条例》第十四条第六项规定的"上下班途中"，但其认为因秦某某在交通事故中负主要责任，不应认定工伤。对于秦某某是"因工外出期间"还是"上下班途中"受到事故伤害，越鑫公司和张掖市人社局对此存有争议。法院认为，上述法规中的"因工外出期间"是指用人单位为了工作指派职工或者职工根据工作性质或者工作需要，在工作场所或工作岗位以外从事与工作有关的活动期间。职工因工外出开始到外出行为的终结这一段时间均属于"工作时间"，包括职工往返在内的全部时间。上述法规中的"上下班途中"是指职工以上下班为目的，在合理时间内往返于工作地和居住地的合理路线的途中。上述法规中第五项和第六项的区别在于：第五项规定了因工外出认定工伤的情形，第六项规定的是在日常工作场所上下班途中认定工伤的情形。本案中，秦某某被越鑫公司的法定代表人于某某派往张掖市山丹县维修塔吊，秦某某外出工作是受单位负责人指派，其属于因工外出的情形，维修完塔吊后，驾驶甘G77××× 号小型面包车和同事返回张掖途中发生交通事故，符合上述法规中第五项规定的情形，应当认定为工伤。张掖市人社局依据上述规定作出本案被诉工伤认定决定，适用法律正确，事实清楚，证据充分，结果正确。

关于是否符合法定程序的问题。行政程序是由行政活动的步骤、顺序、方式、时限及相关的程序性制度构成的行政行为过程。对于法定的行政程序，行政机关必须遵守。《工伤保险条例》第二十条第一款规定，社会保险行政部门应当自受理工伤认定申请之日起60日内作出工伤认定的决定，并书面通知申请工伤认定的职工或者其近亲属和该职工所在单位。《工伤认定办法》第十八条规定，社会保险行政部门应当自受理工伤认定申请之日起60日内作出工伤认定决定，出具《认定工伤决定书》或者《不予认定工伤决定书》。本案中，张掖市人社局于2015年6月11日受理秦某某提出的工伤认定申请，于2015年7月27日作出《工伤认定中止通知书》，秦某某于2016年4月5日申请恢复工伤认定。张掖市人社局于2016年4月22日向上诉人发出《调查举证通知书》，越鑫公司于2016年8月31日向张掖市人社局提交工伤认定答辩书，张掖市人社局于2016年11月2日作出张人社工伤认字（2016）3-218号《认定工伤决定书》。根据上述规定，扣除被上诉人工伤认定中止和公告送达的时限，张掖市人社局超过60日作出《认定工伤决定书》，未在法定期限内对秦某某的工伤认定申请作出决定，不符合法定程序。但张掖市人社局作出本案被诉工伤认定决定事实清楚、适用法律及结果正确，该违反法定程序的行为并未实际影响上诉人越鑫公司的权利，属于程序轻微违法。根据《行政诉讼法》第七十四条第一款第二项的规定，行政行为程序轻微违法，但对原告权利不产生实际影响的，人民法院判决确认违法，但不撤销行政行为。故本案被诉工伤认定决定程序轻微违法，予以确认。该程序轻微违法对张掖市人社局作出的张人社工伤认字（2016）3-218号《认定工伤决定书》效力不产生影响，认定工伤结果正确。

三、裁判规则提要

随着经济社会的发展，职工因工外出学习、培训以及其他从事与工作职责的活动频繁，由此引发的交通事故也随之增多。《工伤保险条例》第十四条第五项的规定，职工因工外出期间，由于工作原因受到伤害或者发生事故下落不明的，应当认定为工伤。其中明确职工因工外出期间因工作原因受到伤害即可认定为工伤，对于职工本人的过错程度与责任划分并未作要求，这与《工伤保险条例》第十四条第六项职工不负主要责任才认定为工伤有着本质区别。但在司法实践中，对于因工外出途中与上下班途中的事实判断上，一些法院界定不清。比如例案一中，一审法院认为黄某某因加班到办公室设在龙山中学的基教办录入“两基”资料结束后，在返回龙山小学的路上发生交通事故受伤，应确认为是在下班途中受到的伤害。二审法院认为黄某某出事之日是根据基教办的要求和本校校长的安排，在下课后马上又赶到基教办所在地的龙山中学录资料。为了完成资料的录入，一直加班到19时许，黄某某应当属于因工外出期间因工作原因受到伤害。法院之间的认知差异，就会产生认定上的不同。因此，有必要对职工因工外出途中与上下班途中予以准确区分与判断，并且认真审查职工受到伤害是否属于工作原因，进而更准确地认定工伤。

（一）对因工外出的判断

《审理工伤保险行政案件规定》第五条第一款规定，社会保险行政部门认定下列情形为“因工外出期间”的，人民法院应予支持：（1）职工受用人单位指派或者因工作需要在工作场所以外从事与工作职责有关的活动期间；（2）职工受用人单位指派外出学习或者开会期间；（3）职工因工作需要的其他外出活动期间。因工外出期间是指用人单位为了工作指派职工或者职工根据工作性质或者工作需要，在工作场所或工作岗位以外从事与工作有关的活动期间，包括职工因工外出开始到外出行为的终结这一段时间，即职工往返在内的全部时间。而《工伤保险条例》第十四条第六项中的“上下班途中”是指职工以上下班为目的，在合理时间内往返于工作地和居住地的合理路线的途中，职工上下班途中并非为了履行工作职责，而是工作的一种延伸，而因工外出途中本身就是履行工作职责的一部分，这是二者最本质的区别。这也是《工伤保险条例》第十四条第六项规定在上下班途中，受到非本人主要责任的交通事故或者城市轨道交通、客运轮渡、火车事故伤害的可以认定为工伤，而该条例第十四条第五项因工外出却并未将职工受到伤害是否负主要责任作为衡量标准的原因。所以，区分因工外出途中与上下班途中的核心是职工是否在履行职责，若是在履行工作职责途中受到本人负主要责任以上的伤害，应认定为工伤无疑；若是并非履行工作职责，则不应该认定为工伤。

（二）因工外出期间，职工从事与工作无关的活动发生交通事故，不应认定工伤

因工外出的环境较为复杂，职工可以采取自驾，乘坐火车、汽车等不同的交通

工具，所以并不要求必然遵循合理路线，但是要求必须是从事与工作有关的活动。《审理工伤保险行政案件规定》第五条第二款规定，职工因工外出期间从事与工作或者受用人单位指派外出学习、开会无关的个人活动受到伤害，社会保险行政部门不认定为工伤的，人民法院应予支持。在实践中，职工因工外出发生交通事故较多的是驾驶机动车出行，人民法院在审理这类案件时，就需要审查单位是否有指派职工外出的行为或者职工外出是否从事与工作相关的活动，并与发生交通事故的路线、目的等证据相互印证。总而言之，职工因工外出发生交通事故应与工作有关，才能予以认定为工伤，在因工外出途中不是为了履行工作职责而是因个人活动发生的交通事故，不能认定为工伤。

（三）职工因工外出途中发生交通事故的责任划分不影响工伤认定

《工伤保险条例》第十四条第五项的规定，职工因工外出期间，由于工作原因受到伤害或者发生事故下落不明的，应当认定为工伤。其中并未对职工受到伤害的过错程度与责任划分予以限定。在本规则检索出的职工因工外出发生交通事故且本人负事故主要责任或者全部责任的案例中，只要其符合因工外出途中的先决要件，且排除掉因个人活动发生交通事故的阻却事由后，法院无一例外地都支持认定为工伤。所以，职工因工外出途中发生交通事故，本人是否负主要责任或者全部责任并不影响认定为工伤。

四、辅助信息

《工伤保险条例》

第十四条 职工有下列情形之一的，应当认定为工伤：

（一）在工作时间和工作场所内，因工作原因受到事故伤害的；

（二）工作时间前后在工作场所内，从事与工作有关的预备性或者收尾性工作受到事故伤害的；

（三）在工作时间和工作场所内，因履行工作职责受到暴力等意外伤害的；

（四）患职业病的；

（五）因工外出期间，由于工作原因受到伤害或者发生事故下落不明的；

（六）在上下班途中，受到非本人主要责任的交通事故或者城市轨道交通、客运轮渡、火车事故伤害的；

（七）法律、行政法规规定应当认定为工伤的其他情形。

《审理工伤保险行政案件规定》

第五条　社会保险行政部门认定下列情形为“因工外出期间”的，人民法院应予支持：

（一）职工受用人单位指派或者因工作需要在工作场所以外从事与工作职责有关的活动期间；

（二）职工受用人单位指派外出学习或者开会期间；

（三）职工因工作需要的其他外出活动期间。

职工因工外出期间从事与工作或者受用人单位指派外出学习、开会无关的个人活动受到伤害，社会保险行政部门不认定为工伤的，人民法院应予支持。

《执行工伤保险条例若干问题意见》

第一条　《工伤保险条例》（以下简称《条例》）第十四条第（五）项规定的“因工外出期间”的认定，应当考虑职工外出是否属于用人单位指派的因工作外出，遭受的事故伤害是否因工作原因所致。

工伤认定案件裁判规则第 10 条：

超过法定退休年龄未享受养老保险待遇或未领取退休金的劳动者因工受伤的，可以认定为工伤

【规则描述】 法定退休年龄制度设计的初衷是保护劳动者权益，故不可成为剥夺劳动者劳动权利的借口，更不能成为排除工伤认定的法定事由。《离退休人员与现工作单位之间是否构成劳动关系以及工作时间内受伤是否适用工伤保险条例问题答复》明确了受聘于现工作单位离退休人员应当适用《工伤保险条例》的有关规定处理。《超过法定退休年龄的务工农民因工伤亡适用工伤保险条例答复》中已经明确用人单位聘用的超过法定退休年龄的务工农民，在工作时间内，因工作原因伤亡的，应当适用《工伤保险条例》的有关规定进行工伤认定。因此，无论是退休返聘人员，还是超法定退休年龄的务工农民工，在其未享受养老保险待遇或领取退休金的前提下，在工作时间、工作地点因工作原因发生事故可以认定为工伤。另外，对于已经参与工伤保险的超法定退休年龄的劳动者，在工作时间、工作地点因工作原因发生事故也可以认定为工伤。

一、类案检索大数据报告

截至 2020 年 12 月 31 日，以“超过”“法定退休年龄”“养老保险待遇”“养老金”为关键词，通过 Alpha 案例库、法信平台、中国裁判文书网、元典智库、北大法宝等共检索到类案 84 件，经逐案阅看、分析，与本规则关联度较高的工伤认定行政案件有 59 件。因其中存在同一案件的一审裁判及其二审予以维持的裁判，严格意义上应将之认定为一个案件，故剔除前述情形后，实际共有 52 件案件，也即有 52 篇

裁判文书，其中 6 件为系列案件。整体情况如下：

如图 10-1 所示，从地域分布看，涉案数最多的地域为广东省，共 20 件；其次是重庆市，共 16 件（6 件系列案件），再次为北京市，共 7 件。

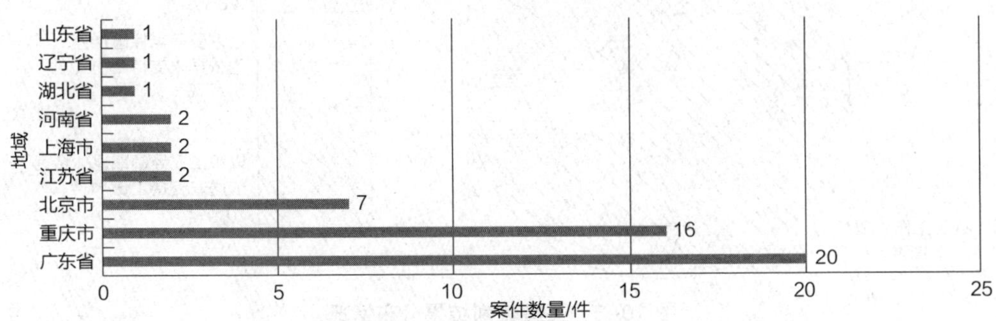

图 10-1　类案地域分布情况

如图 10-2 所示，从涉及领域看，主要涉及物业服务行业、环卫行业、建筑行业，案件数量分别为 28 件、12 件、7 件。

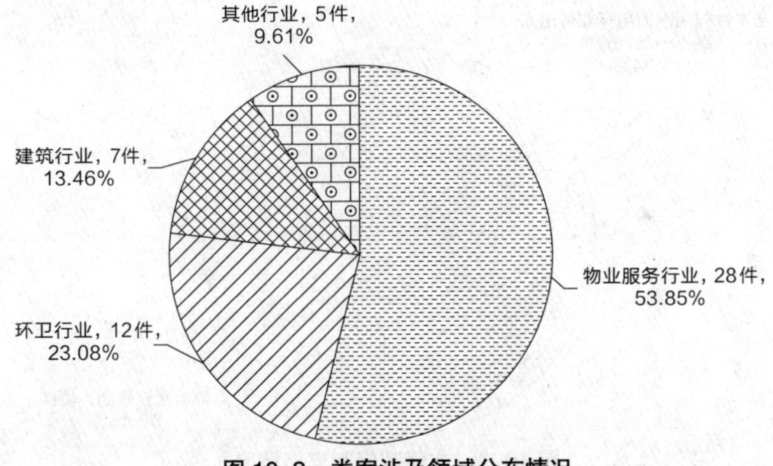

图 10-2　类案涉及领域分布情况

如图 10-3 所示，从裁判结果来看，32 件认定工伤；11 件撤销行政机关的行政决定责令其重新作出行政决定；剩余 9 件未与认定工伤的案件。未与认定工伤的案件具体而言，2 件以超过法定退休年龄为依据未支持工伤，3 件以享受养老保险待遇为依据未支持工伤，4 件以职工已经领取退休金为依据未支持工伤。

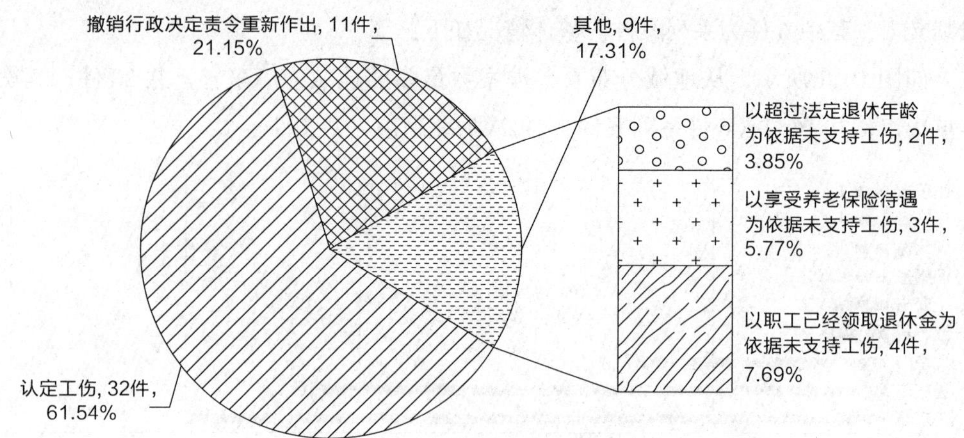

图 10-3 类案裁判结果分布情况

如图 10-4 所示，对法院的裁判观点分析可以看出，上述案例有 46 件支持了本裁判规则，占比 88.16%；6 件与本裁判规则适用标准有出入或不一致，占比 11.84%。对于超法定退休年龄劳动者工伤认定的问题，在司法审判中仍存在认识上的分歧。

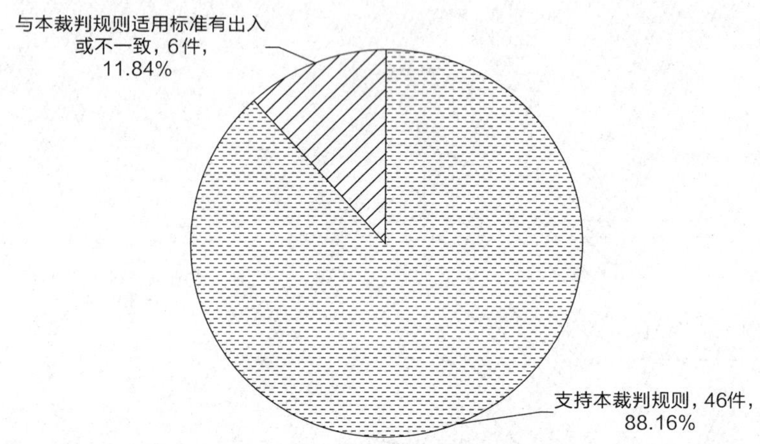

图 10-4 本裁判规则支持情况

二、可供参考的例案

例案一：金某某诉武汉市人力资源和社会保障局工伤行政确认案

【法院】

湖北省武汉市中级人民法院

【案号】

（2019）鄂01行终1013号

【当事人】

上诉人（一审原告）：金某某

被上诉人（一审被告）：武汉市人力资源和社会保障局

法定代表人：黄某某，该局局长

一审第三人：深圳市金地物业管理有限公司武汉分公司

负责人：宋某某，该公司总经理

【基本案情】

金某某诉称，金某某在2018年8月8日19时许，骑电动自行车下班，行至文馨街与丁字桥南路交汇处大华南湖世家三期时发生交通事故受伤。武汉市公安局洪山区交通大队出具的《道路交通事故认定书》认定金某某在事故中无责任。后金某某于2019年5月21日向武汉市人力资源和社会保障局洪山社会保险管理处（以下简称洪山社保处）提交申请，要求工伤认定。武汉市人力资源和社会保障局（以下简称武汉市人社局）作出编号2019-214号《工伤认定申请受理决定书》，又于2019年5月28日作出《关于撤销（2019）第214号〈工伤认定申请受理决定书〉的决定》。金某某认为一审法院以其于2009年7月正常退休为由，并依据《劳动合同法》第四十四条第二项之规定，认定武汉市人社局所认定的金某某与深圳市金地物业管理有限公司武汉分公司（以下简称金地物业武汉分公司）之间不具有劳动关系，符合法律规定。但是一审法院没有看清本案的特殊性，金某某从2005年就开始在金地物业武汉分公司工作，一直工作到2019年，整整14个年头。而且自从2009年7月退休后每年都签有《劳动合同》，最近一次与金地物业武汉分公司签订的《劳动合同》是2017年11月8日至2018年11月7日。而且金某某十几年来勤勤恳恳工作，年年都受到嘉奖，甚至金地物业武汉分公司董事长都亲自予以颁奖，说明该公司对金某某十几年工作的肯定。《劳动合同法》第四十四条第二项规定是劳动者开始依法享受基本养老保险待遇的，劳动合同终止。这里的劳动合同终止是指终止享受养老保险待遇之前的劳动合同，而并非终止享受基本养老保险待遇之后的劳动合同。针对被再次聘用的已享受养老保险待遇的离退休人员，《劳动部关于实行劳动合同制度若干问题的通知》（劳部发〔1996〕354号）第十三条规定，其聘用协议可以明确工作内容、报酬、医疗、劳动保护待遇等权利义务。金某某与用人单位签订的《劳动合同书》第十四条规定，社会保险和福利待遇按国家和武汉市有关规定办理。根据

《工伤保险条例若干问题意见（二）》第二条第二款的规定，金某某提出工伤认定申请已经具备了相应的条件。金某某与金地物业武汉分公司是事实劳动关系，金某某与其所签的《劳动合同》是一份较为特殊的劳动合同。金某某在下班途中所受的伤应为工伤。请求二审法院撤销一审判决，判令撤销武汉市人社局作出的《关于撤销（2019）第214号〈工伤认定申请受理决定书〉的决定》，认定金某某在2018年8月8日下班途中发生的交通事故为工伤。

武汉市人社局辩称，（1）《工伤保险条例》是针对与用人单位建立或应当建立工伤保险关系的这类人员。金某某在2009年已享受养老保险待遇，对于此种情形，《劳动合同法》第四十四条及《工伤保险条例》明确了享受养老待遇的劳动合同终止，这类人员与用人单位建立的不是劳动关系，用人单位没有为这类人员购买工伤保险的法定义务，且该条例明确了职工申报工伤保险的前提是具有劳动关系。（2）《工伤保险条例若干问题意见（二）》第二条第二款规定的例外情形是针对项目参保人员，主要是建设工程项目的农民工，但金某某不属于上述例外情形。且在武汉用人单位对于退休人员无法再缴纳工伤保险。一审判决认定事实清楚、适用法律正确，请求予以维持原审判决。

金地物业武汉分公司述称，其与武汉市人社局意见一致。

经审理查明，金某某与金地物业武汉分公司于2009年1月1日签订《劳动合同书》，约定金某某在金地物业武汉分公司从事保洁班长岗位，上述《劳动合同书》续订至2018年11月7日。2018年8月8日19时许，案外人徐某某驾驶无号牌的两轮轻便摩托车牵引自制两轮板车载货沿文馨街由西向东行驶，行至丁字桥南路路口时，遇金某某驾驶武汉BE1××× 号电动自行车同向行驶，徐某某牵引的货物与金某某发生碰撞，造成金某某受伤。后金某某被送至解放军武汉总医院就诊，并于2018年8月8日至8月30日在该院住院治疗。解放军武汉总医院的出院小结载明出院诊断为：左肱骨近端骨折，左肩关节脱位。武汉市公安局洪山区交通大队于2018年9月27日出具《道路交通事故认定书》，认定徐某某承担事故全部责任，金某某无责任。2019年5月20日，金某某向武汉市人社局提交工伤认定申请表，主张其于2018年8月8日晚7点在下班途中，行驶至文馨街与丁字桥南路交汇处大华南世家三期时被一辆改装电动车从后面超车后撞倒。责任人定为肇事方全责，要求对其所受伤害认定为工伤。同时向武汉市人社局提交了申请书、金地物业武汉分公司的工商登记信息、劳动合同书、刷卡记录表、病历资料、道路交通事故认定书、路线图等材料。武汉市人社局于2019年5月21日受理了金某某的工伤认定申请后，于同年5月22日向金地物业武汉分公司邮寄了《工伤认定申请协助调查通知书》，告知了该公司在工伤认定程序中的相关权利和义务。同时，经核查金某某的社会保险信息，洪山社保处提供了金某某的养老保险待遇信息，显示金某某于2009年7月1日正常退休，并已领取养老保险待遇。经核实上述信息后，武汉市人社局认为金某某提交的工伤认定申请不符合受理条件，该局受理金某某工伤申请的行为不符合《工伤保险条例》第十八条之规定，故于2019年5月28日作出《关于撤销（2019）第214号〈工伤认定申请受理决定书〉的决定》，决定撤销（2019）第214号工伤认定申请受理决定书，并分别于同年5月29日及5月30日向金某某进行送达及向金地物业武汉分公司进行邮寄送达。因对武汉市人社局作出的上述《关于撤销（2019）第214号〈工伤认定申请受理决定书〉的决定》不服，金某某诉至一审法院，请求原审法院依法判决：撤销武汉市人社局作出的《关于撤销（2019）第214号〈工伤认定申请受理决定书〉的决定》，并责令武汉市人社局重新作出行政行为。

湖北省武汉市江岸区人民法院作出（2019）鄂0102行初223号行政判决：驳回金某某的全部诉讼请求。宣判后，金某某不服，提起上诉。湖北省武汉市中级人民法院于2020年1月10日作出二审判决：撤销湖北省武汉市江岸区人民法院（2019）鄂0102行初223号行政判决；撤销武汉市人社局于2019年5月28日作出的《关于撤销（2019）第214号〈工伤认定申请受理决定书〉的决定》；责令武汉市人社局自本判决生效之日起，在法定期限内就金某某提出的工伤申请重新作出处理。

【案件争点】

离退休人员等超过法定退休年龄的劳动者申请工伤是否符合《工伤保险条例》的受理条件。

【裁判要旨】

湖北省武汉市中级人民法院认为，根据《工伤保险条例》第五条第二款“县级以上地方各级人民政府社会保险行政部门负责本行政区域内的工伤保险工作”及第二十条第一款“社会保险行政部门应当自受理工伤认定申请之日起60日内作出工伤认定的决定，并书面通知申请工伤认定的职工或者其近亲属和该职工所在单位”的规定，武汉市人社局作为本市行政区域内的社会保障行政部门，依法享有对该市辖区内的工伤事故进行处理和认定的法定职权。武汉市人社局于2019年5月21日受理上诉人提出工伤认定申请，经审查于2019年5月28日作出《关于撤销（2019）第214号〈工伤认定申请受理决定书〉的决定》并送达，程序合法。对于离退休人员等超过法定退休年龄的劳动者申请工伤是否符合《工伤保险条例》的受理条件的问题。

虽《劳动合同法》第四十四条及《劳动合同法实施条例》第二十一条均规定劳动者达到法定退休年龄，劳动合同终止。但劳动合同的终止并不意味着超过法定退休年龄的劳动者没有继续劳动的权利。现行法律只规定了劳动者年龄的下限，对劳动者年龄的上限没有规定，不能因是离退休职工就否定其劳动者身份。《工伤保险条例》第一条亦明确了该条例是保障因工作遭受事故伤害或患职业病的职工获得医疗救治和经济补偿。《离退休人员与现工作单位之间是否构成劳动关系以及工作时间内受伤是否适用工伤保险条例问题答复》明确了受聘于现工作单位离退休人员应当适用《工伤保险条例》的有关规定处理。随着我国人口的老龄化趋势，离退休人员等超过法定退休年龄的劳动者二次就业的情形会越来越普遍，认定他们适用《工伤保险条例》的有关规定有利于对这一人群的劳动保护。故离退休人员等超过法定退休年龄在受聘期间因工受伤应适用《工伤保险条例》。本案中，此种情形的工伤认定并不以用工单位与受伤劳动者存在劳动关系为前提。故在保护金某某的合法权益的前提下，金某某提出工伤申请符合工伤保险条例的受理条件。由此可见，武汉市人社局于 2019 年 5 月 28 日作出《关于撤销（2019）第 214 号〈工伤认定申请受理决定书〉的决定》应予以撤销。一审法院认为武汉市人社局作出的被诉《关于撤销（2019）第 214 号〈工伤认定申请受理决定书〉的决定》并无不妥，并作出驳回金某某全部诉讼请求的判决，也存在理解和适用法律错误，应当一并予以撤销。关于金某某提出，要求人民法院对其申请直接认定工伤的上诉请求，超出本案的审理范围，不予支持。

例案二：南京瑞年百思特制药有限公司诉南京市江宁区人力资源和社会保障局、南京市人力资源和社会保障局社会保障行政确认案

【法院】

江苏省南京市中级人民法院

【案号】

（2018）苏 01 行终 279 号

【当事人】

上诉人（一审原告）：南京瑞年百思特制药有限公司

法定代表人：蒋某某，该公司副总经理

被上诉人（一审被告）：南京市江宁区人力资源和社会保障局

法定代表人：杨某某，该局局长

被上诉人（一审被告）：南京市人力资源和社会保障局

法定代表人：刘某某，该局局长

一审第三人：嵇某某

【基本案情】

南京瑞年百思特制药有限公司（以下简称南京瑞年公司）诉称，（1）关于嵇某某发生交通事故时其与南京瑞年公司的人事关系问题。2015年4月16日，南京瑞年公司与嵇某某签订了劳动合同，合同期限2015年4月1日至2018年4月15日。根据嵇某某身份证记载的出生日期，其达到退休年龄的时间为2016年4月。当嵇某某达到法定退休年龄后，南京瑞年公司即与嵇某某重新签订了劳务合同，合同期限自2016年4月6日至2019年3月31日，所以双方对工作性质进行了重新认定，一致认可双方为劳务关系。一审法院在作出判决时没有考虑到这一情况，认为双方仍属劳动关系，并认定嵇某某为工伤不正确。南京市江宁区人力资源和社会保障局（以下简称江宁人社局）与南京市人力资源和社会保障局（以下简称南京市人社局）认定南京瑞年公司与嵇某某存在劳动关系是依据人力资源和社会保障部的有关规范性文件的规定，该规定既不是法律法规也不是部门规章，其效力低于《劳动法》以及《劳动合同法实施条例》。在审查单位与员工是否存在劳动关系时，如果双方对劳动关系存在争议，应该由双方将该争议提交仲裁、法院确认，而不是由行政机构自行确认。（2）关于嵇某某何时享受退休待遇的问题。根据一审中提交的江苏省企业退休人员养老金审批表上的有关记载，嵇某某的出生日期为1956年6月1日，说明其于2016年5月31日即达到法定退休年龄，故其在发生交通事故时已经达到法定退休年龄并办理完退休手续开始享受退休待遇。根据《审理劳动争议案件解释（三）》（已失效）第七条的规定，用人单位与其招用的已经依法享受养老保险待遇或领取退休金的人员发生用工争议，向人民法院提起诉讼的，人民法院应当按劳务关系处理。嵇某某在发生交通事故时满足上述第七条的规定，应当按照劳务关系处理，该次事故依法不能认定为工伤。一审法院没有审查这一情况。据此，请求二审法院撤销原判并依法改判支持南京瑞年公司的一审诉讼请求。

江宁人社局辩称，根据《工伤保险条例》第十四条第六项之规定，职工在上下班途中，受到非本人主要责任的交通事故或者城市轨道交通、客运轮渡、火车事故伤害的，应当认定为工伤。《工伤保险条例若干问题意见（二）》第二条规定，达到或超过法定退休年龄，但未办理退休手续或者未依法享受城镇职工基本养老保险待遇，继续在原用人单位工作期间受到事故伤害或者患职业病的，用人单位依法承担工伤保险责任。本案中，交通事故发生时嵇某某虽已经超过法定退休年龄，但未依法享受城镇职工基本养老保险待遇。结合路线图及《道路交通事故认定书》载明的事故发生地点及时间，嵇某某属在下班途中发生交通事故，且不负事故责任。江宁人社局作出的1311号《认定工伤决定书》认定事实清楚，适用法规正确。《劳动合同法》关于劳动合同终止的条件的规定是指当员工开始依法享受养老待遇的时候，劳动合同关系终止，而非上诉人认为的年满60周岁。据此，请求二审法院依法驳回上诉，维持原判。

南京市人社局辩称，本案中，交通事故发生时嵇某某虽已经超过法定退休年龄，但未依法享受城镇职工基本养老保险待遇。结合路线图及《道路交通事故认定书》载明的事故发生地点及时间，嵇某某属在下班途中发生交通事故，且不负事故责任。江宁人社局作出的1311号《认定工伤决定书》认定事实清楚，适用法规正确。南京市人社局经审查，根据《行政复议法》第二十八条之规定，作出20号《行政复议决定书》，维持1311号《认定工伤决定书》，程序合法，适用法律正确。请求法院驳回南京瑞年公司的上诉请求。

嵇某某述称，南京瑞年公司所称劳务关系和劳动关系是根据现在的身份证上记载的时间。嵇某某的出生时间是1956年5月18日，原来身份证号码上记载的时间是6月18日。

经审理查明，嵇某某的现行有效居民身份证记载的出生日期为1956年4月6日，原居民身份证记载的出生日期为1956年6月18日，档案记载的出生时间为1956年6月，现住南京市。2015年4月16日，南京瑞年公司与嵇某某签订劳动合同，约定的劳动合同期限为2015年4月16日至2018年4月15日。2016年4月6日，南京瑞年公司与嵇某某签订劳务合同，合同期限自2016年4月6日至2019年3月31日。2016年6月27日18时00分，嵇某某在正方大道苏源路口发生本人无责任交通事故，事故地点位于南京市秣陵街道至南京市江宁区将军大道之间。嵇某某受伤后入院治疗，被诊断为右腕三角骨骨折、双膝关节损伤。2017年1月24日，南京瑞年公司出具《证明》一份，内容为："嵇某某于2015年4月16日到公司上班，月工资7000元，到2018年合同期满。2016年6月27日下午6时30分左右在下班途中发生被车撞交通事故，因伤势较重，在治疗期间公司停发6月、7月两月工资，情况属实。特此证明。"2017年6月21日，嵇某某向江宁人社局提出工伤认定申请，并提交了身份证复印件、劳动合同、协议书、《证明》《道路交通事故认定书》、上班路线图、疾病诊断证明书、病历、银行交易明细、退休证等材料。2017年6月23日，江宁人社局作出江宁人社工受字〔2017〕JN1311号《工伤认定申请受理决定书》，对嵇某某提出的工伤认定申请予以受理。2017年6月29日，江宁人社局向南京瑞年公司送达了《工伤认定举证通知书》及证据材料。南京瑞年公司向江宁人社局提交了《工伤认定举证答辩书》，但未提交相应证据。南京瑞年公司辩称，嵇某某于2016年4月6日达到法定退休年龄，社会保险交至2016年3月，南京瑞年公司随之与其签订劳务合同。事故发生时，嵇某某已达法定退休年龄且已办理退休手续。2017年8月21日，江宁人社局作出宁人社工认字〔2017〕JN1311号《认定工伤决定书》（以下简称1311号《认定工伤决定书》），认定嵇某某在下班途中发生本人无责任的交通事故伤害，符合《工伤保险条例》第十四条第六项之规定，属于工伤认定范围，予以认定（或视同）为工伤，并分别于2017年9月5日、2017年9月6日向南京瑞年公司及嵇某某送达。南京瑞年公司不服1311号《认定工伤决定书》，向南京市人社局申请行政复议。南京市人社局于2017年11月1日受理了南京瑞年公司的复议申请，于2017年11月6日向江宁人社局送达了《行政复议提出答复通知书》，江宁人社局在法定期限内提交了《行政复议答复书》及相关证据材料。2017年12月18日，南京市人社局作出〔2017〕宁人社行复第20号《行政复议决定书》（以下简称20号《行政复议决定书》），认为江宁人社局依据《工伤保险条例》第十四条第六项之规定作出的工伤认定结论认定事实清楚，适用法律正确，维持江宁人社局作出的1311号《认定工伤决定书》。南京瑞年公司仍不服，向原审法院提起本案诉讼，请求法院判决撤销江宁人社局作出的1311号《认定工伤决定书》及南京市人社局作出的20号《行政复议决定书》。

2016年3月起，南京瑞年公司停止为嵇某某缴纳社会保险。后经响水县人力资源和社会保障局审批，嵇某某自2016年6月起退休，自2016年7月起执行。响水县社会化管理服务中心出具的嵇某某社会保险记录显示，嵇某某出生日期为1956年6月1日，退休时间为2016年6月1日，开始享受待遇时间为2016年7月。

南京铁路运输法院作出（2018）苏8602行初118号一审判决：驳回南京瑞年公司的诉讼请求。南京瑞年公司不服，提起上诉。江苏省南京市中级人民法院于2018年6月25日作出（2018）苏01行终279号二审判决：驳回上诉，维持原判。

【案件争点】

1. 超法定退休年龄的劳动者与用人单位是否构成劳动关系。

2. 超过法定退休年龄的劳动者在工作中受伤是否属于工伤。

【裁判要旨】

江苏省南京市中级人民法院认为，《工伤保险条例》第五条规定："国务院社会保险行政部门负责全国的工伤保险工作。县级以上地方各级人民政府社会保险行政部门负责本行政区域内的工伤保险工作。社会保险行政部门按照国务院有关规定设立的社会保险经办机构（以下简称经办机构）具体承办工伤保险事务。”根据该规定，江宁人社局负有作出本案被诉1311号《认定工伤决定书》的法定职责。根据《工伤保险条例》第十四条的规定：“职工有下列情形之一的，应当认定为工伤：（一）在工作时间和工作场所内，因工作原因受到事故伤害的；（二）工作时间前后在工作场所内，从事与工作有关的预备性或者收尾性工作受到事故伤害的；（三）在工作时间和工作场所内，因履行工作职责受到暴力等意外伤害的；（四）患职业病的；（五）因工外出期间，由于工作原因受到伤害或者发生事故下落不明的；（六）在上下班途中，受到非本人主要责任的交通事故或者城市轨道交通、客运轮渡、火车事故伤害的；（七）法律、行政法规规定应当认定为工伤的其他情形。”本案中，发生事故的地点位于嵇某某居住地至南京瑞年公司生产经营场所之间，发生交通事故时间系合理的下班时间，交通管理部门作出的《道路交通事故认定书》认定嵇某某对事故无责任，南京瑞年公司出具的《证明》亦载明嵇某某“2016年6月27日下午6时30分左右在下班途中发生被车撞交通事故”，足以证明嵇某某在上下班途中受到非本人主要责任的交通事故。（1）关于超法定退休年龄的劳动者与用人单位是否构成劳动关系的问题。江苏省南京市中级人民法院认为，关于南京瑞年公司主张其与嵇某某之间不是劳动关系，江宁人社局无权直接认定劳动关系的问题。现行法律并没有明确规定劳动者的工作年龄上限，也没有强制规定达到法定退休年龄的劳动者必须退出劳动岗位。《审理劳动争议案件解释（三）》（已失效）第七条规定：“用人单位与其招用的已经依法享受养老保险待遇或领取退休金的人员发生用工争议，向人民法院提起诉讼的，人民法院应当按劳务关系处理。”在案证据证明，案涉交通事故发生时，嵇某某尚未开始享受养老保险待遇，故其不符合最高人民法院上述司法解释规定的情形。且江宁人社局作为社会保险行政部门，有权在进行工伤认定的过程中对单位与员工之间是否存在劳动关系作出判断。（2）关于超过法定退休年龄的劳动者在工作中受伤是否属于工伤的问题。江苏省南京市中级人民法院认为，《工伤保险条例若干问题意见（二）》第二条规定，达到或超过法定退休年龄，但未办理退休手续或者未依法享受城镇职工基本养老保险待遇，继续在原用人单位工作期间受到事故伤害或患职业病的，用人单位应依法承担工伤保险责任。人力资源社会保障部是国务院社会保险行政部门，其制定的规章以外的规范性文件并非不可以成为社会保险行政部门进行工伤认定的依据，本案中，嵇某某的情况符合人力资源和社会保障部上述规范性文件规定的情形。江宁人社局据此认定嵇某某在交通事故中受伤属于工伤，符合《工伤保险条例》第十四条第六项的规定。江宁人社局收到嵇某某提出的工伤认定申请后，履行了受理、通知、审查等程序，符合《工伤保险条例》及《工伤认定办法》的规定。据此，认定事实清楚，适用法律正确，程序合法。根据《行政复议法》第十二条第一款的规定，南京市人社局作为江宁人社局的上级主管部门，具有对江宁人社局作出的行政行为进行行政复议的法定职权。南京瑞年公司提出行政复议申请后，南京市人社局履行了受理、通知江宁人社局提出答复、审查等程序，于2017年12月18日作出20号《行政复议决定书》，维持江宁人社局作出的1311号《认定工伤决定书》，认定事实清楚，适用法律正确，程序合法。

例案三：东莞市佳彩物业管理有限公司诉东莞市社会保障局、东莞市人民政府社会保障行政确认案

【法院】

广东省东莞市中级人民法院

【案号】

（2018）粤19行终184号

【当事人】

上诉人（一审原告）：东莞市佳彩物业管理有限公司

法定代表人：冯某某，该公司总经理

被上诉人（一审被告）：东莞市社会保障局

法定代表人：邹某，该局局长

被上诉人（一审被告）：东莞市人民政府

法定代表人：肖某某，该市市长

一审第三人：陈某甲

一审第三人：陈某乙

【基本案情】

东莞市佳彩物业管理有限公司（以下简称佳彩物业管理公司）诉称，（1）一审法院适用法律错误，错误理解最高人民法院回复，导致错误判决，依法应当撤销。一审法院按《超过法定退休年龄的务工农民因工伤亡适用工伤保险条例答复》中的“用人单位聘用的超过法定退休年龄的务工农民，在工作时间内、因工作原因伤

亡的，应当适用《工伤保险条例》的有关规定进行工伤认定”，而本案中沈某某是在购物后回住处发生交通事故死亡，绝对不是“工作时间内、因工作原因伤亡”的特定原因，所以本案不符合《超过法定退休年龄的务工农民因工伤亡适用工伤保险条例答复》所特定的原因。至于《工伤保险条例若干问题意见（二）》只是人力资源和社会保障部的部门规章，从法律位阶上不能与《广东省工伤保险条例》冲突，否则应当适用《广东省工伤保险条例》。所以，本案中沈某某的本次受伤应当适用《广东省工伤保险条例》第六十五条第一款①“劳动者达到法定退休年龄或者已经依法享受基本养老保险待遇的，不适用本条例”的规定，沈某某不具备认定工伤的主体资格。（2）本案中沈某某并非在上下班的路上，也不能认定视为工亡情节。沈某某发生事故的时间是中午1点钟左右，发生事故的地点在其住处附近，离其住处只有步行2分钟左右路程，离工作地点有5分钟左右的路程，沈某某从住处到工作地点只有步行5至10分钟的路程。从时间推断，沈某某到工作地点也就是13点05分左右。按照沈某某平时的打卡记录，均在差不多到上班时间（13点30分左右）才到公司的。从时间推断，沈某某当时是回住处的路上，并不是东莞市社会保障局（以下简称东莞社保局）所认定的上班路上。结合东莞社保局在交通警察调取的录像显示，沈某某发生事故时手中拿有扫把、拖把、清洁剂、拖桶、毛巾等工具。沈某某虽然在佳彩物业管理公司处承接清洁工作，但也经常外接私人的家政工作，且佳彩物业管理公司的清洁工具是由佳彩物业管理公司统一安排采购的，不需要清洁员自行购买。从事故时间及沈某某发生事故时手拿的物品与事故地点及沈某某住处及工作地点等互相印证，可以认定沈某某发生事故时并非在上班途中，应当是在回住处的途中。所以本案东莞社保局认定沈某某发生事故时在上班途中的事实认定错误。由于基本的事实认定错误，其认定结果当然无效，依法应当予以撤销。综上所述，本案一审法院认定事实有误，错误适用法律依法应当撤销，佳彩物业管理公司为维护自身的合法权利，特向二审法院提起上诉。

东莞社保局辩称，（1）关于东莞社保局作出的东社保工伤认字第GSRD2203594950号《认定工伤决定书》事实与法律依据：陈某甲就其妻子沈某某于2016年11月20日发生交通事故死亡一事，于2017年3月24日向东莞社保局申请工伤认定。经调查核实，综合证据材料，东莞社保局确认案件事实为：佳彩物业管理公司员工沈某

① 该条例2019年5月21日修正，本案所涉第六十五条第一款修改为第六十三条第一款，内容未作修改。

某被安排在东莞市黄江镇怡和花园管理处任职清洁员，于2016年11月20日中午沈某某从居住地步行到怡和花园上班，13时11分许途经东莞市黄江镇公常线广隆蛋挞路段时，与一辆轿车发生碰撞，导致全身多处受伤。后被送往东莞市黄江医院治疗，2016年11月25日治疗无效死亡。2016年12月21日东莞市公安局交通警察支队黄江大队认定沈某某负此次事故同等责任。东莞市环保局认为沈某某受到事故伤害符合《工伤保险条例》第十四条第六项“在上下班途中，受到非本人主要责任的交通事故或者城市轨道交通、客运轮渡、火车事故伤害的”应认定工伤情形。故东莞社保局作出东社保工伤认字第GSRD2203594950号《认定工伤决定书》，认定沈某某此次事故属于工伤，并依法送达佳彩物业管理公司以及陈某甲、陈某乙。（2）佳彩物业管理公司主张沈某某并非在上下班的路上，认为东莞社保局作出的工伤认定事实不清，应当撤销。根据《考勤记录表》《道路交通事故认定书》《职工伤亡事故认定现场示意图》、现场照片、东莞社保局对陈某甲、余某某制作的《询问笔录》等证据，可证实：第一，沈某某从居住地步行到上班地点需要15至20分钟，且事故发生地点为上班必经地点；第二，沈某某事发时是从广隆蛋挞店往对面的建光螺丝过马路，是前往工作地点的方向，并非返回居住地；第三，《沈某某考勤记录表》显示，其下午上班时间一般在13时至13时30分，事发时间为13时11分，符合其平时的上班习惯；第四，根据余某某的《询问笔录》，证实事发当天下午沈某某是需要上班的。根据《工伤保险条例》第十九条之规定“职工或者近亲属认为是工伤的，用人单位不认为是工伤的，由用人单位承担举证责任”，佳彩物业管理公司对其主张并没有提交证据予以支持。故东莞社保局此次具体行政行为事实清楚、适用法律正确，佳彩物业管理公司的主张缺乏事实和法律依据。综上所述，东莞社保局作出东社保工伤认字第GSRD2203594950号《认定工伤决定书》认定事实清楚、程序合法、适用法律准确，请求二审法院维持原判。

东莞市人民政府（以下简称东莞市政府）二审中未发表新的答辩意见。

陈某甲、陈某乙二审中未发表新的答辩意见。

经审理查明：2017年3月24日，陈某甲就其妻子沈某某于2016年11月20日发生交通事故死亡一事，向东莞社保局申请工伤认定。东莞社保局于当日收到该申请后，于同日向陈某甲发出《工伤认定提交材料通知书》，通知其7日内补充提交沈某某在户籍所在地是否领取城镇职工基本养老保险待遇等材料。陈某甲逾期未提交，后东莞社保局分别于2017年4月6日和5月16日向佳彩物业管理公司发出《工伤认定提交材料通知书》，陈某甲于2017年5月26日提供了相关资料。东莞社保局经调查，认定以下事实："佳彩物业管理公司员工沈某某被安排在东莞市黄江镇怡和花园管理处任清洁员，2016 年 11 月 20 日中午沈某某从居住地步行到怡和花园上班，13 时 11 分许途经东莞市黄江镇公常线广隆蛋挞路段时，与一辆轿车发生碰撞，导致全身多处受伤。后被送往东莞市黄江医院治疗，2016 年 11 月 25 日治疗无效死亡。2016 年 12 月 21 日，东莞市公安局交通警察支队黄江大队认定沈某某负此次事故同等责任。"东莞社保局认为沈某某受到的事故伤害符合《工伤保险条例》第十四条第六项"在上下班途中，受到非本人主要责任的交通事故或者城市轨道交通、客运轮渡、火车事故伤害的"情形，于 2017 年 6 月 9 日作出东社保工伤认字第 GSRD2203594950 号《认定工伤决定书》，认定沈某某此次事故属于工伤，并依法送达佳彩物业管理公司以及陈某甲、陈某乙。佳彩物业管理公司不服，于 2017 年 6 月 9 日向东莞市政府申请复议，东莞市政府于 2017 年 10 月 24 日作出东府行复〔2017〕375 号《行政复议决定书》，确认东莞社保局作出的上述《认定工伤决定书》违法，并送达佳彩物业管理公司和陈某甲、陈某乙。佳彩物业管理公司仍不服，向原审法院提起行政诉讼。此外，沈某某出生日期为 1960 年 3 月 15 日，其于 2015 年 9 月进入佳彩物业管理公司处工作。另外，根据四川省大竹县城乡居民社会养老保险局出具的《证明》显示，沈某某未在该县参加城乡居民养老保险。二审期间，二审法院依职权向东莞市公安局交通警察支队黄江大队调取了事发当天的监控视频、中心照片、细目照片以及该大队向肇事司机吴某某、肇事车辆车主曾某某、沈某某丈夫陈某甲分别制作的《询问笔录》等事故案卷材料。经质证，各方当事人对上述调取证据的三性均无异议。监控视频较为完整地记录下了沈某某事发前从居住地的巷子里走出来，然后自广隆蛋挞店到马路对面横穿机动车道时与一辆轿车发生碰撞的过程，马路对面方向即为沈某某生前工作的怡和花园。陈某甲在东莞市公安局交通警察支队黄江大队接受调查询问时，述称沈某某发生案涉交通事故时是去黄江怡和花园上班。

广东省东莞市第一人民法院作出（2017）粤 1971 行初 756 号行政判决：确认东莞社保局作出的东社保工伤认字第 GSRD2203594950 号《认定工伤决定书》违法；驳回佳彩物业管理公司的其他诉讼请求。佳彩物业管理公司不服一审判决，提起上诉。广东省东莞市中级人民法院于 2018 年 9 月 13 日作出（2018）粤 19 行终 184 号二审判决：驳回上诉，维持原判。

【案件争点】

1. 超过法定退休年龄的沈某某是否仍应适用《工伤保险条例》的有关规定进行工伤认定。

2. 沈某某在案涉事故发生时是否处于上班途中。

【裁判要旨】

广东省东莞市中级人民法院认为，（1）关于超过法定退休年龄的沈某某是否仍应适用《工伤保险条例》的有关规定进行工伤认定的问题。《劳动法》对劳动者年龄上限未作强制性规定，沈某某发生事故时虽已超过法定退休年龄，但其参加劳动并不违背法律规定。沈某某未参加城镇职工养老保险，受雇于佳彩物业管理公司，接受其管理与安排，从事保洁工作，二者之间存在长期、持续、稳定的工作关系，符合劳动关系成立的法定要件，故沈某某与佳彩物业管理公司之间属于劳动关系。《工伤保险条例》第二条规定："中华人民共和国境内的企业、事业单位、社会团体、民办非企业单位、基金会、律师事务所、会计师事务所等组织和有雇工的个体工商户（以下称用人单位）应当依照本条例规定参加工伤保险，为本单位全部职工或者雇工（以下称职工）缴纳工伤保险费。中华人民共和国境内的企业、事业单位、社会团体、民办非企业单位、基金会、律师事务所、会计师事务所等组织的职工和个体工商户的雇工，均有依照本条例的规定享受工伤保险待遇的权利。"可见，只要职工与用人单位建立了劳动关系，其在受聘期间因工受伤就应适用《工伤保险条例》。佳彩物业管理公司主张沈某某所受案涉事故伤害应当适用《广东省工伤保险条例》第六十五条第一款[①]"劳动者达到法定退休年龄或者已经依法享受基本养老保险待遇的，不适用本条例"的规定，但该条例属于地方性法规，其法律效力明显低于前述法律和行政法规，故其该项主张缺乏理据，不予支持。东莞社保局依据《工伤保险条例》就案涉事故伤害进行认定，并无不妥。（2）关于沈某某在案涉事故发生时是否处于上班途中的问题。沈某某生前下午的上班时间是13时30分，根据事发当月的考勤记录显示，沈某某过往下午上班的打卡时间集中在13时21分至13时40分之间，甚至有两次早于13时，案涉事故时间发生在13时11分，应属沈某某正常往返于其居住地与怡和花园之间的合理时间内。通过《职工伤亡事故认定现场示意图》与黄江镇宝山社区出具的《证据》可以看出，案涉事故发生地点位于其居住地与怡和花园之间的合理路线上。在东莞社保局调查询问过程中，沈某某的丈夫陈某甲表示沈某某事发时是在上班途中，领班余某某承认陈某甲于事发当天在电话里明确告知过其沈某某去上班途中发生了案涉交通事故，前后陈述相互印证，共同证实沈某某在事发

---

① 该条例2019年5月21日修正，本案所涉第六十五条第一款修改为第六十三条第一款，内容未作修改。

当天确系去怡和花园上班途中发生的案涉交通事故。而且，二审期间调取的监控视频显示，沈某某在事发当时的行进方向是朝着怡和花园，而非居住地，亦能与前述上班途中的事实认定相吻合。佳彩物业管理公司主张沈某某事发时是回居住处以及外出承接清洁工作，缺乏事实依据，不能成立，不予采信。

三、裁判规则提要

随着人们生活水平的快速提高和医疗保健条件的持续改善，我国人口的平均寿命正在逐年延长，人口老龄化问题日益凸显。现实中，多数达到法定退休年龄的人员不仅保持着良好的身体健康状态，更有为社会贡献余热的意愿，超法定退休年龄人员参加劳动已经成为较为普遍的社会现象。从类案大数据分析情况和具体的参考案例明显可以看出，超法定退休年龄的劳动者大量分布于建筑行业、环卫行业、物业服务等领域，但目前，并没有明确的、全面的法律规范对于超法定退休年龄人员参与劳动的情形进行专门的规制，超法定退休年龄人员与用人（用工）单位之间的法律关系尚不能清楚界定，致使超法定退休年龄人员的劳动者权益保障受阻，在工伤认定方面，这个问题尤为突出。

劳动权是《宪法》赋予每个公民的基本权利，对于劳动权的剥夺与限制必须有法律的明确规定，而我国《劳动法》仅通过禁止性规范条款规定了最低就业年龄，在最高就业年龄上并没有具体的规定，法律并未将超法定退休年龄人员排除在劳动者范围之外，从这个角度出发，超法定退休年龄的劳动者应当依法享有作为劳动者的权益。对于超法定退休年龄劳动者的工伤认定，应以法律、行政法规、地方性法规等为依据，参照规章，并注重对规章以下规范性文件的适当审查。一般情况下，工伤认定以用人单位与劳动者存在劳动关系作为前提条件，因此应当区分超法定退休年龄人员的劳动合同签订情况、退休情况、是否享受养老保险待遇和领取退休金情况、是否购买工伤保险等情况具体考量。

（一）超过法定退休年龄的进城务工农民因工伤亡的，可以认定为工伤

关于超过法定退休年龄人员的“劳动资质”问题，《劳动合同法》第四十四条规定，劳动者开始依法享受基本养老保险待遇的，劳动合同终止。《劳动合同法实施条例》第二十一条规定，劳动者达到法定退休年龄的，劳动合同终止。从法律规范的位阶来看，《劳动合同法》明显高于《劳动合同法实施条例》的法律效力，考虑到立

法的全面性和连贯性，《劳动合同法实施条例》第二十一条应当理解为劳动者达到法定退休年龄后，达到劳动合同终止的条件之一，并非法定退休年龄的劳动者当然丧失劳动合同主体资格，进而排除在《劳动法》保护的范围以外。《超过法定退休年龄的务工农民因工伤亡适用工伤保险条例答复》中指出，用人单位聘用的超过法定退休年龄的务工农民，在工作时间内、因工作原因伤亡的，应当适用《工伤保险条例》的有关规定进行工伤认定。显然，最高人民法院行政审判庭也将超法定退休年龄的进城务工农民作为《劳动法》概念中劳动者进行了解释，并未将超法定退休年龄作为否定认定工伤的门槛。

（二）单位已经为超过法定退休年龄人员缴纳工伤保险的，超过法定退休年龄人员因工伤亡的，可以认定为工伤

《离退休人员与现工作单位之间是否构成劳动关系以及工作时间内受伤是否适用工伤保险条例问题答复》中指出，根据《工伤保险条例》第二条、第六十一条等有关规定，离退休人员受聘于现工作单位，现工作单位已经为其缴纳了工伤保险费，其在受聘期间因工作受到事故伤害的，应当适用《工伤保险条例》的有关规定处理。《工伤保险条例若干问题意见（二）》第二条区分退休人员不同情况分别作出规定：（1）对于达到或超过法定退休年龄，但未办理退休手续，或者未依法享受城镇职工基本养老保险待遇，继续在原用人单位工作期间受到事故伤害或患职业病的，用人单位依法承担工伤保险责任。（2）用人单位招用已经达到、超过法定退休年龄或已经领取城镇职工基本养老保险待遇的人员，在用工期间因工作原因受到事故伤害或患职业病的，如招用单位已按项目参保等方式为其缴纳工伤保险费的，应适用《工伤保险条例》。

超法定退休年龄的离退休人员再次受聘于工作单位，工作单位为其缴纳工伤保险费的情形，应当理解为：第一，工作单位自觉为超法定退休年龄的离退休人员缴纳工伤保险费，可以说明工作单位对于其与超法定退休年龄的离退休人员之间的劳动关系持肯定态度；第二，工伤保险行政管理单位通过审查并收取相关保险费用，也可以印证工伤保险管理行政机关认可工作单位与超法定退休年龄的离退休人员存在的劳动关系；第三，工伤保险作为保障劳动者权益的一种社会保障制度，其支付工伤待遇的统筹费用一部分直接来源于工作单位的缴纳费用，其履行保险费缴纳义务是其员工享有工伤待遇的前提。从劳动关系的双方认可、行政管理审查通过以及社会福利的权利义务角度出发，一般劳动者与超法定退休年龄的劳动者缴纳工伤保

险的情形并无差别。因此，工作单位已经为超过法定退休年龄人员缴纳工伤保险的，超过法定退休年龄人员因工伤亡的，可以认定为工伤。

（三）已经享受养老保险待遇或领取退休金的超过法定退休年龄人员申请工伤认定的，不应支持

从工伤认定的法学理论讲，根据《劳动合同法》第四十四条规定，劳动者领取基本养老金之日，劳动合同的法律效力依法被消灭。此时，劳动者与用人单位之间的劳动关系不复存在，超过法定退休年龄人员主张工伤待遇的法律基础业已丧失，认定工伤在法学理论上难以成立。

从社会属性而言，工伤保险属于社会保险的范畴，与养老保险待遇和退休金一样均具有一定的社会福利属性，主要是用以解决工伤人员、离退休人员的基本生活保障问题，原则上来讲，工伤待遇不能与养老保险待遇和退休金同时享有。但现行的新型农村社会养老保险、城镇居民社会养老保险的缴纳标准与保障水平与企业职工养老保险、工伤待遇相差甚远，远不能达到企业职工生活需求，应充分保障劳动者权益，采取更加广泛的保障范围。故，此处享受养老保险待遇，是指《社会保险法》第十条所指的基本养老保险（企业职工养老保险），并不包括《社会保险法》第二十一条、第二十二条所指的新型农村社会养老保险和城镇居民社会养老保险。

另外，由于我国法律对于超过法定退休年龄劳动者工伤认定的相关规定并不明确，各地以行政法规或规章以下规范性文件作出具体规定较为散乱，参考例案一、例案二、例案三中行政单位所依据的地方性行政规范所规定内容相差甚远。在审理该类案件时，应当按照《行政诉讼法》第五十三条规定，注重对规章以下规范性文件审查与援引。

四、辅助信息

《宪法》

第四十二条 中华人民共和国公民有劳动的权利和义务。

国家通过各种途径，创造劳动就业条件，加强劳动保护，改善劳动条件，并在发展生产的基础上，提高劳动报酬和福利待遇。

劳动是一切有劳动能力的公民的光荣职责。国有企业和城乡集体经济组织

的劳动者都应当以国家主人翁的态度对待自己的劳动。国家提倡社会主义劳动竞赛，奖励劳动模范和先进工作者。国家提倡公民从事义务劳动。

国家对就业前的公民进行必要的劳动就业训练。

第四十四条　国家依照法律规定实行企业事业组织的职工和国家机关工作人员的退休制度。退休人员的生活受到国家和社会的保障。

第四十五条　中华人民共和国公民在年老、疾病或者丧失劳动能力的情况下，有从国家和社会获得物质帮助的权利。国家发展为公民享受这些权利所需要的社会保险、社会救济和医疗卫生事业。

国家和社会保障残废军人的生活，抚恤烈士家属，优待军人家属。

国家和社会帮助安排盲、聋、哑和其他有残疾的公民的劳动、生活和教育。

《劳动合同法》

第四十四条　有下列情形之一的，劳动合同终止：

（一）劳动合同期满的；

（二）劳动者开始依法享受基本养老保险待遇的；

（三）劳动者死亡，或者被人民法院宣告死亡或者宣告失踪的；

（四）用人单位被依法宣告破产的；

（五）用人单位被吊销营业执照、责令关闭、撤销或者用人单位决定提前解散的；

（六）法律、行政法规规定的其他情形。

《劳动法》

第七十二条　社会保险基金按照保险类型确定资金来源，逐步实行社会统筹。用人单位和劳动者必须依法参加社会保险，缴纳社会保险费。

第七十三条　劳动者在下列情形下，依法享受社会保险待遇：

（一）退休；

（二）患病、负伤；

（三）因工伤残或者患职业病；

（四）失业；

（五）生育。

劳动者死亡后，其遗属依法享受遗属津贴。

劳动者享受社会保险待遇的条件和标准由法律、法规规定。

劳动者享受的社会保险金必须按时足额支付。

《劳动合同法实施条例》

第二十一条 劳动者达到法定退休年龄的，劳动合同终止。

《行政诉讼法》

第五十三条 公民、法人或者其他组织认为行政行为所依据的国务院部门和地方人民政府及其部门制定的规范性文件不合法，在对行政行为提起诉讼时，可以一并请求对该规范性文件进行审查。

前款规定的规范性文件不含规章。

《超过法定退休年龄的务工农民因工伤亡适用工伤保险条例答复》

山东省高级人民法院：

你院报送的《关于超过法定退休年龄的进城务工农民因工伤亡的，是否适用〈工伤保险条例〉请示》收悉。经研究，原则同意你院的倾向性意见。即：用人单位聘用的超过法定退休年龄的务工农民，在工作时间内、因工作原因伤亡的，应当适用《工伤保险条例》的有关规定进行工伤认定。

《离退休人员与现工作单位之间是否构成劳动关系以及工作时间内受伤是否适用工伤保险条例问题答复》

重庆市高级人民法院：

你院（2006）渝高法行示字第 14 号《关于离退休人员与现在工作单位之间是否构成劳动关系以及工作时间内受伤是否适用〈工伤保险条例〉一案的请示》收悉。经研究，原则同意你院第二种意见，即：根据《工伤保险条例》第二条、第六十一条等有关规定，离退休人员受聘于现工作单位，现工作单位已经为其缴纳了工伤保险费，其在受聘期间因工作受到事故伤害的，应当适用《工伤保险条例》的有关规定处理。

《全国人民代表大会常务委员会关于批准〈国务院关于工人退休、退职的暂行办法〉的决议》

第一条　全民所有制企业、事业单位和党政机关、群众团体的工人，符合下列条件之一的，应该退休。

（一）男年满六十周岁，女年满五十周岁，连续工龄满十年的。

（二）从事井下、高空、高温、特别繁重体力劳动或者其他有害身体健康的工作，男年满五十五周岁、女年满四十五周岁，连续工龄满十年的。

本项规定也适用于工作条件与工人相同的基层干部。

（三）男年满五十周岁，女年满四十五周岁，连续工龄满十年，由医院证明，并经劳动鉴定委员会确认，完全丧失劳动能力的。

（四）因工致残，由医院证明，并经劳动鉴定委员会确定，完全丧失劳动能力的。

工伤认定案件裁判规则第 11 条：

职工因履行工作职责，遭受到他人暴力行为造成伤亡的，应当认定为工伤

【规则描述】 在工伤认定司法实践中，职工工作过程中遭受他人暴力行为事件常见于安保、安检、销售等服务行业。《工伤保险条例》第十四条第三项规定“在工作时间和工作场所内，因履行工作职责受到暴力等意外伤害的”应当认定为工伤，该规定体现出法律对劳动者履行正当工作职责的权益保障。对于职工是否因履行工作职责遭受暴力行为，应当从遭受伤害的起因是履行工作职责或与履行工作职责相关联、遭受伤害职工应出于维护工作单位利益的目的、处置矛盾冲突须有合理限度等方面，充分审查职工履行工作职责与遭受他人暴力行为而致伤害之间是否存在因果关系，并作为认定工伤的重要依据。

一、类案检索大数据报告

截至 2020 年 12 月 31 日，以“履行工作职责”“暴力行为”“工伤”等为并列关键词，通过 Alpha 案例库、法信平台、中国裁判文书网、元典智库、北大法宝等共检索到 73 起行政案件，经逐案阅看、分析，剔除同一案件因不同审级形成的多个文书，与本规则关联度较高的案件有 25 件。整体情况如下：

如图 11-1 所示，从地域分布来看，该类型案例主要分布于山东省、河南省、辽宁省、河北省，案件数量分别为：8 件、6 件、4 件、4 件；江苏省、湖北省、广东省各 1 件。

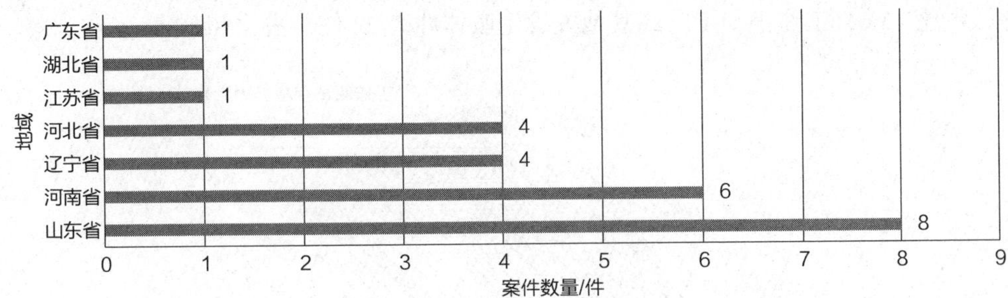

图 11–1　类案地域分布情况

如图 11–2 所示，从结案年度分布看，2020 年结案数最多，为 10 件；其次是 2019 年，为 7 件，2018 年为 3 件；2015 年为 1 件，2013 年为 3 件，2012 年 1 件。

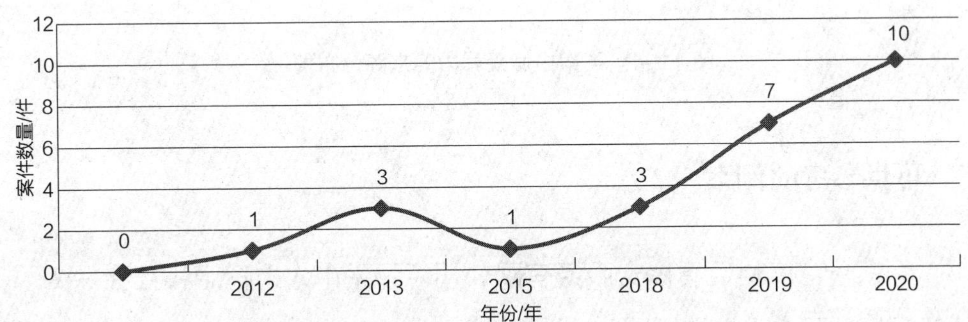

图 11–2　类案结案年度分布情况

如图 11–3 所示，从审理程序分布看，一审案例 13 件，二审案例 7 件，再审案例 5 件。

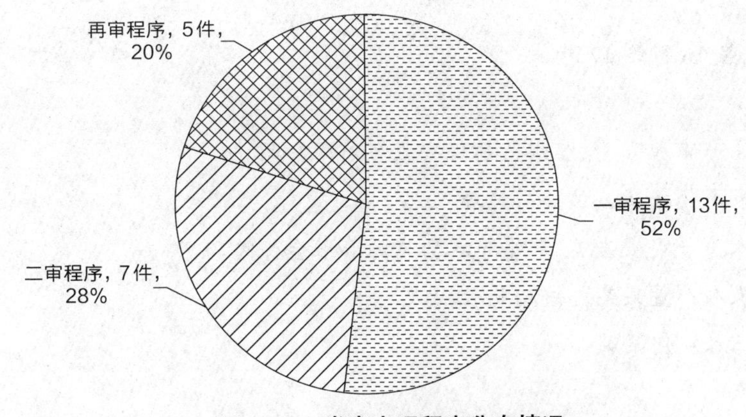

图 11–3　类案审理程序分布情况

如图 11–4 所示，通过对遭受暴力的来源进行区分，工作职责存在暴力隐患 3

件，占比12%；工作中与工友或其他人发生肢体冲突22件，占比88%。

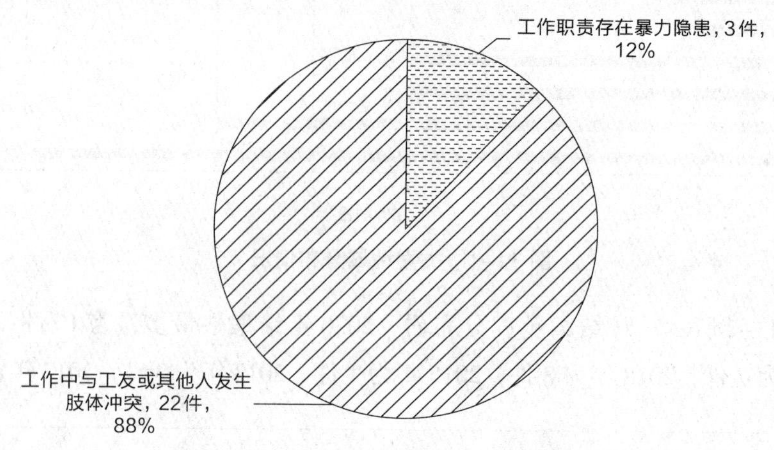

图11-4　类案中遭受暴力的来源分布情况

二、可供参考的例案

例案一：滨州蓝盾保安服务有限公司诉邹平市人力资源和社会保障局工伤行政认定案

【法院】

山东省滨州市中级人民法院

【案号】

（2019）鲁16行终17号

【当事人】

上诉人（一审原告）：滨州蓝盾保安服务有限公司

法定代表人：杨某，该公司经理

被上诉人（一审被告）：邹平市人力资源和社会保障局

法定代表人：董某某，该局局长

一审第三人：何某某

【基本案情】

滨州蓝盾保安服务有限公司（以下简称滨州蓝盾公司）诉称，一审判决认定事实错误，何某某并非在工作场所内因履行工作职责受到伤害。首先，滨州蓝盾公司在工伤认定程序中向邹平市人力资源和社会保障局（以下简称邹平人社局）提交了山东邹平亚太中慧食品有限公司出具的证明材料，能够证实2017年2月3日20时左右，何某某擅自打开山东邹平亚太中慧食品有限公司大门，离开该公司厂区，属于擅自离开工作岗位。何某某在该公司厂区之外被他人殴打致伤，其受到伤害时并非在其工作场所内。但邹平人社局在一审中未向法庭提交该份证据材料。其次，何某某所受伤害与履行工作职责无关。滨州蓝盾公司保安人员的工作职责仅仅是负责山东邹平亚太中慧食品有限公司厂区内部的安全保卫工作。郭某某并非进入该公司厂区，危害该公司安全秩序，而是针对何某某个人实施的暴力犯罪行为。何某某与郭某某在受伤害之前就存在矛盾，但矛盾的起因并不能直接证明与履行工作职责有关。如果郭某某选择在何某某家中对其报复，显然不能认定为因履行工作职责受到伤害。

邹平人社局辩称，一审判决认定事实清楚，适用法律正确。事发时，何某某正值上班期间，作为保安，开关公司大门、盘查放行进出车辆是其工作职责范围，郭某某等人也正是以送货为名，骗取第三人打开公司大门，将其拖至门外进行殴打，另外，何某某遭受暴力伤害，正是因为其履行工作职责所致，依照公司的规定，何某某曾经阻止郭某某私家车进入公司，引起报复行为。上述事实已经在邹平人社局一审提交的生效刑事判决书中予以确认，因此邹平人社局认为，滨州蓝盾公司所称事实与理由与实际情况不相符，请求驳回上诉，维持原判决。

经审理查明，何某某系滨州蓝盾公司保安，双方建立劳动关系，后被安排在山东邹平亚太中慧食品有限公司从事保安工作。何某某按公司规定在阻止郭某某驾私家车出入公司北门时，两人发生口角。为教训何某某，2017年2月3日18时左右，郭某某联系他人将值班中的何某某打伤。2017年3月7日，何某某向邹平人社局申请工伤认定。2017年3月17日，邹平人社局向何某某发出工伤认定中止通知书，中止工伤认定。2017年9月13日，一审法院作出（2017）鲁1626刑初146号刑事判决书，邹平人社局恢复工伤认定。2017年11月17日，邹平人社局作出邹人社工伤认（2017）第191号《工伤认定书》，认定何某某所受伤害，符合《工伤保险条例》第十四条第三项之规定，属于工伤认定范围，予以认定为工伤。滨州蓝盾公司不服该决定，提起行政诉讼。

邹平市人民法院（2018）鲁1626行初23号一审判决：驳回滨州蓝盾公司的诉讼请求。滨州蓝盾公司不服，提起上诉。山东省滨州市中级人民法院于2019年4月26日作出二审判决：驳回上诉，维持原判。

【案件争点】

何某某是否在工作场所内因履行工作职责受到伤害。

【裁判要旨】

山东省滨州市中级人民法院认为，生效的刑事判决应作为本案的定案依据。生效的刑事判决认定，何某某因按照公司规定阻止郭某某驾驶私家车进入公司，两人发生口角。2017年2月3日下午，在何某某值班期间，郭某某安排他人骗取何某某打开公司大门，将何某某拖至公司门外打伤。邹平人社局认为何某某在工作时间和工作场所内，因履行工作职责受到暴力伤害，认定何某某所受伤害为工伤，事实清楚，证据充分，适用法律正确。滨州蓝盾公司上诉理由不能成立，不予支持。原审判决认定事实清楚，适用法律正确，程序合法。

例案二：鹤壁市华夏助剂有限责任公司诉鹤壁市人力资源和社会保障局、鹤壁市人民政府工伤认定案

【法院】

河南省鹤壁市中级人民法院

【案号】

（2019）豫06行终25号

【当事人】

上诉人（一审原告）：鹤壁市华夏助剂有限责任公司

法定代表人：陈某某，该公司总经理

被上诉人（一审被告）：鹤壁市人力资源和社会保障局

法定代表人：张某某，该局局长

被上诉人（一审被告）：鹤壁市人民政府

法定代表人：郭某，该市市长

一审第三人：程某某

【基本案情】

鹤壁市华夏助剂有限责任公司（以下简称华夏公司）诉称，一审法院适用法律错误。2016年2月21日上午8时许，在华夏公司车间，周某因为程某某向车间主任汇报其未完成工作及其他事情，与程某某发生口角，随后两人发生争执，周某将程某某左臂打伤。首先，程某某不是包装车间的主管和班组长，其不具备向车间主任

汇报相关情况的职责；其次，周某找程某某的目的也不是报复，其目的仅是询问程某某汇报的不真实之处；最后，若程某某在周某向其询问时，不与周某发生语言上的冲突，是不会造成现在的状况的。因此，程某某与周某发生口角不是履行工作职责，由此造成的伤害不构成工伤。故请求：（1）撤销鹤壁市山城区人民法院〔2018〕豫0603行初31号行政判决；（2）撤销鹤壁市人民政府（以下简称市政府）鹤政复决〔2018〕22号《行政复议决定书》和鹤壁市人力资源和社会保障局（以下简称市人社局）鹤人社工伤认字〔2018〕SC004号《河南省鹤壁市认定工伤决定书》，驳回程某某的工伤认定。

市人社局辩称，（1）程某某在工作时间和工作场所内因履行工作职责受到暴力伤害，应当认定为工伤。一审判决认定事实清楚，证据充分。程某某因向车间主任汇报案外人周某因工作没做完被周某打伤，其汇报行为是为了用人单位了解工作情况，目的是便于用人单位更好地进行管理，该行为属于履行工作职责的行为。（2）程某某在工作时间和工作场所内因履行工作职责受到暴力伤害，应当认定为工伤。一审判决认定程某某为工伤具有法律依据。程某某受伤情形符合《工伤保险条例》第十四条第三项之规定，应当认定为工伤。综上，市人社局作出的鹤人社工伤认字〔2018〕SC004号《河南省鹤壁市认定工伤决定书》事实清楚、证据确凿、程序合法、适用法律法规正确。一审判决认定事实清楚、适用法律正确。请求驳回上诉，维持原判。

市政府答辩称，程某某所受伤害是否系工作原因所致，企业职工履行工作职责的行为，主要应从目的的正当性和结果的指向性来进行判断，其不仅包括劳动合同约定及用人单位规定的生产、服务、管理等显性或直接行为，还应包括为了更好地做好该生产、服务、管理等工作而为的总结、汇报、协调、相互沟通等隐性或间接行为，甚至亦应包括职工在用人单位为了上述目的组织的培训、文化、体育、旅游等看似与工作无关的活动中的相关行为。本案中，虽然程某某的带班长职务（包括工资薪酬中是否含有该带班薪酬）没有充足证据予以支持，但其系因向上级汇报周某的工作完成情况而引发纠纷并被殴打致伤的事实应无异议。而该汇报行为无论是主动而为，还是上级要求下的被动行为，其目的都是用人单位了解工作情况，其后果都是便于用人单位更好进行管理。从立法本意来讲，应属《工伤保险条例》规定的“履行工作职责”行为。请求驳回上诉，维持原判。

程某某述称，其因汇报同事周某未完成工作内容和不遵守劳动纪律而在工作岗位、工作时间、工作场所内被其打伤。其汇报行为是基于工作原因，也是为了便于企业更好地进行管理，因此应当属于履行职务行为。其受伤完全符合《工伤保险条例》第十四条第三项之规定。请求驳回上诉，维持原判。

经审理查明，华夏公司与程某某于2007年3月27日建立劳动关系。2016年2月21日，因程某某向车间主任汇报案外人周某前日工作没做完，案外人周某与程某某在车间内发生口角，并将程某某左胳膊肘部关节打伤。经鹤煤总医院诊断，程某某所受伤害为左尺骨鹰嘴开放性粉碎性骨折，该事件发生时，华夏公司与程某某劳动关系处于存续期间。2016年11月3日，程某某向市人社局申请工伤认定，市人社局依法向华夏公司送达工伤受理决定书、限期举证通知书。2018年2月28日，市人社局作出鹤人社工伤认字〔2018〕SC004号《河南省鹤壁市认定工伤决定书》，并依法向华夏公司及程某某送达。华夏公司不服该工伤决定书，于2018年5月7日向市政府申请行政复议，市政府于2018年7月2日作出鹤政复决〔2018〕22号《行政复议决定书》，决定维持上述工伤决定书。

一审法院认为，《工伤保险条例》第五条第二款规定，县级以上地方各级人民政府社会保险行政部门负责本行政区域内的工伤保险工作。本案中，市人社局作为市级社会保险行政部门，负责鹤壁市区域内的工伤保险工作，具有作出本案工伤认定的法定职责。各方当事人对程某某系在工作地点、工作时间内受伤均无异议，但华夏公司对程某某是由于工作原因受伤有异议，认为程某某向车间主任汇报周某不遵守劳动纪律系起因，程某某被周某打伤应系私人恩怨，不应被认定为工伤。一审法院认为，企业职工履行工作职责的行为，主要应从目的正当性和结果的指向性来进行判断。程某某系因向车间主任汇报周某工作没做完被周某打伤，而程某某的汇报行为是为了用人单位了解工作情况，其后果都是便于用人单位更好地进行管理，应属于履行职责的行为，故对华夏公司的该意见不予采纳。根据《工伤保险条例》第十四条“职工有下列情形之一的，应当认定为工伤……（三）在工作时间和工作场所内，因履行工作职责受到暴力等意外伤害的……”的规定，程某某符合认定工伤的情形，故结合当事人提供的证据及当庭陈述，市人社局及市政府作出的鹤人社工伤认字〔2018〕SC004号《河南省鹤壁市认定工伤决定书》及鹤政复决〔2018〕22号《行政复议决定书》认定事实清楚，程序合法，适用法律正确。

河南省鹤壁市山城区人民法院作出（2018）豫0603行初31号行政判决：驳回华夏公司的诉讼请求。华夏公司不服，提起上诉。河南省鹤壁市中级人民法院于2019年3月29日作出二审判决：驳回上诉，维持原判。

【案件争点】

程某某是否“因履行工作职责”受到暴力等意外伤害。

【裁判要旨】

河南省鹤壁市中级人民法院认为，各方当事人对程某某系在工作时间和工作场所内受伤均无异议。本案争议的焦点在于程某某是否“因履行工作职责”受到暴力等意外伤害。《工伤保险条例》第十四条第三项规定：“职工有下列情形之一的，应当认定为工伤……（三）在工作时间和工作场所内，因履行工作职责受到暴力等意外伤害的……”本案中，程某某受到案外人周某殴打系因其向车间主任汇报周某工作情况引发纠纷所致，程某某的汇报行为是为了用人单位更好地进行管理，是为用人单位的利益而为之，应属于“履行工作职责”的行为，故其所受伤害符合认定为工伤的情形。

例案三：湖南中青旅山水酒店有限公司诉长沙市人力资源和社会保障局工伤认定案

【法院】

湖南省长沙市中级人民法院

【案号】

（2020）湘01行终129号

【当事人】

上诉人（一审原告）：湖南中青旅山水酒店有限公司

法定代表人：蔡某某，该公司董事长

被上诉人（一审被告）：长沙市人力资源和社会保障局

法定代表人：张某某，该局局长

一审第三人：李某

【基本案情】

湖南中青旅山水酒店有限公司（以下简称山水酒店公司）诉称，一审法院认为兰某故意伤害致杨某死亡与杨某履行工作职责并不存在直接关系，故不符合《工伤保险条例》第十四条第三项规定的情形，系理解与适用法律错误。本案杨某受到伤害的直接原因是与兰某发生口角，虽杨某先打伤兰某，但起因是工作谈话，这是杨某受到伤害的最终原因，且这一过程一直持续，并不是兰某在口角打斗过后一段时间再去报复杨某，故杨某受到暴力伤害与履行工作职责之间存在相应的因果关系，应当认定为工伤。综上所述，一审法院对法律适用作了限缩性解释，导致法律适用错误，现请求二审法院撤销一审判决，改判支持山水酒店公司的一审诉讼请求。

长沙市人力资源和社会保障局（以下简称长沙市人社局）辩称，一审判决认定事实清楚，适用法律正确，请求二审法院驳回上诉人的诉讼请求，维持一审判决。

李某未予答辩。

经审理查明，杨某系山水酒店公司员工，任山水时尚酒店餐饮部负责人。兰某系该餐饮部服务员。2018 年 12 月 9 日 15 时许，杨某和兰某因工作问题发生口角，杨某拿一玻璃杯砸向兰某，致兰某左侧颧骨粉碎性骨折、左侧上颌窦壁多发骨折、左侧蝶骨骨折，后经鉴定为轻伤二级。兰某被打后从餐吧吧台内拿出一把水果刀追逐、捅刺杨某，杨某背部、胸部被捅刺，最终经抢救无效死亡。因涉及刑事犯罪，湖南省长沙市人民检察院指控兰某犯故意伤害罪一案，于 2019 年 3 月 12 日向长沙市中级人民法院提起公诉。长沙市中级人民法院于 2019 年 6 月 28 日作出（2019）湘 01 刑初 29 号刑事附带民事判决书，认为兰某因工作琐事与受害人杨某产生争执，在遭受殴打后持刀追逐杨某对其进行捅刺，致其死亡，已构成故意伤害罪。因杨某首先持玻璃杯砸兰某脸部致其受伤，杨某行为对于矛盾升级具有过错，可酌情从轻处罚，但兰某不顾劝阻持刀捅刺则不具防卫性质。最终判决兰某犯故意伤害罪，判处无期徒刑，剥夺政治权利终身；兰某赔偿陈某等经济损失共计 37111 元。山水酒店公司于 2019 年 7 月 18 日向长沙市人社局提起工伤认定申请，长沙市人社局于 2019 年 7 月 22 日受理，对山水酒店公司提交的材料进行审查后，于 2019 年 9 月 10 日作出（2019）长人社工伤不予认字 09004 号《不予认定工伤决定书》。山水酒店公司不服长沙市人社局不予认定工伤行政行为，遂诉至一审法院。

一审法院认为，本案的争议焦点是杨某的死亡是否符合《工伤保险条例》第十四条第三项规定的情形。《工伤保险条例》第十四条第三项规定："职工有下列情形之一的，应当认定为工伤……（三）在工作时间和工作场所内，因履行工作职责受到暴力等意外伤害的……"根据该规定，是否属于因履行工作职责受到暴力等意外伤害的情形，需甄别暴力等意外伤害是否与履行工作职责具有直接关系。本案中，杨某和兰某因工作问题发生口角，杨某拿一玻璃杯砸向兰某，致其左侧颧骨粉碎性骨折、左侧上颌窦壁多发骨折、左侧蝶骨骨折，后经鉴定为轻伤二级。虽二人发生矛盾起因在于工作问题，但杨某此种暴力行为并非履行管理工作所需的手段，且该暴力行为明显超出了其工作中可能发生矛盾和冲突的合理限度，故不应认定其行为是履行工作职责。此情况下，兰某持刀追逐、捅刺杨某，系对杨某先前暴力伤害的报复手段，兰某故意伤害致杨某死亡，这与杨某履行工作职责并不存在直接关系。

长沙市人社局认为杨某被兰某持刀伤害致死，并非因履行工作职责受到暴力伤害，不符合《工伤保险条例》第十四条第三项规定的情形，故不予认定工伤，其认定事实清楚，适用法律正确，一审法院予以支持。

湖南省长沙铁路运输法院作出（2019）湘8601行初630号行政判决：判决驳回山水酒店公司的诉讼请求。山水酒店公司不服，提起上诉。湖南省长沙市中级人民法院于2020年5月6日作出二审判决：驳回上诉，维持原判。

【案件争点】

杨某的死亡是否符合《工伤保险条例》第十四条第三项规定的情形。

【裁判要旨】

湖南省长沙市中级人民法院认为，《工伤保险条例》第十四条第三项规定："职工有下列情形之一的，应当认定为工伤……（三）在工作时间和工作场所内，因履行工作职责受到暴力等意外伤害的……"本案中，对于杨某在工作时间和工作场所内受到暴力意外伤害的事实，山水酒店公司与长沙市人社局均无异议。对于杨某是否因履行工作职责受到暴力伤害，双方各执一词。本案系杨某因工作原因与兰某发生口角，继后杨某拿一玻璃杯砸向兰某，致兰某左侧颧骨粉碎性骨折、左侧上颌窦壁多发骨折、左侧蝶骨骨折，后经鉴定为轻伤二级。杨某拿玻璃杯砸伤兰某的行为并非履行管理工作所需的手段，已明显超出工作中可能发生矛盾和冲突的合理限度；此后兰某持刀追逐、捅刺杨某，应认定为对杨某先前暴力伤害的报复手段。故长沙市人社局认定兰某故意伤害致杨某死亡，与杨某履行工作职责并不存在直接关系并无不当。据此，长沙市人社局认定杨某被兰某持刀伤害致死不符合《工伤保险条例》第十四条第三项规定的情形，作出的被诉工伤认定决定，认定事实清楚，适用法律正确。山水酒店公司的上诉请求没有事实根据和法律依据，不予支持。综上，一审判决认定事实清楚，适用法律、法规正确，程序合法，依法应予维持。

三、裁判规则提要

职工依据工作职责范围、劳动合同或单位指派履行岗位职责，应当依法受到法律的保护。本规则认为，因履行工作职责，遭受到他人暴力行为造成伤亡的，应当认定为工伤。

通过对工伤认定案例中暴力形式的统计研究可以发现，致使职工受伤的暴力行为主要分为两种类型：一种是工作职责本身存在遭受他人暴力行为的隐患，例如，安保、押运等职业，职责范围包含抗拒、对抗暴力行为的需要，职业存在遭受暴力的较大风险；另一种是职工与他人之间、职工与职工之间因纠纷发生肢体冲突，致使职工遭受伤害的情形。

依据《工伤保险条例》第十四条第三项规定，“在工作时间和工作场所内，因履行工作职责受到暴力等意外伤害的”应当认定为工伤。为更加明确该类认定工伤的具体情形，《审理工伤保险行政案件规定》第四条规定，社会保险行政部门认定下列情形为工伤的，人民法院应予支持：（1）职工在工作时间和工作场所内受到伤害，用人单位或者社会保险行政部门没有证据证明是非工作原因导致的；（2）职工参加用人单位组织或者受用人单位指派参加其他单位组织的活动受到伤害的；（3）在工作时间内，职工来往于多个与其工作职责相关的工作场所之间的合理区域因工受到伤害的；（4）其他与履行工作职责相关，在工作时间及合理区域内受到伤害的。从法律条款的规范和司法解释的表述中不难发现，法律与司法解释都将“履行工作职责”，作为该类工伤认定的核心标准。

职工应在其特定的工作职责范围内履行工作责任，但判断具体案件中的行为是否属于工作职责，并不能完全限制在工作内容上，职工在履行与工作职责相关联的行为时，就不得不考虑工作职责的外延性。遭受伤害后果与履行工作职责之间是否具有因果关系是该类伤害能否被认定为工伤的关键，该因果关系的构成应同时满足以下三个条件：遭受伤害的起因是履行工作职责或与履行工作职责相关联、遭受伤害职工应出于维护工作单位利益的目的、处置矛盾冲突须有合理限度。

（一）遭受伤害的起因是履行工作职责或与履行工作职责相关联，是遭受伤害与履行工作职责存在因果关系的前提

如例案一的情形，何某某作为保安，管理车辆出入是其本职工作，其阻止郭某某驾私家车出入公司北门的行为，就是履行工作职责。但何某某并非在该次履行工作职责时遭受伤害，而是在其他时间遭受郭某某的“教训”被伤害，这种因履行工作职责被打击报复的情形，可以将遭受伤害的起因归结于履行工作职责或与履行工作职责相关联，符合认定工伤前提。这里在理解《工伤保险条例》第十四条第三款中“在工作时间和工作场所内”时，不应完全拘泥于工作时间和工作场所，而应将履行职务行为作为认定工伤的核心要素，工作场所和工作时间是辅助性认定因素。对于在工作时间和工作场所因纠纷受到他人伤害，如果矛盾纠纷并未因履行工作职责或与履行工作职责相关联，则属于普通的人身伤害案件，理应通过民事诉讼渠道

解决，而不能作为工伤处理。暴力伤害不发生在工作期间，但暴力伤害的原因是履行工作职责所引起，也可以认定为工伤。履行工作职责受到暴力伤害可能存在滞后性，有些当场没有出现暴力侵害，却可能在一段时间后出现暴力侵害，甚至是由非直接冲突以外的第三人（非当时与职工发生纠纷的行为人）加害。只要存在直接因果关系，工伤认定就可以延伸到非工作时间、非工作场所。从遭受伤害的起因是履行工作职责或与履行工作职责相关联出发，职工受伤结果与岗位职责存在内在联系，如果是因为履行工作职责所引发的伤害，或者是解决因履行工作职责所必须具备的生理、生活需要（如简短地休息、喝水、方便等）过程中所遭受的伤害，亦应该认定为工伤。

（二）遭受伤害职工应出于维护工作单位利益的目的，是遭受伤害与履行工作职责存在因果关系的界限

如本规则引用例案二的情形，程某某受到案外人周某殴打系因其向车间主任汇报周某工作情况引发纠纷所致，程某某的汇报行为是为了用人单位更好地进行管理，是为用人单位的利益而为之，应属于“履行工作职责”的行为。保障因工作遭受事故伤害或者患职业病的职工获得医疗救治和经济补偿，促进工伤预防和职业康复，分散用人单位的工伤风险，是工伤制度的主要功能。职工的履职行为是满足单位的需求，一方面，职工履行工作的职责是工作单位的业务范围或与业务相关，单位开展业务依靠职工的工作行为，这也是大多数单位经营的方式，单位因此获益；另一方面，职工实施工作单位限定其工作范围以外的行为而遭受伤害时，应以工作单位是否收益作为单位是否承担责任的界限，这在一定程度上扩大了可以认定工伤的范围，但同时对职工的行为目的进行了限制，工作单位亦应当鼓励职工维护单位利益的合法行为。

（三）处置矛盾冲突须有合理限度，是遭受伤害与履行工作职责存在因果关系的要求

如本规则引用例案三的情形，矛盾冲突系杨某因工作原因与兰某发生口角，杨某拿一玻璃杯砸向兰某，杨某拿玻璃杯砸伤兰某的行为并非履行管理工作所需的手段，已明显超出工作中可能发生矛盾和冲突的合理限度。在很多此类的工伤认定案件中，职工在矛盾纠纷发生初期确是履行工作职责，但当冲突加剧，发展为争吵、扭打、斗殴，最终产生严重暴力伤害的过程中，矛盾双方对于纠纷处置至少一方没

有在合理的限度内保持必要的克制，职工对于自己行为的理性丧失，是对遭受暴力伤害后果的放任和忽视，因此应将故意加剧矛盾激化、严重过激处置纠纷等超过合理限度的行为，归入阻断遭受伤害与履行工作职责存在因果关系的情形，排除出工伤认定的范围。另外，对于处置矛盾冲突须有合理限度程度的把握，应当按照常情常识常理，结合案情发生的原因、经过，对方的行为及伤害是否可以有效避免等因素综合考量。

四、辅助信息

《工伤保险条例》

第十四条 职工有下列情形之一的，应当认定为工伤：

（一）在工作时间和工作场所内，因工作原因受到事故伤害的；

（二）工作时间前后在工作场所内，从事与工作有关的预备性或者收尾性工作受到事故伤害的；

（三）在工作时间和工作场所内，因履行工作职责受到暴力等意外伤害的；

（四）患职业病的；

（五）因工外出期间，由于工作原因受到伤害或者发生事故下落不明的；

（六）在上下班途中，受到非本人主要责任的交通事故或者城市轨道交通、客运轮渡、火车事故伤害的；

（七）法律、行政法规规定应当认定为工伤的其他情形。

第十五条 职工有下列情形之一的，视同工伤：

（一）在工作时间和工作岗位，突发疾病死亡或者在48小时之内经抢救无效死亡的；

（二）在抢险救灾等维护国家利益、公共利益活动中受到伤害的；

（三）职工原在军队服役，因战、因公负伤致残，已取得革命伤残军人证，到用人单位后旧伤复发的。

职工有前款第（一）项、第（二）项情形的，按照本条例的有关规定享受工伤保险待遇；职工有前款第（三）项情形的，按照本条例的有关规定享受除一次性伤残补助金以外的工伤保险待遇。

第十六条 职工符合本条例第十四条、第十五条的规定，但是有下列情形之一的，不得认定为工伤或者视同工伤：

（一）故意犯罪的；

（二）醉酒或者吸毒的；

（三）自残或者自杀的。

《审理工伤保险行政案件规定》

第四条　社会保险行政部门认定下列情形为工伤的，人民法院应予支持：

（一）职工在工作时间和工作场所内受到伤害，用人单位或者社会保险行政部门没有证据证明是非工作原因导致的；

（二）职工参加用人单位组织或者受用人单位指派参加其他单位组织的活动受到伤害的；

（三）在工作时间内，职工来往于多个与其工作职责相关的工作场所之间的合理区域因工受到伤害的；

（四）其他与履行工作职责相关，在工作时间及合理区域内受到伤害的。

工伤认定案件裁判规则第 12 条：

职工从事职业活动有多个工作场所的，职工往来于多个工作场所之间的合理区域应当认定为工作场所

【规则描述】 《工伤保险条例》将“工作时间、工作场所、工作原因”作为认定工伤的一般性前提条件，但对于工作场所的认定标准和区分界限并未明确。在具体的案件审理中，各地法院对于工作场所的理解与认识仍存在较大分歧。对于工作场所的界定，应当遵循最大可能保障主观无恶意的劳动者在因工伤亡后能够获得救济的原则，包括用人单位能够对其日常生产经营活动进行有效管理的区域和职工为完成特定工作所涉及的相关区域以及自然延伸的合理区域。由此，因履行工作职责的需要，职工从事职业活动有多个工作场所的，职工往来于多个工作场所之间的合理区域应视为职工为完成特定工作所涉及的相关区域以及自然延伸的合理区域，该区域应当以工作场所予以认定。

一、类案检索大数据报告

截至 2020 年 12 月 31 日，以“多个工作场所”“往来”“合理区域”为并列关键词，Alpha 案例库、法信平台、中国裁判文书网、元典智库、北大法宝等共检索到 50 起行政案件，经逐案阅看、分析，剔除同一案件因不同审级形成的多个文书，与本规则关联度较高的案件有 14 件。整体情况如下：

如图 12-1 所示，从地域分布来看，相关案例出现在湖南省、辽宁省、山东省、湖南省、广东省、北京市、上海市、重庆市，数量分别为 3 件、3 件、2 件、2 件、1 件、1 件、1 件、1 件。

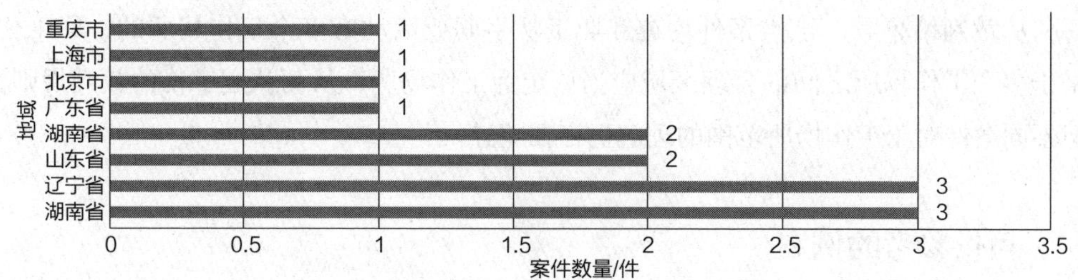

图 12-1 类案地域分布情况

如图 12-2 所示，从结案年度来看，2020 年最多为 6 件，2019 年为 2 件，2018 年为 1 件，2016 年为 2 件，2015 年为 1 件，2014 年 2 件。

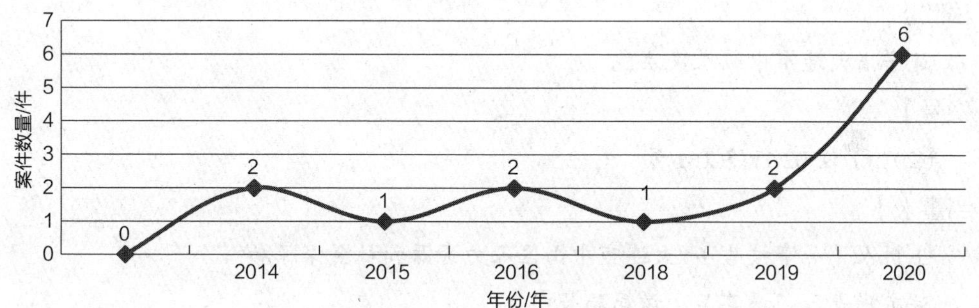

图 12-2 类案结案年度分布情况

如图 12-3 所示，通过案件查明的事实可以发现，职工往来于多个工作场所所使用的交通工具略有不同，职工步行案件 5 件，职工自有交通工具案件 3 件，单位提供交通工具案件 1 件，公共交通工具案件 5 件。

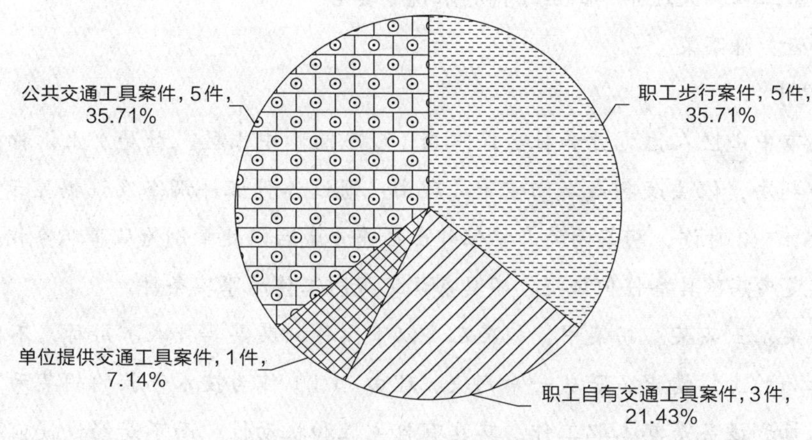

图 12-3 类案中职工往来于多个工作场所使用交通工具分布情况

从裁判结果看，该类案件均遵守职工从事职业活动有多个工作场所的，职工往来于多个工作场所之间的合理区域应当认定为工作场所，从而认定工伤的裁判规则，但不同案件对于工作场所范围的理解仍存在差异。

二、可供参考的例案

例案一：刘某某、王某某、胡某甲、胡某乙诉大连市中山区人力资源和社会保障局工伤认定案

【法院】

辽宁省大连市中级人民法院

【案号】

（2019）辽02行终161号

【当事人】

上诉人（一审被告）：大连市中山区人力资源和社会保障局

法定代表人：谭某某，该局局长

被上诉人：刘某某

被上诉人：王某某

被上诉人：胡某甲

被上诉人：胡某乙

一审第三人：大连市中山区亨得利眼镜专卖店

经营者：陈某某

【基本案情】

大连市中山区人力资源和社会保障局（以下简称中山区人社局）上诉称，请求撤销原审判决，依法改判或发回重审。理由：通过各种证件调查及证据显示，2017年8月16日12时许，胡某丙离开单位外出在美食城后门处晕倒为从事职务相关工作过程中突发疾病不具备任何证据，不具备认定视同工伤的事实条件。

刘某某、王某某、胡某甲、胡某乙（以下简称刘某某等4人）辩称，不同意中山区人社局的上诉请求，服从一审判决。理由：（1）作为技术部长的胡某丙下店检查验光人员和设备是其本职工作，其具有自主性和机动性，而不是经过提前安排才下店。（2）事故发生前，胡某丙特意到杨某的办公室沟通过要到附近买验光配件，

他也经常去买，常去的有苏宁电器、海原电子城以及大连市中山区亨得利眼镜专卖店（以下简称亨得利眼镜店）提及的手机广场等。（3）购买验光配件的流程，因为数额不高，需要提前与杨某打招呼，再找杨某报销。（4）中山区人社局明知手机通讯记录很可能反映当日胡某丙的工作联络安排，但没有提示也没有进行调查。刘某某等4人也到了胡某丙的办公地点，其电脑中常用的QQ办公联络软件很可能也能反映胡某丙当日工作联络，中山区人社局也没有调查。对于各个门店是否有与胡某丙的工作联络，中山区人社局也未调查。从而作出了外出原因不明的结论。而刘某某等4人及亨得利眼镜店事发后处于混乱状态，忙着操办后事，根本不清楚工伤认定的证据、流程等。中山区人社局有依法调查核实的职权，理应提示或详尽调查，而中山区人社局以亨得利眼镜店和刘某某等4人没有提供明确证据免除了自身的调查责任没有法律依据。（5）既然外出原因不明，就不能排除胡某丙外出工作的可能性。如果认定为外出就餐，刘某某等4人可以就外出就餐的事实认定是否准确以及中午外出就餐是人正常生理需求，是为下午继续开展工作的预备等情形论述中午就餐是否属于工伤的法律适用问题。但中山区人社局认定的结论是外出原因不明，其应当就外出原因不明不属于工伤进行法律论述，而非在事实上又指向外出就餐，二者相互矛盾。

亨得利眼镜店述称，同意一审判决。胡某丙在技术部门工作，工作职责是培训、客诉解决、店员是否按照标准流程在工作、高端验光设备维护，第三季度是销售旺季，每年七八月对相关镜片销售会进行培训，他经常下店进行督促，工作具有特殊性。周一到周五是12点到13点进店客人多，办公室懂销售和技术的人员会主动去店里帮助进行销售、验光。而且消耗品需要维护，但多数是进口的，价格高、供货商远，胡某丙老师通过技术研究发现了能代替的产品，他经常到店里，发现问题时就帮助店里进行购买，杨某买不了，只能购买一些办公用品。

经审理查明，胡某丙系亨得利眼镜店技术部部长，其工作职责主要是验光，平时工作地点在曼哈顿大厦，同时也为市内各个门店提供验光方面的技术支持或者替班给顾客验光。2017年8月16日12时9分许，胡某丙离开单位所在地曼哈顿1座1712办公室，12时15分许步行至新天百美食城后门附近晕倒，经抢救无效于当日死亡。亨得利眼镜店于2017年8月17日向中山区人社局提出工伤认定申请，中山区人社局2017年9月4日受理工伤认定申请，亨得利眼镜店提交了胡某丙急诊病历、死亡医学证明书、劳动合同、考勤记录、单位证明等材料，中山区人社局对亨得利眼镜店员工宋某某、杨某等人作了笔录调查，调取了相关的监控视频、胡某丙当日行进路线及死亡地点照片。其中亨得利眼镜店员工管理手册规定工作时间为早8：30到晚17：30，从中山区人社局对亨得利眼镜店人事主管宋某某的调查笔录反映，亨得利眼镜店规定午休时间12时30分到13时。亨得利眼镜店行政主管杨某的调查笔录中反映，胡某丙在事发的前一两天曾说到店面需要一些验光方面的小配件，他要在附近转转。胡某丙经常去买东西的地方主要有海源电子城、苏宁电器。亨得利眼镜店其他员工的调查笔录中反映对胡某丙外出原因不清楚。中山区人社局经过相关调查认为胡某丙所在办公室无人知道他外出事由，亨得利眼镜店及刘某某等4人也未补充任何证据材料，因而胡某丙外出原因不明，认定不符合《工伤保险条例》第十四条、第十五条认定工伤或者视同工伤的情形，于2017年11月30日作出中人社工伤认字第0117013号《不予认定工伤决定书》，不予认定为视同工亡。

大连经济技术开发区人民法院作出（2018）辽0291行初44号行政判决：撤销中山区人社局作出的中人社工伤认字第0117013号《不予认定工伤决定书》，责令中山区人社局重新作出具体行政行为。宣判后，中山区人社局不服，提起上诉。大连市中级人民法院于2019年5月9日作出二审判决：驳回上诉，维持原判。

【案件争点】

胡某丙往来于多个工作场所之间的合理区域能否认定为工作场所。

【裁判要旨】

大连经济技术开发区人民法院认为，中山区人社局作为人力资源与社会保障主管部门，具有负责本行政区域内工伤保险认定的行政职权。根据《工伤保险条例》第十四条第一项规定，职工在工作时间和工作场所内，因工作原因受到事故伤害，应当认定为工伤。本案中胡某丙事发当日从12时9分离开办公地点到12时15分被发现晕倒在商场后门，事发时间在工作时间段内，胡某丙作为公司的技术部部长，平时工作地点在曼哈顿大厦，如有需要也为各个门店提供验光方面的技术支持，亨得利眼镜店在大连市内共有12家店面，因此在有多个工作场所的情形下，胡某丙工作地点还应包括其往来于多个工作场所之间的合理区域，且亨得利眼镜店的行政主管也证实胡某丙曾提到要去附近的海源电子城、苏宁电器采购店面需要一些验光方面的小配件，其当日所走路线也是从工作地点曼哈顿大厦到苏宁电器的便捷路线，存在履行工作职责的可能性。因此，本案关键在于胡某丙是否因工作原因外出。现中山区人社局既未要求亨得利眼镜店补充相关证明材料，也未作进一步调查核实，即认定外出原因不明，作出不予认定视同工亡的决定，缺乏事实根据，证据不足，依法应予撤销。

辽宁省大连市中级人民法院认为，依据《工伤保险条例》第五条第二款之规定，县级以上地方各级人民政府社会保险行政部门负责本行政区域内的工伤保险工作。据此，中山区人社局具有作出本行政区域内工伤认定的法定职权。《工伤保险条例》第十四条第一项规定，在工作时间和工作场所内，因工作原因受到事故伤害的，应当认定为工伤。本案中，胡某丙事发当日从12时9分离开办公地点到12时15分被发现晕倒在商场后门，事发时间在工作时间段内，胡某丙作为公司的技术部部长，为各个门店提供验光方面的技术支持，事故当日所走路线存在履行工作职责的可能性。现中山区人社局既未要求刘某某等4人补充相关证明材料，也未进一步对胡某丙的通行设施、工作电脑记录及各个门店的工作人员等进行调查核实，即认定胡某丙外出原因不明，作出不予认定视同工亡的决定，缺乏事实根据，证据不足，依法应予撤销。综上，一审判决正确，予以维持。

例案二：崔某某诉五大连池市人力资源和社会保障局工伤认定案

【法院】

黑龙江省五大连池市人民法院

【案号】

（2019）黑1182行初8号

【当事人】

原告：崔某某

被告：五大连池市人力资源和社会保障局

法定代表人：陈某某，该局局长

第三人：黑河市古东河林场

法定代表人：胡某某，该林场场长

【基本案情】

崔某某诉称，其是黑河市古东河林场引龙河农场十三队管护站的管护技师，工作特点是全年在岗工作。2018年9月25日，该管护站站长王某打电话通知其到黑河市古东河林场开会。其于2018年9月26日11时10分许，因会议没开，其骑行摩托车准备加油然后回管护站，在去加油站途中摩托车发生侧翻，将其摔伤，造成其腰3椎压缩性骨折，腰2椎压缩性骨折，腰3椎横突骨折。其治愈出院后，向五大连池市人力资源和社会保障局（以下简称五大连池市人社局）提出工伤认定申请。2019

年5月7日，五大连池市人社局以五市人社工伤不认字（2019）001号不予认定工伤决定对其不予认定工伤，故诉至法院，要求依法予以认定为工伤。

五大连池市人社局辩称，崔某某工伤认定申请称，2018年9月25日接到黑河市古东河林场开会通知，站长王某让崔某某返回管护队。崔某某于2018年9月26日11时许骑摩托车准备加油后回管护站，不料在去加油站的路上摔伤。由于此案是黑河市人力资源和社会保障局（以下简称黑河市人社局）转办，他们工伤股工作人员请示黑河市人社局主管科长，该科长认为崔某某受伤为上下班途中，提供材料不全，需向其下达材料补正通知书，提供此次事故的道路交通事故认定书。黑河市人社局工伤股工作人员照此办理，期间崔某某的代理律师几次提出异议，秉持着对受伤职工切实利益的考虑，黑河市人社局领导班子对此案高度重视，召开了局长办公会研究此案，并向省厅工伤保险处主要负责同志探讨咨询，作出如下决议：崔某某受伤情况不属于《工伤保险条例》第十四条第六项的情形，无须让其提供道路交通事故认定书，其情形应参照第十四条第一项进行核实调查。黑河市人社局工伤股工作人员及时将此情况告知崔某某本人及其律师，并于2019年3月29日派出工作组去崔某某家、其工作地点——管护站和黑河市古东河林场办公室进行调查并作了笔录。其同事刘某某和站长王某都表示崔某某并不知晓开会的事情，在崔某某摔伤之前并没有联系上该同志。黑河市古东河林场场长胡某某表示场长不会直接与管护站职工联系，他未通知过崔某某开会的事情。

黑河市古东河林场述称，同意五大连池市人社局的辩解意见。

经审理查明，崔某某是黑河市古东河林场职工，他在引龙河农场场部居住。2018年1月1日，黑河市古东河林场与崔某某签订了《天然商品林委托管护经营合同书》，合同中对上下班时间没有严格规定，合同期至2018年12月31日。2018年9月25日崔某某向其管护站站长王某请假。第二天即9月26日王某给崔某某打电话让其回山点（管护站），崔某某从家中骑摩托车加油去山点途中摔倒，被出租车司机何某和马某某发现，并在邻居于某某和崔某甲的帮助下，将其送至五大连池市第一人民医院救治。治愈后崔某某于2018年11月30日向黑河市人社局提出工伤认定申请，后转至五大连池市人社局处理。2018年12月2日，五大连池市人社局受理其申请，并于2019年5月7日作出五市人社工伤不认字（2019）001号不予认定工伤决定。关于认定崔某某是否是上下班途中受伤，五大连池市人社局和崔某某达成一致意见。

黑龙江省五大连池市人民法院于2019年6月20日作出（2019）黑1182行初8号行政判决：撤销被告五大连池市人社局于2019年5月7日作出的五市人社工伤不

认字（2019）001号不予认定工伤决定；责令被告五大连池市人社局于判决生效之日起60日内重新作出行政行为。

【案件争点】

崔某某从其居住场所到管护林区的必经区域即为合理区域是否属于其工作场所。

【裁判要旨】

黑龙江省五大连池市人民法院认为，工伤保护的法律原则和精神是保障无恶意劳动者因工作或工作相关活动中伤亡后能获得救济。《工伤保险条例》第十四条第一项规定“在工作时间和工作场所内，因工作原因受到事故伤害的”，应当认定为工伤。本案争议焦点为崔某某受伤是否在工作时间和工作场所内。在崔某某与黑河市古东河林场签订的劳动合同中，没有约定明确的上下班工作时间，其管护林区是全天候的。只要崔某某没有向管护站站长请假，即视为其工作期间，王某给崔某某打电话让其回管护站即视为其已经销假，足以认定其是在工作期间内。工作场所，是指用人单位能够对其日常生产经营活动进行有效管理的区域和劳动者为完成其特定工作所涉及的相关区域以及自然延伸的合理区域。职工有多个工作场所的，职工往来于多个工作场所之间的必经区域，应当认定为工作场所。职工往来于多个工作场所的必经区域，作为其工作场所的合理延伸，不应与工作场所有所区别。将完成工作任务的必经区域排除在工作场所之外，有悖于同等情形同等保护的基本精神，既不符合立法本意，也不符合生活常识。崔某某在引龙河农场居住，其管护的林区在引龙农场且片状分布，从其居住场所到管护林区的必经区域即为合理区域均属于其工作场所。崔某某在工作时间和工作场所内受伤，应视同工伤。五大连池市人社局依据该条例作出不予认定工伤的决定显然属于适用法律正确，却作出了错误的决定，依法应予纠正。故对崔某某要求撤销五大连池市人社局作出的不予认定工伤决定的主张，予以支持。

例案三：山东魏桥铝电有限公司诉邹平县人力资源和社会保障局工伤行政确认案

【法院】

山东省滨州市中级人民法院

【案号】

（2017）鲁16行终98号

【当事人】

上诉人（一审原告）：山东魏桥铝电有限公司

法定代表人：张某，该公司董事长

被上诉人（一审被告）：邹平县人力资源和社会保障局

法定代表人：马某某，该局局长

一审第三人：王某某

【基本案情】

山东魏桥铝电有限公司（以下简称魏桥公司）诉称，请求二审依法撤销一审判决，撤销邹平县人力资源和社会保障局（以下简称邹平人社局）作出的邹人社工伤案（2016）第092号《认定工伤决定书》；一审、二审的诉讼费用由邹平人社局承担。事实与理由：（1）邹平人社局在邹人社工伤案（2016）第092号《认定工伤决定书》中认定事实错误，王某某的受伤依法不应当认定为工伤。2015年11月6日，王某某因交通事故受伤，王某某的受伤既不是在单位工作场所，也不是因为工作原因，其受伤与单位无关，邹人社工伤案（2016）第092号《认定工伤决定书》中认定单位为工伤用人单位是错误的。（2）邹人社工伤案（2016）第092号认定工伤决定书中未加盖工伤认定专用印章。《工伤认定办法》第十九条规定和《山东省工伤认定工作规程》第十九条的规定，《认定工伤决定书》应当载明下列事项：《认定工伤决定书》和《不予认定工伤决定书》应当加盖社会保险行政部门工伤认定专用印章，但邹平人社局在邹人社工伤案（2016）第092号《认定工伤决定书》中加盖的是其单位的公章，并不是依据法律规定加盖的工伤认定专用印章。综上，魏桥公司认为一审法院在（2017）鲁1626行初18号行政判决中认定事实不清，适用法律错误，理应撤销，依法改判。

邹平人社局辩称，一审判决认定事实清楚，适用法律法规正确。根据《工伤保险条例》第五条的规定，邹平人社局具有作出工伤认定的法律职责，魏桥公司在工伤认定阶段，没有提供任何证据，证实王某某所受伤害不是工伤，根据《工伤保险条例》第十九条以及《工伤认定办法》第十七条的规定，在用人单位没有提供任何证据的情况下，应当认定王某某所受伤害为工伤。魏桥公司的请求没有事实及法律依据，请求驳回上诉，维持原判。

王某某述称，一审法院认定事实清楚，适用法律准确，请求二审法院驳回上诉，维持原判。

经审理查明，王某某系魏桥公司职工，双方存在劳动关系。2015年11月6日，王某某在煤检楼前开完班前会乘坐同事的车前往煤棚途中受到交通事故伤害。邹平县公安交警部门认定，王某某不负事故责任。2016年10月20日，王某某向邹平人社局申请工伤认定。邹平人社局受理后，向王某某和魏桥公司分别送达了《工伤认定申请受理通知书》和《工伤认定限期举证通知书》。魏桥公司收到工伤认定限期举证通知书后，既未向邹平人社局提交第三人所受伤害是否属于工伤的单位意见，也未提供相关证据。2016年11月25日，邹平人社局作出邹人社工伤案（2016）092号《认定工伤决定书》，认定王某某此次所受伤害符合《工伤保险条例》第十四条第一项之规定的应当认定为工伤的情形，予以认定为工伤。魏桥公司不服该决定，提起行政诉讼。

邹平县人民法院作出（2017）鲁1626行初18号行政判决：驳回魏桥公司的诉讼请求。宣判后，魏桥公司不服，提起上诉。山东省滨州市中级人民法院于2017年12月25日作出二审判决：驳回上诉，维持原判。

【案件争点】

1. 王某某所受交通事故伤害，是否在工作地点、是否因为工作原因。

2. 邹平人社局作出的邹人社工伤案（2016）092号《认定工伤决定书》没有加盖社保部门工伤认定专用印章，是否有效。

【裁判要旨】

南京铁路运输法院认为，本案争议焦点为：（1）2015年11月6日，王某某所受交通事故伤害，是否在工作地点、是否因为工作原因；（2）邹平人社局作出的邹人社工伤案（2016）092号《认定工伤决定书》没有加盖社保部门工伤认定专用印章，是否有效。关于焦点一，经审查核实，王某某此次所受伤害，是在上班以后，在工作时间内，从一个工作区域赶往另一个工作区域途中受到的交通事故伤害。根据《审理工伤保险行政案件规定》第四条规定："社会保险行政部门认定下列情形为工伤的，人民法院应予支持……（三）在工作时间内，职工来往于多个与其工作职责相关的工作场所之间的合理区域因工受到伤害的。"王某某所受伤害符合《工伤保险条例》第十四条第一项规定的"在工作时间和工作场所内，因工作原因受到事故伤害的"工伤认定情形。关于焦点二，魏桥公司在上诉状中提到《认定工伤决定书》应当加盖社保部门工伤认定专用印章，但邹平人社局没有加盖，只是加盖了单位的公章。根据《工伤认定办法》第十九条和《山东省工伤认定工作规程》第十九条的规定，《认定工伤决定书》应当加盖社会保险行政部门工伤认定专用印章。而根据《工伤保险条例》第五条规定，邹平人社局具有作出工伤认定的法定职责，该《工伤保险条例》并无工伤认定应当加盖工伤认定专用印章的规定。审查法的位阶，《工伤保险条例》是由国务院制定，属于行政法规，而《工伤认定办法》是由人力资源和社会保障部制定，属于部门规章，《山东省工伤认定工作规程》是由山东省劳动和社会保障厅制定，属于规范性文件。《工伤保险条例》的效力明显高于《工伤认定办法》和《山东省工伤认定工作规程》，故要求加盖工伤认定专用章的规定，并不能否定加盖工伤认定行政公章的效力。

三、裁判规则提要

《工伤保险条例》将“三工”设定为认定工伤的一般性原则，但“工作场所”概念的不确定，不仅造成了一定数量的劳动者与用人单位之间矛盾冲突，而且还在行政机关工伤认定与法院审理工伤案件之间产生了巨大分歧。在案件的具体处理过程中，不能机械地将工作场所限制于用人单位所设定的工作空间区域，要秉持向劳动者倾斜保护的原则，对工作场所的内涵进行合理延展。《审理工伤保险行政案件规定》第四条的规定，社会保险行政部门认定下列情形为工伤的，人民法院应予支持：（1）职工在工作时间和工作场所内受到伤害，用人单位或者社会保险行政部门没有证据证明是非工作原因导致的；（2）职工参加用人单位组织或者受用人单位指派参加其他单位组织的活动受到伤害的；（3）在工作时间内，职工来往于多个与其工作职责相关的工作场所之间的合理区域因工受到伤害的；（4）其他与履行工作职责相关，在工作时间及合理区域内受到伤害的。从该司法解释的理念来看，职工为履行工作职责，在工作场所之间的往来的合理区域也应当理解为工作场所的延伸，对于职工从事职业活动有多个工作场所的，职工往来于多个工作场所之间的合理区域应当认定为工作场所，在该区域因公致伤，应当认定为工伤。

（一）职工工作场所的认定应结合其工作原因适当延伸

社会的发展和科技的进步，正在加速人们工作内容和工作方式的改变，网络信息和移动通信对工作场景产生了颠覆性的影响，“工位”的概念已经被扩展到随时随地，随着劳动形态的演变，需要法律规范对“工作场所”定义同步延展。

《工伤保险条例》第十四条所述的“工作场所”，一般是指职工履行工作职责，从事生产劳动的物理空间区域，按照劳动者的工作内容与空间区域的关系，还可以分为固定的工作场所、不固定的工作场所以及临时性的工作场所。固定的工作场所主要是指有长期性、经常性、特定性进行劳动活动的区域，如办公楼、工厂、工位等。如今，不固定的工作场所的工作类型也越来越多见，如外卖员、邮递员、上门推销员、水电气暖的检修员等工作区域不停变动，随时变换的工作场景。被用人单位临时性指派从事特定工作所处的工作区域，应属于临时性的工作场所，在疫情期间大量企业开展线上居家办公，让大量劳动者处于临时办公状态，也衍生出临时工作场所工伤认定的案件。

从工伤保险最大可能地保护主观上无恶意的劳动者因工作或与工作相关活动中，在受事故伤害或者患职业病后能获得医疗救治、经济补偿和职业康复的权利的立法宗旨出发，对于工作场所的认定，应该作出有利于劳动者的合理延伸，工作场所应当包含职工从事其职责范围内劳动活动的所有相关区域和该区域自然延伸的合理区域。当职工存在多个工作场所时，一方面，其在多个工作场所之间来往是为了满足履行工作职责的要求，是出于用人单位利益的考量；另一方面，多个工作场所之间转化，必须要通过特定的区域，职工在多个工作场所之间的合理区域进行穿梭、交通，实际上就是其工作内容的一部分，从事劳动的场所应当属于工作场所的范畴。

对于该规则所述的职工从事职业活动有多个“工作场所”应当结合其工作原因适当延伸。《工伤保险条例》认定工伤的“三工”条件，并非教条式的条件计数，工作原因应当作为认定工伤的实质性核心准则，工作场所与工作地点是辅助考虑工作原因的空间维度和实践维度。因此，把握工作场所的延伸边界须以工作原因为验证标准，将职工是否出于工作目的、是否与工作职责相关、是否有益于工作结果的完成等，作为工作原因的组成要件来考察认定工作场所是否适当，这样就可以理解用人单位有效管理的工作配套区域如卫生间、食堂、消毒间等设施是为提高工作效率、改善劳动条件应当作为工作场所的法律内在逻辑。

（二）往来于工作场所之间的合理区域应审查可能性和必要性

从三个引用例案来看，在多个工作场所之间往来的问题上，案件审理中的争议主要体现在上一个工作场所到下一个工作场所往来路线和交通方式的选择是否合理。该规则中往来于工作场所之间合理区域范围的判定，应当遵循可能性和必要性原则。可能性用以排除完全不相关的路线和交通方式，从一个工作场所到另一个工作场所路线的选择至少应保证大致方向的正确，完全的反方向或不合逻辑的解释应当合理排除。交通方式的选择也应该根据两个工作场所之间的距离、间隔等的特点，遵从一般的出行原则，排除费用、时间、精力耗费与之完全不相符的选项。必要性用以筛选外出原因和所经区域的恰当性，外出原因要注重衡量工作场所之间转换是否出于工作职责、是否处于工作场所转换的特殊工作流程、外出原因是否收到单位指令等方面的原因。所经区域要根据工作场所的出发点和目的地，对比来往的一般区域、来往的经常区域、来往的停留区域与事故发生点空间重合的必然性，进行综合考量。

四、辅助信息

《工伤保险条例》

第十四条 职工有下列情形之一的，应当认定为工伤：

（一）在工作时间和工作场所内，因工作原因受到事故伤害的；

（二）工作时间前后在工作场所内，从事与工作有关的预备性或者收尾性工作受到事故伤害的；

（三）在工作时间和工作场所内，因履行工作职责受到暴力等意外伤害的；

（四）患职业病的；

（五）因工外出期间，由于工作原因受到伤害或者发生事故下落不明的；

（六）在上下班途中，受到非本人主要责任的交通事故或者城市轨道交通、客运轮渡、火车事故伤害的；

（七）法律、行政法规规定应当认定为工伤的其他情形。

第十五条 职工有下列情形之一的，视同工伤：

（一）在工作时间和工作岗位，突发疾病死亡或者在48小时之内经抢救无效死亡的；

（二）在抢险救灾等维护国家利益、公共利益活动中受到伤害的；

（三）职工原在军队服役，因战、因公负伤致残，已取得革命伤残军人证，到用人单位后旧伤复发的。

职工有前款第（一）项、第（二）项情形的，按照本条例的有关规定享受工伤保险待遇；职工有前款第（三）项情形的，按照本条例的有关规定享受除一次性伤残补助金以外的工伤保险待遇。

第十六条 职工符合本条例第十四条、第十五条的规定，但是有下列情形之一的，不得认定为工伤或者视同工伤：

（一）故意犯罪的；

（二）醉酒或者吸毒的；

（三）自残或者自杀的。

《审理工伤保险行政案件规定》

第四条　社会保险行政部门认定下列情形为工伤的，人民法院应予支持：

（一）职工在工作时间和工作场所内受到伤害，用人单位或者社会保险行政部门没有证据证明是非工作原因导致的；

（二）职工参加用人单位组织或者受用人单位指派参加其他单位组织的活动受到伤害的；

（三）在工作时间内，职工来往于多个与其工作职责相关的工作场所之间的合理区域因工受到伤害的；

（四）其他与履行工作职责相关，在工作时间及合理区域内受到伤害的。

工伤认定案件裁判规则第 13 条：

事故发生时伤害未曾发现，后经确诊并能证明是由事故引起的，受伤职工申请工伤认定的时效应当从确诊之日起算

【规则描述】 申请工伤认定的起算时限问题是引发审理工伤案件的主要争议焦点之一。实践中，职工因事故所受伤害与致害结果相继发生的较为常见，但特殊情况下部分伤害结果并非紧随事故发生即显现，而是潜伏一段时间后才实际显现或被发现。如将该部分特殊伤情也以事故伤害发生之日作为申请工伤认定的时限起算点，既不利于保护因公受伤职工的合法权益，也有机械解读法律条文之嫌。故应从工伤保险条例立法本意出发，结合该条例第十七条规定的整体解读，即对有证据证明所受伤害系因事故导致职工的申请工伤认定时限，可以其所受伤害确诊之日作为起算时点。

一、类案检索大数据报告

截至 2020 年 12 月 31 日，以“行政案件”“工伤”“工伤认定”“伤害结果实际发生之日”为关键词，通过 Alpha 案例库、法信平台、中国裁判文书网、元典智库、北大法宝等共检索到案件 45 件，经逐案阅看、筛选，与本规则直接关联案件 37 件。排除同一案件不同审级形成的多个文书，实际查找到高度关联的 23 篇裁判文书。整体情况如下：

如图 13–1 所示，从地域分布看，涉案数量最多的地域为辽宁省和云南省，均为 4 件，江苏省、湖北省和安徽省均为 3 件，上海市、浙江省为 2 件，其他省份均为 1 件。

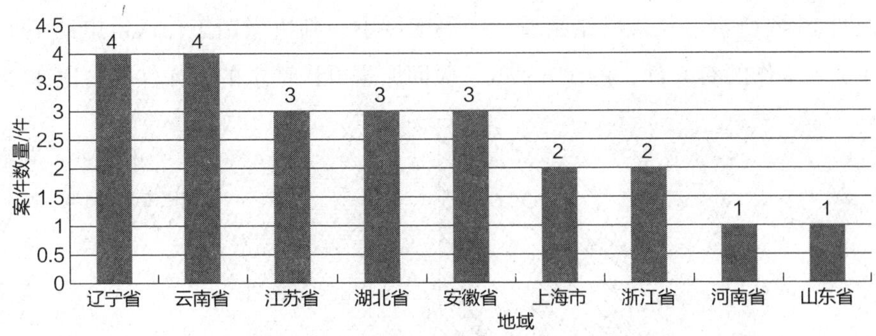

图 13-1　类案地域分布情况

如图 13-2 所示，从结案时间看，涉案数量最多的年份为 2019 年，共有 8 件，其次为 2018 年，为 5 件。

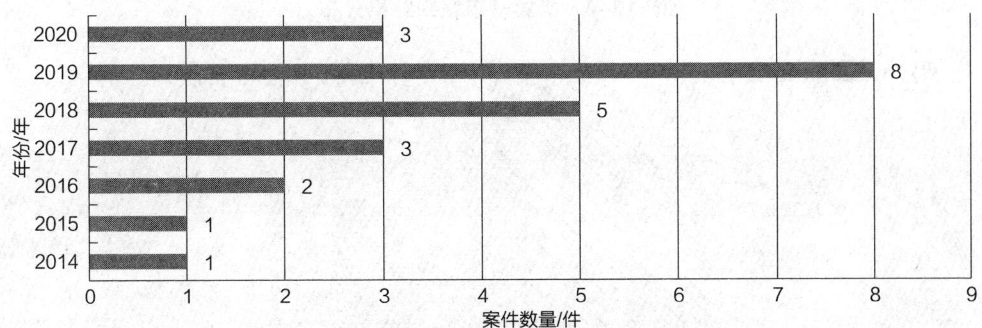

图 13-2　类案时间分布情况

如图 13-3 所示，从审理程序看，一审案例 12 件，二审案例 10 件，再审案例 1 件。

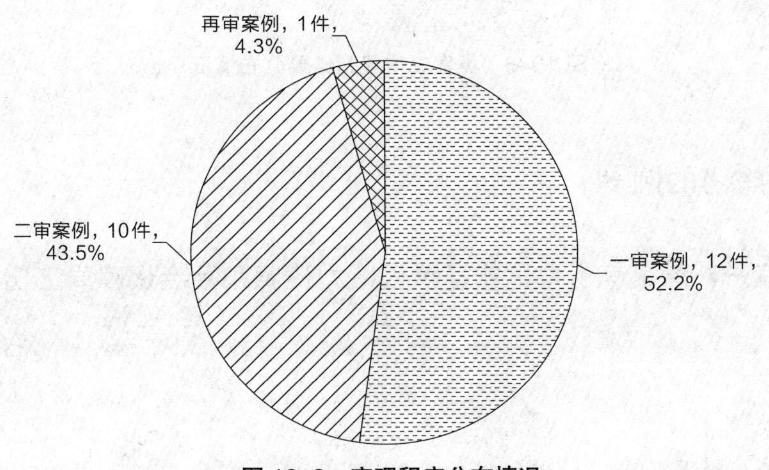

图 13-3　审理程序分布情况

如图 13-4 所示，从裁判结果看，一审案件中，判决撤销工伤认定申请不予受理决定并责令重作的有 8 件，占比 66.7%，驳回原告诉讼请求的有 4 件，占比 33.3%。

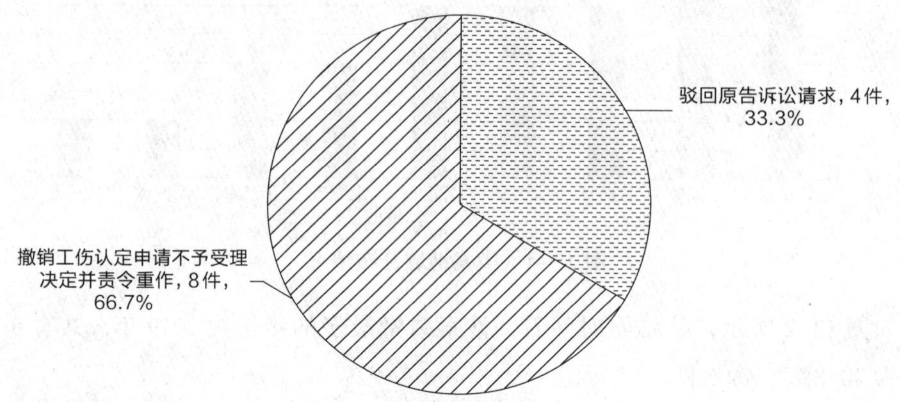

图 13-4 类案一审裁判结果分布

另外，如图 13-5 所示，10 件二审案件中，7 件维持原判，3 件改判。

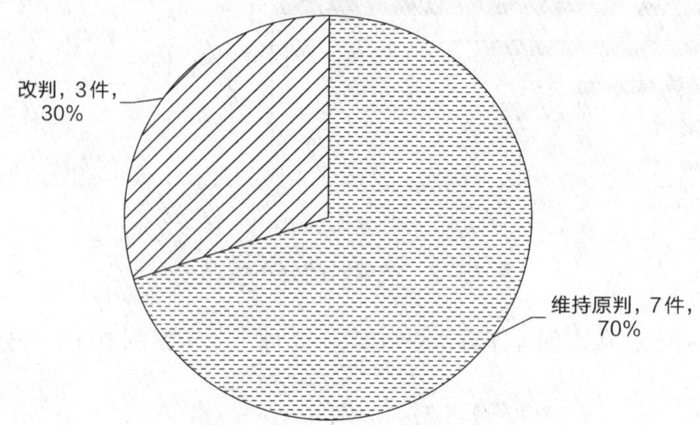

图 13-5 类案二审裁判结果分布情况

二、可供参考的例案

例案一：唐某某诉广州市荔湾区人力资源和社会保障局工伤行政确认案

【法院】

广东省广州市中级人民法院

【案号】

（2015）穗中法行终字第 1304 号

【当事人】

上诉人（一审原告）：唐某某

被上诉人（一审被告）：广州市荔湾区人力资源和社会保障局

法定代表人：李某某，该局局长

【基本案情】

唐某某上诉称，一审判决认定事实错误。本案中工伤事故伤害实际发生之日应当是 2014 年 3 月 30 日。《工伤保险条例》第十七条规定“事故伤害发生之日”在通常情况下即是事故发生之日，但在本案中应当是指事故伤害结果实际发生之日。受伤害职工提出工伤认定申请的事实前提要件，必须是受伤害职工已经知悉工伤事故伤害结果，如果不知悉伤害结果发生，自然无从提出工伤认定申请。上诉人在 2013 年 8 月 31 日工作过程中眼球被铁屑溅入，当时去医院诊断后，并没有出现“铁屑残留”的病症，而医院告知其已经没事了。在 2014 年 3 月 30 日，上诉人觉得眼睛不舒服后去医院被诊断为“铁屑异物残留”。上诉人实际上是在 2014 年 3 月 30 日去医院诊断才知道有工伤实际伤害结果的发生（“铁屑异物残留”），如果被上诉人仅以上诉人已经在 2013 年 8 月 31 日去医院诊断过就将此日期作为工伤认定申请期限的起算时间，而不论受伤害职工实际发生伤害结果的时间，将不利于工伤职工合法权益的保护，更不符合《工伤保险条例》保障劳动者合法权益的立法目的。在本案中 2013 年 8 月 31 日工伤事故发生时伤害结果尚未实际发生，而是在 2014 年 3 月 31 日伤害结果才实际显现出来，上诉人在伤害结果实际发生后一年内提出工伤认定申请的，不属于超过工伤认定申请时效的情形，故一审法院判决认定事实错误。

广州市荔湾区人力资源和社会保障局（以下简称荔湾区人社局）辩称，一审判决认定事实清楚，程序合法，适用法律正确，请求驳回上诉，维持原判。

经审理查明，唐某某是裕信公司的员工。2013 年 8 月 31 日，唐某某于上班时间在打磨时被铁屑溅入左眼球。同日，经广州市南沙中心医院诊断为：左眼角膜异物。2014 年 3 月 30 日，唐某某到广州市南沙区妇幼保健院诊治，医院病历记载：“左眼异物感 7 月，曾在外院诊治”，经诊断为：左眼球结膜异物残留。2014 年 11 月 17 日，唐某某向荔湾区人社局申请工伤认定，该局于 2014 年 11 月 18 日作出穗荔人社工不受认定〔2014〕3 号不予受理工伤认定决定，认为唐某某左眼受到事故伤害发生的时间为 2013 年 8 月 31 日，提出工伤认定申请时间为 2014 年 11 月 17 日，已超过一年的申请期限，不符合《工伤保险条例》第十七条第二款规定的受理条件，决定不予受理。唐某某不服，起诉至广东省广州市荔湾区人民法院。

广东省广州市荔湾区人民法院作出（2015）穗荔法行初字第41号行政判决：驳回原告唐某某的诉讼请求。唐某某不服，向广东省广州市中级人民法院提起上诉。广东省广州市中级人民法院于2016年3月22日作出（2015）穗中法行终字第1304号行政判决：撤销广东省广州市荔湾区人民法院（2015）穗荔法行初字第41号行政判决；撤销被上诉人荔湾区人社局作出的穗荔人社工不受认定（2014）3号不予受理工伤认定决定；被上诉人荔湾区人社局于本判决发生法律效力之日起60日内对于上诉人的工伤认定申请重新作出处理。

【案件争点】

如何理解《工伤保险条例》第十七条第二款规定中的“事故伤害发生之日”，唐某某在2014年3月30日被诊断为“铁屑异物残留”，其于2014年11月17日申请工伤认定，是否已经超过一年的申请期限。

【裁判要旨】

广东省广州市中级人民法院认为，本案的争议焦点为如何理解《工伤保险条例》第十七条第二款规定中的“事故伤害发生之日”。被上诉人认为应从2013年8月31日上诉人于上班时间被铁屑溅入左眼球之日计算事故伤害发生的时间，而上诉人认为应从2014年3月30日其被诊断为“铁屑异物残留”，即上诉人知道工伤实际伤害结果发生之日计算事故伤害发生的时间。上述行政法规中“事故伤害发生之日”是关于工伤认定申请时效起算时间的规定，在通常情况下，工伤事故发生后，伤害结果随即发生，该种情况下对于“事故伤害发生之日”的理解不会产生歧义。但在特殊情况下，工伤事故发生后，伤害结果并未马上发生，而是潜伏一段时间或者经过一段时间的发展后才实际发生，该种情况下，对于“事故伤害发生之日”应当理解为伤害结果发生之日，而不宜机械理解为事故发生之日。结合本案，广州市南沙中心医院于2013年8月31日出具的诊断证明书诊断意见为“左眼角膜异物”，广州市南沙区妇幼保健院于2014年3月30日出具的疾病证明书疾病诊断为“左眼球结膜异物残留”，从上述医院的诊断证明可见上诉人被铁屑溅入眼球后，已经就医并进行了处理，铁屑从角膜进入球结膜并残留在眼球结膜，有一个潜伏和发展的过程，上诉人作为一名不具医学知识的普通工人，其对于铁屑溅入眼球这一事故可能造成的伤害结果不具预测判断能力，其于2014年3月30日再次就诊时被诊断为“左眼球结膜异物残留”，上诉人于此时才确切知道事故导致的伤害结果，被上诉人以事故发生的时间作为工伤认定申请时效的起算时间理解错误，且不利于工伤职工合法权益的保护。上诉人从知道伤害结果发生之日起至其于2014年11月17日向被上诉人申请工伤认定，没有超过上述法定的一年申请期限。被上诉人作出的不予受理工伤认定决定违法，应当予以撤销。一审法院判决驳回上诉人的诉讼请求不当，二审依法予以纠正。

例案二：禹某某诉锡林郭勒盟乌拉盖管理区人力资源和社会保障局不予受理工伤申请案

【法院】

内蒙古自治区锡林郭勒盟中级人民法院

【案号】

（2018）内25行终15号

【当事人】

上诉人（一审被告）：锡林郭勒盟乌拉盖管理区人力资源和社会保障局

法定代表人：高某某，该局局长

被上诉人（一审原告）：禹某某

【基本案情】

锡林郭勒盟乌拉盖管理区人力资源和社会保障局（以下简称乌拉盖人社局）上诉称，上诉人收到被上诉人禹某某的工伤认定申请，根据《工伤保险条例》有关规定，经审查已超出工伤认定申请时限。根据《工伤保险条例》第十七条第二款规定，职工或者其近亲属可在事故发生（包括确诊为职业病）之日起一年内提出申请。原审法院错误地将2017年1月19日的诊断时间确定为事故发生之日实属混淆概念，按照被上诉人禹某某向上诉人乌拉盖人社局提交的证据，被上诉人主张在2009年受伤，所以“事故伤害发生之日”应当为2009年，据此，上诉人依据《工伤保险条例》第十七条第二款规定作出不予受理并无不当。请求：撤销原审判决，改判维持上诉人作出的锡乌人社工伤非受字〔2017〕第001号《工伤认定申请不予受理决定书》。

被上诉人禹某某辩称，一审判决认定事实清楚，法律适用正确，应予维持。原审判决书中已明确被上诉人受伤于2009年12月3日，受伤后被上诉人多次就诊，因受诊疗设备、医生经验等限制未查出病因。被上诉人于2017年1月19日被确诊实际伤害结果，故应将2017年1月19日的确诊时间确定为被上诉人事故发生伤害之日，被上诉人于2017年8月1日申请工伤认定，并未超出法定时限，符合法律规定。

经审理查明，禹某某于2009年1月1日与乌拉盖管理区文化馆签订劳动合同书，担任乌拉盖管理区文化馆舞蹈演员。2009年12月3日，在乌拉盖管理区文化馆组织的舞蹈演员基本功培训中，原告禹某某在进行下横叉开胯时，导致双髋关节剧痛，后在霍林郭勒市人民医院就诊，未查出髋关节盂唇撕裂。2016年10月，因髋关节疼痛到霍林郭勒市医院、中国医科大学附属第一医院等医院就诊，至2017年1月19日在北京积水潭医院就诊后被确诊为左髋臼外上盂唇损伤，2017年6月6日在北京大学第三医院再次确诊为前上臼唇撕裂。2017年8月1日，原告禹某某向乌拉盖人社局提交工伤申请材料，申请工伤认定。2017年8月4日，乌拉盖人社局作出锡乌人社工伤非受字〔2017〕第001号《乌拉盖人社局工伤认定申请不予受理决定书》(以下简称《被诉不予受理决定书》)，认定原告禹某某工伤认定申请已超出工伤认定申请时限，不予受理。禹某某不服，向内蒙古自治区东乌珠穆沁旗人民法院提起行政诉讼，请求撤销《被诉不予受理决定书》。

内蒙古自治区东乌珠穆沁旗人民法院作出（2017）内2525行初9号行政判决：撤销被告乌拉盖人社局于2017年8月4日作出的《被诉不予受理决定书》；被告乌拉盖人社局应在60日内重新作出具体行政行为；驳回原告禹某某的其他诉讼请求。后乌拉盖人社局提起上诉。内蒙古自治区锡林郭勒盟中级人民法院于2018年4月26日作出（2018）内25行终15号二审判决：维持内蒙古自治区东乌珠穆沁旗人民法院（2017）内2525行初9号行政判决第一项、第三项，即撤销乌拉盖人社局于2017年8月4日作出的锡乌人社工伤非受字〔2017〕第001号《被诉不予受理决定书》和驳回禹某某的其他诉讼请求；撤销内蒙古自治区东乌珠穆沁旗人民法院（2017）内2525行初9号行政判决第二项，即乌拉盖人社局应在60内重新作出具体行政行为；责令上诉人乌拉盖人社局对被上诉人禹某某的工伤认定申请予以受理。

【案件争点】

被上诉人于2017年1月19日被医院确诊为左髋臼外上盂唇损伤后，于2017年8月1日向乌拉盖人社局申请工伤认定，是否已超过职工申请工伤认定的一年申请期限。

【裁判要旨】

内蒙古自治区锡林郭勒盟中级人民法院认为：工伤认定是工伤职工享受工伤保险待遇的基础，而提出工伤认定申请是启动工伤认定程序的前提。《工伤保险条例》第十七条第二款规定："用人单位未按前款规定提出工伤认定申请的，工伤职工或者其近亲属、工会组织在事故伤害发生之日或者被诊断、鉴定为职业病之日起1年内，可以直接向用人单位所在地统筹地区社会保险行政部门提出工伤认定申请。”该规定明确了提出工伤认定申请的主体、申请时效及起算时间以及受理申请的行政部门。其中的“事故伤害发生之日”，即是关于工伤认定申请时效起算时间的规定。在通常情况下，在工伤事故发生后，伤害结果也随即发生，伤害结果发生之日也就是事故发生之日，故对于“事故伤害发生之日”的理解不会产生歧义。但在工伤事故发生后，伤害结果并未马上发生，而是潜伏一段时间后才实际发生，即伤害结果发生之日与事故发生之日不一致的情况下，“事故伤害发生之日”应当理解为伤害结果发生之日，并以此作为工伤认定申请时效的起算时间。本案中，被上诉人禹某某于2009年12月3日在单位组织的舞蹈演员基本功练习培训中受伤。被上诉人禹某某提出因受诊疗条件的限制当时未检查出受伤，直到2017年1月19日北京积水潭医院诊断为左髋臼外上盂唇损伤时才确诊，应将确诊时间确定为事故伤害发生之日的主张有法律依据，上诉人乌拉盖人社局以被上诉人禹某某的工伤认定申请已超过申请时限为由决定不予受理于法无据，法院不予支持。被上诉人向一审法院请求判令其受伤为工伤并享受工伤待遇，不属于人民法院行政案件审理范围，一审判决不予支持并无不当。一审判决认定事实清楚，但对上诉人乌拉盖人社局作出的工伤认定申请不予受理决定，判令上诉人重新作出行政行为不当，应当责令上诉人受理该工伤认定申请，予以纠正。

例案三：杨某某诉朝阳市人力资源和社会保障局劳动行政确认案

【法院】

辽宁省朝阳市中级人民法院

【案号】

（2019）辽13行终23号

【当事人】

上诉人（一审被告）：朝阳市人力资源和社会保障局

法定代表人：于某某，该局局长

被上诉人（一审原告）：杨某某

一审第三人：北票市娄家店中学

法定代表人：王某某，该校校长

【基本案情】

上诉人朝阳市人力资源和社会保障局（以下简称朝阳市人社局）上诉称，被上诉人杨某某事故伤害时间为1981年9月7日，于2017年12月18日提出工伤认定申请早已超出法律规定的受理时限。朝阳市人社局作出的工伤认定申请不予受理通知书，认定事实清楚，适用法律正确。请求二审法院撤销原判，支持上诉人的诉讼请求。

被上诉人杨某某辩称，一审判决认定事实清楚，适用法律正确。请求二审法院驳回上诉人的诉讼请求，维持原判。

经审理查明，原告杨某某系第三人北京市娄家店中学的教师，原告杨某某称，1981年9月7日在给学生上体育课时，被学生用铅球将头部前额砸伤，形成凹陷性骨折，经治疗2个月后上班，2017年6月起后遗症突显，经常头痛、头晕、特别是天气变化时更加明显，严重影响正常工作和生活。2017年6月22日至24日原告杨某某因头痛、头晕到北票市中心医院住院治疗，诊断为：额骨骨折（凹陷性陈旧性）。其于2017年12月18日向被告提出工伤认定申请，被告以原告的申请超过工伤认定申请时效为由，依据《工伤保险条例》第十七条的规定作出〔2017〕2号工伤认定申请不予受理通知书。原告不服该通知书，向一审朝阳市双塔区人民法院提起行政诉讼，请求撤销被告该通知，责令被告重新作出工伤认定。

辽宁省朝阳市双塔区人民法院作出（2018）辽1302行初71号行政判决：撤销被告于2017年12月18日作出编号〔2017〕2号工伤认定申请不予受理通知；责令被告朝阳市人社局于本判决生效后60日内重新作出行政行为。后朝阳市人社局提起上诉，辽宁省朝阳市中级人民法院于2019年3月12日作出（2019）辽13行终23号行政判决：驳回上诉，维持原判。

【案件争点】

杨某某于2017年12月18日向朝阳市人社局提出工伤认定申请是否超过一年申请期限。

【裁判要旨】

辽宁省朝阳市中级人民法院认为，根据《工伤保险条例》的规定，上诉人具有对工伤认定的法定职权。被上诉人杨某某于1981年9月7日在工作时间内、因工作原因受到伤害的事实双方无异议。《工伤保险条例》第十七条第一款、第二款所规定的“事故伤害发生之日”应当包括工伤事故导致的伤害结果实际发生之日。被上诉人杨某某于2017年6月22日至24日因头痛、头晕到北票市中心医院住院治疗，被诊断为：额骨骨折（凹陷性陈旧性），其于2017年12月18日向上诉人提出工伤认定申请，系在伤害结果实际发生后一年内提出的申请，不属于超过工伤认定申请时效的情形。上诉人认为以杨某某工伤事故发生时间1981年9月7日作为其申请工伤时效起算点，其于2017年12月18日提出工伤认定申请时已经超出申请和受理的期限的理由不能成立，其上诉请求不予支持。

三、裁判规则提要

《工伤保险条例》第十七条第二款规定："用人单位未按前款规定提出工伤认定申请的，工伤职工或者其近亲属、工会组织在事故伤害发生之日或者被诊断、鉴定为职业病之日起1年内，可以直接向用人单位所在地统筹地区社会保险行政部门提出工伤认定申请。"该条规定中的"事故伤害发生之日"是关于工伤认定申请时限起算时间的规定。通常情况下，在工伤事故发生时，伤害结果也随之发生，可以理解为事故发生之日即是事故伤害发生之日。但在一些特殊情况下，工伤事故发生后，伤害结果并未马上发生或显现，而是潜伏一段时间或者经过一段时间的发展后才实际发生，如选入的三个例案中事故伤害均不是在事故发生之时，即伤害结果发生之日与事故发生之日不一致。在搜索大数据调研中发现，将规定中"事故伤害发生之日"理解为事故发生之日的多体现在社会保险行政部门。在审判领域，对事故伤害发生之日并非仅指事故发生之日的理解存在较为统一的认识。但实践中如何正确界定"事故伤害发生之日"和申请时限起算点，尚存在不同的理解和认识。

（一）对"事故伤害发生之日"的解读应符合立法本意

《工伤保险条例》第十七条第二款规定了职工等非用人单位主体申请工伤的时限和时限起算点，其中"事故伤害发生之日"为时限起算点之一。通常事故发生之日就是事故伤害发生之日，此为普遍理解。但该处并没有使用"事故发生之日"的词语，说明立法者本意已经考虑到事故发生之日并不一定是事故伤害发生之日。那么对"事故伤害发生之日"如何正确理解，实践中也就出现了不同的声音。当相关各方对所引用的法律条款的理解认识存在歧义时，法官就要运用法律思维，分析和解读条款文义的法律内涵。

文义解释是最基本的法律解释方法。所谓文义解释即按照法律条文所用词语的通常字面意义解释。"事故伤害发生之日"中的"伤害"是基于"事故"原因引起的，“伤害”是结果，“事故”是原因，即伤害结果与事故之间存在因果关系。据此可以理解为“事故伤害发生之日”就是指因事故而产生的伤害结果发生之日。根据客观情况，由事故所产生的伤害不一定是事故发生之时日。在医学上，一些病变具有一定的潜伏期或隐蔽性，在事故发生后，伤害结果并不能马上发生或显现，而是潜伏一段时期或是经历一段时期的发展后才发生。例如，在例案一中，唐某某诉广州市荔湾区人力资源和社会保障局行政确认一案，从其发生工伤事故到之后确诊伤害结果的 2 次诊断证明可见，唐某某于 2013 年 8 月 31 日工作时被铁屑溅入眼球后，当日就医并进行了处理，铁屑从角膜进入球结膜并残留在球结膜，有一个潜伏和发展的过程，唐某某作为一名不具医学知识的普通工人，其对于铁屑溅入眼球这一事故可能造成的伤害结果不具预测判断能力，其于 2014 年 3 月 30 日再次就诊时被诊断为“左眼球结膜异物残留”，唐某某于此时才确切知道事故导致的伤害结果，人社部门以事故发生的时间作为工伤认定申请时限的起算时间理解错误。另外，受医学技术条件的影响，还有一些伤害在事故发生后，受伤者虽感不适，但经诊断并未发现真正的伤害。如例案二，职工禹某某于 2009 年 12 月 3 日在单位组织的舞蹈演员基本功练习培训中受伤，因受当地诊疗条件的限制当时未检查出受伤，直到 2017 年 1 月 19 日到北京积水潭医院诊治，被诊断为左髋臼外上盂唇损伤时才确诊伤害结果。因此，规定中的“事故伤害发生之日”不仅仅指伴随事故发生即产生伤害的事故发生之日，还应包含因事故而引发的事后伤害结果发生（或发现）之日。这样的解读才能体现立法者的立法本意。

（二）将事故伤害发生之日理解为因事故产生的伤害结果发生之日，并以此作为申请工伤认定时限起始点，能更好地体现设定权利时限的法律意义

关于权利人行使权利的时限问题，民法中采用的是诉讼时效制度，根据规定，诉讼时效期间从当事人知道或者应当知道权利被侵害时起计算。行政立法中没有援引诉讼时效期间，而是使用了“期限”的概念，但其立法主旨是与民事的时效制度相通的。如《行政复议法》第九条第一款规定：“公民、法人或者其他组织认为具体行政行为侵犯其合法权益的，可以自知道该具体行政行为之日起六十日内提出行政复议申请；但是法律规定的申请期限超过六十日的除外。”《行政诉讼法》第四十六条第一款规定：“公民、法人或者其他组织直接向人民法院提起诉讼的，应当自知道或者应当知道作出行政行为之日起六个月内提出。法律另有规定的除外。”即通常权利人行使权利的时限起算点应以权利人知悉其某项权利受侵害或者存在有不利于自

己的某项事实为前提。而当事人申请工伤认定的前提是发生了工伤的事实，如果仅发生了事故而未产生伤害事实，则当事人并没有知悉到有伤害事实的存在，自然无从提出工伤认定申请。只有当伤害结果发生时，权利人才知悉其权利受侵害的事实，以此时作为申请权时限起算点，正是体现了设定时限效力的法律初衷。另外，《审理工伤保险行政案件规定》第七条规定，由于不属于职工或者其近亲属自身原因超过工伤认定申请期限的，被耽误的时间不计算在工伤认定申请期限内，并罗列了不可抗力等不属于职工或者其近亲属个人自身原因超期的具体情形。据此，在伤害结果尚未发生前，职工没有发现有伤害的事实，属于不能归责于职工自身的不可抗力的原因，那么从发生事故到事故伤害结果发生之日的一段期间则不应计算在申请期限内。由此也反向印证了以确定伤害结果实际发生之日为工伤认定申请期限起始点的正确性。

（三）应当有证据证明伤害结果与工伤事故之间具有因果关系

对发生工伤事故时，未发现职工受伤害的事实，而是在间隔一段时期后，职工发现身体发生伤害的，必须有足够的证据证明此时的伤害是基于之前的工伤事故而引发的，即伤害结果与事故之间必须存在因果关系。鉴于该特殊情况，发生事故到伤害结果被确诊间隔有一定的时间，中间有可能出现其他事故的情况，特别是间隔时间长的，期间发生各种事情的可能性都有，且时间越久越难以查清事实。因此，此种情况下，需要申请人提供有效证据予以证明因果关系。例如例案一，唐某某诉广州市荔湾区人力资源和社会保障局行政确认一案，2013 年 8 月 31 日，唐某某在上班时间发生在打磨时被铁屑溅入左眼球的事故。同日，经其到医院检查被诊断左眼角膜异物。2014 年 3 月 30 日，唐某某到医院诊治，其病历记载“左眼异物感 7 月，曾在外院诊治”，经诊断为：左眼球结膜异物残留。前后两次诊断证明可以相互印证自事故发生至事故引发实际伤害的事实。收录的例案三中，杨某某于 1981 年 9 月在给学生上体育课时被铅球砸伤，因当时伤害后果未明显发生，未作工伤认定。2017 年 6 月，其出现头痛、头晕，入住医院后，被确定诊断为额骨骨折（凹陷性陈旧性）。该案，用人单位对原发生工伤事故的事实认可，杨某某提供的诊断证明中显示凹陷性陈旧性额骨骨折则与之前的事故相互印证，证明了因果关系。因此，只有在确立了伤害结果与事故之间存在因果关系的前提下，才能适用本规则。

（四）应以医院确诊伤害结果之日作为事故伤害结果发生之日

对事故发生之时未产生伤害结果，日后因事故引发伤害结果的，如何确定伤害结果之日，客观中可能存在以下三个时点：一是伤害发生之日；二是伤害发现之日；三是伤害确诊之日。因伤害发生之日和伤害发现之日主要出于受伤职工单方面的个人认识，如个人由于病情发作感觉不适，具有一定的主观性和不确定性。而伤害结果确诊之日则是由医院作出的，具有客观性和确定性，更具有证明力。因此，以医院确诊伤害结果之日作为事故伤害结果发生之日，以此计算申请工伤认定起算点，是遵循客观事实的体现。

四、辅助信息

《工伤保险条例》

第十四条　职工有下列情形之一的，应当认定为工伤：

（一）在工作时间和工作场所内，因工作原因受到事故伤害的；

（二）工作时间前后在工作场所内，从事与工作有关的预备性或者收尾性工作受到事故伤害的；

（三）在工作时间和工作场所内，因履行工作职责受到暴力等意外伤害的；

（四）患职业病的；

（五）因工外出期间，由于工作原因受到伤害或者发生事故下落不明的；

（六）在上下班途中，受到非本人主要责任的交通事故或者城市轨道交通、客运轮渡、火车事故伤害的；

（七）法律、行政法规规定应当认定为工伤的其他情形。

第十七条　职工发生事故伤害或者按照职业病防治法规定被诊断、鉴定为职业病，所在单位应当自事故伤害发生之日或者被诊断、鉴定为职业病之日起30日内，向统筹地区社会保险行政部门提出工伤认定申请。遇有特殊情况，经报社会保险行政部门同意，申请时限可以适当延长。

用人单位未按前款规定提出工伤认定申请的，工伤职工或者其近亲属、工会组织在事故伤害发生之日或者被诊断、鉴定为职业病之日起1年内，可以直接向用人单位所在地统筹地区社会保险行政部门提出工伤认定申请。

按照本条第一款规定应当由省级社会保险行政部门进行工伤认定的事项，

根据属地原则由用人单位所在地的设区的市级社会保险行政部门办理。

用人单位未在本条第一款规定的时限内提交工伤认定申请，在此期间发生符合本条例规定的工伤待遇等有关费用由该用人单位负担。

《行政复议法》

第九条　公民、法人或者其他组织认为具体行政行为侵犯其合法权益的，可以自知道该具体行政行为之日起六十日内提出行政复议申请；但是法律规定的申请期限超过六十日的除外。

因不可抗力或者其他正当理由耽误法定申请期限的，申请期限自障碍消除之日起继续计算。

《行政诉讼法》

第四十六条　公民、法人或者其他组织直接向人民法院提起诉讼的，应当自知道或者应当知道作出行政行为之日起六个月内提出。法律另有规定的除外。

因不动产提起诉讼的案件自行政行为作出之日起超过二十年，其他案件自行政行为作出之日起超过五年提起诉讼的，人民法院不予受理。

《审理工伤保险行政案件规定》

第七条　由于不属于职工或者其近亲属自身原因超过工伤认定申请期限的，被耽误的时间不计算在工伤认定申请期限内。

有下列情形之一耽误申请时间的，应当认定为不属于职工或者其近亲属自身原因：

（一）不可抗力；

（二）人身自由受到限制；

（三）属于用人单位原因；

（四）社会保险行政部门登记制度不完善；

（五）当事人对是否存在劳动关系申请仲裁、提起民事诉讼。

工伤认定案件裁判规则第 14 条：

建筑施工、矿山企业等用人单位将工程（业务）或经营权发包给不具备用工主体资格的组织或自然人，该组织或者自然人招用的劳动者因工伤亡的，由该具备用工主体资格的承包单位承担工伤保险责任

【规则描述】 具备用工主体资格的承包单位违反法律、法规规定，将承包业务转包、分包给不具备用工主体资格的组织或者自然人，该组织或者自然人招用的劳动者因工伤亡的，由该具备用工主体资格的承包单位承担用人单位依法应承担的工伤保险责任，并不以劳动者与发包单位形成劳动关系为必然前提条件。

一、类案检索大数据报告

截至 2020 年 12 月 31 日，以“行政案件”“工伤”“劳动关系”“主体适格”“用工主体资格”为关键词，通过 Alpha 案例库、法信平台、中国裁判文书网、元典智库、北大法宝等共检索到案件 1020 件，经逐案阅看、筛选，与本规则直接关联案件 720 件。排除同一案件不同审级形成的多个文书，实际查找到高度关联的 260 篇裁判文书。整体情况如下：

如图 14-1 所示，从地域分布看，涉案数量最多的地域为江苏省和重庆市，江苏省为 70 件，重庆市为 45 件，江西省为 38 件，四川省为 34 件，湖南省为 29 件，广东省为 20 件，湖北省为 11 件，浙江省为 7 件，贵州省为 4 件，河南省为 2 件。

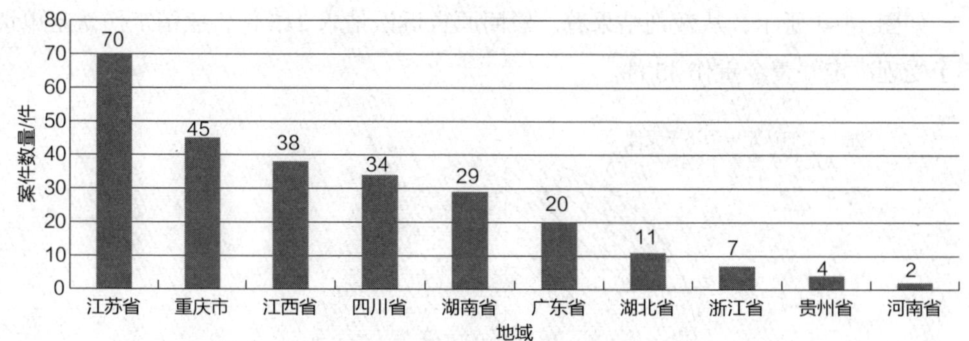

图 14–1　类案地域分布情况

如图 14–2 所示，从结案时间看，涉案数量最多的年份 2020 年为 90 件，其次 2019 年 55 件，2018 年 39 件，2017 年 35 件，2016 年 23 件，2015 年 18 件。

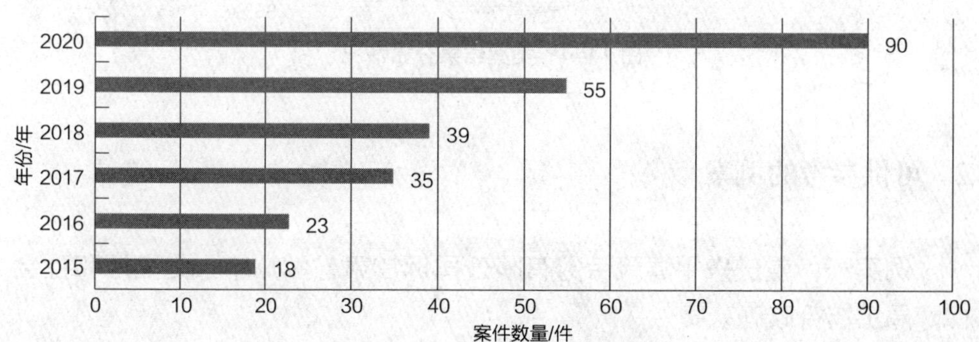

图 14–2　类案时间分布情况

如图 14–3 所示，从审理程序看，一审案例 115 件，二审案例 140 件，再审案例 5 件。

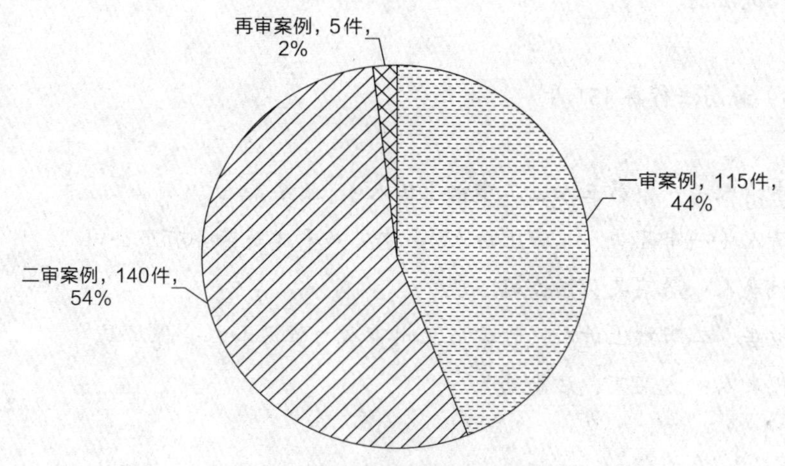

图 14–3　审理程序分布情况

如图 14-4 所示，从裁判结果看，驳回原告诉讼请求 215 件，撤销工伤认定申请不予受理决定并责令重作 45 件。

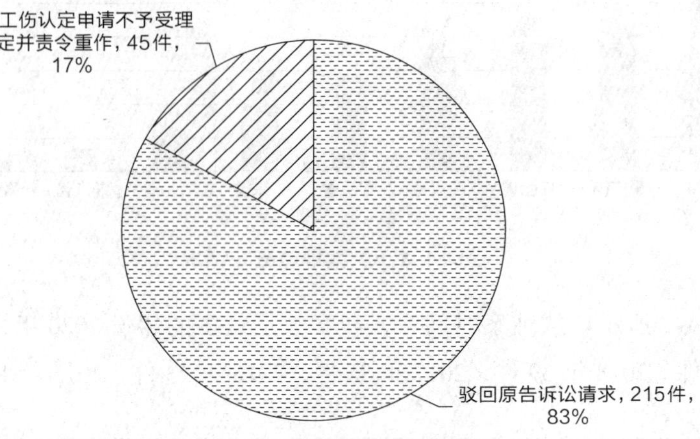

图 14-4　类案结果分布情况

二、可供参考的例案

例案一：重庆兴平建筑劳务有限公司诉甘肃省兰州市人力资源和社会保障局工伤行政确认案

【法院】

最高人民法院

【案号】

（2018）最高法行再 151 号

【当事人】

再审申请人（一审第三人、二审被上诉人）：蔺某某

被申请人（一审原告、二审上诉人）：重庆兴平建筑劳务有限公司

法定代表人：潘某某，该公司经理

一审被告、二审被上诉人：甘肃省兰州市人力资源和社会保障局

法定代表人：方某某，该局局长

【基本案情】

蔺某某申请再审称，蔺某某因工受伤的事实清楚，证据确凿。根据《工伤保险

条例若干问题意见》第七条和《审理工伤保险行政案件规定》第三条规定，重庆兴平建筑劳务有限公司（以下简称重庆兴平公司）应当承担蔺某某因工受伤的工伤保险责任。二审判决以重庆兴平公司与蔺某某之间不存在劳动关系为由，撤销一审判决和被诉369号工伤认定决定，属于理解和适用法律、法规错误，请求再审本案，再审撤销二审判决。

重庆兴平公司辩称，蔺某某与重庆兴平公司之间没有劳动关系，重庆兴平公司没有必要为蔺某某办理工伤保险，故甘肃省兰州市人力资源和社会保障局（以下简称兰州市人社局）将蔺某某的工伤保险责任主体认定为重庆兴平公司是错误的。

兰州市人社局述称，重庆兴平公司承担用工主体责任有明确的法律依据。根据相关规定，认定用人单位承担工伤保险责任并不必须以劳动者与用人单位之间存在实际劳动关系为前提，其根本目的在于保障劳动者不因非法用工而丧失相应的工伤保险待遇，避免用工单位通过非法转包行为逃避其应当承担的工伤保险责任。

经审理查明，重庆兴平公司经重庆市开县工商行政管理局注册登记，成立于2008年6月5日，属企业法人（自然人独资），经营范围：建筑劳务分包服务（按资质证核定范围期限经营）。2013年9月1日，中铁二十五局集团第五分公司将其承建的甘肃省永登县城关镇玫乡路的“恒利嘉豪”项目工程的劳务部分分包给重庆兴平公司，重庆兴平公司又将铺设琉璃瓦劳务分包给自然人董某某。2014年9月22日，董某某的合伙人孙某某招聘蔺某某等4人共同铺设琉璃瓦。2014年10月8日11时左右，蔺某某在施工现场19#楼楼顶铺设琉璃瓦时，被吊沙灰的塔吊铁盘砸伤左足，后被送往医院救治。经医院诊断为：左足压砸伤（毁损伤）。2015年9月9日，蔺某某向兰州市人社局提出工伤认定申请及相关材料。兰州市人社局受理后经调查取证，于2016年6月20日作出兰人社工伤字〔2016〕369号《兰州市职工工伤认定决定书》（以下简称369号工伤认定决定），依据《工伤保险条例》第十四条第一项之规定，认定蔺某某为工伤，重庆兴平公司承担工伤保险主体责任。后重庆兴平公司不服，向兰州铁路运输中级法院提起行政诉讼，请求撤销兰州市人社局作出的369号工伤认定决定。

兰州铁路运输中级法院一审作出（2016）甘71行初165号行政判决：驳回重庆兴平公司的诉讼请求。重庆兴平公司不服，提起上诉。甘肃省高级人民法院二审作出（2017）甘行终266号行政判决：撤销兰州铁路运输中级法院（2016）甘71行初165号行政判决；撤销兰州市人社局作出的369号工伤认定决定。最高人民法院于2018年11月27日作出（2018）最高法行再151号行政判决：撤销甘肃省高级人民法院（2017）甘行终266号行政判决；维持兰州铁路运输中级法院（2016）甘71行初165号行政判决。

【案件争点】

对蔺某某工伤认定是否以其与重庆兴平公司存在劳动关系为前提，兰州市人社局以重庆兴平公司作为用工主体，对蔺某某承担工伤保险主体责任是否正确。

【裁判要旨】

最高人民法院再审认为，国家建立工伤保险制度，其目的在于保障因工作遭受事故伤害或者患职业病的职工获得医疗救治和经济补偿。用人单位有为本单位全部职工缴纳工伤保险费的义务，职工有享受工伤保险待遇的权利。即通常情况下，社会保险行政部门认定职工工伤，应以职工与用人单位之间存在劳动关系为前提，除非法律、法规及司法解释另有规定情形。《审理工伤保险行政案件规定》第三条第一款规定："社会保险行政部门认定下列单位为承担工伤保险责任单位的，人民法院应予支持……（四）用工单位违反法律、法规规定将承包业务转包给不具备用工主体资格的组织或者自然人，该组织或者自然人聘用的职工从事承包业务时因工伤亡的，用工单位为承担工伤保险责任的单位……"该条规定从有利于保护职工合法权益的角度出发，对《工伤保险条例》将劳动关系作为工伤认定前提的一般规定作出了补充，即当存在违法转包、分包的情形时，用工单位承担职工的工伤保险责任不以是否存在劳动关系为前提。根据上述规定，用工单位违反法律、法规规定将承包业务转包、分包给不具备用工主体资格的组织或者自然人，职工发生工伤事故时，应由违法转包、分包的用工单位承担工伤保险责任。本案中，重庆兴平公司对蔺某某由董某某聘用并在铺设琉璃瓦时因工受伤一节事实不持异议，但认为其不属于违法分包。《住房和城乡建设部关于建筑工程施工转包违法分包等违法行为认定查处管理办法（试行）》（已失效）第九条明确规定："存在下列情形之一的，属于违法分包……（六）劳务分包单位将其承包的劳务再分包的……"该条规定不违反《建筑法》的相关规定，可以作为判断重庆兴平公司是否属于违法分包的参考依据。中铁二十五局集团第五分公司将其承建项目工程的劳务部分分包给重庆兴平公司。重庆兴平公司属于具有建筑劳务资质的企业，其应使用自有劳务工人完成所承接的劳务项目，但其却又将铺设琉璃瓦劳务分包给自然人董某某，该行为属于违法分包。故重庆兴平公司的该辩解意见不能成立，不予采纳。重庆兴平公司作为具备用工主体资格的承包单位，违法将其所承包的业务分包给自然人董某某，董某某聘用的工人蔺某某在铺设琉璃瓦时因工受伤，重庆兴平公司依法应当承担蔺某某所受事故伤害的工伤保险责任。兰州市人社局作出的369号工伤认定决定所认定的事实清楚，适用法律正确，符合法定程序。兰州铁路运输中级法院一审判决驳回重庆兴平公司的诉讼请求，并无不当。甘肃省高级人民法院二审以生效民事判决已确认重庆兴平公司与蔺某某之间不存在劳动关系为由，判决撤销兰州铁路运输中级法院一审判决和369号工伤认定决定，不符合《审理工伤保险行政案件规定》第三条等相关规定，属于适用法律错误，依法予以纠正。综上所述，蔺某某的再审请求成立。

例案二：江铃汽车集团江西工程建设有限公司诉南昌市人力资源和社会保障局劳动和社会保障行政确认案

【法院】

南昌铁路运输中级法院

【案号】

（2020）赣71行终75号

【当事人】

上诉人（一审原告）：江铃汽车集团江西工程建设有限公司

法定代表人：徐某某，该公司总经理

被上诉人（一审被告）：南昌市人力资源和社会保障局

法定代表人：黄某某，该局局长

一审第三人：程某某

【基本案情】

上诉人江铃汽车集团江西工程建设有限公司上诉称，（1）一审法院肆意扩大《工伤保险条例》的适用范围，于法无据。《工伤保险条例》第十四条第六项规定适用的前提为员工和用人单位之间存在劳动关系，而本案中，上诉人已经将相关业务发包给了何某某，何某某又聘用了姜某某，即姜某某与何某某之间为雇佣关系，与上诉人之间不存在事实劳动关系，所以姜某某的死亡不应当适用《工伤保险条例》的相关规定。（2）在不以劳动关系为前提的工伤认定案件中，应当适用工伤认定的特殊条款，而不是《工伤保险条例》。根据《审理工伤保险行政案件规定》第三条第一款第四项之规定，用工单位违反法律、法规规定将承包业务转包给不具备用工主体资格的组织或者自然人，该组织或者自然人聘用的职工从事承包业务时因工伤亡的，用工单位为承担工伤保险责任的单位。此处的“从事承包业务”不能再次扩大解释为包含“上下班途中遭受非本人主要原因的交通事故”的情形，否则于法无据。

被上诉人南昌市人力资源和社会保障局辩称，被上诉人作出姜某某死亡为工亡的认定决定认定事实清楚，适用法律正确，程序合法。首先，上诉人应承担工伤保险责任。2016 年 3 月 9 日，上诉人与何某某签订了《南昌帝宝围墙工程劳务施工合同》，该合同显示，上诉人作为具有用工主体资格的承办单位，将“泥、木、钢等工种”发包给何某某个人，而姜某某系何某某雇用的临时劳务人员。依据《工伤保险条例若干问题意见》第七条之规定，上诉人应承担姜某某的工伤保险责任。其次，姜某某属于从事承包业务时因工死亡的情形。姜某某系在上班途中遭遇本人不负主要责任的交通事故死亡，属于其从事承包业务时因工死亡的合理情形。根据《工伤保险条例》第十四条第六项规定，在上下班途中，受到非本人主要责任的交通事故或城市轨道交通、客运轮渡、火车事故伤害的，应当认定为工伤。姜某某在上下班途中发生交通事故死亡，符合该项规定。

一审第三人程某某述称，一审判决认定事实清楚，适用法律正确，依法应予以维持。请求二审法院驳回上诉人的诉讼请求，维持一审判决。

经审理查明，2016 年 3 月 9 日，江铃汽车集团江西工程建设有限公司与不具备用工主体资格的自然人何某某签订南昌帝宝围墙工程劳务施工合同，将泥、木、钢等工种的工程劳务发包给了自然人何某某，后何某某招用了姜某某。2017 年 10 月 23 日 12 时 27 分左右，姜某某吃完饭返回工地途中，搭乘同事李某某的二轮摩托车，发生非本人主要责任的交通事故导致死亡。2018 年 9 月 29 日，姜某某的丈夫程某某向南昌市人力资源和社会保障局申请工伤认定。2019 年 7 月 29 日，南昌市人力资源和社会保障局作出被诉工亡认定决定书，认为姜某某在事故中造成的伤害，按《工伤保险条例》第十四条第六项规定，系因工死亡，认定为工亡。江铃汽车集团江西工程建设有限公司承担工伤保险主体责任。原告不服，向南昌铁路运输法院提起诉讼。请求撤销南昌市人力资源和社会保障局作出的工亡认定决定书。

南昌铁路运输法院作出（2019）赣 7101 行初 1366 号一审行政判决：驳回原告江铃汽车集团江西工程建设有限公司的诉讼请求。后江铃汽车集团江西工程建设有限公司提起上诉。南昌铁路运输中级法院作出（2020）赣 71 行终 75 号二审判决：驳回上诉，维持原判。

【案件争点】

1. 上诉人江铃汽车集团江西工程建设有限公司对姜某某的死亡是否承担用工主体的工伤保险责任。

2. 姜某某在上下班途中发生非本人责任的交通事故，是否属于从事承包业务时发生的交通事故。

【裁判要旨】

南昌铁路运输中级法院认为，（1）关于江铃汽车集团江西工程建设有限公司是否是应当对姜某某承担工亡保险责任的用工单位的问题。《审理工伤保险行政案件规定》第三条第一款第四项规定，用工单位违反法律、法规规定将承包业务转包给不具备用工主体资格的组织或者自然人，该组织或者自然人聘用的职工从事承包业务时因工伤亡的，用工单位为承担工伤保险责任的单位。一般情况下，工伤认定以劳动关系的存在为前提，劳动者所受伤害的工伤保险责任由与劳动者建立劳动关系的用人单位承担。但在违法转包等特殊情形下，认定工伤并不受劳动关系的限制，劳动者所受伤害的工伤保险责任由违法转包单位承担。就本案而言，江铃汽车集团江西工程建设有限公司将工程承包给无用工主体资格的何某某，姜某某系何某某雇用的工人，其在中午上班途中受到了非本人主要责任的交通事故致死。因此，本案存在违法转包情形。因何某某不具备用工主体资格，无法为其雇用的姜某某参加工伤保险，客观上使得姜某某无法依照《工伤保险条例》享受工伤保险待遇，侵害了姜某某的合法权益。故基于上述分析，根据上述司法解释规定，应认定姜某某与具备用工主体资格的江铃汽车集团江西工程建设有限公司之间存在工伤保险责任法律关系。（2）关于江铃汽车集团江西工程建设有限公司主张因工受伤必须限定在从事承包业务时的观点。从事承包业务时因工伤亡应当包括为从事承包业务前往工作场所和完成工作后返回途中发生交通事故伤害的情形。首先，"从事承包业务时"是因工伤亡的一种描述性状语，而非限制性定语，只要符合《工伤保险条例》第十四条认定工伤和第十五条视同工伤的情形均可认定为"因工伤亡"，上下班途中受到伤害是工作时间的自然延伸，包括从事承包业务的上下班途中。其次，《确立劳动关系有关事项通知》第四条规定，仅从承担用工主体资格的角度对违法转包的情形予以确定，对发生工伤的原因，亦未作限定。最后，从价值取向角度分析，只有将"从事承包业务的上下班途中"纳入整个从事承包业务的总体过程综合考量，才能实现保障职工权益的工伤保险制度的最大价值。综上，上诉人江铃汽车集团江西工程建设有限公司的主张不能成立。

例案三：詹某某诉竹溪县人力资源和社会保障局劳动和社会保障行政确认案

【法院】

湖北省十堰市中级人民法院

【案号】

（2018）鄂03行终28号

【当事人】

上诉人（一审被告）：竹溪县人力资源和社会保障局

法定代表人：王某某，该局局长

被上诉人（一审原告）：詹某某

一审第三人：竹溪县城关镇建筑公司

法定代表人：程某，该公司总经理

【基本案情】

竹溪县人力资源和社会保障局（以下简称竹溪县人社局）上诉称，既然袁某某与竹溪县城关镇建筑公司不存在劳动关系的事实已经被生效文书所确定，就没有法律根据让第三人来承担工伤保险责任，上诉人也就没有受理工伤认定申请的依据。根据《工伤保险条例》第十八条第二项及《工伤认定办法》第八条和《湖北省工伤保险实施办法》第十七条的规定，社会保障行政部门受理工伤认定申请，必须以存在劳动关系为前提，这是法定条件而不是上诉人设置的条件，一审法院的判决是错误的，请求二审法院撤销一审判决，维持竹溪县人社局作出的溪人社工不受字（2017）第01号《工伤认定申请不予受理决定书》。

经审理查明，竹溪县城关镇建筑公司承包竹溪县泉溪镇坝溪河村村民委员会的扶贫搬迁安置点房屋建设工程后，将工程的施工、质量、安全责任转包给乔某某，乔某某与王某某签订了《建设施工合同书》，又将该工程转包给王某某施工，王某某遂雇请詹某某的丈夫袁某某为工程的施工人员。袁某某自2016年7月18日至2016年11月2日止，在上述房屋建设工程上劳动51天。2016年11月2日18时许，袁某某（受害人）搭乘他人装载机回家，途经泉溪镇坝溪河口路段时从搭乘的装载机上跌落摔伤后当日死亡。竹溪县人民法院（2017）鄂0324民初233号《民事判决书》判决确认袁某某与竹溪县城关建筑公司之间不存在事实劳动关系。该判决经十堰市中级人民法院2017年8月14日作出的（2017）鄂03民终1508号《民事判决书》予以维持。2017年8月14日，詹某某向竹溪县人社局申请对其丈夫袁某某进行工伤认定。竹溪县人社局于2017年9月26日以袁某某与竹溪县城关镇建筑公司之间不存在劳动关系，不具备工伤认定申请的前提条件为由，作出溪人社工不受字（2017）第01号工伤认定申请不予受理决定。原告不服，诉至湖北省竹溪县人民法院。

湖北省竹溪县人民法院作出（2017）鄂0324行初14号行政判决：撤销竹溪县人社局于2017年9月26日作出的溪人社工不受字（2017）第01号工伤认定申请不予受理决定，由该局对詹某某的工伤认定申请予以受理；责令竹溪县人社局于本判决生效之日起60日内，对詹某某的丈夫袁某某所受伤害是否构成工伤作出认定。湖北省十堰市中级人民法院作出二审判决：驳回上诉，维持原判。

【案件争点】

竹溪县人社局以实际作业的袁某某与具备用工主体资格的承包单位之间不存在劳动关系为由，不予受理受伤职工的工伤认定申请是否正确。

【裁判要旨】

湖北省十堰市中级人民法院认为，《工伤保险条例》的立法目的和宗旨是为了保障受伤职工可以依法及时获得医疗救治和经济补偿。原则上受伤职工申请工伤认定应当提交与用人单位存在劳动关系（包括事实劳动关系）的证明材料。但由于目前的用工状态，大量存在着具备用工主体资格的承包单位违反法律法规规定，将承包业务转包、分包给不具备用工主体资格的组织或者自然人，该组织或者自然人雇请工人进行实际作业的情形，实际作业的工人因不直接受承包单位的管理，也不直接从承包单位获取劳动报酬，不符合劳动关系的实质要件。但承包单位将本应由自己实施的承包业务层层转包、分包给不具备用工主体资格的组织或者自然人实施，以减轻自己的用工成本和管理成本来获取更大的利益，本身违反法律法规规定，其应当对其违法行为所带来的一切后果承担相应的责任。由于不具备用工主体资格的组织或者自然人也为了获取利益，雇请成本低的不具备相应资质和能力的劳动者进行实际作业，增加了工伤事故发生的风险，一旦发生工伤事故，由于不具备用工主体资格的组织和自然人赔付能力不足，导致受伤职工不能及时获得医疗救治和经济补偿，《工伤保险条例》所确定的目的和宗旨也就不能实现。如果具有用工主体的承包单位不承包受伤职工的工伤保险责任的话，有悖权利责任义务相一致、收益和风险并存原则，故《工伤保险条例若干问题意见》第七条和《审理工伤保险行政案件规定》第三条第四项都规定了特殊情形下具有用工主体的承包单位应当承担与其不存在劳动关系的受伤职工的工伤保险责任。承担工伤保险责任的前提是需要人社部门受理受伤职工的工伤认定申请，并作出符合工伤的认定。故竹溪县人社局以实际作业的职工与具备用工主体资格的承包单位之间不存在劳动关系为由，不予受理受伤职工的工伤认定申请，与上述法律的立法目的和宗旨相违背，也不符合人力资源和社会保障部的规定和最高人民法院司法解释的相关规定。故一审判决认定事实清楚，适用法律正确，程序合法，依法应予维持。

三、裁判规则提要

《工伤保险条例》的立法目的和宗旨是保障受伤职工可以依法及时获得医疗救治和经济补偿。根据《工伤保险条例》第十八条规定，提出工伤认定申请应当提交与用人单位存在劳动关系（包括事实劳动关系）的证明材料。即通常情况下，劳动者与用人单位之间存在劳动关系是工伤认定的前提条件。但在建筑、矿山等企业经营领域的现实用工中，大量存在着具备用工主体资格的单位违反法律法规规定，将承包业务转包、分包给不具备用工主体资格的组织或者自然人，该组织或者自然人再私自雇请工人进行实际作业的情形。而实际作业的工人因不直接受承包单位的管理，也不直接从承包单位获取劳动报酬，不符合劳动关系的实质要件。但由于雇请成本低的、不具备相应资质和能力的劳动者进行实际作业，增加了工伤事故发生的风险，一旦发生工伤事故，由于不具备用工主体资格的组织和自然人赔付能力不足，导致受伤工人不能及时获得医疗救治和经济补偿，《工伤保险条例》设定的目的和宗旨也就不能实现。审判实践中，人民法院根据现有可适用的法律法规规章及司法解释等，形成了由具备用工主体资格的发包方承担用工主体依法应承担的工伤保险责任，且不以劳动关系确立为必然前提条件的裁判规则，体现了对该领域中受伤害工人权益进行有力保护的原则，彰显了工伤保险制度确立的立法宗旨。该规则在实际应用中应注意以下问题：

（一）社会保险行政部门认定用人单位承担用工主体工伤保险责任并不必须以存在实际劳动关系为前提

《确立劳动关系有关事项通知》第四条规定，建筑施工、矿山企业等用人单位将工程（业务）或经营权发包给不具备用工主体资格的组织或自然人，对该组织或自然人招用的劳动者，由具备用工主体资格的发包方承担用工主体责任。《工伤保险条例若干问题意见》第七条规定，具备用工主体资格的承包单位违反法律、法规规定，将承包业务转包、分包给不具备用工主体资格的组织或者自然人，该组织或者自然人招用的劳动者从事承包业务时因工伤亡的，由该具备用工主体资格的承包单位承担用人单位依法应承担的工伤保险责任。《审理工伤保险行政案件规定》第三条第一款第四项规定，用工单位违反法律、法规规定将承包业务转包给不具备用工主体资格的组织或者自然人，该组织或者自然人聘用的职工从事承包业务时因工伤亡的，用工单位为承担工伤保险责任的单位。

以上规定从不同角度规定了用工单位违反法律、法规规定将承包业务转包、分包给不具备用工主体资格的组织或者自然人，该组织或者自然人聘用的职工从事承包业务时因工伤亡的，由具备用工主体资格的用人单位承担工伤保险责任。这些规定相辅相成，但均未规定应以劳动者与发包单位之间形成劳动关系为必然前提条件。即不存在劳动关系并不等同于不承担工伤保险责任。该规定系对《工伤保险条例》将劳动关系作为工伤认定前提的一般规定之外的特殊情形处理。上述规定之所以针对用工单位违法转包业务的用工主体责任作出特别规定，其根本目的在于保障劳动者不因非法用工而丧失相应的工伤保险待遇，避免用工单位通过非法转包行为逃避所应承担的工伤保险责任。此与2015年《全国民事审判工作会议纪要》第六十二条规定的“对于发包人将建设工程发包给承包人，承包人又转包或者分包给实际施工人，实际施工人招用的劳动者请求确认与发包人之间存在劳动关系的，人民法院不予支持”精神并不矛盾。因此，社会保险行政部门在符合此情形下，以劳动者与发包单位不存在劳动关系的前提条件为由，作出不予受理工伤认定或不予认定工伤的决定，均是与立法精神相悖的。

（二）对“从事承包业务时”的理解不应作限缩解释，符合《工伤保险条例》认定工伤和视同工伤情形的均可认定为“因工伤亡”

《确立劳动关系有关事项通知》第四条，对违法转包的情形从承担用工主体资格的角度予以确定，但对发生工伤的原因未作限定。上述援引的其他两项规定中关于“从事承包业务时”受到的伤害是因工伤亡的一种描述性状语，而非限制性定语。因此，对于此符合用工主体资格的工伤保险责任的承担，不仅只包括符合《工伤保险条例》第十四条中“三工原因”认定工伤的情形，还应包括从事承包业务的准备、收尾工作、上下班途中、因公外出等受到的伤害，以及第十五条中“突发疾病死亡或者在48小时之内经抢救无效死亡的”情形。从价值取向角度分析，对合法用工情况下依法应承担的用工主体工伤保险责任，不能因其违法用工反而限缩责任范围。

只有这样，才能实现设置该特殊条款所体现的保障职工权益的立法价值。

（三）社会保险行政部门在认定工伤时，应考虑到承担工伤保险主体责任的用工单位所享有的追偿权

《审理工伤保险行政案件规定》第三条第二款规定：“前款第（四）、（五）项明确的承担工伤保险责任的单位承担赔偿责任或者社会保险经办机构从工伤保险基金支付工伤保险待遇后，有权向相关组织、单位和个人追偿。”此规定明确了用工单位承担工伤保险责任后，有权向实际侵权人进行追偿的权利。因此，社会保险行政部门在对此类用工单位所承担的特殊工伤保险责任进行认定时，不能忽视该条规定。在对认定工伤事实的描述上，法律关系应表述清晰，而不能直接表述某某受伤害劳动者系用工单位的职工，或者以格式化方式填写某某为用工单位职工，进而影响用工单位承担工伤保险主体责任后的追偿权。

四、辅助信息

《工伤保险条例》

第一条 为了保障因工作遭受事故伤害或者患职业病的职工获得医疗救治和经济补偿，促进工伤预防和职业康复，分散用人单位的工伤风险，制定本条例。

第十八条 提出工伤认定申请应当提交下列材料：

（一）工伤认定申请表；

（二）与用人单位存在劳动关系（包括事实劳动关系）的证明材料；

（三）医疗诊断证明或者职业病诊断证明书（或者职业病诊断鉴定书）。

工伤认定申请表应当包括事故发生的时间、地点、原因以及职工伤害程度等基本情况。

工伤认定申请人提供材料不完整的，社会保险行政部门应当一次性书面告知工伤认定申请人需要补正的全部材料。申请人按照书面告知要求补正材料后，社会保险行政部门应当受理。

《审理工伤保险行政案件规定》

第三条 社会保险行政部门认定下列单位为承担工伤保险责任单位的，人

民法院应予支持：

（一）职工与两个或两个以上单位建立劳动关系，工伤事故发生时，职工为之工作的单位为承担工伤保险责任的单位；

（二）劳务派遣单位派遣的职工在用工单位工作期间因工伤亡的，派遣单位为承担工伤保险责任的单位；

（三）单位指派到其他单位工作的职工因工伤亡的，指派单位为承担工伤保险责任的单位；

（四）用工单位违反法律、法规规定将承包业务转包给不具备用工主体资格的组织或者自然人，该组织或者自然人聘用的职工从事承包业务时因工伤亡的，用工单位为承担工伤保险责任的单位；

（五）个人挂靠其他单位对外经营，其聘用的人员因工伤亡的，被挂靠单位为承担工伤保险责任的单位。

前款第（四）、（五）项明确的承担工伤保险责任的单位承担赔偿责任或者社会保险经办机构从工伤保险基金支付工伤保险待遇后，有权向相关组织、单位和个人追偿。

《确立劳动关系有关事项通知》

四、建筑施工、矿山企业等用人单位工程（业务）或经营权发包给不具备用工主体资格的组织或自然人，对该组织或自然人招用的劳动者，由具备用工主体资格的发包方承担用工主体责任。

工伤认定案件裁判规则第 15 条：

职工因第三人的原因受到伤害，社会保险行政部门以职工或者其近亲属已经获得民事赔偿为由，作出不予受理工伤认定申请或者不予认定工伤决定的，不予支持

【规则描述】 职工因工受到第三人侵权伤害，可以向侵权的第三人提出民事侵权赔偿主张，也可以向社会保险行政部门要求享受工伤保险待遇，除医疗费用外，可以同时获得民事侵权赔偿和享受工伤保险待遇。社会保险行政部门以职工或者其近亲属已经获得民事赔偿为由，作出不予受理工伤认定申请或者不予认定工伤决定的，人民法院不予支持。

一、类案检索大数据报告

截至 2020 年 12 月 31 日，以“工伤认定”“第三人侵权”“双赔”“工伤保险待遇”为关键词，通过 Alpha 案例库、法信平台、中国裁判文书网、元典智库、北大法宝等在行政案由中进行全文检索，共查找到 190 起相关案件，通过逐案翻阅和分析，排除同一案件因不同审级形成的多个文书和虽然涉及“双赔”但并非以此为主要裁判内容的案件 12 件，实际与本规则密切相关联案件 178 件。整体情况如下：

如图 15-1 所示，从地域分布看，四川省案件量最多，有 105 件，其他较多的分别是湖南省 13 件、湖北省 12 件、江西省 8 件、吉林省 6 件、山西省 5 件、辽宁省 5 件、浙江省 5 件。

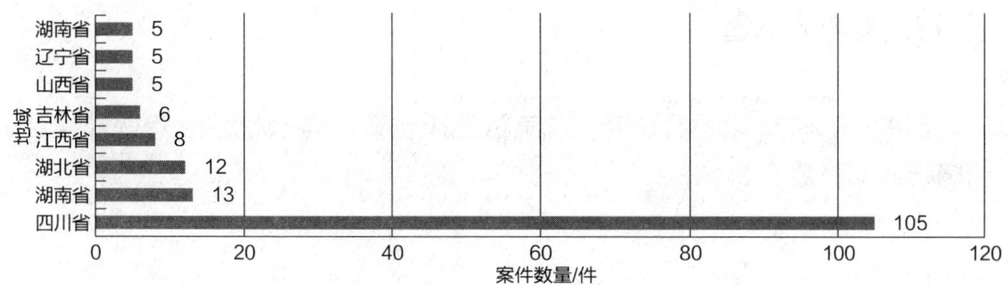

（注：图表只列取了5件以上的地区，5件以下的地区较多，未逐一列明）

图 15-1　类案地域分布情况

如图15-2所示，从审理法院层级分布上看，高级人民法院2件、中级人民法院64件、基层人民法院112件。

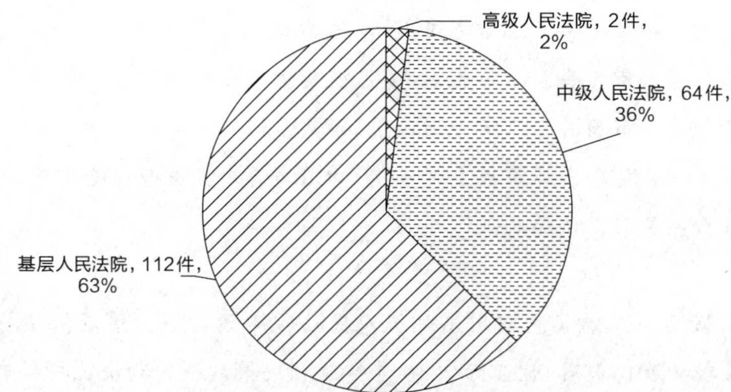

图 15-2　类案审理法院层级分布情况

如图15-3所示，从裁判结果看，178起案件中共有166起案件支持本规则；在不支持的12起案件中，则存在着上下级法院认识不统一或区域内均不支持本规则的情形，如涉及浙江省的5起案件全部不支持本规则。

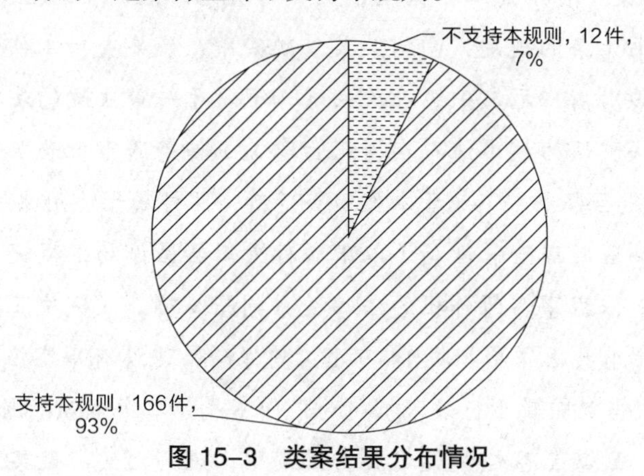

图 15-3　类案结果分布情况

二、可供参考的例案

例案一：何某某、姚某甲、姚某诉四川省青川县医疗保险管理局社会保障行政给付案

【法院】

四川省高级人民法院

【案号】

（2019）川行再7号

【当事人】

再审申请人（一审原告、二审上诉人）：何某某

再审申请人（一审原告、二审上诉人）：姚某甲

再审申请人（一审原告、二审上诉人）：姚某

被申请人（一审被告、二审被上诉人）：四川省青川县医疗保险管理局

法定代表人：吴某，该局局长

【基本案情】

何某某、姚某甲、姚某向四川省高级人民法院申请再审，请求依法撤销四川省青川县人民法院（2016）川0822行初19号行政判决第二项的判决；撤销四川省广元市中级人民法院（2017）川08行终9号行政判决；依法判令被申请人支付申请人应领取的姚某乙一次性工亡补助金未领取完毕部分14万元。其申请再审的理由为：四川省青川县人民法院一审依据已经失效的2003年12月22日四川省人民政府发布的《四川省人民政府关于贯彻〈工伤保险条例〉的实施意见》（已失效）认定被申请人只能参照该意见第十条的规定，向何某某、姚某甲、姚某支付工伤保险待遇，属于适用法律错误。四川省广元市中级人民法院二审对于一审法院的法律适用错误没有及时纠正，二审法院认为被申请人在《死亡职工工伤待遇审批表》中核定扣减第三人赔偿款14万元是否合法，不属于本案审查范畴，同样属于适用法律错误。

四川省青川县医疗保险管理局（以下简称青川县医保局）提交意见称，二审法院认定事实清楚，依据事实所作出的法律关系判断正确，该判决正确；何某某、姚某甲、姚某认为青川县医保局扣减14万元工伤保险待遇没有事实根据，其理由不能成立；虽然是否应当双赔属于行政审批行为，但不属于本案审理范围。

经审理查明，姚某乙系何某某之夫，姚某甲、姚某之父。姚某乙生前在青川县

白家乡黄家湾铝矿厂务工，2013年3月22日下班途中，姚某乙驾驶的二轮摩托车与刘某某驾驶的二轮摩托车（车主为魏某某）相撞，姚某乙经医院抢救无效于2013年3月24日死亡，青川县公安局交通警察大队认定该次事故姚某乙、刘某某承担事故同等责任。2013年3月22日，姚某乙经抢救无效死亡。2013年6月17日，广元市人力资源和社会保障局作出广人社工决〔2013〕40013号《工伤认定决定书》，认定姚某乙所受伤害属于工伤认定范围，认定为工伤。

2013年4月14日，何某某、姚某甲、姚某及姚某乙之母蒋某某以刘某某、魏某某、中国人民财产保险股份有限公司广元市分公司、中国人民财产保险股份有限公司剑阁支公司为被告起诉至四川省青川县人民法院，2013年9月29日，四川省青川县人民法院作出（2013）青川民初字第477号民事判决，判决中国人民财产保险股份有限公司剑阁支公司在交强险中赔偿医疗费和死亡赔偿金12万元，刘某某、魏某某赔偿医疗费等191772.85元，已经支付的2万元从中扣除。该判决发生法律效力后，何某某、姚某甲、姚某及姚某乙之母蒋某某向法院申请执行刘某某、魏某某，2015年2月4日，四川省青川县人民法院作出（2015）青川执恢字第3号执行裁定书，查明刘某某、魏某某无可供执行财产，裁定终结了（2013）青川民初字第477号民事判决书的执行。

2014年4月，何某某、姚某甲、姚某在请求民事赔偿期间，由青川县医保局向何某某、姚某甲、姚某支付了姚某乙工亡补助金179527元，丧葬费17016元。2015年民事赔偿终结后，因第三人不能全额履行民事侵权赔偿责任，在刘某某、魏某某赔偿2万元，中国人民财产保险股份有限公司剑阁支公司赔偿12万元的情况下，青川县医保局再次向本案何某某、姚某甲、姚某补充支付了工伤保险待遇171773元。

另查明，2014年1月16日，青川县医保局对姚某乙工亡作出《死亡职工工伤待遇审批表》，核准姚某乙工亡一次性待遇196543元。2015年4月9日，青川县医保局再次对姚某乙工亡作出《死亡职工工伤待遇审批表》，核准补充支付姚某乙工亡一次性待遇171773元，两次审批共计核准姚某乙工伤保险待遇368316元。

一审法院认为，青川县医保局应当向何某某、姚某甲、姚某支付一次性工伤补助金491300元，丧葬费17016元，合计508316元。本案何某某、姚某甲、姚某已得到刘某某、魏某某赔偿2万元，保险公司赔偿12万元，青川县医保局共计支付了368316元，何某某、姚某甲、姚某已得到赔偿的金额合计为508316元，与足额工伤保险待遇相等。

2003年12月22日四川省人民政府发布了《四川省人民政府关于贯彻〈工伤保

险条例〉的实施意见》(以下简称《意见》)(已失效),该《意见》第十条规定“职工上下班途中受到交通机动车事故伤害,或者履行工作职责和完成工作任务过程中遭受意外伤害,按《条例》规定认定为工伤和视同工伤的,如第三方责任赔偿的相关待遇已经达到工伤保险相关待遇标准的,用人单位或社会保险经办机构不再支付相关待遇;如第三方责任赔偿低于工伤保险相关待遇,或因其他原因使工伤职工未获得赔偿的,用人单位或社会保险经办机构应按照规定补足工伤保险相关待遇”,青川县医保局只能参照《意见》第十条的规定,向何某某、姚某甲、姚某支付工伤保险待遇。

2014年5月,用人单位企业注销,2013年4月起,用人单位未继续缴纳社会保险的行为与姚某乙无关,因此青川县医保局暂停支付供养亲属抚恤金的行为不合法。何某某、姚某甲、姚某的其他诉讼请求于法无据,一审法院不予支持。判决青川县医保局从工伤保险基金先行按月给供养亲属姚某甲、姚某支付抚恤金,驳回何某某、姚某甲、姚某其他诉讼请求。

二审法院认为,根据《工伤保险条例》第四十六条第四项、第五项的规定,工伤保险经办机构具体承办工伤保险事务,管理工伤保险基金的支出,核定工伤保险待遇。工伤保险待遇的核定和工伤保险待遇的支付,是前后相关联的两个不同行政行为,何某某、姚某甲、姚某诉请青川县医保局支付的工伤保险待遇,是依据姚某乙《死亡职工工伤待遇审批表》来确定的。目前,针对该《死亡职工工伤待遇审批表》(以下简称《审批表》),何某某、姚某甲、姚某并没有提起行政复议或者行政诉讼要求撤销该《审批表》,在被上诉人的两次审批行为未被撤销的情况下,人民法院应当将其视为有效的行政行为,即青川县医保局应当按照该《审批表》的内容核定的工伤保险待遇,向何某某、姚某甲、姚某支付相关费用。经查,青川县医保局已经按照姚某乙《死亡职工工伤待遇审批表》审核确定的数额足额向何某某、姚某甲、姚某支付工伤保险待遇费用368316元,何某某、姚某甲、姚某主张判令青川县医保局支付一次性工亡补助金14万元的诉讼请求,二审法院不予支持。何某某、姚某甲、姚某主张青川县医保局扣减第三人赔偿款14万元不合法,其应当在法定期限内针对青川县医保局所作出的两次《死亡职工工伤待遇审批表》申请行政复议或者提起行政诉讼。青川县医保局在《审批表》中核定扣减第三人赔偿款14万元是否合法,不属于本案审查范畴,一审法院在本案中审查青川县医保局两次审批行为扣减第三人赔偿款14万元的合法性,并认为符合法律法规的规定,明显已超出了何某某、姚某甲、姚某诉请所针对行政行为的内容,二审法院依法予以纠正。综上,一审法院认定事实部分正确，适用法律错误，但裁判结果正确，故对何某某、姚某甲、姚某的上诉请求不予支持。判决驳回上诉，维持原判。

再审申请人何某某、姚某甲、姚某不服，提起申请再审，四川省高级人民法院于2018年5月25日作出判决：一、撤销四川省广元市中级人民法院（2017）川08行终9号行政判决；二、维持四川省青川县人民法院（2016）川0822行初19号行政判决第一项，即“一、被告青川县医疗保险管理局从工伤保险基金先行按月给供养亲属姚某甲、姚某支付抚恤金”；三、撤销四川省青川县人民法院（2016）川0822行初19号行政判决第二项，即“二、驳回原告何某某、姚某甲、姚某其他诉讼请求”；四、责令被申请人青川县医保局在本判决生效后30日内对姚某乙的工伤保险待遇予以重新核定，并按规定向何某某、姚某甲、姚某支付工伤保险待遇。

【案件争点】

职工因第三人侵权受到伤害，构成工伤的，受害人从事故方获得民事赔偿后，是否还可以按照《工伤保险条例》的规定申请工伤保险待遇补偿。

【裁判要旨】

四川省高级人民法院认为，根据《审理工伤保险行政案件规定》第八条第三款：“职工因第三人的原因导致工伤，社会保险经办机构以职工或者其近亲属已经对第三人提起民事诉讼为由，拒绝支付工伤保险待遇的，人民法院不予支持，但第三人已经支付的医疗费用除外”的规定，受害人因交通事故被认定为工伤，受害人从事故方获得民事赔偿后，还可以按照《工伤保险条例》的规定申请工伤保险待遇补偿。本案中，姚某乙在下班途中因发生交通事故死亡，被广元市人力资源和社会保障局认定为工伤，何某某、姚某甲、姚某向青川县医保局提出一次性领取工伤保险待遇的申请，符合法律规定。青川县医保局以何某某、姚某甲、姚某已通过民事诉讼获得14万元赔偿，而在工伤保险待遇金额中予以扣除，与上述规定不符，依法应当纠正。青川县医保局以用人单位未继续交纳社会保险为由，暂停支付姚某乙供养亲属抚恤金确有不当，亦应纠正。

例案二：谭某某、杨某某诉衡山县工伤保险基金管理中心工伤保险待遇支付案

【法院】

湖南省衡阳市中级人民法院

【案号】

（2018）湘04行终101号

【当事人】

上诉人（一审被告）：衡山县工伤保险基金管理中心

法定代表人：廖某某，该基金管理中心主任

被上诉人（一审原告）：谭某某

被上诉人（一审原告）：杨某某

【基本案情】

上诉人衡山县工伤保险基金管理中心上诉称，（1）被上诉人之子谭某甲的工伤系第三人的侵权行为造成而并非在用人单位用工行为所致，依法只能视同工伤对待；（2）交通事故发生后，被上诉人依法起诉了侵权的第三人且判决已生效，在执行过程中以侵权第三人无力赔偿为由而中止执行，这并非双重赔偿的理由；（3）上诉人未否认工伤，也未拒绝履行义务，肯定会承担补差责任；（4）视同工伤如可以得到双重赔偿，没有法律依据且显失公平，应当实行差额部分的补偿。

被上诉人谭某某、杨某某辩称，一审判决认定事实清楚，适用法律正确，请求维持原判。（1）谭某甲被认定为工伤，应当享受工伤待遇，不能因工伤的原因不同而有所差别；（2）一审法院判决给付义务符合法律规定；（3）一审判决没有违反公平原则。

经审理查明，衡山得鑫泰机械制造有限公司职工谭某甲系谭某某、杨某某之子。衡山得鑫泰机械制造有限公司为谭某甲向被告衡山县工伤保险基金管理中心缴纳了工伤保险金。2017年6月15日23时22分许，谭某甲在前往单位上班途中，驾驶未依法注册登记的普通二轮摩托车，与李某某驾驶的湘M××××× 重型仓栅式货车发生交通事故，谭某甲当场死亡。经交警部门认定，谭某甲在此次事故中无责任。2017年10月25日，衡阳市人力资源和社会保障局根据衡山得鑫泰机械制造有限公司的申请，作出（2017）衡工伤认字40151号《认定工伤决定书》，认定谭某甲为工伤。2017年9月20日，经衡山县人民法院判决，侵权第三人及保险公司赔偿二原告损失共计713732.3元。判决生效后，二原告申请强制执行。在执行过程中，二原告共领取赔偿款26万余元。2017年12月4日，衡山得鑫泰机械制造有限公司向被告提出给予受害人谭某甲工伤保险待遇的核发申请。被告于同日受理后，以上级主管部门未批准为由拒绝支付谭某甲的工亡待遇。二原告以被告不履行其行政支付职责为由，于2018年1月9日向法院提起行政诉讼。请求被告依法履行工伤保险待遇法定职责，立即支付谭某甲一次性工亡补助金 672320 元、丧葬费 25386 元。

一审法院认为，谭某甲因上班途中发生交通事故死亡，已被认定为工伤，根据《工伤保险条例》第三十九条的规定，被告衡山县工伤保险基金管理中心应支付死者近亲属丧葬补助金、一次性工亡补助金。依照《最高人民法院关于审理人身损害赔偿案件适用法律若干问题的解释》第十二条“依法应当参加工伤保险统筹的用人单位的劳动者，因工伤事故遭受人身损害，劳动者或者其近亲属向人民法院起诉请求用人单位承担民事赔偿责任的，告知其按《工伤保险条例》的规定处理。因用人单位以外的第三人侵权造成劳动者人身损害，赔偿权利人请求第三人承担民事赔偿责任的，人民法院应予支持”之规定，依法参加工伤保险统筹的用人单位的劳动者，因用人单位以外的第三人实施侵权行为遭受工伤损害的，受害人可以获得双重救济。即受害人不仅可以请求获得工伤保险金，还可以对第三人主张侵权损害赔偿，二者并行不悖。根据《社会保险法》第四十二条规定：“由于第三人的原因造成工伤，第三人不支付工伤医疗费用或者无法确定第三人的，由工伤保险基金先行支付。工伤保险基金先行支付后，有权向第三人追偿。”工伤保险部门在先行支付工伤保险待遇后，可以向侵权第三人追偿工伤医疗费用，即在第三人支付工伤医疗费用后，工伤保险部门可以将这部分费用扣除。《审理工伤保险行政案件规定》第八条第三款规定：“职工因第三人的原因导致工伤，社会保险经办机构以职工或者其近亲属已经对第三人提出民事诉讼为由，拒绝支付工伤保险待遇的，人民法院不予支持，但第三人已经支付的医疗费用除外。”与上述《社会保险法》第四十二条的规定一致，即在侵权第三人造成的工伤案件中，工伤保险部门可以扣除第三人已经支付的医疗费用。除工伤医疗费用外，工伤职工可以同时享受工伤保险待遇及获得民事侵权赔偿。《社会保险法》《工伤保险条例》明确规定了构成工伤应享受相关待遇，没有规定第三人侵权工伤应当扣减第三人赔偿部分，故其他工伤保险待遇仍应根据《工伤保险条例》的相关规定正常支付。被告认为因第三人原因造成工伤适用补差填补原则支付工伤保险待遇，于法无据，其理由不能成立。

湖南省衡山县人民法院作出（2018）湘 0423 行初 1 号判决：责令被告衡山县工伤保险基金管理中心在本判决生效后 15 日内给付二原告丧葬补助金 25386 元、一次性工亡补助金 672320 元，合计 697706 元。被告衡山县工伤保险基金管理中心不服，提出上诉。湖南省衡阳市中级人民法院于 2018 年 11 月 8 日作出（2018）湘 04 行终 101 号二审判决：驳回上诉，维持原判。

【案件争点】

职工因第三人侵权受到伤害构成工伤的，第三人民事侵权赔偿责任和工伤保险待遇支付发生请求权竞合时，二者竞合的部分是“双赔”还是“补差”。

【裁判要旨】

湖南省衡阳市中级人民法院认为，根据《社会保险法》第三十六条“职工因工作原因受到事故伤害或者患职业病，且经工伤认定的，享受工伤保险待遇……”《工伤保险条例》第三十九条第一款“职工因工死亡，其近亲属按照下列规定从工伤保险基金领取丧葬补助金、供养亲属抚恤金和一次性工亡补助金……”及《侵权责任法》第三条①“被侵权人有权请求侵权人承担侵权责任”、《最高人民法院关于审理人身损害赔偿案件适用法律若干问题的解释》第十二条第一款“依法应当参加工伤保险统筹的用人单位的劳动者，因工伤事故遭受人身损害，劳动者或者其近亲属向人民法院起诉请求用人单位承担民事赔偿责任的，告知其按《工伤保险条例》的规定处理”及第二款“因用人单位以外的第三人侵权造成劳动者人身损害，赔偿权利人请求第三人承担民事赔偿责任的，人民法院应予支持”等规定，由于第三人侵权导致职工（劳动者）工伤的，职工可以分别按照《侵权责任法》和《社会保险法》向侵权的第三人要求民事侵权赔偿和向工伤保险基金管理机构要求享受工伤保险待遇。工伤保险赔偿请求权与第三人人身损害赔偿请求权，二者虽然基于同一损害事实，但存在两个不同的法律关系之中，互不排斥。基于工伤事故的发生，职工与用人单位之间形成了工伤保险赔偿关系，国家设置工伤保险制度，目的是保障因工作遭受事故伤害或者患职业病的职工获得医疗救治和经济补偿。只要客观上存在工伤事故，就会在受伤职工和用人单位之间产生工伤保险赔偿关系，即使工伤事故系因用人单位以外的第三人侵权所致，也不影响受伤职工向用人单位主张工伤保险赔偿。而基于侵权事实的存在，受伤职工作为被侵权人，与侵权人之间形成侵权之债的法律关系，其有权向侵权人主张人身损害赔偿，侵权之债成立与否，与被侵权人是否获得工伤保险赔偿无关，即使用人单位已经给予受伤职工工伤保险赔偿，也不能免除侵权人的赔偿责任。因此，因用人单位以外的第三人侵权造成职工人身损害，构成工伤的，职工具有双重主体身份——工伤事故的受伤职工和人身侵权的被侵权人。基于双重身份，职工对用人单位（或者社会保险经办机构）工伤保险赔偿请求权和对

① 参见《民法典》第一千一百六十七条规定：“侵权行为危及他人人身、财产安全的，被侵权人有权请求侵权人承担停止侵害、排除妨碍、消除危险等侵权责任。”

侵权人人身损害赔偿请求权发生竞合时，即有权对竞合的部分获得“双重赔偿”。当然，由于实际发生的医疗费用数额明确，且费用凭据只有一份，根据《社会保险法》第四十二条“由于第三人的原因造成工伤，第三人不支付工伤医疗费用或者无法确定第三人的，由工伤保险基金先行支付。工伤保险基金先行支付后，有权向第三人追偿”规定，职工只能享受一份医疗费用。

具体到本案，因第三人李某某侵权，造成谭某甲死亡，已被衡阳市人力资源和社会保障局依法认定为工伤，被上诉人谭某某、杨某某作为受害人近亲属有权向衡山县工伤保险基金管理中心主张工伤保险赔偿，衡山县工伤保险基金管理中心关于第三人民事侵权赔偿责任和工伤保险待遇支付发生请求权竞合时，工伤保险基金适用的应是一种补差的填补原则的主张因缺乏法律依据，不予采纳。

例案三：吴某甲、吴某乙、吴某丙、吴某丁诉冷水江市工伤保险管理局工伤保险待遇支付案

【法院】

湖南省娄底市中级人民法院

【案号】

（2020）湘13行终17号

【当事人】

上诉人（一审被告）：冷水江市工伤保险管理局

法定代表人：陈某，该局局长

被上诉人（一审原告）：吴某甲

被上诉人（一审原告）：吴某乙

被上诉人（一审原告）：吴某丙

被上诉人（一审原告）：吴某丁

一审第三人：冷水江市杨梅岭矿业有限公司

法定代表人：李某某，该矿矿长

【基本案情】

上诉人冷水江市工伤保险管理局（以下简称冷水江市工保局）上诉称，一审事实未查明。吴某某的工伤认定时间跨度一年多，一审没有查明吴某某的死亡是否属于工亡。依据《社会保险基金先行支付暂行办法》第十一条的规定，在第三人侵权

造成工伤情形下，民事侵权责任与保险责任竞合，工伤保险待遇应“就高不就低”，实行“差额补偿”。因此上诉人扣减第三人支付了的341694元符合法律规定，作出冷工保复字（2019）3号的答复函有事实和法律依据。请求撤销一审判决，维持上诉人作出的答复函。

被上诉人吴某甲、吴某乙、吴某丙、吴某丁辩称，上诉人作出冷工保复字（2019）3号的答复函没有事实和法律依据，依法应予撤销。上诉人与被上诉人就吴某某的死亡已经签订了《湖南省工亡农民工供养亲属一次性领取工伤保险待遇协议》，上诉人不履行该行政协议违法，上诉人应当向被上诉人支付余下的401694元。一审判决正确，请求二审法院驳回上诉，维持原判。

一审第三人冷水江市杨梅岭矿业有限公司述称，第三人不应当承担吴某某因交通事故死亡的任何义务，吴某某的死亡认定为工亡后，应当由上诉人支付工伤保险待遇、一次性工亡补助金、抚恤金，第三人不承担任何义务。一审判决正确，请求二审法院驳回上诉，维持原判。

经审理查明，原告吴某甲等系吴某某的近亲属，吴某某生前系冷水江市杨梅岭矿业有限公司职工。2014年3月3日下午4点多钟，吴某某骑摩托车下班回家，行驶至新化县地段时与谢某某驾驶的湘K××××× 小车相撞，致吴某某当场死亡。2014年3月25日，新化县公安局交通警察大队作出新公交重认字〔2014〕第2140044号《道路交通事故认定书》，认定谢某某承担事故的全部责任，吴某某不承担事故发生的责任。2015年5月14日，冷水江市人力资源和社会保障局作出冷人社工认字〔2015〕第251号《认定工亡决定书》：吴某某受到的事故伤害，符合《工伤保险条例》第十四条第六项之规定，属于工亡认定范围，现予以认定为工亡。2017年6月22日，吴某甲向冷水江市工保局申请工亡农民工供养亲属一次性工伤保险待遇，后吴某甲与被告达成《湖南省工亡农民工供养亲属一次性领取工伤保险待遇协议》，该协议约定：由被告一次性支付原告工伤保险待遇981250元，其中包括丧葬费18990元、一次性工亡补助金539100元、抚恤金423160.5元。被告分别于2018年2月13日支付人民币10万元，同年6月21日支付人民币10万，2019年1月31日支付人民币379556元，余下401694元（包括第三方的赔偿款341694元和对第三人的罚款6万元）尚未支付。2019年6月19日，湖南省楚梅律师事务所接受吴某甲的委托，向被告送达《律师函》，催告被告于2019年6月28日前将尚未支付给吴某甲的工伤保险待遇401694元进行支付。同月28日，冷水江市工保局作出冷工保复字〔2019〕3号《关于〈湖南省楚梅律师事务所律师函〉的答复》，该答复称，民事侵权责任和工伤保险竞合，工伤保险待遇应实行“差额补偿”，被告已支付吴某某工亡保险待遇579556元，且第三方已经赔偿了401694元，故被告不再支付吴某某因公死亡的401694元。

一审法院认为，本案争议焦点是工伤保险赔偿与交通事故赔偿竞合，该如何赔偿的问题。《最高人民法院关于因第三人造成工伤的职工或其亲属在获得民事赔偿后是否还可以获得工伤保险补偿问题的答复》规定，因第三人造成工伤的职工或其近亲属，从第三人处获得民事赔偿后，可以按照《工伤保险条例》第三十七条的规定，向工伤保险机构申请工伤保险待遇补偿。该司法解释就已明确职工或者其近亲属除民事赔偿外，还可以申请工伤保险待遇补偿。《审理工伤保险行政案件规定》第八条第三款也规定，职工因第三人的原因导致工伤，社会保险机构以职工或者其近亲属已经对第三人提起民事诉讼为由，拒绝支付工伤保险待遇的，人民法院不予支持，但第三人支付的医疗费除外。上述规定也明确职工或者其近亲属，获得民事赔偿后，仍然可以享受除医疗费用外的其他工伤保险待遇。本案的原告系工亡人吴某某的近亲属，有权依据法律规定享受相应工伤保险待遇，关于被告提出根据《社会保险基金先行支付暂行办法》第十一条规定“就高不就低，差额赔偿”的答辩意见，《社会保险基金先行支付暂行办法》是人力资源和社会保障部为规范社会保险基金先行支付管理制度的部门规章，其适用于先行支付的情形，与本案实际不符，故该答辩意见不能成立。被告依据《工伤保险条例》对相关费用已进行审核，并与原告签订了《湖南省工亡农民工供养亲属一次性领取工伤保险待遇协议》，该协议约定：由被告一次性支付原告工伤保险待遇981250元，其中包括丧葬费18990元、一次性工亡补助金539100元、抚恤金423160.5元。但被告在《关于〈湖南省楚梅律师事务所律师函〉的答复》中依据《社会保险基金先行支付暂行办法》第十一条规定扣除原告等人401694元不予支付，不符合法律规定，被告的上述答复适用法律错误。至于被告提出该协议已全部履行，未支付款项系原告自行放弃的主张，被告未提交证据证明，不予采纳。

湖南省涟源市人民法院作出（2019）湘1382行初79号判决：一、撤销被告冷水江市工保局作出的冷工保复字〔2019〕3号《关于〈湖南省楚梅律师事务所律师函〉的答复》；二、限被告冷水江市工保局在本判决生效后15日内，按《湖南省工亡农民工供养亲属一次性领取工伤保险待遇协议》支付给原告吴某甲、吴某乙、吴某丙、吴某丁工伤保险待遇401694元。一审被告不服，提起上诉。湖南省娄底市中级人民法院于2020年4月8日作出（2020）湘13行终17号判决：一、维持涟源市人民法院（2019）湘1382行初79号行政判决第一项；二、撤销涟源市人民法院（2019）湘1382行初79号行政判决第二项；三、上诉人冷水江市工保局收到本判决之日起，15日内支付给被上诉人吴某甲、吴某乙、吴某丙、吴某丁工伤保险待遇人民币6万元整。

【案件争点】

工伤保险赔偿与交通事故赔偿竞合该如何赔偿。

【裁判要旨】

湖南省娄底市中级人民法院认为，《工伤保险条例》第一条规定，为了保障因工作遭受事故伤害或者患职业病的职工获得医疗救治和经济补偿，促进工伤预防和职业康复，分散用人单位的工伤风险，制定本条例。第三十九条规定，职工因工死亡，其近亲属按照规定从工伤保险基金领取丧葬补助金、供养亲属抚恤金和一次性工亡补助金。《审理工伤保险行政案件规定》第八条第三款规定，职工因第三人的原因导致工伤，社会保险经办机构以职工或者近亲属已经对第三人提起民事诉讼为由，拒绝支付工伤保险待遇的，人民法院不予支持，但第三人已经支付的医疗费用除外。《社会保险法》第四十二条规定，由于第三人的原因造成工伤，第三人不支付工伤医疗费用或者无法确定第三人的，由工伤保险基金先行支付。工伤保险基金先行支付后，有权向第三人追偿。《娄底市工伤保险实施办法》第五十三条规定，职工遭受第三人伤害，且属于工伤认定情形的，应按照有关规定取得人身伤害赔偿，获得人身伤害赔偿总额低于工伤保险待遇的，根据所在单位是否参加工伤保险统筹，由工伤保险基金或所在单位核定补足差额部分。根据前述法律法规及司法解释的规定，《工伤保险条例》的立法精神就是保障工伤职工获得医疗救治和经济补偿，分散用人单位的工伤风险。而工伤保险是不同于商业保险的一种强制性的社会保险，承担着包括先行支付等社会义务。因第三人造成工伤的职工或者亲属在获得民事赔偿后可以向工伤保险机构申请工伤保险待遇补偿，但补偿并不是双赔，应为补足差额。本案中，吴某某生前系冷水江市杨梅岭矿业有限公司职工，公司为其缴纳了工伤保险费用，2014年3月3日因交通事故身亡，2017年5月26日经冷水江市人力资源和社会保障局冷人社工认字〔2015〕第251号《认定工亡决定书》认定为工伤，其近亲属吴某甲、吴某乙、吴某丙、吴某丁按照规定可以从工伤保险基金领取丧葬补助金、供养亲属抚恤金和一次性工亡补助金，上诉人冷水江市工保局依法负有给付吴某某工伤保险待遇的义务。虽然上诉人冷水江市工保局与吴某甲达成《湖南省工亡农民工供养亲属一次性领取工伤保险待遇协议》，该协议约定：由上诉人一次性支付工伤保险待遇981250元。上诉人至2019年1月31日共支付了人民币579556元。但因吴某甲与肇事司机达成调解协议获得的赔偿款341694元，按照“差额补偿”原则，依法应当予以剔除。上诉人应支付吴某某工伤保险待遇金为：981250元－579556元－341694元＝60000元。故2019年6月28日上诉人作出的冷工保复字〔2019〕3号答复“不再支付吴某某因公死亡的401694元给吴某某家属”，系认定事实不清，适用法律错误，依法应当撤销，一审判决撤销正确，本院应予维持。但一审判决未扣除吴某某家属已获得交通事故肇事方及相关保险公司的赔偿款341694元，判决由上诉人再支付给吴某甲、吴某乙、吴某丙、吴某丁工伤保险待遇401694元，系适用法律不当，应予以纠正。上诉人的上诉观点和理由部分成立。被上诉人吴某甲等的诉讼请求亦部分成立。

三、裁判规则提要

适用本规则要以职工所受来自第三人的伤害能够构成工伤为前提。在此种情况下，能够确定的是，职工可以分别向第三人提出赔偿主张，也可以要求享受工伤保险待遇，但如何处理第三人赔偿和工伤保险待遇并存的问题，即职工能否获得双份赔偿的问题，存在较大争议。

通过对类案裁判观点的归纳，主要存在三种观点：第一种观点认为，应当采用补差填补原则支付工伤保险待遇，即核算职工应当享受的工伤保险待遇后，扣除职工所获得的第三人赔偿金额，不足部分由工伤保险基金支付。第二种观点认为，职工只能在第三人赔偿和工伤待遇之间择一，若选择向第三人主张赔偿则不能选择工伤保险待遇，若选择工伤保险待遇，则社会保险行政部门赔付后取得对第三人的追偿权，此观点实际为单方赔付。在《审理工伤保险行政案件规定》出台后，上述前两种观点实际上合二为一，即为确保职工获得及时的赔偿和救济，可同时向侵权第三人和社会保险行政部门分别提出赔偿请求和要求享受工伤保险待遇，若第三人已经进行赔偿，则工伤保险进行补差。第三种观点则认为，民事侵权赔偿和工伤保险待遇是两种法律关系，工伤保险基金主要是由用人单位缴纳，旨在职工因工受伤时获得补助、补偿，与第三人进行的赔偿可以并存。因此，除医疗费用外，职工可以同时主张，获得双份赔偿。对于处理第三人赔偿和工伤保险待遇并存的问题，应采用双份赔偿还是补差填补的方法，可以从以下两个方面进行分析：

（一）从立法层面看，并没有对职工获得双份赔偿进行限制

有关第三人侵权致工伤的赔偿问题主要见于《社会保险法》和《审理工伤保险行政案件规定》。前者第四十二条规定，由于第三人的原因造成工伤，第三人不支付工伤医疗费用或者无法确定第三人的，由工伤保险基金先行支付。工伤保险基金先行支付后，有权向第三人追偿。该条文本身包含两层规定：一层是工伤保险基金先行支付的条件；另一层是针对先行支付的医疗费用，工伤保险基金有权追偿。这里的追偿仅针对的是医疗费用，而非其他应当支付的工伤保险费用。后者的第八条从更好保护职工权益的目的出发，对《社会保险法》第四十二条作了进一步解释。该条第三款规定，职工因第三人的原因导致工伤，社会保险经办机构以职工或者其近亲属已经对第三人提起民事诉讼为由，拒绝支付工伤保险待遇的，人民法院不予支持，但第三人已经支付的医疗费用除外。该款规定同样只是对医疗费用的双份获取作了限定，并未对其他工伤费用作出限制。上述两个法律中的相关条款并未限定，可以视作对双份赔偿的认可，或者说职工获得除医疗费用外的双份赔偿并不违背法律规定。

（二）在理论层面，基于工伤保险基金的性质和人身损害赔偿的特殊性考量，应当支持职工获得双份赔偿

首先，工伤保险基金具有强制性、共济性等特征，其主要来源为用人单位缴纳的工伤保险费用，是一种强制、众筹、社会性质的保险。既然费用由用人单位缴纳，又具有保险性质，那么即便第三人先进行了足额赔偿，社会保险基金也应当承担相应的责任，而不是将责任推给侵权第三人。

其次，职工向第三人主张人身损害赔偿，是基于侵权事实，受伤职工作为被侵权人，与侵权人之间形成侵权之债的法律关系，属于私法领域的赔偿。而职工主张享受工伤保险待遇，所基于的是受到工伤的事实，形成了工伤保险补偿法律关系，属于公法领域的补偿。此二者虽然基于同一个伤害事实产生竞合，但因分属不同的法律关系，不能一概而论。

最后，反对者或认为职工基于同一事实获得双份赔偿属于不当得利，但其没有考虑到人身损害赔偿的特殊性。人的身体和生命不是物品，民事法律中人身损害赔偿标准的确定，只是基于一定考量，以“拟制”的办法对其种类和标准作了规定，不能因此认为获得侵权赔偿足以弥补职工及其家庭所遭受的伤害。正因为医疗费用

可以用金钱衡量,《社会保险法》和《审理工伤保险行政案件规定》才对其进行了限制。除此之外，工伤保险基金均为对职工人身伤亡的补偿，法律对此不作限制，也可以视为支持双份赔偿。

四、辅助信息

《社会保险法》

第四十二条　由于第三人的原因造成工伤，第三人不支付工伤医疗费用或者无法确定第三人的，由工伤保险基金先行支付。工伤保险基金先行支付后，有权向第三人追偿。

《工伤保险条例》

第一条　为了保障因工作遭受事故伤害或者患职业病的职工获得医疗救治和经济补偿，促进工伤预防和职业康复，分散用人单位的工伤风险，制定本条例。

第三十九条　职工因工死亡，其近亲属按照下列规定从工伤保险基金领取丧葬补助金、供养亲属抚恤金和一次性工亡补助金：

（一）丧葬补助金为6个月的统筹地区上年度职工月平均工资；

（二）供养亲属抚恤金按照职工本人工资的一定比例发给由因工死亡职工生前提供主要生活来源、无劳动能力的亲属。标准为：配偶每月40%，其他亲属每人每月30%，孤寡老人或者孤儿每人每月在上述标准的基础上增加10%。核定的各供养亲属的抚恤金之和不应高于因工死亡职工生前的工资。供养亲属的具体范围由国务院社会保险行政部门规定；

（三）一次性工亡补助金标准为上一年度全国城镇居民人均可支配收入的20倍。

伤残职工在停工留薪期内因工伤导致死亡的，其近亲属享受本条第一款规定的待遇。

一级至四级伤残职工在停工留薪期满后死亡的，其近亲属可以享受本条第一款第（一）项、第（二）项规定的待遇。

《审理工伤保险行政案件规定》

第八条　职工因第三人的原因受到伤害，社会保险行政部门以职工或者其近亲属已经对第三人提起民事诉讼或者获得民事赔偿为由，作出不予受理工伤认定申请或者不予认定工伤决定的，人民法院不予支持。

职工因第三人的原因受到伤害，社会保险行政部门已经作出工伤认定，职工或者其近亲属未对第三人提起民事诉讼或者尚未获得民事赔偿，起诉要求社会保险经办机构支付工伤保险待遇的，人民法院应予支持。

职工因第三人的原因导致工伤，社会保险经办机构以职工或者其近亲属已经对第三人提起民事诉讼为由，拒绝支付工伤保险待遇的，人民法院不予支持，但第三人已经支付的医疗费用除外。

工伤认定案件裁判规则第 16 条：

个人挂靠其他单位对外经营，其聘用的驾驶人因车辆运营造成伤亡，要求以被挂靠单位为承担工伤保险责任单位的，应予支持

【规则描述】 个人为参与道路运输经营，将自己的车辆登记在某具有运输经营许可资质的单位（公司）名下，向其缴纳一定管理费等费用，以该单位（公司）名义对外从事营运的挂靠行为，现今较为普遍。挂靠车辆的实际驾驶人往往是挂靠者所聘用的司机，其在驾驶挂靠车辆运营过程中，造成伤亡事故的情形屡有发生。在实践中，相对人以运营车辆所挂靠单位为承担工伤责任的主体，向社会保险行政部门申请工伤认定的，社会保险行政部门不应以二者之间不具备劳动关系为由不予受理或不予认定工伤，相对人以此为由提起行政诉讼，法院应当撤销不予认定工伤决定，视情形责令其重新作出工伤认定。

一、类案检索大数据报告

截至 2020 年 12 月 31 日，以“工伤认定”“挂靠经营”“实际车主”“驾驶员”为关键词，通过 Alpha 案例库、法信平台、中国裁判文书网、元典智库、北大法宝平台等，在行政案由中进行检索，经逐一查阅、分析，剔除同一案件因不同审级形成的多个文书后，实际与本规则密切相关联案件 131 件。整体情况如下：

如图 16–1 所示，从地域分布看，涉案最多的是山东省，为 41 件，其他较多的分别是重庆市 27 件，安徽省 12 件，江苏省 10 件，福建省 10 件，河南省、湖北省、四川省各 5 件。

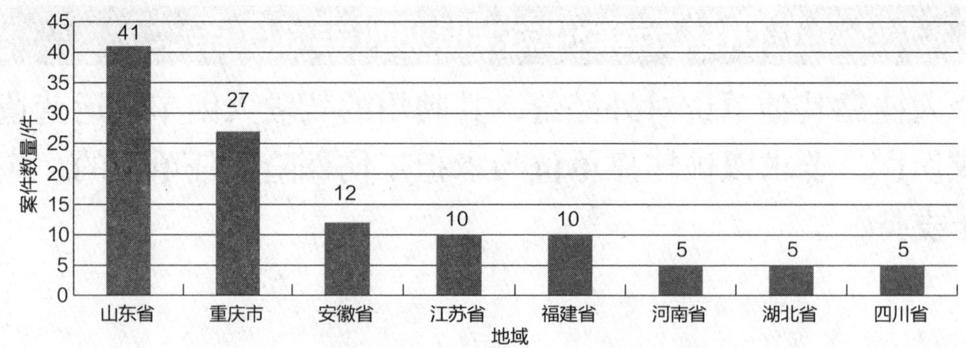

（注：图表只列取了5件以上的地区，5件以下的地区较多，未逐一列明）

图 16–1 类案地域分布情况

如图16–2所示，从结案年度看，2020年和2019年最多，均为34件，2018年15件，2017年11件，2016年7件，2015年17件，2014年13件。

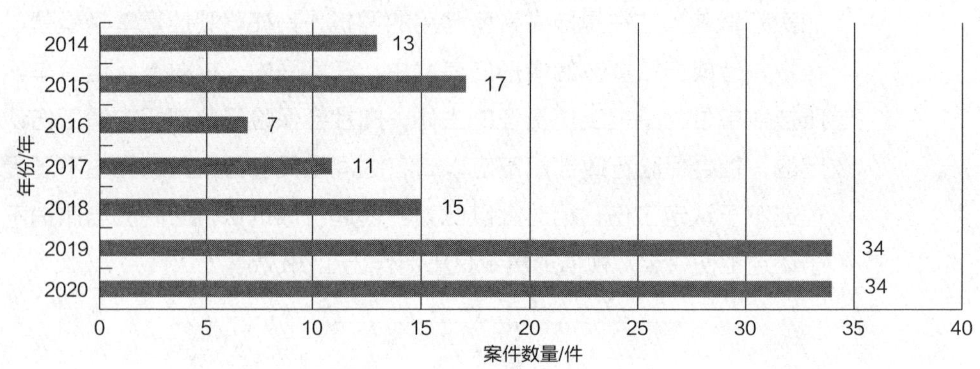

图 16–2 类案时间分布情况

如图16–3所示，经逐案阅看，因工伤认定机构作出工伤认定决定后引发诉讼的105件，裁判结果均予以支持；因工伤认定机构作出不予工伤认定决定后引发诉讼的19件，裁判结果均为撤销行政决定，责令重新作出行政决定；因工伤认定机构作出不予受理决定引发诉讼的7件，其中判决撤销不予受理决定并责令重新作出具体行政行为的4件，判决驳回诉讼请求的3件。

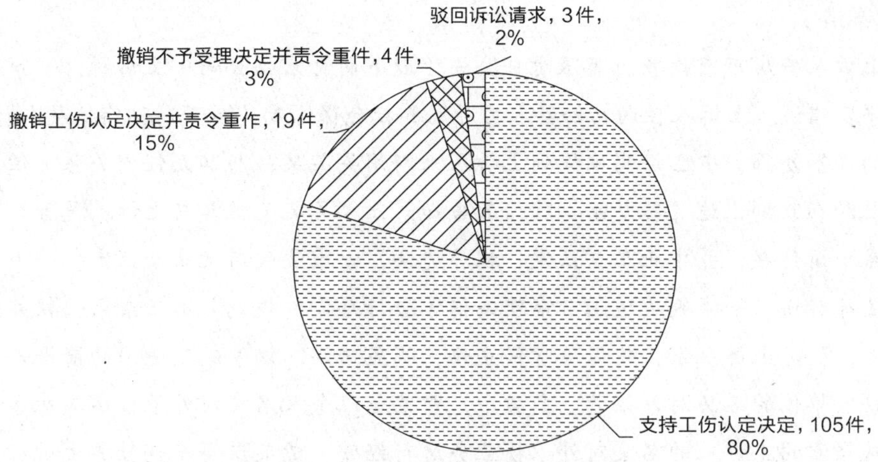

图 16-3　类案裁判结果分布情况

二、可供参考的例案

例案一：安庆市宏腾物流有限责任公司诉宿松县人力资源和社会保障局劳动和社会保障行政管理案

【法院】

安徽省安庆市中级人民法院

【案号】

（2019）皖08行终133号

【当事人】

上诉人（一审原告）：安庆市宏腾物流有限责任公司

法定代表人：占某某，该公司经理

被上诉人（一审被告）：宿松县人力资源和社会保障局

法定代表人：汤某某，该局局长

被上诉人（一审被告）：安徽省人力资源和社会保障厅

法定代表人：徐某，该厅厅长

一审第三人：吴某某

一审第三人：曹某

【基本案情】

上诉人安庆市宏腾物流有限责任公司（以下简称宏腾公司）上诉称，一审判决认定事实错误。上诉人在向宿松县人力资源和社会保障局（以下简称宿松县人社局）提交的《答复函》中已经明确提到上诉人未聘用吴某某，与其无任何关系。但宿松县人社局在收到上述《答复函》后，未告知第三人吴某某就其与上诉人是否存在劳动关系申请仲裁，并中止工伤认定，程序违法，一审法院对此未予认定。一审判决适用法律错误。一审判决适用《审理工伤保险行政案件规定》第三条第一款第五项的规定，认定上诉人系工伤保险责任主体，明显错误。该条规定适用的前提是挂靠人以挂靠单位的名义对外经营。本案中，曹某是以个人名义对外承揽运输业务，不是以被挂靠的上诉人的名义对外承揽业务进行经营。曹某仅将车辆挂靠上诉人，虽然车辆登记在上诉人名下，以上诉人名义缴纳机动车交通事故责任强制保险和商业险，但从未以上诉人的名义签订运输业务合同，从未以上诉人的名义开具运输费发票，从未以上诉人名义进行结算。

宿松县人社局辩称，（1）一审判决认定事实清楚、程序并无不当。上诉人称一审判决认定事实有误，但并未明确指出哪里认定有错误，对此被上诉人无法答辩。关于上诉人与第三人曹某的关系，上诉人在向被上诉人提交的书面《答复函》中，已明确确认涉案货车与其系挂靠关系，一审判决也已认定该事实。（2）一审判决适用法律、法规正确。被上诉人在收到上诉人的《答复函》后，结合第三人吴某某提供的相关资料，根据《工伤保险条例》第十四条第一项、《审理工伤保险行政案件规定》第三条第一款第五项之规定，作出工伤认定。一审判决基于法律及司法解释的直接规定予以判决确认，适用法律法规正确。（3）涉案货车的登记车主为上诉人，即为对外的公示与宣告行为，该车辆的经营当然是以上诉人的名义对外进行，同时上诉人也同样应对该车辆的经营行为对外承担法律后果，上诉人称第三人曹某不是挂靠对外经营没有任何依据。综上所述，一审判决并无不当，请求二审法院驳回上诉人的上诉，维持原判。

安徽省人力资源和社会保障厅（以下简称安徽省人社厅）辩称，安徽省人社厅充分遵循了“便民、及时”的要求，保证了复议结果的合法、公正和及时处理，宏腾公司向安徽省人社厅提交了复议申请证据材料后，安徽省人社厅及时受理，及时向宿松县人社局和第三人吴某某送达行政复议申请书副本、行政复议答复通知书和第三人参加行政复议通知书，保障了各方当事人的程序权利，同时也保证了复议结果的合法、公正。综上，安徽省人社厅作出的涉案行政复议决定认定事实清楚，证据充分，适用法律正确，程序合法，内容适当，请求法院依法予以维持。

吴某某述称，（1）工伤认定并不必然以劳动者与用人单位之间存在劳动关系为前提。根据《审理工伤保险行政案件规定》第三条规定，个人挂靠其他单位对外经营，其聘用的人员因工伤亡的，被挂靠单位为承担工伤保险责任的单位。该条款强制规定挂靠单位承担工伤责任，其实质是一种替代责任，系代替挂靠的个人承担工伤责任。（2）劳动仲裁确认劳动关系不是工伤认定的前置程序。《劳动行政部门在工伤认定程序中是否具有劳动关系确认权的批复》规定，根据《劳动法》第九条、《工伤保险条例》第五条、第十八条的规定，劳动行政部门在工伤认定程序中，具有认定受到伤害的职工与企业之间是否存在劳动关系的职权，故劳动行政部门在工伤认定程序中可以直接确认劳动关系。（3）曹某以上诉人名义对外经营。曹某与上诉人之间的挂靠关系，系上诉人主动提出，曹某认可。所谓挂靠关系的实质就是一方借用另一方的名义、资质等，并以另一方的名义对外从事经营，所以挂靠概念本身表明挂靠人以挂靠单位名义对外经营。涉案车辆属于特种运输车辆，须具备一定的运输资质才可以运营。涉案车辆必须以上诉人名义登记。众所周知，登记行为是对外公示行为，具有法律意义，表明挂靠人以挂靠单位名义建立拟制人格，从事民商事活动。综上，一审法院认定事实清楚，适用法律正确，请求二审法院维持原判，驳回上诉。

曹某述称，其同意宏腾公司的上诉意见。

经审理查明，第三人曹某为涉案皖H××××× 号货车的实际所有人，2017 年 8 月 23 日，曹某与原告宏腾公司签订车辆承包经营（挂靠）合同，将该车挂靠在原告宏腾公司名下并予以登记。第三人吴某某系曹某聘请的皖H××××× 号货车的驾驶员，为曹某从事砂石料运输。2018 年 8 月 14 日 17 时许，吴某某受曹某的委托人指派驾车去宿松县北浴乡白玉矿业厂拉石粉，当日 22 时 20 分许，吴某某驾驶超载的皖H××××× 号大型载货车沿墨两路自柳坪往二郎方向行驶，至墨两路 7KM+50M 弯道下坡路段超速行驶时，导致车辆失控与道路右侧混凝土挡墙发生碰撞后侧翻于道路外延挡墙上，造成吴某某受伤，车辆受损。宿松县公安局交通警察大队第 340826120180000166 号《道路交通事故认定书》认定，吴某某承担本起道路交通事故的全部责任。吴某某后被送至宿松县人民医院、安徽省立医院进行救治，经诊断为右上肢残端休整术、多发性肋骨骨折伴胸腔积液。2018 年 10 月 22 日，吴某某向宿松县人社局提出工伤认定申请，该局受理后于 2018 年 11 月 6 日向宏腾公司寄送举证通知书，2018 年 11 月 15 日对吴某某进行工伤调查询问。经审查，宿松县人社局依照《工伤保险条例》第十四条第一项的规定于2018年12月4日作出松认字〔2018〕90号《工伤认定决定书》，并依法送达吴某某及宏腾公司。宏腾公司不服，于2019年2月19日向安徽省人社厅申请行政复议，安徽省人社厅依法予以受理，向宿松县人社局和第三人吴某某送达复议申请副本、行政复议答复通知书和第三人参加行政复议通知书，根据《行政复议法》第二十八条第一款第一项之规定，于2019年5月17日作出皖人社复决〔2019〕3号行政复议决定，维持宿松县人社局工伤认定决定。

安徽省宿松县人民法院作出（2019）皖0826行初13号行政判决：驳回原告宏腾公司的诉讼请求。宏腾公司不服，提出上诉。安徽省安庆市中级人民法院于2019年12月4日作出（2019）皖08行终133号二审判决：驳回上诉，维持原判。

【案件争点】

宏腾公司是否应对吴某某的受伤承担工伤保险责任。

【裁判要旨】

安徽省安庆市中级人民法院认为，根据《审理工伤保险行政案件规定》第三条第五项的规定，个人挂靠其他单位对外经营，其聘用的人员因工伤亡的，被挂靠单位为承担工伤保险责任的单位。该司法解释出于保护劳动者的合法权益考虑，从挂靠经营关系推定出拟制的劳动关系，是对《工伤保险条例》将劳动关系作为工伤认定前提的一般规定之外的特殊情形处理，在认定工伤时无需再另行确定劳动关系。本案中，涉案车辆的实际车主曹某将车辆挂靠在宏腾公司从事货物运输业务，吴某某系曹某聘用的驾驶员，其在驾车运输货物的过程中发生交通事故受伤，属于工伤，宏腾公司作为被挂靠单位依法应当承担工伤保险责任。宏腾公司的上诉理由不能成立，不予支持。一审判决认定事实清楚，适用法律正确，程序合法，依法应予维持。

例案二：尤某某诉郑州市人力资源和社会保障局、郑州市人民政府工伤认定及行政复议案

【法院】

河南省郑州铁路运输中级法院

【案号】

（2020）豫71行终52号

【当事人】

上诉人（一审原告）：尤某某

被上诉人（一审被告）：郑州市人力资源和社会保障局

法定代表人：李某某，该局局长

被上诉人（一审被告）：郑州市人民政府

法定代表人：王某某，该市市长

一审第三人：贰仟家汽车新服务有限公司

法定代表人：曹某某

【基本案情】

上诉人尤某某上诉称，李某某与贰仟家汽车新服务有限公司（以下简称贰仟家公司）之间存在事实劳动关系。第一，李某某与贰仟家公司签订的《车辆运营合同》显示：李某某服从贰仟家公司管理，遵守其规章制度，完成其揽来的业务，缴纳一定费用，故两者之间的情形完全符合《确立劳动关系有关事项通知》第一条之规定，劳动关系成立。第二，《最高人民法院行政审判庭关于车辆挂靠其他单位经营车辆实际所有人聘用的司机工作中伤亡能否认定为工伤问题的答复》（已失效）明确了聘用司机与挂靠单位之间形成事实劳动关系，李某某系自己的车辆自己驾驶，与贰仟家公司的挂靠关系没有聘用司机的干扰，更应该形成事实劳动关系。第三，《审理工伤保险行政案件规定》第三条第一款第五项规定“个人挂靠其他单位对外经营，其聘用的人员因工伤亡的，被挂靠单位为承担工伤保险责任的单位”。第四，从利益均衡、权利义务相统一的私法基本原理，《车辆运输合同》的实质，《劳动法》及其相关解释来看，李某某与贰仟家公司之间的事实劳动关系成立是当然的。第五，虽然2017年1月后李某某与河南益广物流有限公司签订货物运输合同进行业务合作，但该项目是贰仟家公司承揽的，李某某是按照公司的分配来完成工作，此时两者间的挂靠关系依然存在，只是合同行文上出现了技术性瑕疵，或者是贰仟家公司为撇清责任而故意为之。请求依法撤销一审判决，改判李某某之死构成工伤。

郑州市人力资源和社会保障局（以下简称郑州人社局）辩称，（1）李某某与贰仟家公司签订了《车辆运营合同》和《车辆产权确认书》，并未签订劳动合同。（2）李某某定期向贰仟家公司交付上千元所谓的管理费与劳动关系中提供劳动获得报酬的情形不符。（3）上诉人提到贰仟家公司运营和签订合同有欺诈或其他违法行为应当通过其他法律进行调整。综上，《不予认定工伤决定》认定事实清楚，程序合法，适用法规正确，请求驳回上诉，维持原判。

郑州市人民政府（以下简称郑州市政府）辩称，其所作《行政复议决定》程序合法，认定事实清楚，适用法律依据正确，请求驳回上诉，维持原判。

贰仟家公司述称，其运输业务承运车辆部分采用挂靠形式。李某某是挂靠车主，不是其招聘的员工，与其不存在劳动关系，李某某因交通事故死亡不应认定为工伤。《不予认定工伤决定》及《行政复议决定》具有事实及法律依据。请求驳回上诉，维持原判。

经审理查明，2016年1月2日，李某某（尤某某丈夫）与贰仟家公司签订了《车辆运营合同》及《车辆产权确认书》，合同期限为2016年1月2日至2019年1月1日。2017年1月后由李某某与河南益广物流有限公司签订货物运输合同进行业务合作。2018年10月6日，李某某驾驶豫A××××× 车辆从贰仟家公司出发前往贰仟家公司卢氏县的货运站送货时，发生交通事故死亡。2019年3月18日，尤某某向郑州人社局申请工伤认定，郑州人社局于2019年3月21日受理后，发现劳动关系存在争议且无法确认，于2019年4月25日作出中止通知书，中止认定程序。2019年5月17日，决定恢复工伤认定程序后，于2019年6月9日作出豫（郑港）工伤不认字〔2019〕0830004号《郑州市不予认定工伤决定书》（以下简称《不予认定工伤决定》），认为现有证据不足以证明李某某与被申请单位贰仟家公司存在劳动关系，尤某某的工伤认定申请不符合《审理工伤保险行政案件规定》第三条第五项认定单位为承担工伤保险责任单位的情形，决定不予认定工伤。尤某某不服，于2019年7月25日向郑州市政府申请行政复议。郑州市政府受理后，于2019年10月15日作出郑政（行复决）〔2019〕616号《行政复议决定书》（以下简称《行政复议决定》），维持郑州人社局作出的《不予认定工伤决定》。

一审法院认为，本案的主要争议焦点为，李某某与贰仟家公司是否构成劳动关系，而认定李某某发生交通事故为工伤的前提是李某某与贰仟家公司存在劳动关系。从李某某与贰仟家公司之间签订的《车辆运营合同》内容上看，李某某与贰仟家公司之间形成挂靠关系。这一事实各方当事人均无异议，且有生效人民法院民事判决对该事实予以认定。而挂靠关系不能证明李某某与贰仟家公司之间存在事实劳动关系。同时，李某某自己购买车辆个人挂靠其他单位对外经营，没有聘用他人。李某某系经营主体，并非《河南省工伤保险条例》中规定的职工。尤某某的工伤认定申请不符合被挂靠单位作为承担工伤保险责任单位的情形。郑州人社局作出《不予认定工伤决定》证据确凿，适用法规正确。郑州市政府受理尤某某的复议申请后，依照法定程序进行了审理，并在法定期限内作出《行政复议决定》，送达给尤某某、郑州人社局及贰仟家公司，程序合法。

郑州铁路运输法院作出（2019）豫7101行初425号行政判决：驳回尤某某的诉

讼请求。尤某某不服，提出上诉。郑州铁路运输中级法院于2020年5月13日作出（2020）豫71行终52号二审判决：驳回上诉，维持原判。

【案件争点】

李某某与贰仟家公司是否构成劳动关系。

【裁判要旨】

郑州铁路运输中级法院认为，《审理工伤保险行政案件规定》第三条第一款规定："社会保险行政部门认定下列单位为承担工伤保险责任单位的，人民法院应予支持……（五）个人挂靠其他单位对外经营，其聘用的人员因工伤亡的，被挂靠单位为承担工伤保险责任的单位……"本案中，尤某某提供的证据不能证明李某某与贰仟家公司之间存在事实劳动关系，且生效判决已确认李某某与贰仟家公司形成挂靠关系，李某某系挂靠人，而非被聘用人员，本案之情形亦不符合上述规定，故郑州人社局所作《不予认定工伤决定》认定事实清楚，适用法规正确，程序合法，郑州市政府所作《行政复议决定》亦无不当。

例案三：张某某诉驻马店市人力资源和社会保障局工伤认定案

【法院】

河南省郑州铁路运输中级法院

【案号】

（2020）豫71行再5号

【当事人】

再审申请人（一审原告、二审上诉人）：张某某

被申请人（一审被告、二审被上诉人）：驻马店市人力资源和社会保障局

法定代表人：樊某某，该局局长

一审第三人：驻马店市安运达运输有限公司

法定代表人：王某某

【基本案情】

再审申请人张某某不服河南省驻马店市中级人民法院（2019）豫17行终120号行政判决，向河南省高级人民法院申请再审。河南省高级人民法院作出（2020）豫行申311号行政裁定，指令郑州铁路运输中级法院再审。张某某再审称，《最高人民法院行政审判庭关于车辆挂靠其他单位经营车辆实际所有人聘用的司机工作中伤亡

能否认定为工伤问题的答复》虽已被废止，但相关内容已被《审理工伤保险行政案件规定》吸收。从有利于职工的角度出发，在挂靠经营过程中，聘用人员与挂靠单位工伤认定，不以是否存在真实劳动关系为前提。因此，雷某某虽与驻马店市安运达运输有限公司（以下简称安运达公司）不存在劳动关系，但其死亡亦应当认定为工伤。二审判决认定事实缺乏证据支持，适用法律错误。请求撤销二审判决，撤销〔2018〕336号《不予认定工伤决定》并认定雷某某的死亡为工伤。

驻马店市人力资源和社会保障局（以下简称驻马店人社局）辩称，受伤人员要求认定工伤的前提必须是受伤人员与用人单位存在事实劳动关系。雷某某因与安运达公司不存在事实劳动关系，该局对雷某某的死亡作出不予认定工伤的决定，事实清楚，程序合法。张某某要求撤销二审判决的请求没有事实和法律依据，请求法院驳回其诉讼请求。

安运达公司述称，本案二审判决作出时间为2019年6月20日，张某某应在二审判决生效后6个月内向河南省高级人民法院申请再审，但该院再审裁定作出时间为2020年9月30日，明显超过再审期限。安运达公司在没有收到再审受理通知书、再审申请书的情况下，直接收到指令再审的行政裁定书，河南省高级人民法院明显违反法定程序，剥夺当事人诉权。二审判决认定事实清楚，适用法律正确，判决合法有效，应予维持。请求：驳回张某某的再审申请。

经审理查明，雷某某系张某某丈夫，生前系豫Q×××××（挂豫Q×××××）重型半挂牵引车车主马某某雇用的司机，该车挂靠于安运达公司名下经营。2018年3月15日，雷某某、张某某轮流驾驶豫Q××××× 油罐车自山东东营市出发开往江苏省宜兴市张渚镇（车上同行人员张某甲），当日13时左右，张某某驾驶，张某甲坐在副驾驶，雷某某在驾驶室后卧铺休息。18时左右，车辆驶出鲸塘高速收费站时，张某某、张某甲喊雷某某，雷某某无反应，遂将其送往张渚市医院救治，经抢救无效当日死亡，死亡原因：猝死。2018年7月2日，张某某向驻马店人社局申请工伤，同月10日，驻马店人社局予以受理。2018年9月6日，驻马店人社局作出驻（人社）工伤止字〔2018〕76号驻马店市工伤认定中止通知书，以需要有关部门出具证据，现难以提供为由，中止工伤认定。2018年12月7日，驻马店人社局作出驻人社工伤不认字〔2018〕336号不予认定工伤决定书，认定：根据《工伤保险条例》第十八条和《河南省工伤保险条例》第二条第三款，《工伤认定办法》第六条之规定，因雷某某与安运达公司不存在事实劳动关系，对雷某某的死亡作出不予认定工伤的决定。

另查明，2018年6月25日，驻马店驿城区人民法院作出的（2018）豫1702民初 5026 号民事判决书认定安运达公司与雷某某之间不存在事实劳动关系。张某某不服提出上诉，又申请撤回上诉。该一审判决已经生效。

还查明，2017 年 9 月 22 日，最高人民法院发布《关于废止部分司法解释和司法解释性质文件（第十二批）的决定》，《最高人民法院行政审判庭关于车辆挂靠其他单位经营车辆实际所有人聘用的司机工作中伤亡能否认定为工伤问题的答复》（〔2006〕行他字第 17 号）废止。

一审法院认为，根据《工伤保险条例》第五条规定，驻马店人社局有职权进行工伤认定。《工伤认定办法》第六条规定，提出工伤认定申请应当填写《工伤认定申请表》，并提交下列材料：（1）劳动、聘用合同文本复印件或者与用人单位存在劳动关系（包括事实劳动关系）、人事关系的其他证明材料；（2）医疗机构出具的受伤后诊断证明书或者职业病诊断证明书（或者职业病诊断鉴定书）。张某某申请工伤认定时无法按照该办法的规定向驻马店人社局提交雷某某与用人单位存在劳动关系的证明，驻马店人社局以生效的民事判决书认定雷某某与安运达公司不存在事实劳动关系为由，作出不予认定工伤的决定书认定事实清楚，适用法律正确；驻马店人社局受理张某某的申请后以需要有关部门出具证据为由，中止工伤认定程序，后及时作出了决定书，程序并无不当。张某某主张依照有关规定，安运达公司作为被挂靠单位，系承担工伤保险责任的单位，挂靠关系不以是否存在劳动关系为认定工伤的前提，被诉决定书适用法律错误，应予撤销的主张不予支持，理由为：张某某主张适用的《最高人民法院行政审判庭关于车辆挂靠其他单位经营车辆实际所有人聘用的司机工作中伤亡能否认定为工伤问题的答复》在 2017 年 9 月 22 日被最高人民法院发布的《关于废止部分司法解释和司法解释性质文件（第十二批）的决定》废止，不再适用审理本案；张某某主张适用的《审理工伤保险行政案件规定》第三条明确规定，个人挂靠其他单位对外经营，其聘用的人员因工伤亡的，被挂靠单位为承担工伤保险责任的单位，这一规定的前提条件是社会保险行政部门认定该单位为承担工伤保险责任单位的，人民法院应予支持。本案系社会保险行政部门不予认定被挂靠单位为承担工伤保险责任单位，故该条不适用于本案。车主马某某与安运达公司签订货车挂靠经营合同，后雇用雷某某为货车司机，雷某某与安运达公司之间不存在事实劳动关系，安运达公司亦无法为挂靠车辆的司机缴纳有关社会保险费用。综上，张某某请求撤销被诉决定书的主张没有法律依据，一审法院不予支持。依照《行政诉讼法》第六十九条的规定，判决驳回张某某请求撤销驻人社工伤不认字〔2018〕336 号不予认定工伤决定书并认定雷某某的死亡为工伤的诉讼请求。

张某某不服一审判决，向河南省驻马店市中级人民法院提起上诉，请求撤销一审判决，并改判支持其诉讼请求。

二审法院认为，《工伤保险条例》第十八条第一款第二项以及《工伤认定办法》第六条第一项均规定，提出工伤认定申请应当提交“与用人单位存在劳动关系（事实劳动关系）的证明材料”。张某某向驻马店人社局提出工伤认定申请后，驻马店市驿城区人民法院作出的生效民事判决认定“雷某某与安运达公司之间不具备劳动关系的基本特征，不存在劳动法意义上的事实劳动关系”，因雷某某不符合认定工伤的条件，驻马店人社局遂对雷某某的死亡作出不予认定工伤的决定，并无不当。张某某上诉称本案应适用《审理工伤保险行政案件规定》第三条第一款第五项之规定“个人挂靠其他单位对外经营，其聘用的人员因工伤亡的，被挂靠单位为承担工伤保险责任的单位”。但依照该条规定，适用该情形的前提是社会保险行政部门需认定相关单位为承担工伤保险责任的单位。因雷某某与安运达公司不存在事实劳动关系，驻马店人社局未予认定安运达公司为本案承担工伤保险责任的单位，也就不符合该条规定的情形，故对其主张不予支持。

河南省驻马店市中级人民法院作出（2019）豫17行终120号行政判决：驳回上诉，维持原判。张某某不服申请再审，河南省高级人民法院作出（2020）豫行申311号行政裁定，指令郑州铁路运输中级法院再审。河南省郑州市铁路运输中级法院于2020年12月25日作出判决：一、撤销河南省驻马店市中级人民法院（2019）豫17行终120号行政判决；二、撤销河南省驻马店市驿城区人民法院（2019）豫1702行初9号行政判决；三、撤销驻马店人社局驻人社工伤不认字〔2018〕336号不予认定工伤决定；四、驻马店人社局于本判决生效之日起30日内对张某某提出的工伤认定申请事项重新作出处理。

【案件争点】

驻马店人社局作出的不予认定工伤决定是否正确。

【裁判要旨】

河南省郑州市铁路运输中级法院认为，《审理工伤保险行政案件规定》第三条第一款第五项规定，个人挂靠其他单位对外经营，其聘用的人员因工伤亡的，被挂靠单位为承担工伤保险责任的单位。该司法解释明确了在挂靠情况下，承担工伤保险责任的是挂靠单位。本案中，马某某将其所有的豫Q×××××重型半挂牵引车挂靠在安运达公司名下经营，雷某某作为马某某聘请的司机，在运输途中猝死，安运达公司作为被挂靠单位应当承担工伤保险责任。虽然雷某某在死亡前正在车内休息，未实际驾驶车辆，但其作为长途运输司机，与其他同行司机轮流驾驶车辆并适时休息，系劳动者合理的生理需要，与其履行工作职责密不可分。故雷某某的死亡符合《工伤保险条例》第十五条第一款第一项，在工作时间和工作岗位，突发疾病死亡，视同工伤的情形。驻马店人社局以雷某某与安运达公司不存在事实劳动关系为由，作出被诉不予认定工伤决定，适用法律错误，应予撤销。一审法院驳回张某某的诉讼请求、二审法院驳回上诉，亦适用法律错误，再审法院依法予以纠正。张某某的再审请求成立，再审法院予以支持。鉴于工伤认定系社会保险行政部门依职权作出，法院不宜在行政机关重新作出行政行为前，径行认定雷某某的死亡为工伤。

三、裁判规则提要

在市场经济体制下，政府作为经济运行的调节者，为实现市场的有序和规范，通过行政许可等手段对市场主体是否具备进入市场的资格进行审查。从事道路运营同样需要具备道路运营许可证，而没有许可证的个人只能通过“借用”他人资质的方式进行营运经营。挂靠经营又可区分为实质挂靠和形式挂靠，前者“挂靠人”紧紧依附“被挂靠人”，支付挂靠费用，接受其管理、调度等；后者则比较松散，“挂靠人”仅支付挂靠费用，自主管理经营。在上述两种情况中，“挂靠人”多聘用司机驾驶挂靠车辆，其所聘用的司机基本不与“被挂靠人”产生联系，且“挂靠人”通常为个人，不符合《工伤保险条例》规定的用人单位条件，不能参加工伤保险，其所聘用司机在驾驶挂靠车辆从事营运活动中伤亡，“挂靠人”往往无力赔付相关的费用。《审理工伤保险行政案件规定》中明确规定，个人挂靠其他单位对外经营，其聘用的人员因工伤亡的，被挂靠单位为承担工伤保险责任的单位。此规定在保护相对弱者一方的权益，防止他人故意采用挂靠方式回避承担工伤责任风险，实现法的指引、教育等规范作用以及有效遏制汽车运输行业挂靠现象等方面，均具有特殊意义。在适用该规则时需注意以下问题：

（一）不能据此规则认定驾驶人与挂靠单位之间是否存在劳动关系或者事实劳动关系

通常情况下，用工主体和雇用人员是否存在劳动关系或者事实劳动关系是工伤认定的前提。实践中，各地法院对此认识不一，其主要原因在于同时存在三个可以援引的最高人民法院相关答复、观点和规定：一是《最高人民法院行政审判庭关于车辆挂靠其他单位经营实际所有人聘用的司机工作中伤亡能否认定为工伤的答复》（以下简称《答复》），认为个人购买的车辆挂靠其他单位且以挂靠单位的名义对外经营的，其聘用的司机与挂靠单位之间形成了事实劳动关系，在车辆运营中伤亡的，应当适用《劳动法》和《工伤保险条例》的有关规定认定是否构成工伤；二是最高人民法院民事审判第一庭 2014 年第 1 期《民事审判指导与参考》刊载的案例观点，认为个人购买的车辆挂靠其他单位且以挂靠单位的名义对外经营，其聘用的司机与被挂靠单位之间不具备劳动关系的基本特征，不宜认定形成了事实劳动关系；三是《审理工伤保险行政案件规定》规定，个人挂靠其他单位对外经营，其聘用的人员因工伤亡的，被挂靠单位为承担工伤保险责任的单位。

2017 年 9 月，最高人民法院发布《关于废止部分司法解释和司法解释性质文件（第十二批）的决定》,《答复》被废止。在现行的两种观点、规定中，相对于《民事审判指导与参考》观点，行政审判中援引《工伤保险规定》更为恰当，而后者仅规定被挂靠单位承担工伤保险责任，未明确二者之间是否存在劳动关系，仍造成各级法院就此认识不统一的现象。

实际上，在适用本规则办理此类案件时，不应当作扩大解释和理解，对于是否存在劳动关系,《劳动合同法》已作了明确的规定。《工伤保险规定》仅就挂靠这一特殊存在的行为中，出现雇用人员伤亡后，相对人不服工伤认定决定引起讼争，如何进行裁判作了解释，也可以理解为，此时被挂靠单位和雇用人员存在一种拟制的劳动关系，仅此而已。因此，不能据此规则认定驾驶人与挂靠单位之间是否存在劳动关系或者事实劳动关系。

（二）挂靠车辆所有人作为驾驶人参与道路营运伤亡时，不符合此规则中的认定工伤条件

挂靠者为个人时，作为挂靠车辆的实际所有人，自己驾驶车辆进行运输经营，尤以出租车行业中较为普遍，因此遭受伤害，性质又与雇用他人营运不同。首先，挂靠行为本身已违反相关行政法规的规定，应予以杜绝，若支持其依本规则进行工伤认定，明显与《工伤保险规定》相关条款的立法本意相悖；其次，规则中已明确指出，只有“其聘用的人员因工伤亡的”情形下，才符合适用条件。

（三）相对人对社会保险行政部门不予受理或不予认定工伤处理结果不服提起诉讼，法院应区分具体情形作出裁判

《工伤保险条例》规定，提出工伤认定申请应当提交工伤认定申请表、与用人单位存在劳动关系（包括事实劳动关系）的证明材料等。

实践中，挂靠人与雇用的驾驶人之间多为临时雇佣关系，尤其在形式挂靠中，驾驶人在伤亡发生前甚至不知道营运车辆挂靠在哪个单位，亦无法提供与用人单位存在劳动关系（包括事实劳动关系）的证明材料，社会保险行政部门多以此为由作出不予受理或不予认定工伤决定。若由此引发行政诉讼，不能狭隘地将本规则理解为，只有社会保险行政部门作出予以认定工伤决定时才能适用本规则，否则与本规则的立法本意相悖。在遇到社会保险行政部门认为申请人无法提供劳动关系证明材料不予受理，或不能证明驾驶人与挂靠单位之间存在劳动关系不予认定工伤时，法院应予以撤销，视情形责令其重新作出具体行政行为。

四、辅助信息

《劳动合同法》

第二条　中华人民共和国境内的企业、个体经济组织、民办非企业单位等组织（以下称用人单位）与劳动者建立劳动关系，订立、履行、变更、解除或者终止劳动合同，适用本法。

国家机关、事业单位、社会团体和与其建立劳动关系的劳动者，订立、履行、变更、解除或者终止劳动合同，依照本法执行。

第十条　建立劳动关系，应当订立书面劳动合同。

已建立劳动关系，未同时订立书面劳动合同的，应当自用工之日起一个月内订立书面劳动合同。

用人单位与劳动者在用工前订立劳动合同的，劳动关系自用工之日起建立。

《工伤保险条例》

第十八条　提出工伤认定申请应当提交下列材料：

（一）工伤认定申请表；

（二）与用人单位存在劳动关系（包括事实劳动关系）的证明材料；

（三）医疗诊断证明或者职业病诊断证明书（或者职业病诊断鉴定书）。

工伤认定申请表应当包括事故发生的时间、地点、原因以及职工伤害程度等基本情况。

工伤认定申请人提供材料不完整的，社会保险行政部门应当一次性书面告知工伤认定申请人需要补正的全部材料。申请人按照书面告知要求补正材料后，社会保险行政部门应当受理。

《审理工伤保险行政案件规定》

第三条 社会保险行政部门认定下列单位为承担工伤保险责任单位的，人民法院应予支持：

（一）职工与两个或两个以上单位建立劳动关系，工伤事故发生时，职工为之工作的单位为承担工伤保险责任的单位；

（二）劳务派遣单位派遣的职工在用工单位工作期间因工伤亡的，派遣单位为承担工伤保险责任的单位；

（三）单位指派到其他单位工作的职工因工伤亡的，指派单位为承担工伤保险责任的单位；

（四）用工单位违反法律、法规规定将承包业务转包给不具备用工主体资格的组织或者自然人，该组织或者自然人聘用的职工从事承包业务时因工伤亡的，用工单位为承担工伤保险责任的单位；

（五）个人挂靠其他单位对外经营，其聘用的人员因工伤亡的，被挂靠单位为承担工伤保险责任的单位。

前款第（四）、（五）项明确的承担工伤保险责任的单位承担赔偿责任或者社会保险经办机构从工伤保险基金支付工伤保险待遇后，有权向相关组织、单位和个人追偿。

工伤认定案件裁判规则第 17 条：

职工在上班期间因解决合理生理需要受伤的，应当认定为工伤

【规则描述】　劳动者在工作过程中为解决或满足必要的基本生理需要而必须从事的事项，如工作期间吃饭、喝水、上厕所、通风等，是劳动者维持生理机能正常运转、维护正常工作状态所必需的条件，在此过程中受到意外伤害的，应认定为工伤。

一、类案检索大数据报告

截至 2020 年 12 月 31 日，以“行政案件”“工伤”“必要生理需要”为关键词，通过 Alpha 案例库、法信平台、中国裁判文书网、元典智库、北大法宝等共检索到案件 54 件，经逐案阅看、筛选，与本规则直接关联案件有 36 件。排除同一案件不同审级形成的多个文书，实际查找到高度关联的裁判文书 24 篇。整体情况如下：

如图 17–1 所示，从地域分布看，主要集中分布在四川省、北京市，其中四川省案件量最多，达到 11 件。

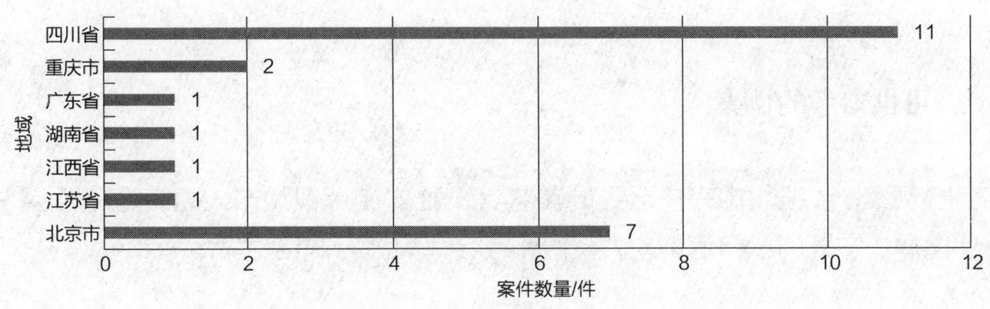

图 17–1　类案地域分布情况

如图 17–2 所示，从结案时间看，2015 年 3 件，2016 年 2 件，2017 年 3 件，

2018 年 3 件，2019 年 5 件，2020 年 8 件，案件发生率较低，但是从 2018 年开始表现出增长趋势。

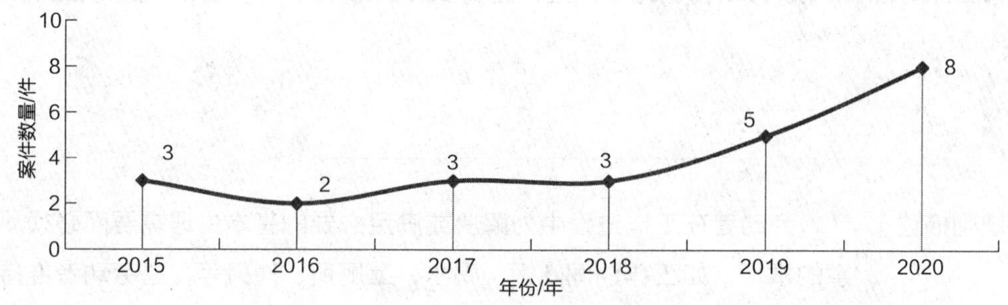

图 17-2　类案时间分布情况

如图 17-3 所示，从裁判结果看，与本规则持相同观点的 20 件，占 83%；持不同观点的 4 件，占 17%。

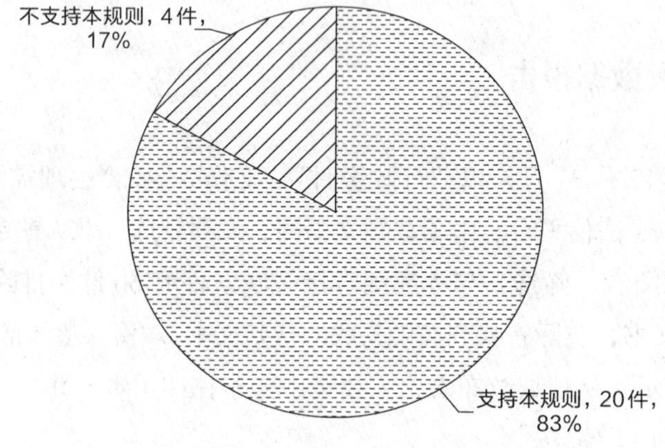

图 17-3　类案结果分布情况

二、可供参考的例案

例案一：银川市兴庆区红叶美容美发雅安店诉银川市人力资源和社会保障局、宁夏回族自治区人力资源和社会保障厅行政给付案

【法院】

宁夏回族自治区银川市中级人民法院

【案号】

（2017）宁01行终25号

【当事人】

上诉人（一审原告）：银川市兴庆区红叶美容美发雅安店

负责人：刘某某，该店经理

被上诉人（一审被告）：银川市人力资源和社会保障局

法定代表人：尤某，该局局长

被上诉人（一审被告）：宁夏回族自治区人力资源和社会保障厅

法定代表人：冯某某，该厅厅长

一审第三人：闫某某

【基本案情】

上诉人银川市兴庆区红叶美容美发雅安店诉称，一审判决认定事实错误。上诉人已在法定期限内向被上诉人银川市人力资源和社会保障局（以下简称银川市人社局）提交了证实闫某甲上下班情况的证据材料。美容部下班的时间为晚上8点；证人刘某甲在一审庭审时向法庭明确证实闫某甲当天上下班的时间，以及闫某甲外出的事实，并明确肯定陈述闫某甲外出并未向负责人请假，仅仅是按照常理猜测其与丈夫外出吃饭；一审判决对被上诉人银川市人社局据以作出工伤认定的证据即交警部门询问上诉人负责人刘某某笔录中陈述的事实只是断章取义。事发当晚闫某甲已经下班，不存在加班可能。且上诉人在被上诉人银川市人社局规定的举证期限内提交了证据，不存在拒不举证情形；交警部门的责任认定书已认定闫某甲发生交通事故的时间、地点，该认定书足以证明闫某甲发生交通事故不是在上、下班时间及途中，闫某甲遭受事故伤害情形不符合《工伤保险条例》第十四条第一项的规定。故一审判决认定事实错误，请求二审法院依法撤销一审判决，改判支持上诉人一审的全部诉讼请求。

被上诉人银川市人社局辩称，一审判决认定事实清楚，适用法律正确，本案行政行为程序合法，证据确凿，请求二审法院驳回上诉，维持原判。

被上诉人宁夏回族自治区人力资源和社会保障厅（以下简称宁夏自治区人社厅）辩称，被上诉人在行政复议中维持了银川市人社局银人社伤险字〔2016〕220号《认定工伤决定书》，符合案件事实及有关法律规定，程序合法；一审法院认定工伤认定决定及行政复议决定事实清楚，法律适用准确，程序合法亦符合法律规定。本案的争议焦点为“闫某甲加班期间外出就餐”的事实是否认定正确。综合本案各方提交证据可以证实，事发当晚该店客流量较大，店里员工加班到12点半。上诉人提交的证据不能证实美容部和美发部下班时间不一致，在此情况下，店里所有员工实际上处于工作或工作的准备状态，因此，闫某甲加班期间外出就餐的事实客观存在。闫某甲于当晚加班期间外出吃饭属于其正常的生理需要，也是其完成工作的必要条件，外出吃饭与工作有着密切联系，且在合理界限内。同时闫某甲发生交通事故的地点位于其吃完饭返回工作地点的途中，该地点应视为其工作场所的合理延伸。因此，一审法院认定事实清楚，适用法律正确，上诉人的上诉请求以及上诉理由不能成立，依法应予驳回。

一审第三人闫某某述称，上诉人的上诉理由不能成立，上诉人负责人在事发后交警部门对其询问时明确承认闫某甲是其员工，事发当晚加班到12点半，上诉人负责人并没有说明美容美发业务是区分的，也没有强调作息时间不同，更没有说明闫某甲是美容部员工以及美容部在晚8点下班。该笔录是在事发后第一时间形成的，具有客观性、真实性、合法性。因此一审判决认定事实清楚，程序合法，证据确实充分，请求驳回上诉，维持原判。

经审理查明，第三人闫某某之女闫某甲系银川市兴庆区红叶美容美发雅安店店员，双方没有签订劳动合同，银川市兴庆区红叶美容美发雅安店没有为第三人缴纳工伤保险。2014年12月26日，该美发店加班到晚上12点，当晚10点多，闫某甲在外出吃饭返回原告处途中发生交通事故死亡，银川市公安局交通警察支队兴庆区二大队于2014年12月30日作出《道路交通事故认定书》，认定闫某甲无责任。2015年12月25日，闫某某向银川市人社局提交了工伤认定申请材料，银川市人社局受理后向银川市兴庆区红叶美容美发雅安店送达了《限期举证通知书》，银川市兴庆区红叶美容美发雅安店举证回复认为，2014年12月26日晚，因二楼美容部顾客很少，闫某甲及其他两名美容职工在晚上8点左右下班，闫某甲于晚上10点多被其老公从店里接走，是在下班后离开宿舍外出途中发生交通事故，不属于工伤认定范畴。银川市人社局结合银川市兴庆区红叶美容美发雅安店与闫某某提交的材料，认为闫某甲的情况符合《工伤保险条例》第十四条第一项认定工伤的范围，于2016年2月14日作出银人社伤险字〔2016〕220号《认定工伤决定书》，并向各方当事人送达。银川市兴庆区红叶美容美发雅安店不服，于2016年4月14日向宁夏自治区人社厅申请行政复议，宁夏自治区人社厅履行相关行政复议程序后，于2016年7月11日作出了宁人社政复字〔2016〕11号《行政复议决定书》，复议维持了银川市人社局作出的工伤认定，银川市兴庆区红叶美容美发雅安店不服，以银川市人社局为被告提起行政诉讼，请求法院依法判决：一、撤销被告银川市人社局作出的银人社伤险字〔2016〕220号《认定工伤决定书》；二、撤销被告宁夏自治区人社厅作出的宁人社政复字〔2016〕11号《行政复议决定书》；三、本案诉讼费由被告承担。

宁夏回族自治区银川市金凤区人民法院作出（2016）宁0106行初118号一审判决：驳回原告银川市兴庆区红叶美容美发雅安店的诉讼请求。银川市兴庆区红叶美容美发雅安店不服，提起上诉。宁夏回族自治区银川市中级人民法院于2017年8月2日作出（2017）宁01行终25号二审判决：驳回上诉，维持原判。

【案件争点】

工伤认定中"闫某甲加班期间外出就餐"的事实认定是否正确。

【裁判要旨】

宁夏回族自治区银川市中级人民法院认为，根据《工伤保险条例》第十四条的规定，职工在工作时间和工作场所内，因工作原因受到事故伤害的，应当认定为工伤。《工伤认定办法》第十七条规定，职工或者其近亲属认为是工伤，用人单位不认为是工伤的，由该用人单位承担举证责任。用人单位拒不举证的，社会保险行政部门可以根据受伤害职工提供的证据或者调查取得的证据，依法作出工伤认定决定。本案中，闫某甲2014年12月26日晚随其丈夫外出发生交通事故而死亡的事实客观存在，故本案焦点为闫某甲的死亡是否系在工作时间和工作场所内，因工作原因受到事故伤害。闫某甲发生事故的时间为当晚11时45分，地点为新华东街红花渠桥头路段。上诉人在工伤认定行政程序中未提供证明其员工上下班时间及考勤制度方面的证据，根据上诉人员工陈述，美容部员工一般下班时间为晚8时，美发店员工下班时间一般为晚10时，而上诉人负责人陈述事发当晚其员工加班至晚12时。上诉人员工陈述闫某甲当晚随其丈夫外出吃饭，因上诉人的员工均在上诉人店内住宿，故被上诉人银川市人社局认定"闫某甲在外出吃饭返回银川市兴庆区红叶美容美发雅安店途中发生交通事故经抢救无效死亡"的事实存在。因职工在加班期间外出就餐是完成工作的必要生理需要，应认定为工作时间、场所的延伸，故闫某甲遭受的事故伤害情形符合《工伤保险条例》第十四条第一项的规定。被上诉人银川市人社局作出的工伤认定及被上诉人宁夏自治区人社厅作出的行政复议决定事实清楚，证据充分，适用法律正确，程序合法；一审判决认定事实清楚，适用法律正确，应当予以维持。

例案二：扬州辉林木业加工厂诉扬州市江都区人力资源和社会保障局行政给付案

【法院】

江苏省扬州市中级人民法院

【案号】

（2020）苏10行终43号

【当事人】

上诉人（一审原告）：扬州辉林木业加工厂

负责人：张某某，该厂厂长

被上诉人（一审被告）：扬州市江都区人力资源和社会保障局

法定代表人：陈某某，该局局长

被上诉人（一审第三人）：李某某

【基本案情】

上诉人扬州辉林木业加工厂（以下简称木业加工厂）诉称，一审判决认定事实不清，上诉人木业加工厂与被上诉人李某某不存在劳动关系，事故发生时，李某某没有从事劳动，不是在工作中，不能认定为工伤；一审法院偏袒被上诉人扬州市江都区人力资源和社会保障局（以下简称江都人社局），适用法律错误。

被上诉人江都人社局辩称，一审法院认定事实清楚，被上诉人李某某在原告处从事木材检测工作。2018年12月24日上午8时左右，李某某在车间检测完木材后，在一旁休息时，因为木头掉落砸伤双脚。以上事实有证据予以证实，而上诉人木业加工厂否认其与李某某存在劳动关系，却没有提供证据支持。一审法院适用法律正确，程序正当。根据《工伤保险条例》第十四条第一项的规定，在工作时间和工作场所内，因工作原因受到事故伤害的，应当认定为工伤。该条文中的“工作原因”并非严格限定在双方约定的本职岗位工作范围内，其他为用人单位的利益所付出的劳动亦构成“工作原因”，包括因从事工作而解决必要生理需要（如喝水、用餐、上厕所、正常的休息）时受伤。本案中，李某某在车间内检测完一批木头尺寸后，在一旁休息时被掉落的木头砸伤双脚。其受伤的情形完全符合在工作时间和工作场所内，因工作原因受到事故伤害的相关法律规定。因此一审法院认定事实清楚，适用法律正确，符合法定程序。上诉人的上诉请求无事实和法律依据，应予以驳回。

被上诉人李某某未提出答辩意见。

经审理查明，李某某系木业加工厂单位职工，从事木材尺寸检测工作。2018年12月24日上午8时左右，李某某在木业加工厂单位车间检测完一叉车木头，坐在木头堆旁休息时，因铲锯屑的铲车不慎碰撞到叉车上的木头，导致木头掉落砸伤李某某双脚，后住院治疗。李某某于2019年5月10日向江都人社局提出工伤认定申请，江都人社局受理并经调查后，于2019年5月24日作出扬江人社工认〔2019〕485号《认定工伤决定书》（以下简称485号决定），内容为：2018年12月24日上午8时左右，李某某在车间检测完一叉车上的木材后站在一旁休息，这时铲锯屑的铲车过来，不慎碰撞到叉车上的木头，导致木头掉落，将其双脚砸伤。经扬州市江都中医院诊断：双侧第一趾骨远节趾骨粉碎性骨折，右侧第二趾骨远节趾骨骨折。经调查核实，上述受伤情况属实。根据《工伤保险条例》第十四条第一项的规定，决定认定为工伤。

高邮市人民法院作出（2019）苏1084行初154号一审判决：驳回木业加工厂的诉讼请求。木业加工厂不服，提起上诉。江苏省扬州市中级人民法院于2020年4月26日作出（2020）苏10行终43号二审判决：驳回上诉，维持原判。

【案件争点】

江都人社局作出的485号决定是否具有相应的事实和法律依据，是否符合法定程序。

【裁判要旨】

江苏省扬州市中级人民法院认为，被上诉人江都人社局作出的485号决定具有相应的事实和法律依据，符合法定程序。第一，关于江都人社局是否具备作出认定工伤决定的法定职权。《工伤保险条例》第五条第二款规定，县级以上地方各级人民政府社会保险行政部门负责本行政区域内的工伤保险工作。根据前述条例规定，江都人社局具备作出认定工伤决定的法定职权。第二，关于江都人社局作出的485号决定是否具有相应的事实依据。根据上诉人木业加工厂出具的情况说明、江都人社局对李某某和罗某某所作调查笔录、李某某的病例资料、出入院记录、DR检查报告等证据，可以证实李某某系木业加工厂单位职工，从事木材尺寸检测工作。2018年12月24日上午8时左右，李某某在木业加工厂单位车间检测完一叉车木头，坐在木头堆旁休息时，因铲锯屑的铲车不慎碰撞到叉车上的木头，导致木头掉落砸伤李某某双脚。第三，关于江都人社局作出的485号决定是否具有相应的法律依据。《工伤保险条例》的立法宗旨在于保障因工作遭受事故伤害的职工获得医疗救治和经济补偿，促进工伤预防和职业康复，分散用人单位的工伤风险。该条例第十四条第一款规定：

"职工有下列情形之一的，应当认定为工伤：（一）在工作时间和工作场所内，因工作原因受到事故伤害的……"根据前述条例的规定，结合本案事实，江都人社局作出485号决定，适用法律并无不当。第四，关于江都人社局作出的485号决定是否符合法定程序。《工伤认定办法》对社会保险行政部门作出工伤认定的程序进行了规定。本案中，江都人社局收到李某某的工伤认定申请后，对申请人提交的材料进行审核，限期要求上诉人举证，并开展了相关的调查询问，后作出485号决定，并送达上诉人和李某某，符合《工伤认定办法》中规定的程序要求。一审判决认定事实清楚，适用法律法规正确。上诉人木业加工厂的上诉请求无事实和法律依据，应予以驳回。

例案三：王某某诉北京市丰台区人力资源和社会保障局工伤行政确认案

【法院】

北京市第二中级人民法院

【案号】

（2017）京02行终297号

【当事人】

上诉人（一审原告）：王某某

被上诉人（一审被告）：北京市丰台区人力资源和社会保障局

法定代表人：肖某，该局局长

一审第三人：北京中润发汽车销售有限公司

法定代表人：李某某，该公司董事长

【基本案情】

王某某诉称，北京市丰台区人力资源和社会保障局（以下简称丰台区人社局）的行政行为所依据的法律、法规错误，认定事实不清，程序存在错误，应当予以撤销。（1）行政行为所依据的法律、法规错误。上诉人王某某受伤发生在"工作时间"内，即在工作所必需的中午休息时间受伤；其受伤事故发生在"工作场所"内，即在单位车间内。其受伤的原因为"工作原因"，首先单位未按照《劳动法》相关规定为其提供必要的工作条件和环境，事故当天气温是零下2℃到零下7℃，其所在车间没有任何取暖设备，天气寒冷已影响王某某的身体健康和工作效率，故刘某才将暖气带来改善工作环境，提高工作效率。王某某锯木板的行为是为了延长电暖气寿命和平稳放置电暖气，属于解决必要生理需要所遭受的事故伤害，应当认定为“工作原因”。其次王某某受伤系单位设施不安全引起的，并非王某某不当使用造成的；（2）行政行为所依据的事实和法律程序错误。丰台区人社局未就王某某的工作环境、工作条件、受伤情形、受伤原因等进行确切的查明，径行作出不予认定工伤决定，认定事实不清，程序错误。

丰台区人社局辩称，一审判决认定事实清楚，适用法律正确，请予以维持。

北京中润发汽车销售有限公司（以下简称中润发公司）述称，一审判决认定事实清楚，适用法律正确，请予以维持。

经审理查明，王某某系中润发公司机修车间汽车维修工。2013年5月27日，王某某与中润发公司签订《劳动合同》，合同期限为2013年7月1日至2015年12月31日，后续签至2017年12月31日。中润发公司机修车间为砖混结构房屋，大理石砖铺地，共有13个维修工位，冬季没有暖气。2016年3月29日，王某某向丰台区人社局提交工伤认定申请表、诊断证明书、病历、王某某的劳动合同及续订书、中润发公司营业执照、王某某的情况说明、刘某的证人证言等材料，主张2015年12月27日王某某的徒弟刘某将一台电暖器从家中带至中润发公司机修车间工位用于取暖，王某某为防止电暖器底部磨损，于当日12时许从工具房借来电动砂轮机，并找来一块木板，在工位旁的地上为该电暖器制作垫板，王某某在用电动砂轮机切割木板过程中，失控的砂轮致王某某鼻部及右眼角损伤，被送至右安门医院，后转至同仁医院治疗，现已基本痊愈，但造成面部毁容，要求认定为工伤。丰台区人社局于当日受理，并于2016年4月6日向中润发公司发出限期举证通知书，要求其提交证据并接受调查。后中润发公司向丰台区人社局提交了相关证据材料，表示不认可王某某为工伤。2016年4月11日，丰台区人社局向王某某进行调查并制作了调查笔录。2016年4月15日，丰台区人社局对中润发公司进行调查并制作了调查笔录。2016年5月4日，丰台区人社局作出不予认定工伤决定书，并送达王某某和中润发公司。

北京市丰台区人民法院作出（2016）京0106行初341号一审判决：驳回王某某的诉讼请求。王某某不服，提起上诉。北京市第二中级人民法院于2017年4月25日作出（2017）京02行终297号二审判决：驳回上诉，维持原判。

【案件争点】

王某某是否可以被认定为工伤。

【裁判要旨】

北京市第二中级人民法院认为，根据《工伤保险条例》第五条第二款、《北京市实施〈工伤保险条例〉若干规定》第七条规定，县级以上地方各级人民政府社会保险行政部门负责本行政区域内的工伤保险工作；职工要求认定工伤的，应当向用人单位登记地的区、县社会保险行政部门提出工伤认定申请。本案中，丰台区人社局主管丰台区企业职工工伤保险工作，中润发公司所在地在丰台区内，故丰台区人社局受理王某某所提工伤认定申请，并根据具体情况作出是否认定工伤的结论，是其法定职责。

丰台区人社局受理王某某提出的工伤认定申请后，依法送达相关法律文书，依职权进行调查取证，认为王某某受伤的事实不符合工伤认定的情况，作出不予认定工伤决定事实清楚，证据充分，程序合法，适用法律正确。根据二审法院现已查明事实，王某某所受事故伤害不符合因从事工作而解决必要生理需要时所遭受的事故伤害的情形，且其所提供证据亦不足以证明其受伤因单位设施不安全造成，故王某某受伤不属于《工伤保险条例》第十四条、第十五条所规定情形，其相关上诉主张不能成立。综上，一审法院判决驳回王某某的诉讼请求是正确的，应予维持。王某某的上诉请求与主张不能成立，不予支持。

三、裁判规则提要

必要生理需要包括生活中的诸多方面，在工伤认定中必要生理需要并未有明确法律条文予以规定。虽然在目前与之相关的裁判中，大部分引用“必要生理需要”将职工受伤认定为工伤，但仍存在个别案例未被认定为工伤。例如，例案一，职工在外出吃饭后返回工作地过程中遭遇非本人责任的交通事故后身亡，一审、二审法院均支持社会保险行政部门的工伤认定，并认为职工在加班期间外出就餐是完成工作的必要生理需要，应认定为工作时间、工作场所的延伸，职工遭受的事故伤害情形符合《工伤保险条例》第十四条第一项的规定。例案二，职工在完成阶段性工作后就地休息，遭受伤害，一审、二审法院也均支持社会保险行政部门的工伤认定。而例案三中，职工因天气寒冷在上班期间锯木头用来垫电暖气取暖，社会保险行政部门与一审、二审法院均未支持职工的工伤认定申请。因此，讨论必要生理需要如何界定具有现实意义。

（一）工作原因应包括职工在工作过程中为解决或满足基本生理需要而必须从事的事项

根据《工伤保险条例》第十四条第一项的规定，在工作时间和工作场所内，因工作原因受到事故伤害的，应认定为工伤。工作时间、工作地点、工作原因是认定工伤的三大要素。其中工作原因是最重要的因素。“工作原因”应指与用人单位各项工作事务和职工本职工作所衍生事务相关的原因，既包括职工在工作时间和工作场所内从事生产经营活动，也包括职工在工作过程中为解决或满足基本生理需要而必须从事的事项，如工作期间吃饭、喝水、上厕所、通风等。这是职工维持生理机能正常运转、维护正常工作状态所必需的条件，在此过程中受到意外伤害的，也应认定为工伤。

（二）必要生理需要的界定

必要生理需要被广泛应用是由于《最高人民法院公报》收录了何某某诉成都市武侯区劳动局工伤认定行政行为一案，自此后全国法院将其作为参考案例对类似的案件进行裁判，并将必要生理需要写进裁判文书中。四川省高级人民法院也对此作了相应规定，《四川高院审理工伤认定行政案件若干问题的意见》第十九条规定，认定职工工伤的“工作原因”，是指职工所受伤害是因其从事本职工作、用人单位临时指派工作或者因从事工作而解决必要生理需要时所致。虽然绝大多数相似案件根据公报案例作出了判决，但仍有一些案例未被认定为工伤。必要生理需要除了常见的吃饭、喝水、休息等，还存在很多其他情形，只要是职工在工作过程中为解决或满足基本生理需要而必须从事的事项，都应当认定为必要生理需要。

（三）必要生理应作适度扩大解释

随着社会的不断发展，合理需求的范围也在一步步扩大。除上述理由外，健身、网购、取暖、乘凉等能否成为必要生理需要，也值得注意。例如，在工作日家里没人的情况下，很多人选择将快递邮寄到单位，如果在取快递的过程中发生意外而受伤，应如何认定；在工作条件艰苦的地方工作，自己购买取暖乘凉设备，在安装或使用过程中受伤，应如何认定。在审判实践中，必要的生理需要体现在方方面面，在参考类似案例的同时，应适度对必要生理需要作扩大解释，将与工作存在间接关系的因素更多地考虑其中。

四、辅助信息

《工伤保险条例》

第五条 国务院社会保险行政部门负责全国的工伤保险工作。

县级以上地方各级人民政府社会保险行政部门负责本行政区域内的工伤保险工作。

社会保险行政部门按照国务院有关规定设立的社会保险经办机构（以下称经办机构）具体承办工伤保险事务。

第十四条 职工有下列情形之一的，应当认定为工伤：

（一）在工作时间和工作场所内，因工作原因受到事故伤害的；

（二）工作时间前后在工作场所内，从事与工作有关的预备性或者收尾性工作受到事故伤害的；

（三）在工作时间和工作场所内，因履行工作职责受到暴力等意外伤害的；

（四）患职业病的；

（五）因工外出期间，由于工作原因受到伤害或者发生事故下落不明的；

（六）在上下班途中，受到非本人主要责任的交通事故或者城市轨道交通、客运轮渡、火车事故伤害的；

（七）法律、行政法规规定应当认定为工伤的其他情形。

第十七条 职工发生事故伤害或者按照职业病防治法规定被诊断、鉴定为职业病，所在单位应当自事故伤害发生之日或者被诊断、鉴定为职业病之日起30日内，向统筹地区社会保险行政部门提出工伤认定申请。遇有特殊情况，经报社会保险行政部门同意，申请时限可以适当延长。

用人单位未按前款规定提出工伤认定申请的，工伤职工或者其近亲属、工会组织在事故伤害发生之日或者被诊断、鉴定为职业病之日起1年内，可以直接向用人单位所在地统筹地区社会保险行政部门提出工伤认定申请。

按照本条第一款规定应当由省级社会保险行政部门进行工伤认定的事项，根据属地原则由用人单位所在地的设区的市级社会保险行政部门办理。

用人单位未在本条第一款规定的时限内提交工伤认定申请，在此期间发生符合本条例规定的工伤待遇等有关费用由该用人单位负担。

《四川高院审理工伤认定行政案件若干问题的意见》

第十九条第一款　认定职工工伤的“工作原因”是指职工所受伤害是因其从事本职工作、用人单位临时指派工作或因从事工作而解决必要生理需要时所致。

工伤认定案件裁判规则第 18 条：

对职工是否因工作原因受到伤害，应以相当因果关系为标准进行审查

【规则描述】 《工伤保险条例》第十四条第一项关于“工作时间、工作场所、工作原因”的“三工规定”是工伤认定的重要因素，其中最核心的要素是对“工作原因”的理解和把握。由于职工所受伤害的诱因复杂多样，故对其所受伤害与履行工作职责之间的关系应作全面、准确地理解和把握。司法实践中，应以“相当因果关系”为职工所受伤害是否系履行工作职责所致的审查标准，即职工受伤与履行工作职责之间存在相当因果关系的，应当认定为因公受伤。

一、类案检索大数据报告

截至 2020 年 12 月 31 日，以“工伤认定”“因果关系”“工作原因”为关键词，通过 Alpha 案例库、法信平台、元典智库、北大法宝、中国裁判文书网等共检索到类案 664 件，经逐案阅看、分析，与本规则关联度较高的案件有 133 件。因其中存在同一案件不同审级形成的多个文书，故剔除前述情形后，实际共查找到高度关联的 45 起案例裁判文书。整体情况如下：

如图 18–1 所示，从地域分布看，本规则相关行政案例主要分布在江苏省、浙江省、广东省等地区。其中，江苏省 17 件，浙江省 12 件，广东省 9 件，河南省、四川省各 2 件，黑龙江省、湖南省、湖北省各 1 件。

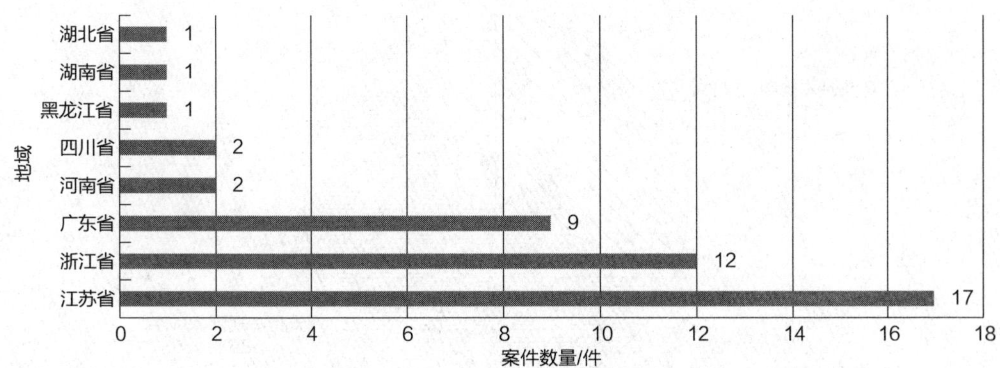

图 18–1　类案地域分布情况

如图 18–2 所示，从结案时间看，2015 年 2 件，2016 年 3 件，2017 年 8 件，2018 年 15 件，2019 年 13 件，2020 年 4 件。

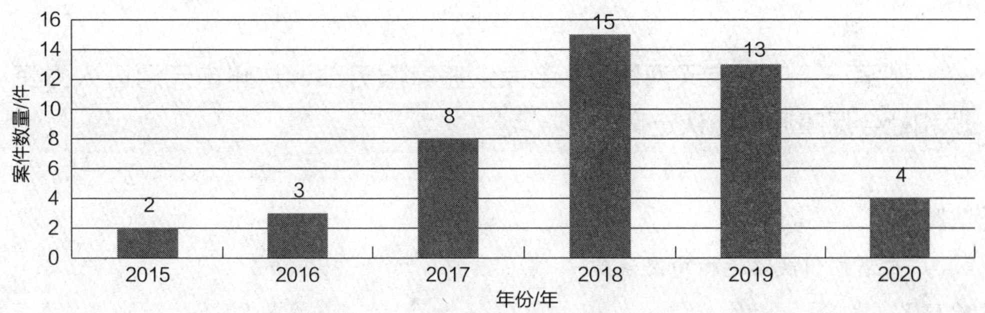

图 18–2　类案结案时间分布情况

如图 18–3 所示，从裁判结果看，7 件案例法院以职工所受伤害与履行工作职责之间没有直接因果关系依法不应认定为工伤为由，驳回了原告的诉讼请求。2 件案例法院认为职工所受伤害与履行工作职责之间并非必然的因果关系，判决撤销了被告作出的工伤认定决定。5 件案例法院仅以职工系因履行工作职责而受到伤害、依法应予认定工伤为由，判决撤销了被告作出的不予认定工伤决定。剩余的 31 件案例法院的裁判观点均支持了本裁判规则。总体来看，高度关联的 45 件案例中，与本裁判规则持相同观点的 31 件，占 68.9%；持不同观点的 14 件，占 31.1%。

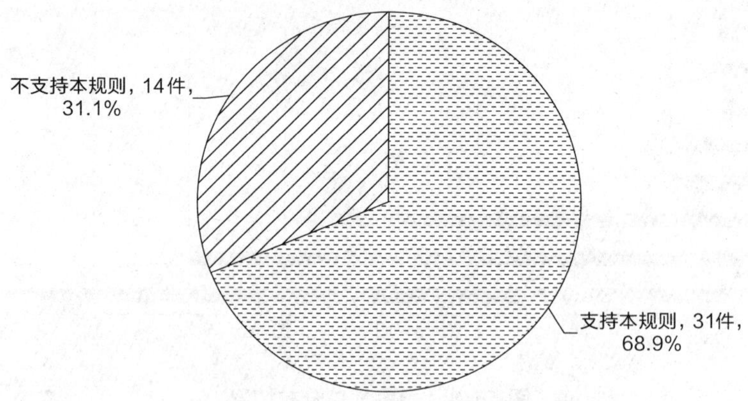

图 18-3　类案裁判结果分布情况

二、可供参考的例案

例案一：广州市天河区××老大众搬家服务部诉广州市天河区人力资源和社会保障局工伤认定案

【法院】

广东省广州铁路运输中级法院

【案号】

（2019）粤71行终3049号

【当事人】

上诉人（一审原告）：广州市天河区××老大众搬家服务部

经营者：陈某某

被上诉人（一审被告）：广州市天河区人力资源和社会保障局

法定代表人：石某某，该局局长

一审第三人：廖某某

【基本案情】

上诉人广州市天河区××老大众搬家服务部（以下简称老大众服务部）上诉称，根据广州市海珠区公安分局出具相关的《起诉意见书》《提请批准逮捕书》可证实，一审第三人受伤系因徐某某抽烟行为，主动同物业保安发生冲突而导致，与工作内容无关，不符合工伤认定的情形。一审判决认定事实不清，适用法律错误，请求撤销原审判决，撤销被诉工伤认定决定，本案诉讼费用由被上诉人承担。

被上诉人广州市天河区人力资源和社会保障局（以下简称天河区人社局）在二审期间未提交书面答辩意见。

一审第三人廖某某述称，上诉人与一审第三人存在劳动关系，2016 年 7 月 30 日早上，按照上诉人的派遣，一审第三人与徐某某等 5 人到昌岗富力天域中心搬办公用品，因同事徐某某吸烟与天力物业公司的员工发生纠纷，一审第三人无辜被天力物业公司的员工毒打，致使左眼受伤失明，符合工伤认定情形，一审认定事实清楚，证据确实充分，适用法律正确，请求予以维持。

经审理查明，上诉人老大众服务部系经工商登记注册成立的个体工商户，经营范围为道路运输业。2014 年 2 月 25 日，一审第三人廖某某入职老大众服务部任搬运工。2016 年 7 月 30 日 8 时许，廖某某与其同事徐某某、杨某某根据老大众服务部的安排，到广州市海珠区某地搬运办公用品。因上诉人另一员工徐某某在该中心一楼的货运电梯搬货期间吸烟问题，该中心保安坚持罚款并不让其三人离开，后廖某某被该中心保安殴打致伤。2016 年 8 月 22 日，廖某某经广州医科大学附属第二医院诊断为：（1）左眼钝挫伤：左眼睑挫伤、左眼巩膜全层裂伤、左眼视网膜脱离、左眼脉络膜脱离、左眼视神经挫伤；（2）右眼眼球萎缩；（3）右眼知觉性外斜视；（4）左额部头皮血肿。2017 年 3 月 9 日，一审第三人向天河区人社局申请工伤认定，先后提交了工伤认定申请表、工伤事故报告、个人投诉书、廖某某劳动纠纷案件的事实情况说明、廖某某工伤赔偿明细表、证人证言、授权委托书、仲裁裁决书、民事判决书、刑事裁定书、广州市海珠区人民检察院刑事案件材料、廖某某企业信息、病历等材料。2017 年 3 月 20 日，天河区人社局作出穗天人社工伤举〔2017〕16 号《举证告知书》，当日向老大众服务部邮寄送达，其于次日签收。2017 年 3 月 24 日，老大众服务部向天河区人社局提交答辩意见书及报警回执、证人证言以及 2016 年 6 月、7 月工资支付明细表的证据材料。2017 年 3 月 27 日，天河区人社局作出穗天人社工伤个中〔2017〕3 号《工伤认定中止通知书》并于当日送达一审第三人，告知其经审查，该案件劳动关系存在争议，需等相关部门对劳动关系作出确认，现作出工伤认定的时限中止，待劳动关系作出确认后即恢复审理工伤认定申请。经仲裁委仲裁、法院审理判决，2018 年 9 月 13 日，天河区人社局作出穗天人社工伤认〔2018〕011158 号《工伤认定决定书》，认定廖某某为工伤，并于 2018 年 11 月 7 日送达老大众服务部，于 2018 年 9 月 26 日送达廖某某。老大众服务部对此不服，诉至一审法院。

另查明，为确认劳动关系，廖某某向广州市天河区劳动人事争议仲裁委员会申请仲裁，请求确认2014年2月25日至2016年7月30日期间，其与老大众服务部之间存在劳动关系。2017年8月25日，广州市天河区劳动人事争议仲裁委员会作出穗天劳人仲案字〔2017〕2565号裁决，裁决确认老大众服务部与廖某某于2014年3月17日至2016年7月30日期间存在劳动关系。老大众服务部不服，向广州市天河区人民法院提起诉讼，该院立案受理后于2017年12月5日（2017）粤0106民初22705号民事判决书，判决确认老大众服务部与廖某某于2014年3月17日至2016年7月30日期间存在劳动关系。老大众服务部不服该判决，上诉于广州市中级人民法院，2018年4月18日，广州市中级人民法院作出（2018）粤01民终2307号民事判决，判决驳回上诉，维持原判。

再查明，2016年12月28日，老大众服务部向广州市天河区工商行政管理局申请个体变更地址，从广州市天河区×××××××××××××××（部位：自编02-03单元再自编C11单元）变更为广州市天河区×××3××××××之一；于2017年2月14日向广州市天河区工商行政管理局申请名称变更，由广州市天河区石牌老大众搬家服务部变更为广州市天河区××老大众搬家服务部。

广东省广州铁路运输法院作出（2019）粤7101行初1427号行政判决：驳回一审原告老大众服务部的诉讼请求。宣判后，老大众服务部不服，提起上诉。广东省广州铁路运输中级法院于2019年10月18日作出（2019）粤71行终3049号行政判决：驳回上诉，维持原判。

【案件争点】

1.一审第三人廖某某是否系因履行工作职责遭受暴力伤害，即廖某某所受伤害与履行工作职责之间是否存在因果关系。

2.被上诉人天河区人社局作出的工伤认定决定是否合法。

【裁判要旨】

广东省广州铁路运输中级法院认为，关于廖某某所受暴力伤害与履行工作职责之间是否存在因果关系的问题。《工伤保险条例》第十四条规定："职工有下列情形之一的，应当认定为工伤……（三）在工作时间和工作场所内，因履行工作职责受到暴力等意外伤害的……"《劳动和社会保障部关于工伤认定中因履行工作职责受到暴力等意外伤害界定问题的复函》（劳社秘〔2007〕157号）指出，《工伤保险条例》第十四条第三项"在工作时间和工作场所内，因履行工作职责受到暴力等意外伤害的"，应理解为有岗位职责并明确具体行为规定，其具有履行岗位职责权力的人员在工作时间和工作场所内受到暴力等意外伤害的应认定为工伤。本案中，上诉人系从事道路运输业的个体工商户，一审第三人作为上诉人的搬运工，工作职责是搬运货物。2016年7月30日8时许，一审第三人受上诉人指派，与同事徐某某、杨某某等5人到昌岗富力天域中心搬运办公物品。在工作期间，因同事徐某某在该中心一楼的货运电梯搬运货物期间吸烟，被该中心保安指责并要求罚款，双方发生争执继而引发肢体冲突，在场一审第三人无故被卷入，遭受到该中心多名保安的暴力伤害，造成左眼的巩膜全层裂伤、视网膜脱离、脉络膜脱离、视神经挫伤等严重伤害。由于一审第三人的主要工作内容为搬运货物，其工作性质决定其作业场所具有较大的流动性，较之一般相对固定在工作场所存在更多不可预测的风险，“因履行工作职责受到暴力等意外伤害”既应包括与工作有直接关系而形成的暴力伤害，也应包括开展工作过程中所发生的暴力伤害，只要不属于职工从事与工作无关的个人活动受到的伤害，应当认定其符合《工伤保险条例》第十四条第三项的规定，即原审第三人系在工作时间和工作场所内，因履行工作职责受到暴力意外伤害，符合《工伤保险条例》关于认定工伤的规定。

关于被上诉人天河区人社局作出的工伤认定决定是否合法的问题。第一，根据《审理工伤保险行政案件规定》第八条规定：“职工因第三人的原因受到伤害，社会保险行政部门以职工或者其近亲属已经对第三人提起民事诉讼或者获得民事赔偿为由，作出不予受理工伤认定申请或者不予认定工伤决定的，人民法院不予支持。职工因第三人的原因受到伤害，社会保险行政部门已经作出工伤认定，职工或者其近亲属未对第三人提起民事诉讼或者尚未获得民事赔偿，起诉要求社会保险经办机构支付工伤保险待遇的，人民法院应予支持。职工因第三人的原因导致工伤，社会保险经办机构以职工或者其近亲属已经对第三人提起民事诉讼为由，拒绝支付工伤保险待遇的，人民法院不予支持，但第三人已经支付的医疗费用除外。”本案仅涉及工伤认定问题而不涉及工伤保险待遇具体支付问题，第三人已经对侵权人提起民事诉讼或者获得民事赔偿，并不影响被告受理工伤认定申请以及作出工伤认定决定。第二，事发当日一审第三人与同事在富力天域中心帮客户搬运物品过程中，因同事违反该物业管理规定在室内抽烟，与该中心的保安发生冲突，一审第三人作为同行人被无辜牵连，遭受他人暴力攻击，一审第三人自身并无过错，亦没有证据证明施暴保安与其存有个人恩怨，虽然引发暴力的起因是同事违规抽烟，但一审第三人确系在履行工作职责时遭受到他人的暴力伤害。综上，一审判决认定事实清楚，适用法律正确，程序合法，依法予以维持。上诉人的上诉请求，理据不足，依法不予支持。

例案二：易某某诉东莞市人力资源和社会保障局社会保障行政确认案

【法院】

广东省东莞市中级人民法院

【案号】

（2018）粤19行终178号

【当事人】

上诉人（原审原告）：易某某

被上诉人（原审被告）：广东省东莞市人力资源和社会保障局

法定代表人：邹某，该局局长

一审第三人：广东省东莞市双凯鞋业有限公司

法定代表人：邹某某，该公司经理

【基本案情】

上诉人易某某上诉称，首先，广东岭南法医临床司法鉴定所（以下简称岭南鉴定所）出具的《794号鉴定书》和广东康怡司法鉴定中心（以下简称康怡鉴定中心）出具的《2797号鉴定书》都认可易某某事故的发生与触电存在因果关系，一审法院也认为易某某事故的发生有工作原因存在；其次，根据《广东省工伤保险条例》第九条规定："职工有下列情形之一的，应当认定为工伤：（一）在工作时间和工作场所内，因工作原因受到事故伤害的……"同时国务院《工伤保险条例》第十四条规定"职工有下列情形的，应当认定为工伤：（一）在工作时间和工作场所内，因工作原因受到事故伤害的……"易某某所受事故伤害完全符合上述条例的规定，应当认定为工伤。最后，根据《行政诉讼法》第三十四条第一款规定："被告对作出的行政行为负有举证责任，应当提供作出该行政行为的证据和所依据的规范性文件。"然而，广东省东莞市人力资源和社会保障局（以下简称东莞社保局）并未提供任何有关因果关系参与度只有达到或超过50%才可以认定为工伤的规范性文件，也没有提供任何有关因果关系参与度为21%～40%的情形就不予认定为工伤的规范性文件。总之，易某某所受事故伤害符合《广东省工伤保险条例》第九条第一项和国务院《工伤保险条例》第十四条第一项之规定，应当认定为工伤。为维护易某某的合法权益，特提起上诉，请求二审法院依法判令：（1）撤销一审判决并依法改判；（2）撤销东莞社保局作出的东社保工伤认字第GSRD2203628716号《不予认定工伤决定书》；（3）本案一审与二审诉讼费用由东莞社保局承担。

被上诉人东莞社保局辩称，（1）东莞社保局作出东社保工伤认字第GSRD2203628716号《不予认定工伤决定书》，事实清楚，证据充分，法律适用正确，符合法定程序。2017年11月1日，易某某向东莞社保局递交《工伤认定申请表》，述称其于2017年9月23日18时30分左右在样品室加班时，因电车漏电被电伤，请求认定工伤。易某某提交的证据材料有:《工伤认定申请表》、提交证据材料清单、身份证复印件、工商登记信息、工作证、病历、出院小结、诊断证明书、入院记录、诊断报告、病危、病重通知单、司法鉴定意见书等资料。东莞社保局于2017年11月8日受理了易某某的工伤认定申请，并向广东省东莞市双凯鞋业有限公司（以下简称双凯鞋业公司）送达了《工伤认定提交材料通知书》，要求该公司提供与工伤认定有关的材料。双凯鞋业公司于2017年11月10日向东莞社保局提交了易某某的身份证复印件、工作证、病历本、诊断证明书、个人简历表、证人证言、营业执照复印件、劳动合同、《关于我公司易某某受伤情况说明》等资料。为了查明案件事实，2017年11月9日，东莞社保局工作人员依法向双凯鞋业公司的员工唐某某、杨某某进行调查并制作了询问笔录；2017年12月28日，东莞社保局委托康怡鉴定中心对易某某所受伤害进行伤病因果关系法医学鉴定，并将《2797号鉴定书》依法送达给易某某、双凯鞋业公司。综合以上证据材料，经调查：双凯鞋业公司员工易某某，于2017年9月23日18时30分左右，在车间操作电车工作时，因触电导致身体出现不适，至次日被送到东莞市××街医院住院治疗，于2017年10月23日对易某某作出的出院诊断为“1.左侧基底节区脑出血；2.高血压病3级极高危组；3.高血压性心脏病；4.低钾血症”。易某某就此次事故进行了伤病因果关系法医鉴定，由康怡鉴定中心出具的《司法鉴定意见书》显示：被鉴定人员易某某“左侧脑基底节区出血”与2017年9月23日事故导致的触电受伤存在一定的因果关系，外伤为次要因素，建议参与度为21%～40%。而“高血压病3级极高危组、高血压性心脏病、低钾血症”为人身的一种疾病，且不属于职业病，故易某某在本事故中受到的伤害不符合“在工作时间和工作岗位，突发疾病死亡或者在48小时之内经抢救无效死亡的”情形，也不符合《广东省工伤保险条例》第九条、第十条规定的认定工伤或视同工伤的其他情形，不应当认定或视同为工伤，故东莞社保局于2018年1月5日作出东社保工伤认字第GSRD2203628716号《不予认定工伤决定书》，决定对易某某在此次事故中所受伤害不予认定或者视同工伤，并依法送达给易某某及双凯鞋业公司。（2）易某某在上诉状中称其所受伤害符合《广东省工伤保险条例》第九条第一项和《工伤保险条例》第十四条第一项之规定，应当认定为工伤的主张与事实不符，且适用法律错误。①在一审起诉状中，易某某已经认可其在本次事故中所受伤害为“病发所受伤害”，即易某某属于在工作时间和工作场所突发疾病受到伤害的情况，而不属于在工作时间和工作场所受到事故伤害的情况；②虽然康怡鉴定中心出具的《司法鉴定意见书》显示，易某某“左侧脑基底节区出血”与2017年9月23日事故导致的触电受伤存在一定的因果关系，但该《司法鉴定意见书》同时显示，外伤仅为次要因素，建议参与度为21%～40%，即外伤并不是易某某“左侧脑基底节区出血”的主要因素；③根据以上事实，东莞社保局认为易某某在本事故中受到的伤害不符合《广东省工伤保险条例》第十条第一款第一项规定的“在工作时间和工作岗位，突发疾病死亡或者在四十八小时之内经抢救无效死亡的”情形，也不符合《广东省工伤保险条例》第九条、第十条规定的认定工伤或视同工伤的其他情形，不应当认定或视同为工伤，故东莞社保局于2018年1月5日作出案涉《不予认定工伤决定书》并无不当。综上所述，东莞社保局依法作出的案涉《不予认定工伤决定书》，依据事实清楚、适用法律准确、程序合法，应当予以维持。上诉人易某某的诉讼请求，缺乏事实及法律依据，应当予以驳回。

一审第三人双凯鞋业公司述称，（1）东莞社保局作出东社保工伤认字第GSRD2203628716号《不予认定工伤决定书》，事实清楚，证据充分，法律适用正确，符合法定程序。易某某自称于2017年9月23日18时30分左右，在车间操作电车工作时因触电导致身体出现不适。次日，双凯鞋业公司便将易某某送到东莞市××街医院住院治疗。医院于2017年10月23日对易某某作出出院诊断：“1.左侧脑基底节区出血；2.高血压病3级极高危组；3.高血压性心脏病；4.低钾血症。”双凯鞋业公司与易某某向东莞社保局提供《工伤认定申请书》、提交证据材料清单、身份证复印件、工商登记信息、工作证、病历、出院小结、诊断证明书、入院记录、CT诊断报告、病危、病重通知单、劳动合同等。为了查明案件事实，东莞社保局依法向双凯鞋业公司的员工唐某某、杨某某进行调查并制作了询问笔录；2017年12月28日，东莞社保局委托康怡鉴定中心对此次事故进行伤病因果关系法医鉴定。康怡鉴定中心出具的司法鉴定意见书显示：被鉴定人易某某“左侧脑基底节区出血”与2017年9月23日事故导致的触电受伤存在一定的因果关系，外伤为次要因素，建议参与度为21%～40%。而“高血压病3级极高危组、高血压性心脏病、低钾血症”为人身的一种疾病，且不属于职业病。故东莞社保局认为易某某在此事故中受到的伤害不符合“在工作时间和工作岗位，突发疾病死亡或者在48小时之内经抢救无效死亡的”情形，也不符合《广东省工伤保险条例》第九条和第十条规定的认定和视同工伤的其他情形。东莞社保局于2018年1月5日出具《不予认定工伤决定书》。(2)易某某在起诉状中称“原告病发所受伤害与触电存在很大的关联”。易某某一直称其因电车漏电被电伤，但并无任何证据证明，易某某的主张与事实不符。本次易某某病发，自称是触电，并无任何证据。据当时在场的样品室主管杨某某描述：“易某某自称触电的时候并无人看到，也无监控录像，虽然这一行业的电车可能存在静电现象，但是静电现象在生活中非常普遍，并不足以造成任何伤害。易某某当天所用的电车，在易某某所谓的触电事故之前与之后都被使用着，并无任何漏电的情况。而且在所谓的触电事故发生后，经维修人员检查，该部电车也并无问题，厂内员工至今仍在正常使用。”东莞市××街医院陈医生在对易某某诊断过程中也没有认为是电击伤导致的病发，他在《病危、病重通知书》写下“电击伤？”对电击伤表示怀疑。故易某某的诉讼请求不应得到支持。(3)易某某称“易某某所受事故伤害符合《广东省工伤保险条例》第九条第一项和《工伤保险条例》第十四条第一项的规定，应当认定为工伤”，易某某适用法律错误。易某某既不符合“在工作时间和工作岗位，突发疾病死亡或者在48小时之内经抢救无效死亡的”和“在工作时间和工作场所内，因工作原因受到事故伤害的”情形，也不符合《工伤保险条例》第十四条、第十五条和《广东省工伤保险条例》第九条、第十条规定的认定工伤或视同工伤的其他情形，不应当认定或视同工伤。综上所述，东莞社保局依法作出的东社保工伤认字第GSRD2203628716号《不予认定工伤决定书》应当予以维持。易某某自称触电受伤以及主张撤销案涉《不予认定工伤决定书》没有事实与法律依据。双凯鞋业公司恳请二审法院驳回易某某的全部诉讼请求以维护双凯鞋业公司的合法权益。

经审理查明，上诉人易某某是双凯鞋业公司员工，任职作业员。2017年9月23日18时30分许，易某某在双凯鞋业公司车间加班操作电针车时被电击，感觉身体右侧乏力、麻木，车间主管杨某某发现，让易某某回公司宿舍休息。第二天早上，易某某不能行走，双凯鞋业公司即派人送易某某到东莞市××街人民医院住院治疗。2017年10月23日出院，出院诊断为：“1.左侧基底节区脑出血；2.高血压病3级，极高危组；3.高血压性心脏病；4.低钾血症。”2017年11月1日，易某某向东莞社保局申请工伤认定，以工作时电车漏电被电伤为由，申请对“左侧基底节区脑出血”认定为工伤。东莞社保局受理后，通知易某某和双凯鞋业公司举证，并通知双凯鞋业公司答复。双凯鞋业公司提供了证人证言、劳动合同、《关于我公司易某某受伤情况说明》等资料，双凯鞋业公司在《关于我公司易某某受伤情况说明》中陈述了易某某身体发病及就医情况，对是否工伤没有表示意见。易某某自行委托岭南鉴定所进行伤病因果关系鉴定，该所于2017年11月30日出具岭南鉴定所〔2017〕临鉴字第794号《司法鉴定意见书》（以下简称《794号鉴定书》），鉴定分析为：电击可以导致血管壁损伤，血液是良导体，电流易于通过，引起血管壁损伤，进而发生血管栓塞，血管破裂，引起继发性的局部组织坏死，肢体坏死；被鉴定人因存在本身高血压病3级极高危组、高血压性心脏病，可能由于在工作时（工业用电）使用电针车被电击后诱发血压的突然骤升，也或由于因高血压脑血管本身的脆弱性而更容易引起脑基底节出血，从而导致左侧肢体偏瘫，因此电击与其脑出血应存在因果关系；鉴定意见为：被鉴定人易某某左侧基底节区脑出血与电击作用存在因果关系。易某某向东莞社保局提供了《794号鉴定书》，东莞社保局向双凯鞋业公司员工唐某某、杨某某调查询问，制作了询问笔录。唐某某陈述了事发当天易某某向其陈述受电击的事实："晚上6点10分上班后不久，易某某跟我说他被电到了，我看见她右手在抖动。"杨某某的陈述与唐某某一致，并说："应该是针车的静电击到她，机器偶尔都会有静电产生的。"东莞社保局委托康怡鉴定中心进行伤病因果关系法医学鉴定，要求以百分比形式明确关联度。康怡鉴定中心于2017年12月28日出具康怡司鉴中心〔2017〕鉴意字第2797号《司法鉴定意见书》（以下简称《2797号鉴定书》），鉴定分析和鉴定意见为：患者易某某有明确的高血压病3级，极高危组（高血压性心脏病），当受到突然触电惊恐后，血压骤然增高，在自身高血压病的基础上，引发脑血管破裂，导致左侧基底节区脑出血；认定"左侧基底节区脑出血"与2017年9月23日事故导致的触电受伤存在一定的因果关系，外伤为次要因素，建议参与度为21%～40%。2018年1月5日，东莞社保局作出东社保工伤认字第GSRD2203628716号《不予认定工伤决定书》，认为易某某在2017年9月23日事故中受到的伤害不符合"在工作时间和工作岗位，突发疾病死亡或在48小时之内经抢救无效死亡"的情形，也不符合《广东省工伤保险条例》第九条、第十条规定的认定工伤和视同工伤的其他情形，决定对易某某在此次事故中所受伤害不予认定或视同工伤。东莞社保局于2018年1月15日、1月18日分别送达给易某某、双凯鞋业公司。易某某不服，于2018年3月20日向一审法院起诉。

广东省东莞市第一人民法院作出（2018）粤1971行初206号行政判决：驳回一审原告易某某的诉讼请求。宣判后，易某某不服，提起上诉。广东省东莞市中级人民法院于2018年9月14日作出（2018）粤19行终178号行政判决：驳回上诉，维持原判。

【案件争点】

1. 易某某所受伤害与履行工作职责之间是否有因果关系。

2. 易某某因触电后引发的“左侧基底节区脑出血”能否给予认定工伤。

【裁判要旨】

广东省东莞市中级人民法院认为，关于易某某所受伤害与履行工作职责之间是否有因果关系的问题。易某某作为双凯鞋业公司作业员，其于2017年9月23日18时30分许、在公司车间加班操作电针车时被电击，符合《工伤保险条例》第十四条规定要求的工作时间、工作场所要素，其因触电后引发的“左侧基底节区脑出血”，经东莞市××街人民医院诊断为：“1. 左侧基底节区脑出血；2. 高血压病3级，极高危组；3. 高血压性心脏病；4. 低钾血症。”经康怡鉴定中心出具的《2797号鉴定书》鉴定分析和鉴定意见为：“患者易某某有明确的高血压病3级，极高危组（高血压性心脏病），当受到突然触电惊恐后，血压骤然增高，在自身高血压病的基础上，引发脑血管破裂，导致左侧基底节区脑出血；认定‘左侧基底节区脑出血’与2017年9月23日事故导致的触电受伤存在一定的因果关系，外伤为次要因素，建议参与度为21%～40%。”故易某某因触电引发的“左侧基底节区脑出血”伤害与其履行工作职责之间存在因果关系。

关于易某某所受伤害能否认定为工伤的问题。根据康怡鉴定中心出具的《2797号鉴定书》的鉴定分析及鉴定意见，结合在案证据，易某某所受伤害既有工作原因，也有自身原有疾病的非工作原因。对于既有工作原因，也有非工作原因造成的事故伤害，现有法律没有明确规定，故应对其所受伤害与履行工作职责之间的关联度即因果关系进行全面、准确界定。本案中，虽然《794号鉴定书》的结论显示“易某某左侧基底节区脑出血与电击作用应存在因果关系”，但其分析说明部分提及“可能由于在工作时（工业用电）使用电针车被电击后诱发血压的骤升，也或由于因高血压脑血管本身的脆弱性而更容易引起脑基底节出血，从而导致左侧肢体偏瘫”。而且，通过东莞社保局委托康怡鉴定中心所出具的《2797号鉴定书》来看，易某某触电受伤就其“左侧基底节区脑出血”的参与度仅为21%～40%。换言之，“左侧基底节区脑出血”并非由电击所直接产生抑或与电击存在较大关联，其决定性因素仍系易某某的自身健康问题。据此，易某某因触电引发的“左侧基底节区脑出血”与其履行工作职责之间并非直接因果关系。综上，被告东莞社保局未将易某某前述诊断结果作为工伤认定的依据，并无不当。易某某要求撤销案涉不予认定工伤决定的诉请，缺乏充分法律与事实依据，法院不予支持。

例案三：阮某某诉襄阳市人力资源和社会保障局不予认定工伤决定案

【法院】

湖北省襄阳市襄城区人民法院

【案号】

（2018）鄂0602行初6号

【当事人】

原告：阮某某

被告：湖北省襄阳市人力资源和社会保障局

法定代表人：朱某某，该局局长

第三人：湖北合美人力资源有限公司襄阳分公司

法定代表人：刘某某，该公司经理

【基本案情】

原告阮某某诉称，2016年12月7日上午9时，原告在襄阳市东风公司车轮厂装修班工位上修补轮胎，米某某在平衡班工位上干活。原告发现自己修补好并按照公司规定堆放在平衡班工位上的轮胎被人又推了回来，由于修补好的轮胎本应堆放在平衡班工位上以便进入下一道工序入库，可是现在被人推了回来，并且零乱，打乱了正常的生产秩序。原告非常生气，就大声质问："是哪个王八子干的？"米某某应声而出，且手持钉锤。在双方理论过程中，米某某操起钉锤砸向原告，原告捡起一个油漆瓶阻挡，造成了原告脾脏破裂，米某某嘴唇破裂的结果。被告湖北省襄阳市人力资源和社会保障局（以下简称襄阳市人社局）作出的襄人社工伤认〔2017〕×××号《不予认定工伤决定书》认定事实错误。其中"……与其他工友发生争吵并相互对打，后被他人打伤，该暴力伤害的直接原因是受伤人首先骂人并打伤他人，与从事的本职工作和应履行的工作职责无直接关联……"明显与事实不符，完全掩盖了修补好的轮胎被错误地推回来这一基本事实，回避了原告所坚持的轮胎不应被推回是否属于在履行工作职责。被告适用法律错误。原告与米某某2016年12月7日上午打架一案已经公检法司机关依法处理，并作出〔2017〕鄂0606刑初×××号襄阳市樊城区人民法院刑事附带民事判决书，该判决书认定：米某某构成故意伤害罪，判处有期徒刑三年六个月。而公安机关并没有认定原告违反了治安管理规定，法院也没有认定原告构成犯罪或自残或自杀，因此依据《工伤保险条例》第十四条、第十六条的相关规定，被告仅以原告骂了米某某并相互对打就认定原告不构成工伤显然是错误的。原告与米某某发生争执的原因是在于坚持修补好的轮胎不应当被推回，不是因为个人恩怨，完全是为了履行工作职责。综上，被告认定事实和适用法律均有错误，第三人也没有任何证据以否定原告的工伤认定，原告是为了维护正常的工作秩序，被告却没有认定为工伤，有违公理。请求人民法院：（1）依法撤销被告作出的襄人社工伤认〔2017〕×××号《不予认定工伤决定书》，并判决被告重新作出工伤认定决定书；（2）依法判令被告承担本案的一切诉讼费。

被告襄阳市人社局辩称，（1）被告作出的不予认定工伤决定事实清楚，证据确实充分，程序合法，适用法律法规正确，依法应予以维持。原告于2017年6月13日以2016年12月7日上午9时30分左右在用人单位工作期间遭受暴力伤害为由，向被告提出了工伤认定申请并提交了《工伤认定申请书》《工伤认定申请表》、襄阳市东风人民医院《诊断证明书》及《出院记录》（住院号：××××）、证人黄某和陈某的证人证言等材料。被告于2017年6月13日依法受理，因原告对一审判决不服并提出上诉，被告于2017年6月23日向申请人发出《工伤认定中止通知书》（〔2017〕××号）中止工伤认定程序。2017年7月17日中止情形消失后，对原告恢复工伤认定程序。经审核，被告认定：原告系第三人派遣到襄阳市东风公司车轮厂的补漆工。2016年12月7日上午9时30分左右，在工作期间因轮胎摆放问题与工友米某某发生争吵并互相对打，后被对方殴打致伤。2016年12月23日，襄阳市东风人民医院诊断为：失血性休克；外伤性脾破裂；外伤性胰腺损伤、胰瘘；左侧胸腔积液；双侧多发肋骨骨折。被告认为，原告在工作时间和工作场所内，与其他工友发生争吵并互相对打，原告受到暴力伤害的直接原因是原告摆放的工件位置被挪动，与其从事的本职工作和应履行的职责无直接关联。这不符合《工伤保险条例》第十四条第三项规定的"在工作时间和工作场所内，因履行工作职责受到暴力等意外伤害的"认定工伤情形，于2017年9月12日依法作出《不予认定工伤决定书》（襄人社工伤认〔2017〕×××号），并按照规定程序将决定书送达原告及第三人。（2）被告认为，原告所述事实和理由均不能成立。①在原告提供的襄阳市樊城区人民法院《刑事附带民事判决书》（〔2017〕鄂0606刑初×××号）中，"经审理查明，2016年12月7日上午9时许，被告人米某某在襄阳市东风公司车轮厂平衡班工位上干活，被害人阮某某在装配班工位上修补轮胎，并将修补好的轮胎放在平衡班工位上，影响了平衡班入库，米某某又将轮胎推回放在装配返修工位上，阮某某发现后，即开口骂是谁将轮胎推回，为此二人发生争吵并相互对打，阮某某先用油漆瓶将被告人米某某的嘴唇砸破……""本院认为：本案系由工作中的琐事引起，被害人可以通过正当途径予以解决，但首先骂人引起本案的发生。”从这些记录明显可以看出，原告虽在工作时间和工作场所被殴致伤，但并不是履行工作职责，而是原告先骂人引发。原告的《行政诉状》中“阮某某非常生气！就大声质问‘是哪个王八子干的？’”更加证实了自己被殴致伤的原因。②《工伤保险条例》第十四条第三项规定的“在工作时间和工作场所内，因履行工作职责受到暴力等意外伤害的”，是指职工因履行工作职责，使某些人的不合理的或违法的目的没有达到，这些人出于报复而对该职工进行的暴力人身伤害，强调的是受到的伤害与履行的工作职责之间存在有因果关系。原告完全可以通过互相协商、讨论，或者向上级领导汇报由领导出面协调等合理方式解决双方的矛盾。而原告并未通过合理渠道解决分歧，采用骂人、互相对打方式激化矛盾导致了伤害后果的发生，其受伤原因正是骂人、互相对打所致，既非本职工作，也与履行工作职责没有直接因果关系，违背《工伤保险条例》立法本意。综上，被告认为原告在工作时间、工作场所因骂人和斗殴受到的暴力伤害只能通过法院民事裁定，不符合工伤认定政策规定。被告在办理阮某某的工伤认定过程中，认定事实清楚，程序合法，适用法律正确，请求人民法院维持襄人社工伤认〔2017〕×××号不予认定工伤决定。

第三人湖北合美人力资源有限公司襄阳分公司（以下简称合美公司）述称，关于原告阮某某所受伤害是否应认定为工伤、被告襄阳市人社局作出的被诉行政行为是否合法等问题，请求人民法院依法裁判。

经审理查明，原告阮某某系第三人合美公司派遣至襄阳市东风公司车轮厂的补漆工，双方签有劳动合同。2016 年 12 月 7 日上午 9 时左右，阮某某在襄阳市东风公司车轮厂装配班工位上修补轮胎，米某某在平衡班工位上干活，阮某某将修补好的轮胎放在平衡班工位上，米某某认为轮胎影响了平衡班入库，便将轮胎推回放在装配班返修工位上。阮某某发现后即开口骂是谁将轮胎推回，二人发生争吵并相互对打，阮某某被对方殴打致伤。阮某某的伤情经襄阳市东风人民医院诊断为“1. 失血性休克；2. 外伤性脾破裂；3. 外伤性胰腺损伤、胰瘘；4. 左侧胸腔积液；5. 双侧多发肋骨骨折”等。米某某因涉嫌故意伤害罪于 2016 年 12 月 7 日被刑事拘留，同年 12 月 21 日被逮捕。襄阳市樊城区人民法院于 2017 年 5 月 9 日作出（2017）鄂 0606 刑初 ×××号刑事附带民事判决书，以故意伤害罪判处米某某有期徒刑三年六个月并赔偿阮某某医疗费等经济损失 129189.97 元，该判决的审理查明中认定：“……阮某某发现后，即开口骂是谁将轮胎推回，为此二人发生争吵并相互对打，阮某某用油漆瓶将被告人米某某的嘴唇砸破，被告人米某某遂用钉锤对阮某某的腰部打了两下，致阮脾脏破裂。”阮某某不服上述一审判决，在法定期限内向襄阳市中级人民法院提出上诉，后又于此案二审审理过程中，向中级人民法院申请撤回上诉，襄阳市中级人民法院于2017年6月27日作出（2017）鄂06刑终×××号刑事附带民事裁定书，准许阮某某撤回上诉。2017年6月13日，阮某某向被告襄阳市人社局递交《工伤认定申请书》，襄阳市人社局于2017年6月13日受理，经审核阮某某所申报的材料，因阮某某对樊城区法院一审判决不服，已提出上诉，襄阳市人社局根据《工伤保险条例》的相关规定对工伤认定予以中止，并向阮某某和第三人合美公司发出了《工伤认定中止通知书》(〔2017〕23号)。2017年7月13日，原告阮某某向被告递交《恢复工伤认定申请书》，被告襄阳市人社局于2017年7月17日恢复工伤认定程序。后经审查核实，被告于2017年8月30日作出襄人社工伤认〔2017〕×××号《不予认定工伤决定书》，认定结论为"依据《工伤保险条例》第十四条的规定，受伤人所称2016年12月7日受到的伤害情形不符合认定工伤的情形，现决定不予认定为工伤"。原告对该不予认定工伤决定不服，认为其与米某某发生争执完全是为了履行工作职责，被告认定其所受伤害不构成工伤是错误的，故起诉至人民法院。

湖北省襄阳市襄城区人民法院于2018年6月29日作出（2018）鄂0602行初6号行政判决：驳回原告阮某某的诉讼请求。宣判后，原告阮某某不服，提起上诉。湖北省襄阳市中级人民法院于2018年10月17日作出（2018）鄂06行终141号行政判决：驳回上诉，维持原判。

【案件争点】

1. 原告阮某某所受伤害与履行工作职责之间是否存在直接因果关系。

2. 被告襄阳市人社局作出的被诉不予认定工伤决定是否合法。

【裁判要旨】

湖北省襄阳市襄城区人民法院认为，关于原告阮某某所受伤害与履行工作职责之间是否存在直接因果关系的问题。本案通过庭审已经查明，阮某某与米某某二人在工作时间和工作地点，因工作中发生的琐事发生争吵并相互对打，导致暴力伤害事件的发生。原告认为其与米某某发生争执的原因是在于坚持修补好的轮胎不应当被推回，是为了履行工作职责，被告仅以原告骂了米某某并相互对打就认定原告不构成工伤显然是错误的观点。法院认为，襄阳市公安局襄东分局治安大队出具的《证明》、证人黄某、陈某、李某的证言以及樊城区人民法院（2017）鄂0606刑初×××号刑事附带民事判决书均能证明当天发生暴力伤害事件的事实及经过，该伤害事件虽是阮某某和米某某二人在工作时间和工作场所因工作上的纠纷引起，但根源在于二人发生纠纷后没有冷静面对和妥善处理，不论纠纷当日双方是谁未按操作规程进行，原告本人对伤害事故的扩大是有责任的，其与同事之后的打架斗殴行为已经超出了其自身的工作职责范畴，且对单位的利益有害无益，原告受伤与其履行工作职责无必然因果关系。

关于被告襄阳市人社局作出的被诉不予认定工伤决定是否合法的问题。第一，被告襄阳市人社局作为本行政区域内社会保险事务的主管部门，根据《工伤保险条例》及《湖北省工伤保险实施办法》的规定，具有受理工伤认定申请并作出工伤认定或不予工伤认定的法定职责。第二，《工伤保险条例》第十四条规定："职工有下列情形之一的，应当认定为工伤……（三）在工作时间和工作场所内，因履行工作职责受到暴力等意外伤害的……"本案中，被告经调查后认定原告与第三人系在工作时间、工作场所因工作中发生的琐事发生争吵并相互对打，其作出的不予认定工伤决定的理由仅以双方对打虽有不妥，但考虑到本案中原告受到暴力伤害，与其自身出言不逊过错在先存有一定关联，且客观上使双方的口角之争升级为肢体冲突激化了矛盾，并最终导致原告被第三人打伤的结果，这已不能直接归因于"履行工作职责"，故被告作出的被诉不予认定工伤决定结果正确。

综上，被告作出的不予认定工伤决定认定事实清楚，程序合法，适用法律法规准确。原告阮某某要求撤销被告作出的襄人社工伤认〔2017〕×××号《不予认定工伤决定书》，并判决被告重新作出工伤认定决定书及其他的诉讼请求缺乏事实和法律依据，依法应予驳回。

三、裁判规则提要

《工伤保险条例》第十四条第一项关于"工作时间、工作场所、工作原因"的"三工规定"是工伤认定的重要因素，其中最核心的要素是对"工作原因"的理解和把握。一般而言，即要求职工受伤与其履行工作职责之间必须具备因果关系。但由于工伤样态的多样性、因果关系学说的复杂性，加之现行的工伤认定法律规范对"工作原因"尚未作出具体、详细的规定，导致实践中社会保险行政部门、法院对因果关系的理解和认定或过于苛刻或失于宽泛，而此种过苛或过宽的认定不仅无益于职工、企业的合法权益，也有损社会保险行政部门、法院的公信力和权威性。因此，对职工所受伤害是否系履行工作职责所致的归因判定标准应作出符合工伤保险立法意旨和实践需要的科学界定，即以相当因果关系作为职工所受伤害与履行工作职责之间的审查标准。易言之，即职工受伤与履行工作职责之间存在相当因果关系的，应当认定为因工受伤。

（一）司法实践中不能仅以“是否存在因果关系”作为归因标准

因果关系是一个复杂概念，如不对其加以明确界定，必然会“失之毫厘，谬以千里”。司法实践中，部分社会保险行政部门、法院认为应以“必然因果关系”作为归因标准，即要求职工所受伤害与其履行工作职责之间存在“必然联系性”，但易使工伤认定存在严重的机械性且认定困难，严重限制了法官追求客观事实的主观能动性，最终导致认定工伤标准过于严苛。有的法院则以“直接因果关系”判定职工所受伤害是否可归因于履行工作职责，该归因标准仅限于“直接联系的原因”，排除间接的但行为本身内在因素起作用的原因，易受“首因效应”误导而机械地将“履行工作职责”视为“源头性原因”，忽视了介入因素的中断效应，既稍显片面和武断，也不符合工伤保险保障劳动者合法权益的宗旨。还有的法院模糊因果关系的界限，仅简单审查职工所受伤害与其履行工作职责之间是否存在关联度，弱化了因果关系这一法律性质，最终使工伤认定标准过于宽泛。

（二）以“相当因果关系”作为归因标准更为全面、科学、客观

“相当因果关系”具体是指行为“通常会发生”的结果，行为合法（或符合客观规律必然）则导致结果发生。相当性的判断依据客观规律和经验法则，考虑行为发生结果的规律性、通常性。以“相当因果关系”判定职工所受伤害能否归因于履行工作职责应符合两个基本条件：一是职工履行工作职责系伤害结果发生的必要条件；二是履行工作职责的行为实质上增加了伤害发生的客观可能性。

相比必然因果关系，相当因果关系能够运用法律原则、理念对哲学因果关系进行价值取舍，进而转化为法律因果关系，有效避免将法律因果关系与哲学因果关系混淆的可能。同时，相当因果关系将偶然原因纳入判断范围，既避免了必然因果关系的机械性弊端，也顾及了职工遭受伤害的突发性、难以预测性等特征，客观上促进了对劳动者权益的全面保障。此外，以相当因果关系为判定标准比“客观的、本质的、必然的联系”更具可操作性，其不苛求法官探究“本质的、必然的联系”，只要求判明事实原因与伤害结果之间在“一般社会经验认知”范围内存在可能性即可。

与直接因果关系相比，相当因果关系不局限于“直接联系的原因”，摒弃了直接因果关系的片面性、武断性，客观上扩大了因履行工作职责受到暴力等意外伤害的认定范围，但又以其基本条件划定了考察范围，排除了无界限适用因果关系导致的

过于宽泛的问题。

以"相当因果关系"判定职工所受伤害是否系履行工作职责所致的优势在于，针对介入因素等复杂情况，构建了因果关系的具体判断规则。"相当因果关系"包括行为导致结果发生的危险性大小；介入因素本身的异常性大小；介入因素对结果发生的作用大小；介入因素是否为行为人的管辖范围等。这使得相当因果关系说比较明确，在司法实践中方便适用，具有较大的优越性。

（三）以"相当因果关系"作为归因标准应注意的问题

1. 相当因果关系作为判定标准是由"条件关系判定"和"相当性判定"结合构成，仅确定了职工遭受了伤害行为尚不足以判定其与"履行工作职责"之间存在法律上的因果关系，此时仅符合了第一个基本条件，还要进一步运用"一般社会经验认知"对职工所受伤害与其履行工作职责进行"相当性"判定，只有二者之间存在相当因果关系时，才能够认定为工伤。

2. 相当因果关系判定应当加入法律、法规因素考量，即应将致害行为要素限定在工伤认定相关的法律、法规及政策规定的框架下判定，才具有法律意义和实践价值。

3. 相当因果关系不是万能公式，同时还要兼顾工伤保险政策及经济社会发展需要，从而进行适时调整。当前，在"优化营商环境"、服务"六稳""六保"的大局要求下，以"相当因果关系"作为判定标准有助于统一职工所受伤害能否最终认定为工伤的裁判尺度，能够平衡劳动者权益、用人单位工伤风险、工伤保险基金安全等的价值需求。故此，从法律效果、社会效果、政治效果高度统一的价值追求角度出发，以现阶段经济社会发展的时代需求而言，应以"相当因果关系"作为判定标准更为适宜。

四、辅助信息

《工伤保险条例》

第十四条 职工有下列情形之一的，应当认定为工伤：

（一）在工作时间和工作场所内，因工作原因受到事故伤害的；

（二）工作时间前后在工作场所内，从事与工作有关的预备性或者收尾性工作受到事故伤害的；

（三）在工作时间和工作场所内，因履行工作职责受到暴力等意外伤害的；

（四）患职业病的；

（五）因工外出期间，由于工作原因受到伤害或者发生事故下落不明的；

（六）在上下班途中，受到非本人主要责任的交通事故或者城市轨道交通、客运轮渡、火车事故伤害的；

（七）法律、行政法规规定应当认定为工伤的其他情形。

第十六条　职工符合本条例第十四条、第十五条的规定，但是有下列情形之一的，不得认定为工伤或者视同工伤：

（一）故意犯罪的；

（二）醉酒或者吸毒的；

（三）自残或者自杀的。

《审理工伤保险行政案件规定》

第四条　社会保险行政部门认定下列情形为工伤的，人民法院应予支持：

（一）职工在工作时间和工作场所内受到伤害，用人单位或者社会保险行政部门没有证据证明是非工作原因导致的；

（二）职工参加用人单位组织或者受用人单位指派参加其他单位组织的活动受到伤害的；

（三）在工作时间内，职工来往于多个与其工作职责相关的工作场所之间的合理区域因工受到伤害的；

（四）其他与履行工作职责相关，在工作时间及合理区域内受到伤害的。

《广东省工伤保险条例》

第九条　职工有下列情形之一的，应当认定为工伤：

（一）在工作时间和工作场所内，因工作原因受到事故伤害的；

（二）工作时间前后在工作场所内，从事与工作有关的预备性或者收尾性工作受到事故伤害的；

（三）在工作时间和工作场所内，因履行工作职责受到暴力等意外伤害的；

（四）患职业病的；

（五）因工外出期间，由于工作原因受到伤害或者发生事故下落不明的；

（六）在上下班途中，受到非本人主要责任的交通事故或者城市轨道交通、客运轮渡、火车事故伤害的；

（七）法律、行政法规规定应当认定为工伤的其他情形。

第十条 职工有下列情形之一的，视同工伤：

（一）在工作时间和工作岗位，突发疾病死亡或者在四十八小时之内经抢救无效死亡的；

（二）在抢险救灾等维护国家利益、公共利益活动中受到伤害的；

（三）因工作环境存在有毒有害物质或者在用人单位食堂就餐造成急性中毒而住院抢救治疗，并经县级以上卫生防疫部门验证的；

（四）由用人单位指派前往依法宣布为疫区的地方工作而感染疫病的；

（五）职工原在军队服役，因战、因公负伤致残，已取得残疾军人证，到用人单位后旧伤复发的。

职工有前款第一、二、三、四项情形的，按照本条例的有关规定享受工伤保险待遇；职工有前款第五项情形的，按照本条例的有关规定享受除一次性伤残补助金以外的工伤保险待遇。

工伤认定案件裁判规则第 19 条：

职工上下班途中遭遇无法认定责任的交通事故，社会保险行政部门以公安交通管理部门未出具交通事故责任认定书为由，拒绝作出工伤认定结论的，不予支持

【规则描述】　公安交通管理部门出具的交通事故责任认定书是社会保险行政部门履行工伤认定职责的重要依据，但并非其作出工伤认定的唯一依据和前提条件。对于职工上下班途中遭遇的交通事故伤害，公安交通管理部门无法认定事故责任的，社会保险行政部门不得以此为由，拒绝作出工伤结论。社会保险行政部门应当依照其法定职权调查收集相关证据，在此基础上判断职工应否承担主要责任，并作出其是否应认定工伤的结论。

一、类案检索大数据报告

截至 2020 年 12 月 31 日，以“行政案件”“工伤”“责任无法认定”“上下班途中”“交通事故”为关键词，通过 Alpha 案例库、法信平台、中国裁判文书网、元典智库、北大法宝等共检索到案件 270 件，经逐案阅看、筛选，与本规则直接关联案件 180 件。排除同一案件不同审级形成的多个文书，实际查找到高度关联的 98 篇裁判文书。整体情况如下：

如图 19–1 所示，从地域分布看，涉案数量最多的地域为江苏省和山东省，江苏省为 35 件，山东省为 25 件，广东省为 13 件，江西省为 10 件，四川省为 8 件，河南省为 3 件，其他省份均为 1 件。

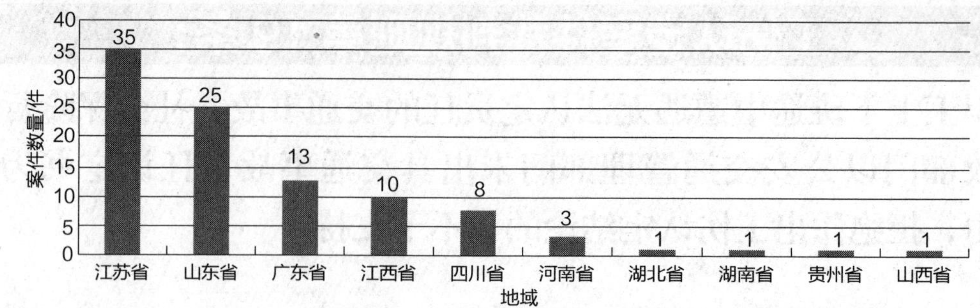

图 19–1 类案地域分布情况

如图 19–2 所示，从结案时间看，涉案数量最多的年份为 2019 年，共有 25 件，其次为 2018 年，为 21 件。

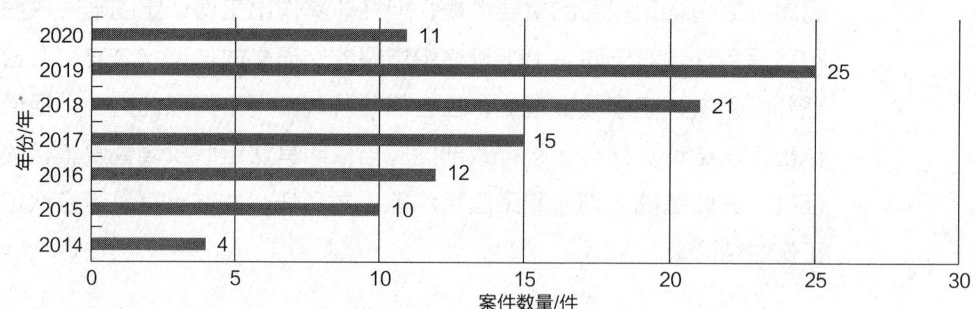

图 19–2 类案时间分布情况

如图 19–3 所示，从审理程序看，一审案例 43 件，二审案例 51 件，再审案例 4 件。

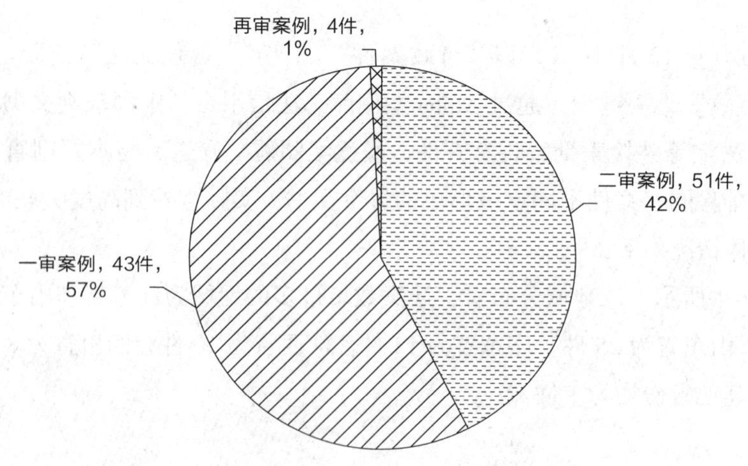

图 19–3 审理程序分布情况

如图 19–4 所示，从裁判结果看，支持本规则的案例为 65 件，不支持本规则的案例为 33 件。

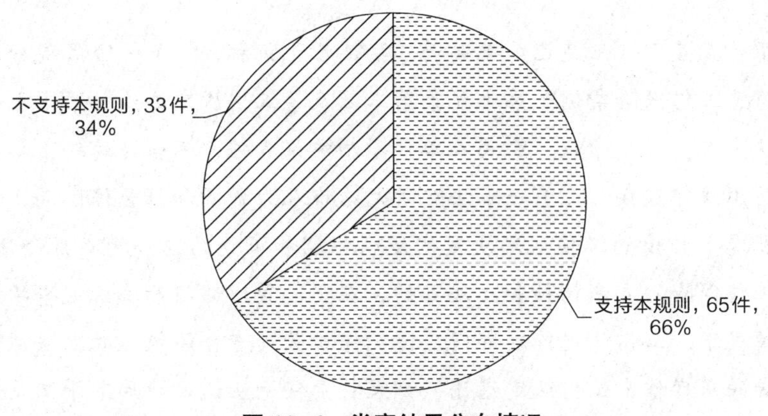

图 19–4　类案结果分布情况

二、可供参考的例案

例案一：湖北重冶金属新材料科技集团有限公司诉大冶市人力资源和社会保障局工伤行政确认案

【法院】

湖北省黄石市中级人民法院

【案号】

（2019）鄂 02 行终 201 号

【当事人】

上诉人（一审第三人）：张某甲

上诉人（一审第三人）：王某甲

上诉人（一审第三人）：王某乙

上诉人（一审第三人）：王某丙

上诉人（一审第三人）：张某乙

被上诉人（一审原告）：湖北重冶金属新材料科技集团有限公司

法定代表人：聂某某，该公司总经理

一审被告：大冶市人力资源和社会保障局

法定代表人：余某某，该局局长

【基本案情】

张某甲、王某甲、王某乙、王某丙、张某乙上诉称，（1）一审法院分配举证责任错误，将《工伤保险条例》第十九条第二款及《工伤认定办法》第十七条规定的对于是否认定工伤发生争议，由用人单位承担举证责任，不当转嫁给上诉人及一审被告，系适用法律错误。（2）一审法院对大冶市人力资源和社会保障局（以下简称大冶市人社局）作出的工伤认定决定的逻辑推理和审查结论，既不符合法律规定，也不符合工伤保险的立法精神和立法目的，在交通管理部门无法认定事故成因及事故责任的情况下，工伤认定行政部门应遵循保护劳动者合法权益的立法原则，从有利于劳动者的角度作出工伤认定结论，如果将责任无法认定情形不予工伤认定，则无疑让作为劳动者的受害人承担事故全部不利后果。（3）在认定是否存在《工伤保险条例》第十四条第六项"本人主要责任"，大冶市交警大队作为有权机构已出具"结论性意见"，并未有相反证据足以推翻该结论性意见，因此对王某某是否认定工伤应从《工伤保险条例》的立法精神和立法目的出发，在法律法规没有明确规定、交通事故责任无法认定的情况下，秉持有利于劳动者权益保护的原则作出工伤认定。故一审认定事实错误，适用法律错误，请求二审法院撤销一审判决，改判维持冶工认字（2018）809号工伤认定决定书。

湖北重冶金属新材料科技集团有限公司（以下简称重冶公司）辩称，（1）对于本案中公安交管部门因事故原因无法查清而出具无责任划分的《道路事故证明》的情形，上诉人提出工伤认定申请，理应由其举证，一审法院并未不当转嫁举证责任。（2）《工伤保险条例》第十四条第六项规定在上下班途中，受到非本人主要责任的交通事故伤害的应当认定为工伤。该条规定很明确，只有非本人主要责任的交通事故伤害，才认定为工伤。（3）《道路交通事故证明》是事故发生经过的证明，不是交通事故责任的认定结论，更不是什么"结论性意见"。一审判决认定事实清楚，适用法律正确，请求二审法院驳回上诉，维持原判。

经审理查明，王某某系重冶公司职工。2017年5月5日5点57分，王某某驾驶无号牌两轮电动车，沿大冶市新冶大道自北向南行驶至油渍路段时，车辆失控倒地，王某某受伤，经送往黄石市爱康医院医治无效，当日死亡。交警部门调查后，认为无法查清事故现场地面上的油渍为何车辆遗洒、飘散所致，该事故成因无法查清，遂出具了道路交通事故证明，未作出责任划分。王某某之妻张某甲认为王某某是在上班时间和上班途中发生交通事故，应属工伤，于2017年11月14日向大冶市人社局申请工伤认定。该局受理后，于同月16日向重冶公司送达了受理通知书，告知该公司提交证据的内容和期间。重冶公司否认王某某是在上班时间和上班途中发生交通事故，但没有提交充分证据证明。大冶市人社局于2019年1月4日作出冶工认字（2018）809号工伤认定决定书，认定王某某为工伤。重冶公司收到决定书后，认为王某某不是在上班时间和上班途中发生交通事故，且不能认定王某某负事故非主要责任，大冶市人社局工伤认定在认定事实和适用法律方面存在错误，故而提起诉讼，请求撤销大冶市人社局作出的冶工认字（2018）809号认定工伤决定书。

二审另查明，2017年5月6日，大冶市公安局交警大队交通事故调处中心对王某某驾驶的无号牌二轮电动车倒地原因、该车辆与其他车辆有无接触和二轮电动车轮胎附着物成分提出鉴定申请。湖北三真司法鉴定中心分别作出鄂三真司鉴中心〔2017〕微物鉴字第L0030号鉴定意见："王某某两轮电动车轮胎上附着物"中检出"重质矿物油"。鄂三真司鉴中心〔2017〕痕鉴字第H0178号鉴定意见："1. 事故发生时，无号牌二轮电动车沿北南向行车道自北向南行驶至现场油渍区段，车辆失控失去平衡向右侧倒地，沿逆时针方向回转掉头，惯性滑移至现场位置。2. 事故发生时，无号牌二轮电动车与其他车辆无接触。"2017年11月20日，重冶公司向大冶市人社局提交《对于王某某工伤申请的书面意见》，主要内容为："1. 在交警部门未出具交通事故责任认定书之前，当事人不具备申请工伤认定的条件。2. 当事人违反公司规定，未向公司领导请假擅自离开，由于当事人尚在上班试用期，其是否继续回公司上班不得而知，发生交通事故不能认定为上班途中。"重冶公司考勤表显示事发当天王某某同班人员均上班，王某某考勤栏有涂改痕迹。

再查明，2017年11月，张某甲提起本案工伤认定申请。2018年1月，大冶市人社局以申请材料不齐全，作出中止受理的决定。张某甲不服，提起行政诉讼。2018年3月大冶市人社局决定恢复工伤认定程序，并通知张某甲提交交警部门出具的道路交通事故责任认定书。大冶市人社局因张某甲未提交道路交通事故责任认定书，在法定期限内未作工伤认定决定。张某甲对此不服，提起行政诉讼。2018年11月12日，大冶市人民法院就此作出（2018）鄂0281行初119号行政判决：责令大冶市人社局于判决生效后60日作出工伤认定决定。

湖北省大冶市人民法院作出（2019）鄂0281行初29号行政判决：撤销大冶市人社局冶工认字（2018）809号工伤认定决定书。张某甲、王某甲、王某乙、王某丙、张某乙不服，提起上诉。湖北省黄石市中级人民法院于2019年11月5日作出

（2019）鄂02行终201号二审判决：一、撤销大冶市人民法院（2019）鄂0281行初29号行政判决；二、驳回重冶公司的诉讼请求。

【案件争点】

社会保险行政部门能否以无事故责任认定书为由，拒绝作出工伤认定决定。

【裁判要旨】

湖北省黄石市中级人民法院认为，首先，《工伤保险条例》第十四条第六项规定，职工上下班途中，受到非本人主要责任交通事故伤害的，应认定为工伤。对该条规定中所述"非本人主要责任"的认定及理解问题，《审理工伤保险行政案件规定》第一条予以明确规定："人民法院审理工伤认定行政案件，在认定是否存在《工伤保险条例》第十四条第（六）项本人主要责任、第十六条第（二）项'醉酒或者吸毒'和第十六条第（三）项'自残或者自杀'等情形时，应当以有权机构出具的事故责任认定书、结论性意见和人民法院生效裁判等法律文书为依据，但有相反证据足以推翻事故责任认定书和结论性意见的除外。前述法律文书不存在或者内容不明确，社会保险行政部门就前款事实作出认定的，人民法院应当结合其提供的相关证据依法进行审查。"此规定表明，交警部门出具的交通事故责任认定书是社会保险行政部门作出工伤认定决定的重要证据，但绝非唯一依据和前提条件。对于交通事故责任，社会保险行政部门应当根据相关证据材料，作出独立判断。故交警部门未出具事故责任认定书的情形，不能成为社会保险行政部门拒绝作出工伤认定决定的事由。

其次，大冶市人社局作为大冶市人民政府社会保险行政部门，依法具有作出本案工伤认定的执法主体资格。《行政诉讼法》第三十四条规定，行政机关对作出的行政行为负有举证责任，应当提供作出行政行为的证据和所依据的规范性文件。《工伤保险条例》第十九条第二款规定："职工或者其近亲属认为是工伤，用人单位不认为是工伤的，由用人单位承担举证责任。"由此可见，虽然在行政诉讼中，行政机关对行政行为的合法性承担举证责任，但在审理工伤认定案件时，法院还应结合用人单位在工伤认定行政程序中承担举证责任的规定进行裁判。这是因为劳动者的工作时间、工作地点、工作内容均由用人单位确定，用人单位如主张劳动者并非工伤应当在工伤认定阶段主动向社会保险行政部门提供职工不是在其指定的工作时间、工作地点、从事指定的工作的证据，否则视其未完成举证责任，社会保险行政部门可以推定职工或近亲属自述事实成立。但除工作时间、工作地点、工作内容以外的与工作无关的事实，则应由行政机关承担举证责任。《审理工伤保险行政案件规定》第一条第二款人民法院应当结合社会保险行政部门提供的相关证据对工伤事故责任认定依法进行审查的规定，也体现了这一法律理念。本案中，重冶公司主张王某某发生交通事故前一日未请假擅自回家，其不是在上班途中发生交通事故，并为此向大冶市人社局提交《对于王某某工伤申请的书面意见》。该份意见仅系重冶公司的单方陈述，无其他证据相互印证，不能证实该公司的此项主张。就事发当天王某某是否上班以及具体上班时间等与工作有关事实，重冶公司举证不能，事故路段系王某某从其住处通往重冶公司上班的合理路线，事故发生时间亦符合上班合理时间，且事故当天王某某同班人员均当班工作并非休息日的情况下，大冶市人社局认定王某某系上班途中发生交通事故并无不妥。至于王某某的事故为“非本人主要责任”的认定，属于与工作无关的事实，应由大冶市人社局承担举证责任。大冶市人社局提交的鉴定意见书载明，事发现场路段为油渍路段，说明该道路路面存在较大的安全隐患，交通事故的发生是由于路面油渍这一客观外力，在无证据证明王某某存在《工伤保险条例》第十六条规定的故意犯罪、醉酒或吸毒、自残或者自杀的情形下，不能得出王某某对单方交通事故存在主要过错的结论，王某某对交通事故的发生不负主要以上责任。由于交警部门委托湖北三真司法鉴定中心出具的〔2017〕微物鉴字第L0030号鉴定意见书已明确载明，事故车辆为雅迪牌二轮电动车，重冶公司提出事故车辆为两轮轻便摩托车，王某某为无证驾驶，应负主要事故责任的观点显然与事实相悖。故大冶市人社局认定王某某受到非本人主要责任交通事故伤害，并依据《工伤保险条例》第十四条第六项的规定，认定王某某受到的交通事故伤害为工伤，证据充分，适用法律正确。大冶市人社局作出被诉行政行为的程序符合《工伤认定办法》第八条、第十七条、第十八条、第二十二条关于受理、通知举证、作出决定、送达的相关程序规定。一审判决以“大冶市人社局认定王某某不负事故主要责任证据不足”为由撤销工伤认定决定，适用法律错误，予以纠正。

最后，《工伤保险条例》第一条规定：“为了保障因工作遭受事故伤害或者患职业病的职工获得医疗救治和经济补偿，促进工伤预防和职业康复，分散用人单位的工伤风险，制定本条例。”其立法本意在于最大限度地保障主观上无恶意的劳动者因工作或与工作相关活动中遭受事故伤害或患职业病后能获得医疗救济、经济补偿和职业康复的权利。工伤认定的处理原则，既要尊重工伤保险制度的立法目的和立法宗旨，也要考虑工伤职工保障的实际需要。在交警部门对交通事故责任未予明确且用人单位没有充分证据证明劳动者应负主要责任的情况下，社会保险行政部门及法院应本着有利于保障劳动者权益的原则认定劳动者系工伤，体现对这一立法目的、立法精神的尊重。综上，张某甲等人上诉请求成立，予以支持。一审判决适用法律、实体处理错误，予以纠正。

例案二：张某甲诉六盘水市人力资源和社会保障局不予认定工伤决定案

【法院】

六盘水市中级人民法院

【案号】

（2020）黔02行终15号

【当事人】

上诉人（一审原告）：张某甲

被上诉人（一审被告）：六盘水市人力资源和社会保障局

法定代表人：张某某，该局局长

一审第三人：贵州中纸投资有限公司盘县红果镇中纸厂煤矿

法定代表人：王某某

【基本案情】

张某甲上诉称，（1）如一审判决所称：依据“县级以上地方各级人民政府社会保险行政部门负责本行政区域内的工伤保险工作”之规定，被上诉人六盘水市人力资源和社会保障局（以下简称六盘水市人社局）具有对本市范围内职工发生伤亡是否属于工伤作出认定的职权。本案上诉人既已向被上诉人申请认定工伤，并按要求提交了认定工伤的证据，被上诉人应依法作出张某乙（系张某甲之父）是否系工伤的认定。（2）上诉人提交的第W2018139号《道路交通事故证明》，是交通事故发生后交警部门经现场调查情况，存在事故发生于夜间、雨天、事发路段无监控设施、现场无直接目击证人等原因，致使事故成因无法查实，事故责任无法确定的情况作出的。（3）《工伤保险条例》第十四条规定：“职工有下列情形之一的，应当认定为工伤……（六）在上下班途中，受到非本人主要责任的交通事故或者城市轨道交通、客轮轮渡、火车事故伤害的……”该条从责任划分角度仅排除了在交通事故中负主要责任和全部责任的受害者可以享受工伤保险待遇的权利，并未排除事故责任无法认定的情形下，受害职工可以主张享受工伤保险待遇的权利。（4）《行政诉讼法》第三十四条、第三十七条规定，社会保险行政部门在作出不予认定工伤决定时，应当提供不予认定工伤的相应证据。被上诉人作出的编号为：02052019141907《不予认定工伤决定书》，并未说明不予认定工伤的理由，只是概括地表述张某乙之伤不符合应当认定为工伤或者视同工伤的情形，也没有向一审法院提供任何证据，用于证实张某乙应承担事故的主要责任。张某乙发生事故当晚，回家的路途中经过了三个隧道，而受伤是发生于最后一个隧道，故其受伤应排除其本人原因所致。（5）依据《审理工伤保险行政案件规定》第一条第一款规定，有权机构出具的事故责任认定书是人民法院审理工伤认定行政案件的重要依据，故上诉人在已经提交第 W2018139 号《道路交通事故证明》后，不具有向人民法院举证张某乙是受到非本人主要责任交通事故的证据材料的责任，且对于交警部门都无法查清的事实，上诉人作为普通老百姓客观上亦不可能查清并提供相应证据资料。（6）《审理工伤保险行政案件规定》第一条第二款还规定："前述法律文书不存在或者内容不明确，社会保险行政部门就前款事实作出认定的，人民法院应当结合其提供的相关证据依法进行审查。"该条即规定，在交警部门无法认定事故责任的情况下，社会保险部门仍应依法作出事实认定，进而作出是否符合工伤的认定。被上诉人在没有作出事实认定的前提下，便概括地认定张某乙之伤不符合应当认定为工伤或者视同工伤的情形。一审判决亦未依据该司法解释的规定，结合被上诉人提交作出事实认定的证据，依法对被上诉人作出的编号为：02052019141907《不予认定工伤决定书》的合法性进行审查，而是以"原告未向本院提供死者张某乙是受到非本人主要责任的交通事故的证据材料"为由，认定被上诉人作出的编号为：02052019141907《不予认定工伤决定书》符合法律规定，属适用法律不当。综上，一审法院未严格依据《行政诉讼法》《审理工伤保险行政案件规定》之相关规定进行审查，作出的判决与最高人民法院公布的同类典型案件（最高人民法院发布的第 69 号指导案例）的判决主旨相悖，适用法律不当，侵害了上诉人的合法权益。综上，请求二审法院：（1）撤销一审判决，改判撤销被上诉人作出的编号为：02052019141907《不予认定工伤决定书》，并责令被上诉人重新作出认定。（2）一审、二审案件受理费由被上诉人承担。

被上诉人六盘水市人社局未提交书面答辩意见。

一审第三人贵州中纸投资有限公司盘县红果镇中纸厂煤矿未提交书面陈述意见。

经审理查明，原告张某甲系死者张某乙之子。死者张某乙生前系一审第三人贵州中纸投资有限公司盘县红果镇中纸厂煤矿职工。2018 年 8 月 24 日 00 时 30 分，张某乙在第三人处出井后，驾驶摩托车从贵州中纸投资有限公司盘县红果镇中纸厂煤矿往石桥镇乐民海子村方向行驶，于 2 时 35 分行驶至石桥镇乐民两堵岩隧道内时，该车侧翻在道路右侧，造成张某乙受伤。2018 年 8 月 24 日 7 时 34 分入院救治，因张某乙病情危重，经医治无效于 2018 年 9 月 27 日在家中死亡。2018 年 11 月 19 日，因张某乙发生交通事故成因无法查清，盘州市公安局交通警察大队向原告出具了第 W2018139 号《道路交通事故证明》。2018 年 11 月 26 日，原告张某甲向被告六盘水市人社局申请工伤认定。被告六盘水市人社局受理并经调查核实后，于 2018 年 12 月 26 日作出《中止工伤认定决定时限通知书》，决定中止张某乙工伤认定决定时限，待提交盘州市交通警察大队交通事故责任认定书后再恢复工伤认定程序。原告不服，向六盘水市人民政府申请行政复议。六盘水市人民政府于 2019 年 4 月 26 日作出六盘水府行复决字（2019）6 号行政复议决定书，决定撤销六盘水市人社局作出的《中止工伤认定决定时限通知书》，责令其恢复工伤认定程序。2019 年 5 月 20 日，被告六盘水市人社局作出《恢复工伤认定通知书》，恢复张某乙的工伤认定程序。2019 年 6 月 19 日，被告市人社局作出编号：02052019141907《不予认定工伤决定书》，认为张某乙同志受到的伤害，不符合《工伤保险条例》第十四条、第十五条认定工伤或者视同工伤的情形；或者根据《工伤保险条例》第十四条第六款之规定，属于不得认定或者视同工伤的情形，决定不予认定或者视同工伤。原告不服，向法院提起行政诉讼。

贵州省水城县人民法院作出（2019）黔 0221 行初 144 号行政判决：驳回原告张某甲的诉讼请求。原告不服，提起上诉。贵州省六盘水市中级人民法院于 2020 年 3 月 30 日作出（2020）黔 02 行终 15 号二审判决：一、撤销贵州省水城县人民法院（2019）黔 0221 行初 144 号行政判决；二、撤销被上诉人六盘水市人社局作出的编号 02052019141907《不予认定工伤决定书》；三、被上诉人六盘水市人社局于本判决生效之日起 60 日内重新作出行政行为。

【案件争点】

六盘水市人社局作出的不予认定工伤决定书确定的举证责任是否正确。

【裁判要旨】

贵州省六盘水市中级人民法院认为，根据《审理工伤保险行政案件规定》第一条第二款规定，在交警部门无法认定事故责任的情况下，社会保险行政部门仍应依法作出事实认定。同时，根据《行政诉讼法》第三十四条、第三十七条的规定，社会保险行政部门在作出不予认定工伤决定时，应当提供不予认定工伤的相应证据。《工伤保险条例》第十九条规定，职工或者其近亲属认为是工伤，用人单位不认为是工伤的，由用人单位承担举证责任。本案中，被上诉人六盘水市人社局不予认定张某乙构成工伤，应当提供张某乙符合不予认定工伤条件，即张某乙本人承担交通事故主要或全部责任的证据，但被上诉人六盘水市人社局仅以张某乙发生交通事故的成因无法查清，无法证明是非本人主要责任的交通事故，且上诉人提交的是事故证明，并非事故责任证明为由，不予认定工伤，被上诉人所提供的证据不足以证明张某乙在此次交通事故中承担主要或全部责任，据此，被上诉人六盘水市人社局作出不予认定为工伤的决定所依据的证据不足，应当承担举证不力的法律后果。《工伤保险条例》第十四条第六项规定，在上下班途中，受到非本人主要责任的交通事故伤害的，应当认定为工伤。该条文从责任划分角度仅排除了在交通事故中负主要责任和全部责任的受害人可以享受工伤待遇的情形，并未排除事故责任无法认定情形下，受害职工可以主张享受工伤保险待遇的权利。一审法院判决对相关法律法规的规定理解有误，应予指正；上诉人张某甲的上诉理由成立，依法予以支持。

例案三：王某某、张某甲、张某乙诉南平市人力资源和社会保障局工伤认定案

【法院】

福建省南平市中级人民法院

【案号】

（2019）闽07行终3号

【当事人】

上诉人（一审原告）：王某某

上诉人（一审原告）：张某甲

上诉人（一审原告）：张某乙

被上诉人（一审被告）：南平市人力资源和社会保障局

法定代表人：陈某某，该局局长

被上诉人（一审第三人）：福建省顺昌县恒通木业有限公司

法定代表人：应某某，该公司董事长

【基本案情】

王某某、张某甲、张某乙上诉称，（1）南平市延平区人民法院判决认定本起事故是一方当事人的交通事故，没有其他的责任分担人，也没有证据证明张某某在本起事故中无过错，推定张某某应承担本起道路交通事故的全部责任，该认定事实错

误。本案《道路交通事故证明》结论为道路交通事故成因无法查清，包含了事故的责任人无法查清和事故原因无法查清。如果是一方当事人的道路交通事故，交警早就认定由张某某负全部责任。《道路交通事故证明》未认定张某某负事故主要及以上责任，本案亦无证据否定《道路交通事故证明》，也无证据证明张某某负事故主要及以上责任。（2）张某某的死亡应当认定为工伤。《工伤保险条例》并未将交通事故责任无法查清的情形，列为不予认定工伤。请求二审法院撤销原判，撤销被诉《不予认定工伤决定书》，责令南平市人力资源和社会保障局（以下简称南平市人社局）重新作出认定张某某为工伤的决定书。

被上诉人南平市人社局辩称，答辩人根据《工伤保险条例》的规定，认定张某某上班途中受道路交通事故伤害不符合《工伤保险条例》第十四条第六项规定的“在上下班途中，受到非本人主要责任的交通事故或者城市轨道交通、客运轮渡、火车事故伤害的”情形，于是作出本案《不予认定工伤决定书》。答辩人作出的被诉行政行为事实清楚，证据充分，程序合法，适用法律正确。为保障行政机关依法行政，请求二审人民法院依法维持原判，驳回上诉人的诉讼请求。

被上诉人福建省顺昌县恒通木业有限公司（以下简称恒通公司）未作答辩。

经审理查明，2017 年 1 月 3 日上午 7 点 11 分左右，张某某驾驶闽 H 号二轮摩托车从家中前往恒通公司处上班，途经 316 国道 221 公里 320 米处时发生摩托车翻车的道路交通事故，张某某在交通事故中死亡。经南平市公安局交警支队延平大队现场查勘、调查取证、检验鉴定，作出南公交证〔2017〕第 000002 号《道路交通事故证明》，载明无法查清事故的成因，未对张某某在本起交通事故中作出责任认定。2017 年 3 月 24 日，被告受理了第三人恒通公司提出的工伤认定申请，却因交警部门未能对事故责任作出认定，被告中止了工伤认定程序，原告王某某、张某甲、张某乙向法院提起行政诉讼，法院作出〔2017〕闽 0702 行初 53 号《行政判决书》，撤销了被告作出的南人社中（2017）6-001 号《中止工伤认定申请时限通知书》。2017 年 10 月 28 日，被告南平市人社局作出南人社不认〔2017〕6-002 号《不予认定工伤决定书》，对于张某某上班途中发生道路交通事故死亡，不予认定为工伤。原告王某某（系张某某妻子）、张某甲（系张某某女儿）、张某乙（系张某某儿子）不服被告作出的行政确认，于 2017 年 11 月 16 日向法院提起行政诉讼，请求撤销被告作出的南人社不认〔2017〕6-002 号《不予认定工伤决定书》，责令被告重新作出工伤认定决定，并承担本案的案件受理费。

另查明，南平市公安局交警支队延平大队对造成张某某死亡的交通事故案件调查已结案，原告对交警部门出具的道路交通事故证明没有异议，交警部门在案件调查中，未能确定有其他车辆与本起道路交通事故有关联，未能确定该起事故是一起交通意外事故，无法查清事故的成因，原告也没有证据证明有其他的侵权主体或者侵权行为导致本起道路交通事故的发生。

二审审理查明，双方当事人对原判认定的事实无异议。但上诉人认为，《道路交通事故证明》结论为道路交通事故成因无法查清，未包含其他结论，并且交警大队是在事故发生后3至4天才通知赣F重型半挂货车、豫P重型半挂货车、闽G重型自卸货车、闽H小型普通货车进行鉴定对比，因为相隔时间较长，已经无法通过鉴定准确认定上述车辆是否与张某某或摩托车刮碰。而上诉人已经穷尽手段，不可能向南平市人社局提供其他证据证明张某某当对事故负"非本人主要责任"。

福建省南平市延平区人民法院作出（2017）闽0702行初137号行政判决：驳回原告的诉讼请求。原告不服，提起上诉。福建省南平市中级人民法院于2019年1月25日作出（2019）闽07行终3号二审判决：一、撤销南平市延平区人民法院（2017）闽0702行初137号行政判决；二、撤销南平市人社局于2017年10月28日作出的南人社不认〔2017〕6-002号《不予认定工伤决定书》；三、责令南平市人社局在法定期限内重新作出行政行为。

【案件争点】

南平市人社局认定张某某在上班途中发生交通事故死亡，不符合《工伤保险条例》第十四条第六项规定的情形，是否与客观事实和法律规定相符。

【裁判要旨】

福建省南平市中级人民法院认为，南平市公安局交警支队延平大队作出的《道路交通事故证明》可以证明张某某在道路交通事故中死亡，当事人对此均无异议。本案事故成因复杂，交警部门无法查清，所以未对事故责任作出认定。在交警未对事故责任认定的情况下，仅依据《道路交通事故证明》应视为各主体均不承担事故责任。本案各方当事人如果认为张某某应承担本次事故的主要或以上责任，应当提交相应证据并作出分析判断。交警部门经现场查勘、调查取证、检验鉴定后，仍无法认定事故责任，而被上诉人南平市人社局在未作进一步调查的情况下，如何认定张某某受到的交通事故不属于"非本人主要责任"，应当在《不予认定工伤决定书》中进行分析陈述。但南平市人社局在被诉《不予认定工伤决定书》中，仅依据《道路交通事故证明》的证据，未对事故成因进行分析，也未陈述被上诉人认定张某某受到的交通事故不属于"非本人主要责任"的理由，即轻率地作出《不予认定工伤决定书》，该决定书依据不足。根据《工伤保险条例》第十九条第二款“职工或者其近亲属认为是工伤，用人单位不认为是工伤的，由用人单位承担举证责任”的规定，在工伤认定过程中，职工或者其近亲属认为是工伤，而用人单位不认为是工伤的，应当由用人单位承担举证责任。根据《行政诉讼法》第三十四条第一款“被告对作出的行政行为负有举证责任，应当提供作出该行政行为的证据和所依据的规范性文件”的规定，在工伤行政确认诉讼中，作出工伤认定的行政机关负有举证责任。同时，《工伤认定办法》第九条规定：“社会保险行政部门受理工伤认定申请后，可以根据需要对申请人提供的证据进行调查核实。”第十一条规定：“社会保险行政部门工作人员在工伤认定中，可以进行以下调查核实工作：（一）根据工作需要，进入有关单位和事故现场；（二）依法查阅与工伤认定有关的资料，询问有关人员并作出调查笔录；（三）记录、录音、录像和复制与工伤认定有关的资料。调查核实工作的证据收集参照行政诉讼证据收集的有关规定执行。”第十七条规定：“职工或者其近亲属认为是工伤，用人单位不认为是工伤的，由该用人单位承担举证责任。用人单位拒不举证的，社会保险行政部门可以根据受伤害职工提供的证据或者调查取得的证据，依法作出工伤认定决定。”这些已经明确了社会保险行政部门在工伤认定过程中具有调查取证的职责。本案现有证据只能证明张某某可能因为自身操作失误而导致事故，也可能因为受到相关车辆的影响而导致事故，例如，交汇车辆未为路旁行驶的张某某留有足够的安全空间，导致张某某紧急避险而侧翻等。总之，本案现有证据不足以证明张某某受到的交通事故不属于“非本人主要责任”。综上，因为被上诉人南平市人社局未提供足以证明张某某在本起交通事故中应当承担主要或全部责任的证据，又未在《不予认定工伤决定书》中分析论证张某某受到的交通事故不属于“非本人主要责任”，缺乏推翻《道路交通事故证明》结论的理由，所以其作出的《不予认定工伤决定书》依据不足，应当予以撤销。一审判决将缺乏依据的行政行为认定为存在瑕疵，判决结论错误，应当撤销。

三、裁判规则提要

职工在上下班途中受到交通事故伤害是否能够认定工伤的一个重要环节是职工对该事故是否负主要责任。司法实践中，虽然绝大部分的交通事故均有事故责任明确分配的认定书，但是仍有少数情况下，公安交通管理部门没有作出事故责任认定书或仅出具交通事故责任无法认定的相关证明材料。在此种情况下，社会保险行政部门应当依照其法定职权调查收集相关证据，在此基础上判断职工应否承担主要责任，并作出其是否应认定工伤的结论，不能简单地以公安交通管理部门没有作出交通事故责任认定书为由，一概作出不予认定工伤的决定。

（一）公安交通管理部门出具交通事故责任认定书并非社会保险行政部门作出工伤认定决定的前提条件

我国《工伤保险条例》第十四条第六项规定："职工有下列情形之一的，应当认定为工伤……（六）在上下班途中，受到非本人主要责任的交通事故或者城市轨道交通、客轮轮渡、火车事故伤害的……"据此，职工在上下班途中遭遇交通事故伤害的，除本人承担主要责任外，应当认定为工伤。《审理工伤保险行政案件规定》第一条第一款规定："人民法院审理工伤认定行政案件，在认定是否存在《工伤保险条例》第十四条第（六）项'本人主要责任'、第十六条第（二）项'醉酒或者吸毒'和第十六条第（三）项'自残或者自杀'等情形时，应当以有权机构出具的事故责任认定书、结论性意见和人民法院生效裁判等法律文书为依据，但有相反证据足以推翻事故责任认定书和结论性意见的除外。"因此，有权机构出具的事故责任认定书是工伤认定行政案件的重要证据，但并非前提条件。公安交通管理部门出具的交通事故责任认定书是社会保险行政部门作出工伤认定决定的重要依据，但绝非唯一依据和前提条件。对于交通事故责任，社会保险行政部门应当根据相关证据材料，作出独立判断。因此，公安交通管理部门未出具交通事故责任认定书的情形不能成为社会保险行政部门拒绝作出工伤认定决定的事由。

（二）职工在工伤认定过程中没有证明其在交通事故中负有非主要责任的义务

《工伤保险条例》第十八条规定，提出工伤认定申请应当提交下列材料：（1）工伤认定申请表；（2）与用人单位存在劳动关系（包括事实劳动关系）的证明材料；（3）医疗诊断证明或者职业病诊断证明书（或者职业病诊断鉴定书）。工伤认定申请表应当包括事故发生的时间、地点、原因以及职工伤害程度等基本情况。《工伤认定办法》第六条对申请工伤认定的材料明确化，规定提出工伤认定申请应当填写《工伤认定申请表》，并提交劳动、聘用合同文本复印件或者与用人单位存在劳动关系（包括事实劳动关系）、人事关系的其他证明材料，医疗机构出具的受伤后诊断证明书或者职业病诊断证明书（或者职业病诊断鉴定书）。从上述规定来看，工伤认定申请人的法定举证责任限于两个方面，即证明存在劳动关系、确实受到事故伤害，并未要求职工在申请时提供就受到事故伤害的责任问题提供相应证据。因此，工伤认定申请人没有证明其在交通事故中负非主要责任的法定义务。

（三）社会保险行政部门具有根据审核需要对事故伤害进行调查核实的职责

虽然现实中大部分道路交通事故的责任都能够查清，但是由于事故发生原因、环境等多变复杂，也存在少数事故证据收集难度大，具体责任认定困难较大甚至无法认定的情形。《道路交通事故处理程序规定》第五十条规定，道路交通事故成因无法查清的，公安机关交通管理部门应当出具道路交通事故证明，载明道路交通事故发生的时间、地点、当事人情况及调查得到的事实，分别送达当事人。在此种情况下，社会保险行政部门应当依照其法定职权调查收集相关证据，在此基础上判断职工应否承担主要责任，并作出其是否应认定工伤的结论。《工伤保险条例》第十九条第一款规定，社会保险行政部门“根据审核需要可以对事故伤害进行调查核实”，并且规定了其他人员、单位、部门的协助义务。《工伤保险条例》明确了社会保险行政部门对工伤认定所涉及的事实享有调查核实权，这同时也是一种调查核实责任。《工伤认定办法》第九条明确规定，社会保险行政部门受理工伤认定申请后，可以根据需要对申请人提供的证据进行调查核实。第十条至第十四条还对调查核实作了详细规定。据此，调查核实成为社会保险行政部门在工伤认定中的法定职责。因此，社会保险行政部门不能以公安交通管理部门对事故认定无法判定为由，驳回职工的工伤认定申请，而应当尽其调查职责进行判断。

同时，从举证责任分配来看，在行政诉讼中应当由被告承担举证责任，这与《民事诉讼法》规定的“谁主张谁举证”存在差异。《行政诉讼法》第三十四条中规定：“被告对作出的行政行为负有举证责任，应当提供作出该行政行为的证据和所依据的规范性文件。被告不提供或者无正当理由逾期提供证据，视为没有相应证据。”根据《工伤保险条例》第十四条规定，职工在上下班途中遭遇交通事故的，除本人承担主要责任外，应当认定为工伤。社会保险行政部门如果不予认定工伤，应当提供职工符合不予认定工伤条件，即职工本人承担交通事故主要或全部责任的证据。如果社会保险行政部门提供的证据不足以证明职工在交通事故中承担主要或全部责任，应当认为社会保险行政部门作出不予认定为工伤的决定所依据的证据不足，依法应当承担举证不力的法律后果。例如，在王某某等诉南平市人力资源和社会保障局工伤认定案中，南平市人力资源和社会保障局未提供足以证明张某某在交通事故中应当承担主要或全部责任的证据，又未在《不予认定工伤决定书》中分析论证张某某受到的交通事故不属于“非本人主要责任”，所以其作出的不予认定工伤决定书依据不足，应当予以撤销。

（四）工伤认定处理要兼顾立法宗旨和劳动者保障实际需要

《工伤保险条例》第一条规定：“为了保障因工作遭受事故伤害或者患职业病的职工获得医疗救治和经济补偿，促进工伤预防和职业康复，分散用人单位的工伤风险，制定本条例。”其立法本意在于最大限度地保障劳动者因工作或与工作相关活动中遭受事故伤害或患职业病后能获得医疗救济、经济补偿和职业康复的权利。工伤认定的处理既要尊重工伤保险制度的立法宗旨，也要考虑工伤职工保障的实际需要。在公安交通管理部门对交通事故责任未予明确且用人单位没有充分证据证明劳动者应负主要责任的情况下，社会保险行政部门应本着有利于保障劳动者权益的原则认定劳动者系工伤，体现对这一立法目的、立法精神的尊重。如果社会保险行政部门在道路交通事故为由，责任无法认定情况下，以劳动者未提交证据证明系非本人主要责任的交通事故作出不予认定工伤决定，相当于推定了劳动者负事故主要责任，其作出不利于受伤职工的工伤认定决定，不符合《工伤保险条例》立法目的。

四、辅助信息

《工伤保险条例》

第一条　为了保障因工作遭受事故伤害或者患职业病的职工获得医疗救治和经济补偿，促进工伤预防和职业康复，分散用人单位的工伤风险，制定本条例。

第十四条　职工有下列情形之一的，应当认定为工伤：

（一）在工作时间和工作场所内，因工作原因受到事故伤害的；

（二）工作时间前后在工作场所内，从事与工作有关的预备性或者收尾性工作受到事故伤害的；

（三）在工作时间和工作场所内，因履行工作职责受到暴力等意外伤害的；

（四）患职业病的；

（五）因工外出期间，由于工作原因受到伤害或者发生事故下落不明的；

（六）在上下班途中，受到非本人主要责任的交通事故或者城市轨道交通、客运轮渡、火车事故伤害的；

（七）法律、行政法规规定应当认定为工伤的其他情形。

第十六条 职工符合本条例第十四条、第十五条的规定，但是有下列情形之一的，不得认定为工伤或者视同工伤：

（一）故意犯罪的；

（二）醉酒或者吸毒的；

（三）自残或者自杀的。

第十八条 提出工伤认定申请应当提交下列材料：

（一）工伤认定申请表；

（二）与用人单位存在劳动关系（包括事实劳动关系）的证明材料；

（三）医疗诊断证明或者职业病诊断证明书（或者职业病诊断鉴定书）。

工伤认定申请表应当包括事故发生的时间、地点、原因以及职工伤害程度等基本情况。

工伤认定申请人提供材料不完整的，社会保险行政部门应当一次性书面告知工伤认定申请人需要补正的全部材料。申请人按照书面告知要求补正材料后，社会保险行政部门应当受理。

第十九条 社会保险行政部门受理工伤认定申请后，根据审核需要可以对事故伤害进行调查核实，用人单位、职工、工会组织、医疗机构以及有关部门应当予以协助。职业病诊断和诊断争议的鉴定，依照职业病防治法的有关规定执行。对依法取得职业病诊断证明书或者职业病诊断鉴定书的，社会保险行政部门不再进行调查核实。

职工或者其近亲属认为是工伤，用人单位不认为是工伤的，由用人单位承担举证责任。

《行政诉讼法》

第三十四条 被告对作出的行政行为负有举证责任，应当提供作出该行政行为的证据和所依据的规范性文件。

被告不提供或者无正当理由逾期提供证据，视为没有相应证据。但是，被诉行政行为涉及第三人合法权益，第三人提供证据的除外。

《审理工伤保险行政案件规定》

第一条　人民法院审理工伤认定行政案件，在认定是否存在《工伤保险条例》第十四条第（六）项“本人主要责任”、第十六条第（二）项“醉酒或者吸毒”和第十六条第（三）项“自残或者自杀”等情形时，应当以有权机构出具的事故责任认定书、结论性意见和人民法院生效裁判等法律文书为依据，但有相反证据足以推翻事故责任认定书和结论性意见的除外。

前述法律文书不存在或者内容不明确，社会保险行政部门就前款事实作出认定的，人民法院应当结合其提供的相关证据依法进行审查。

《工伤保险条例》第十六条第（一）项“故意犯罪”的认定，应当以刑事侦查机关、检察机关和审判机关的生效法律文书或者结论性意见为依据。

第六条　对社会保险行政部门认定下列情形为“上下班途中”的，人民法院应予支持：

（一）在合理时间内往返于工作地与住所地、经常居住地、单位宿舍的合理路线的上下班途中；

（二）在合理时间内往返于工作地与配偶、父母、子女居住地的合理路线的上下班途中；

（三）从事属于日常工作生活所需要的活动，且在合理时间和合理路线的上下班途中；

（四）在合理时间内其他合理路线的上下班途中。

《工伤认定办法》

第六条　提出工伤认定申请应当填写《工伤认定申请表》，并提交下列材料：

（一）劳动、聘用合同文本复印件或者与用人单位存在劳动关系（包括事实劳动关系）、人事关系的其他证明材料；

（二）医疗机构出具的受伤后诊断证明书或者职业病诊断证明书（或者职业病诊断鉴定书）。

第九条　社会保险行政部门受理工伤认定申请后，可以根据需要对申请人提供的证据进行调查核实。

第十一条　社会保险行政部门工作人员在工伤认定中，可以进行以下调查核实工作：

（一）根据工作需要，进入有关单位和事故现场；

（二）依法查阅与工伤认定有关的资料，询问有关人员并作出调查笔录；

（三）记录、录音、录像和复制与工伤认定有关的资料。

调查核实工作的证据收集参照行政诉讼证据收集的有关规定执行。

第十七条　职工或者其近亲属认为是工伤，用人单位不认为是工伤的，由该用人单位承担举证责任。用人单位拒不举证的，社会保险行政部门可以根据受伤害职工提供的证据或者调查取得的证据，依法作出工伤认定决定。

《交通事故处理规定》

第六十条　公安机关交通管理部门应当根据当事人的行为对发生道路交通事故所起的作用以及过错的严重程度，确定当事人的责任。

（一）因一方当事人的过错导致道路交通事故的，承担全部责任；

（二）因两方或者两方以上当事人的过错发生道路交通事故的，根据其行为对事故发生的作用以及过错的严重程度，分别承担主要责任、同等责任和次要责任；

（三）各方均无导致道路交通事故的过错，属于交通意外事故的，各方均无责任。

一方当事人故意造成道路交通事故的，他方无责任。

工伤认定案件裁判规则第 20 条：

职工或者其近亲属超出 1 年申请时限提出工伤认定申请，有证据证明存在不能归责于申请人的正当事由的，耽误的申请时间应当予以扣除

【规则描述】　职工或者其近亲属超出 1 年申请时限提出工伤认定申请的，社会保险行政部门应对逾期是否存在正当事由进行审查。对有证据证明存在不能归责于申请人自身的正当事由导致的超期，被耽误的时间应予扣除。扣除后尚未超过 1 年申请期限的，社会保险行政部门应予受理。

一、类案检索大数据报告

截至 2020 年 12 月 31 日，以“行政案件”“工伤认定”“申请时限”“1 年期限”“人社部门审查”“非申请人自身原因”“超申请期限”为关键词，通过 Alpha 案例库、法信平台、中国裁判文书网、元典智库、北大法宝等共检索到案件 35 件，经逐案阅看、筛选，与本规则直接关联案件 29 件。排除同一案件不同审级形成的多个文书，实际查找到高度关联的 25 篇裁判文书。整体情况如下：

如图 20–1 所示，从地域分布看，涉案数量最多的地域为辽宁省和安徽省，辽宁省为 5 件，安徽省为 4 件，湖北省 2 件，江苏省 2 件，其他省份共 12 件。

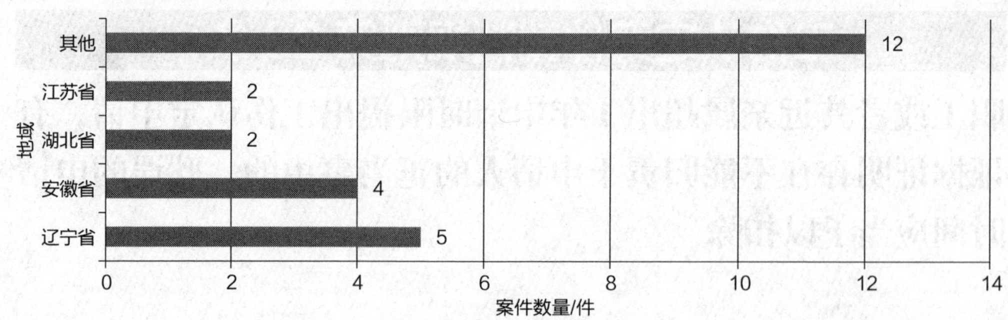

图 20-1　类案地域分布情况

如图 20-2 所示，从结案时间看，涉案数量最多的年份为 2018 年，共有 7 件，其次为 2019 年，为 6 件。

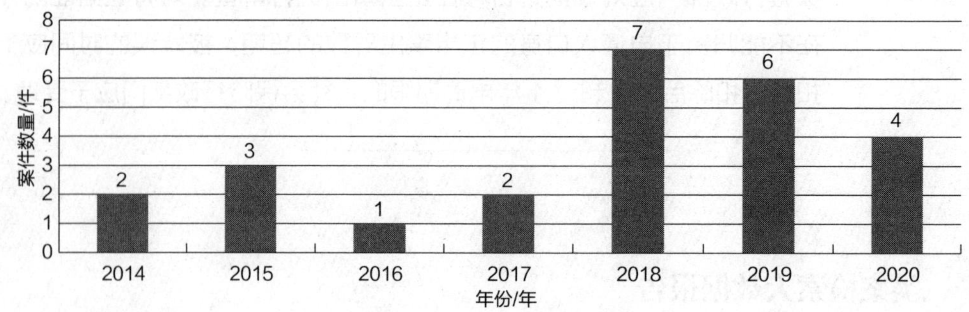

图 20-2　类案时间分布情况

如图 20-3 所示，从审理程序看，一审案例 13 件，二审案例 11 件，再审案例 1 件。

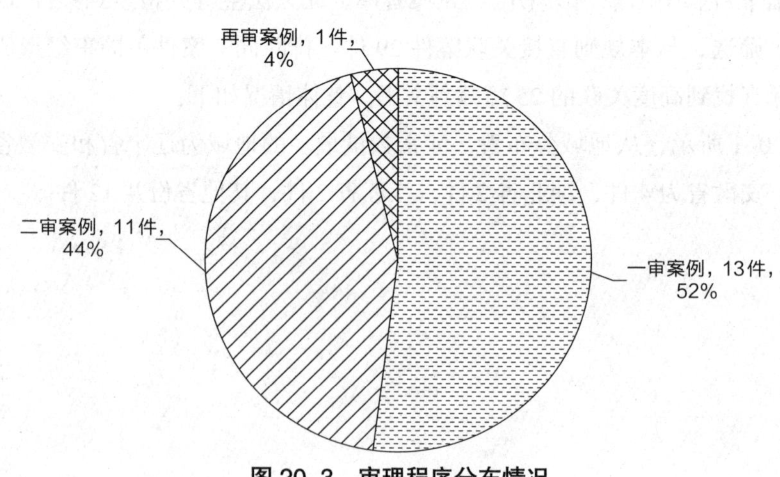

图 20-3　审理程序分布情况

如图 20–4 所示，从裁判结果看，支持本规则的 20 件，不支持本规则的 5 件。

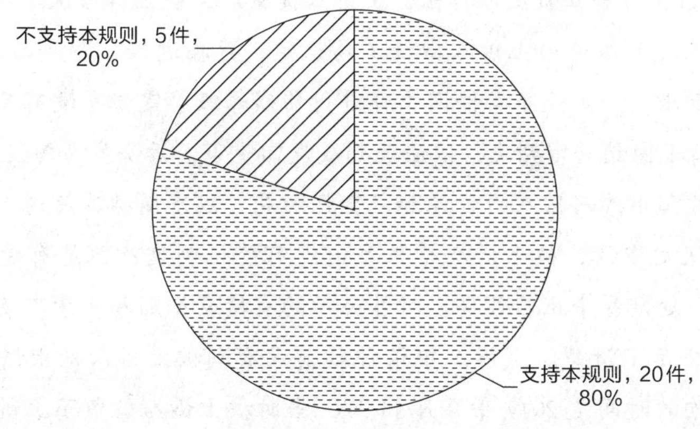

图 20–4　类案结果分布

二、可供参考的例案

例案一：马某某诉沈阳市沈河区人力资源和社会保障局工伤认定申请不予受理决定案

【法院】

辽宁省沈阳市中级人民法院

【案号】

（2018）辽 01 行终 1728 号

【当事人】

上诉人（一审原告）：马某某

被上诉人（一审被告）：沈阳市沈河区人力资源和社会保障局

法定代表人任某某：该局局长

一审第三人：沈阳煜鼎木业有限公司

法定代表人：黄某某，该公司经理

【基本案情】

上诉人马某某上诉称，（1）一审判决认定事实不清，适用法律错误。上诉人申请仲裁的期间应当扣除。上诉人的申请是在法定期限内提交的，但是被上诉人因裁决认定的受伤时间有误，要求补正，当时被上诉人不受理也不出具不受理的材料，直到2017年8月7日补正裁决才作出，上诉人提交后，被上诉人认定超过申请期限；（2）一审第三人没有依法为上诉人申请工伤认定，存在过错，即是由其耽误了上诉人申报工伤的期限；（3）民事案件因手部进行伤残等级鉴定但是没有鉴定构成伤残，故申请撤诉。请求撤销一审判决，依法改判或发回重审，诉讼费由马某某承担。

被上诉人沈阳市沈河区人力资源和社会保障局（以下简称沈河区人社局）辩称，（1）关于工伤认定申请，被上诉人单位目前没有登记制度，但是有受理登记台账，也有补正通知、延期和中止等程序。对外公示的有填表细则和申请工伤需要的材料，其他是否对外公示不清楚。上诉人申请仲裁前没有到被上诉人处申请工伤或咨询，其第一次来咨询的时间是2017年8月11日，当时被上诉人就留了上诉人的复印件，之后9月14日上诉人就把全部材料提交给被上诉人了，被上诉人已经写在了决定书中。（2）关于咨询与申请如何区别问题，提出申请应该具备相关要件，有申请表、劳动合同或者事实劳动关系证明、病历等相关材料。咨询就是比较主观地来问，不正式提供要件，被上诉人也解答，但是不视为提出申请。如果要件不全被上诉人可以下补正，如果申请仲裁的话可以下中止。因上诉人不涉及上述情况，所以未提交相关程序证据。（3）被上诉人1年受理的工伤案件有900多件，来咨询的不清楚具体多少件，因为不计量。因本案是被上诉人头一次遇到涉及仲裁裁决更改，上诉人咨询后，被上诉人上会研究过，上诉人第二次申请的时候，将其咨询的时间写在封皮上。其他答辩意见与一审意见一致，请求二审法院维持一审判决。

一审第三人沈阳煜鼎木业有限公司（以下简称煜鼎公司）述称，上诉人在家休息5个月，一审第三人一直支付每月4500元的生活费，应该支付的医疗费、补助费等其他费用第三人均已支付。上诉人伤养好后一直没有上班，去别人家上班，向第三人索要10万元，第三人没有同意，故上诉人起诉的民事案件。民事案件中上诉人手部进行伤残等级鉴定，但是没有鉴定构成伤残，上诉人撤诉。请求维持一审判决。

经审理查明，马某某原系煜鼎公司员工，双方未签订劳动合同。马某某于2015年5月17日在工作时受伤，于2016年5月2日向沈河区劳动人事争议仲裁委员会申请确认劳动关系。沈河区劳动人事争议仲裁委员会于2016年7月26日作出沈河劳人仲字〔2016〕237号仲裁裁决书，确认马某某与煜鼎公司存在劳动关系，并于2016年8月10日送达马某某。2017年8月7日沈河区劳动人事争议仲裁委员会作出沈劳人仲字〔2017〕003号决定书，对前述仲裁裁决书第3页第1行中的受伤时间予以更正，将2016年5月17日更正为2015年5月17日，并于2017年8月8日向马某某送达。马某某于 2017 年 9 月 14 向沈河区人社局提交工伤认定申请材料，2017 年 9 月 14 日，沈河区人社局作出沈河人社不字〔2017〕3 号不予受理决定书，认定马某某于 2017 年 8 月 11 向其提出工伤认定申请并于 2017 年 9 月 14 日将材料补齐，马某某的申请超出工伤受理时限，决定不予受理。马某某不服，诉至沈阳市皇姑区人民法院。请求撤销被告作出的沈河人社不字〔2017〕3 号不予受理决定书。

沈阳市皇姑区人民法院作出（2018）辽 0105 行初 49 号一审行政判决：驳回原告马某某的诉讼请求。辽宁省沈阳市中级人民法院于 2018 年 12 月 24 日作出（2018）辽 01 行终 1728 号二审判决：撤销沈阳市皇姑区人民法院（2018）辽 0105 行初 49 号行政判决；撤销被上诉人沈河区人社局于 2017 年 9 月 14 日作出的《不予受理决定》；判令被上诉人沈河区人社局于本判决生效之日起 60 日内重新作出决定。

【案件争点】

马某某向沈河区人社局提出的工伤认定申请是否超过了 1 年期限。

【裁判要旨】

辽宁省沈阳市中级人民法院认为，本案的审查焦点问题为上诉人的工伤认定申请是否超过法定期限，对该焦点问题的审查需要考虑以下几个问题：

首先，关于工伤认定申请期限是否为除斥期间问题。《工伤保险条例》第十七条二款规定："用人单位未按前款规定提出工伤认定申请的，工伤职工或者其近亲属、工会组织在事故伤害发生之日或者被诊断、鉴定为职业病之日起 1 年内，可以直接向用人单位所在地统筹地区社会保险行政部门提出工伤认定申请。"《审理工伤保险行政案件规定》第七条规定："由于不属于职工或者其近亲属自身原因超过工伤认定申请期限的，被耽误的期间不计算在工伤认定申请期限内。有下列情形之一耽误申请时间的，应当认定为不属于职工或者其近亲属自身原因：（一）不可抗力；（二）人身自由受到限制；（三）属于用人单位原因；（四）社会保险行政部门登记制度不完善；（五）当事人对是否存在劳动关系申请仲裁、提起民事诉讼。"可见，《工伤保险条例》和《审理工伤保险行政案件规定》对于申请期限的规定并不完全一致，基于司法终局的现行法律制度，不仅人民法院在司法审查中对申请期限的理解应以《审理工伤保险行政案件规定》为准，社会保险行政部门在具体办理工伤认定工作过程中，亦应对上述规定参考适用。根据《审理工伤保险行政案件规定》，并且从《工伤保险条例》保护职工合法权益的立法原则和关怀弱势群体的立法精神上看，应当认定 1 年的申请期限并非除斥期间。在此基础上，对于职工超过 1 年申请期限提出的工伤认定申请，社会保险行政部门应对逾期申请是否存在正当理由进行审查，对于因不属于职工或者其近亲属自身原因耽误申请期限的，应依上述规定进行处理。

其次，对于本案是否为“不属于职工或者其近亲属自身原因”情形的认定问题。根据《审理工伤保险行政案件规定》第七条规定“用人单位原因”“社会保险行政部门登记制度不完善”“当事人对是否存在劳动关系申请仲裁、提起民事诉讼”等情形均为“不属于职工或者其近亲属自身原因”，因此耽误的期限应予扣除。关于本案是否属于“用人单位原因”情形。上诉人在申请工伤认定前已先行提起民事诉讼，且其未提供证据证明此前与第三人就工伤问题处于协商之中或第三人曾就工伤问题对其作出过承诺，故不能认定本案属于“用人单位原因”情形。关于本案是否属于“社会保险行政部门登记制度不完善”情形。认定工伤申请登记制度是否完善的前提是具有登记制度，否则无从判断是否完善。本案中，被上诉人未证明其已制定并公示了工伤申请受理登记制度，其虽主张有受理台账，但对于不予受理的情况不在登记之列，综合上述情况，应认定本案属于“社会保险行政部门登记制度不完善”情形。本案中，双方当事人对于扣除上诉人申请劳动仲裁的时间没有异议，争议在于扣除时间的截点。上诉人主张以补正裁决送达时间为截点，被上诉人主张以初始仲裁裁决送达时间为截点，故该部分的审查内容为补正裁决的时间应否扣除。对此，本案中上诉人申请劳动仲裁的目的即在于申请工伤认定，且补正内容为工伤发生时间，与工伤认定事宜密切相关。结合上诉人在1年期限内申请工伤及补正决定下达后再次申请工伤的情况，应当认定其申请补正仲裁裁决是为申请工伤所作的必要准备工作，故该时间应予扣除。

最后，关于仲裁裁决补正后上诉人首次申请时间如何认定问题。被上诉人认定上诉人正式提交申请补齐材料的时间为2017年9月14日，二审中主张上诉人8月11日到被上诉人处仅为咨询，并说明正式申请与咨询存在区别。第一，对于被上诉人主张的申请与区别咨询问题，根据《工伤保险条例》第十八条规定：“提出工伤认定申请应当提交下列材料：（一）工伤认定申请表；（二）与用人单位存在劳动关系（包括事实劳动关系）的证明材料；（三）医疗诊断证明或者职业病诊断证明书（或者职业病诊断鉴定书）。工伤认定申请表应当包括事故发生的时间、地点、原因以及职工伤害程度等基本情况。工伤认定申请人提供材料不完整的，社会保险行政部门应当一次性书面告知工伤认定申请人需要补正的全部材料。申请人按照书面告知要求补正材料后，社会保险行政部门应当受理。”被上诉人所主张的咨询成立的前提为申请人未携带任何申请材料，否则就应按照上述规定履行书面一次性告知义务，并将此时间视为申请人首次申请时间。而本案中，被上诉人在一审庭审中陈述：上诉人第一次申请工伤认定是2017年8月11日，当时上诉人拿着材料向被上诉人以咨询的形式问这些事。结合上述规定及情况，应当认定补正裁决作出后上诉人首次申请工伤的时间为2017年8月11日。

综上，对于上诉人的工伤认定申请是否超过法定期限问题，根据《审理工伤保险行政案件规定》第七条规定，《工伤保险条例》中的1年申请期限并非除斥期间，上诉人申请劳动仲裁及补正裁决耽误的时间均应予以扣除；因被上诉人没有完善的工伤申请登记制度及未依法履行一次性告知义务，应认定仲裁裁决作出后上诉人首次申请的时间为2017年8月11日。故本案的申请期限计算如下：上诉人于2015年5月17日受到事故伤害，于2016年5月2日申请劳动关系仲裁，此时距工伤认定申请时限届满还差15日；扣除上诉人申请劳动关系仲裁时间至2017年8月8日（劳动仲裁补正裁决送达时间），上诉人提出工伤认定申请的时限自次日起继续计算15日，至上诉人仲裁后首次申请工伤的时间（2017年8月11日），申请期限尚未届满，故应认定上诉人的工伤认定申请未超过法定期限。综上，被上诉人作出的不予受理决定认定事实不清，证据不足，依法应予撤销。一审判决认定事实错误，对法律的理解及适用不当，依法应予改判。

例案二：葫芦岛顺隆石化有限公司诉葫芦岛市人力资源和社会保障局工伤认定申请不予受理决定案

【法院】

辽宁省葫芦岛市中级人民法院

【案号】

（2019）辽14行终23号

【当事人】

上诉人（一审被告）：葫芦岛市人力资源和社会保障局

法定代表人张某某：该局局长

被上诉人（一审原告）：葫芦岛顺隆石化有限公司

法定代表人王某某：该公司经理

一审第三人：刘某某

【基本案情】

上诉人葫芦岛市人力资源和社会保障局上诉称，工伤快报并不等于工伤认定申请，不能以提交了工伤快报就算是提交了工伤认定申请。被上诉人是否提交了工伤快报，不影响其工伤认定申请。一审法院认为提交了工伤快报，就负有了提交工伤认定申请时才有的义务，显然是对法律理解错误。被上诉人未提工伤认定申请，上诉人自然也就没有一次性告知其补正材料的义务，上诉人不存在程序违法。用人单位未在法定期限内申请工伤，并没有法定的免责事由。本案是用人单位即被上诉人提起的诉讼，而不是第三人提起的诉讼，《工伤保险条例》及相关的司法解释旨在保护劳动者，才有"由于不属于职工或者其近亲属自身原因超过工伤认定申请期限的，被耽误的时间不计算在工伤认定申请期限内"的规定，此条款仅适用于职工及其近亲属，不适用于用人单位。一审法院在判决中适用《工伤保险条例》第十七条第二款时也已经明确了这一点。综上，一审法院认定上诉人程序违法，却没有提出违反的法律规定，因此撤销上诉人工伤认定申请不予受理决定是错误的，依法应当纠正，以维护上诉人合法权益。

被上诉人葫芦岛顺隆石化有限公司辩称，被上诉人于事故发生之日向上诉人口头汇报了事故，应上诉人的要求于 2014 年 4 月 16 日提交了书面的快报，葫芦岛顺隆石化有限公司已经依法为包括伤者在内的职工缴纳了工伤保险，其目的就是保护劳动者及用人单位的合法利益，即在劳动者发生工伤事故后使劳动者能合法享受工伤保险待遇。被上诉人提交的工伤快报的目的不可否认，被上诉人在申请工伤认定前，曾多次由工作人员向上诉人申请，均在上诉人的指导下进行，之后由于治疗、鉴定所耽误的期限不能归责于申请，所以上诉人以超过期限为由不予受理错误，程序违法，适用法律错误，应当予以撤销。一审法院判决事实清楚，适用法律正确，应当予以维持。

一审第三人刘某某述称，一审判决认定事实清楚，程序合法，适用法律正确，应当维持。

经审理查明，葫芦岛顺隆石化有限公司与第三人刘某某存在劳动关系。2014 年 4 月 14 日 8 时许，第三人在用铲车铲货车车后货物时遭货车司机倒车拖行，造成刘某某面部、胸部、腹部等受伤，后经送诊治疗。同年 4 月 16 日，葫芦岛顺隆石化有限公司向葫芦岛市人力资源和社会保障局报送职工因工伤（亡）事故快报表，并将事故单位、发生时间、伤亡人员情况、事故经过等予以告知。2017 年 11 月 2 日，葫芦岛市劳动鉴定委员会办公室依葫芦岛顺隆石化有限公司申请，对刘某某作出伤残五级的致残等级劳动能力鉴定。2018 年 8 月 23 日，葫芦岛顺隆石化有限公司向葫芦岛市人力资源和社会保障局提交对第三人的工伤认定申请并附相应材料，同年 8 月 31

日葫芦岛市人力资源和社会保障局以葫芦岛顺隆石化有限公司申请超过法定期限为由，作出葫人社工认字〔2018〕372号工伤认定申请不予受理决定。葫芦岛顺隆石化有限公司不服，遂向一审兴城市人民法院提起诉讼，请求撤销该工伤认定申请不予受理决定，并责令重新作出行政行为。

兴城市人民法院作出（2018）辽1481行初64号行政判决：撤销被告葫芦岛市人力资源和社会保障局2018年8月31日作出的葫人社工认〔2018〕372号工伤认定申请不予受理决定；责令被告葫芦岛市人力资源和社会保障局于本判决生效之日起60日内依原告葫芦岛顺隆石化有限公司所请重新作出行政行为。葫芦岛市人力资源和社会保障局提起上诉。葫芦岛市中级人民法院于2019年2月20日作出（2019）辽14行终23号判决：驳回上诉，维持原判。

【案件争点】

本案是否存在不能归责于原审第三人刘某某其自身的原因耽误申请工伤认定期限，刘某某的工伤认定申请是否超过法定期限。

【裁判要旨】

葫芦岛市中级人民法院认为，2014年4月14日8时许，原审第三人刘某某遭货车司机倒车拖行致伤，被上诉人葫芦岛顺隆石化有限公司于事故发生后在法定的工作时间内向上诉人葫芦岛市人力资源和社会保障局进行口头汇报，经上诉人的要求于2014年4月16日向上诉人葫芦岛市人力资源和社会保障局提交职工因工伤（亡）事故快报，其快报的目的就是进行工伤认定工作的调查服务，避免工伤认定延误期限而导致事实难以查清。被上诉人向上诉人提交工伤快报后，原审第三人刘某某进行伤情治疗，并经上诉人工作人员的指导进行鉴定，之后向上诉人葫芦岛市人力资源和社会保障局提出工伤认定申请，且在此期间上诉人葫芦岛市人力资源和社会保障局的工作人员告知补充材料，申请人补正材料后再次向上诉人葫芦岛市人力资源和社会保障局申请工伤认定。故本案申请工伤认定所耽误的期限不可归责于申请人，上诉人葫芦岛市人力资源和社会保障局仅以超过工伤认定申请时效为由作出不予受理决定不妥，一审法院判决上诉人葫芦岛市人力资源和社会保障局重新作出行政行为并无不当。上诉人的上诉理由不能成立，其请求不予支持。

例案三：黄某某与蚌埠市人力资源和社会保障局不服工伤认定申请不予受理案

【法院】

安徽省蚌埠市中级人民法院

【案号】

（2014）蚌行再终字第00003号

【当事人】

再审申请人（一审原告、二审上诉人）：黄某某

被申请人（一审被告、二审被上诉人）：蚌埠市人力资源和社会保障局

法定代表人：孟某某，该局局长

【基本案情】

黄某某申诉称，（1）一审、二审判决认定事实错误。黄某某在受伤住院出院后不久，于2011年4月某日即到蚌埠市人力资源和社会保障局（以下简称蚌埠市人社局）申请工伤认定，工作人员告知申请工伤需要劳动合同或劳动仲裁事实劳动关系存在的法律文书才能受理工伤申请。如果黄某某没有去蚌埠市人社局申请工伤认定，作为一个农民工怎么知道走司法程序和用人单位确定事实劳动关系存在。确定事实劳动关系存在的目的就是申请工伤认定。黄某某提供的蚌埠市工伤认定申请表、个人申报工伤需提交的材料告知单、工伤认定文书送达地址确认书等材料都是当时到蚌埠市人社局申请工伤认定时领取的，这些证据充分证明黄某某在1年期限内提出过工伤认定申请。（2）一审、二审判决采信证据错误。黄某某在劳动争议仲裁、诉讼的过程中，多次到蚌埠市人社局、蚌埠市信访局上访，打政风行风热线请求蚌埠市人社局在劳动争议仲裁裁决书没有下达前受理申诉人的工伤认定申请，蚌埠市人社局均以没有劳动合同书、材料不齐为由，拒绝受理。黄某某取得确定事实劳动关系的法律文书后申请工伤认定，蚌埠市人社局却以超过1年时效为由，拒绝受理申诉人工伤认定申请。（3）一审、二审判决适用法律错误。蚌埠市人社局在收到黄某某申请的材料后，未依法审查申请是否具有导致申请时效中止、中断的事由，违反法定程序，依法应予撤销。黄某某到蚌埠市人社局申请工伤认定被告知需走司法程序确定事实劳动关系存在，即为遇到不可抗力客观因素存在，属于中止、中断的事由。请求作出合法公正的判决。

蚌埠市人社局辩称，一审、二审判决认定事实清楚，适用法律正确，程序合法，

请求维持原判。

经审理查明，2011 年 3 月 19 日，黄某某在盈通公司工作期间受伤住院，2011 年 4 月出院。因黄某某与盈通公司对是否存在劳动关系产生争议，黄某某向蚌埠市禹会区仲裁委提出仲裁申请，该仲裁委于 2012 年 2 月 20 日作出禹仲裁字（2011）第 15 号仲裁裁决。盈通公司对裁决不服，向蚌埠市禹会区人民法院提起诉讼。蚌埠市禹会区人民法院于 2012 年 4 月 17 日作出（2012）禹民一初字第 00129 号民事判决，确认黄某某与盈通公司存在事实劳动关系。判决生效后，黄某某于 2012 年 5 月 29 日向蚌埠市人社局提出工伤认定申请。蚌埠市人社局经审查认为申请已经超过时效，作出工伤认定不予受理通知。

蚌埠市蚌山区人民法院作出（2012）蚌山行初字第 00023 号行政判决：维持市人社局作出的 2012002 号工伤认定申请不予受理通知。黄某某不服提起上诉。安徽省蚌埠市中级人民法院作出（2012）蚌行终字第 00047 号行政判决：驳回上诉，维持原判。后黄某某向安徽省蚌埠市中级人民法院提出申诉，请求再审。安徽省蚌埠市中级人民法院对本案复查后提起再审，于 2014 年 11 月 19 日作出（2014）蚌行再终字第 00003 号再审判决：撤销本院（2012）蚌行终字第 00047 号行政判决及安徽省蚌埠市蚌山区人民法院（2012）蚌山行初字第 00023 号行政判决；撤销蚌埠市人社局于 2012 年 5 月 29 日作出的 2012002 号工伤认定申请不予受理通知书。

【案件争点】

黄某某申请工伤认定是否超过 1 年申请时限。

【裁判要旨】

安徽省蚌埠市中级人民法院再审认为：本案争议的焦点在于黄某某申请工伤认定是否超过 1 年申请时限。《工伤保险条例》第十七条第一款规定："职工发生事故伤害或者按照职业病防治法规定被诊断、鉴定为职业病，所在单位应当自事故伤害发生之日或者被诊断、鉴定为职业病之日起 30 日内，向统筹地区社会保险行政部门提出工伤认定申请。遇有特殊情况，经报社会保险行政部门同意，申请时限可以适当延长。"第十七条第二款规定："用人单位未按前款规定提出工伤认定申请的，工伤职工或者其近亲属、工会组织在事故伤害发生之日或者被诊断、鉴定为职业病之日起 1 年内，可以直接向用人单位所在地统筹地区社会保险行政部门提出工伤认定申请。"《工伤保险条例》第十七条第二款是对用人单位不依法履行申请义务时如何保障受伤职工的合法权益的规定，该条款对于受伤职工个人及其近亲属等来说，不是义务而是一种权利。既然是权利，法律、法规的相应规定也是为了最大限度地保障权利更好地行使和实现，而不是过多地设置障碍。2005年2月1日《工伤认定申请时限问题复函》中指出，工伤认定申请时限应扣除因不可抗力耽误的时间，虽然该复函仅是明确了不可抗力可以构成1年申请时限中止的法定事由，而没有表明是否还具有其他类似中止、中断的情形，但是从保护工伤职工利益的立法原则和关怀弱势群体的立法精神上看，并结合该复函的精神，对不属于职工或者其近亲属自身原因超过工伤认定申请期限的，被耽误的时间不应计算在工伤认定申请期限内，可以适用时效的中止、中断等规定更为符合条例的立法目的，对受伤职工合法权益的保护更为有力。只要劳动者有正当理由证实其在法定期限内并未怠于行使自己的权利，即不应从程序上制约劳动者提出工伤认定的申请。劳动保障行政部门在收到职工个人或其直系亲属的工伤认定申请后，应当依法审查申请是否在1年申请时限内提出，对于已经超过1年申请时限的申请，应当查明是否具有导致申请时效中止、中断的事由和情形，再依法作出是否受理的决定。本案中，黄某某通过仲裁、诉讼程序保护自己的权利，并最终通过判决确认其与单位之间存在劳动关系，应认定其已经积极、稳妥、恰当地行使了自己的权利，其申请认定工伤时间虽超过1年的时限，但理由正当。故，黄某某于2012年5月29日申请工伤认定，不应视为其申请超过1年的申请时限。蚌埠市人社局在接到黄某某申请工伤认定申请材料后，应当对是否存在申请期限中止、中断情形予以审查、确认，蚌埠市人社局未经询问、核实，就以黄某某提出工伤认定申请超过1年时限为由当日即作出不予受理通知书，违反法定程序，故该具体行政行为应予撤销。原一审、二审判决适用法律不当，再审予以纠正。

三、裁判规则提要

《工伤保险条例》第十七条第二款规定：“用人单位未按前款规定提出工伤认定申请的，工伤职工或者其近亲属、工会组织在事故伤害发生之日或者被诊断、鉴定为职业病之日起1年内，可以直接向用人单位所在地统筹地区社会保险行政部门提出工伤认定申请。”该规定明确了受伤职工等非用人单位主体提出工伤认定申请的法定期限为1年。另根据《审理工伤保险行政案件规定》第七条“由于不属于职工或者其近亲属自身原因超过工伤认定申请期限的，被耽误的时间不计算在工伤认定申请期限内。有下列情形之一耽误申请时间的，应当认定为不属于职工或者其近亲属自身原因：（一）不可抗力；（二）人身自由受到限制；（三）属于用人单位原因；

（四）社会保险行政部门登记制度不完善；（五）当事人对是否存在劳动关系申请仲裁、提起民事诉讼”的规定，职工或者其近亲属主体申请工伤认定的，1 年申请时限并非绝对期限。同时，该司法解释明确了不属于职工或者其近亲属自身原因造成超期的具体情形，所列举的具体情形应理解为不可归责于申请人自身原因的正当事由。如果存在不能归责于申请人自身原因的正当事由超过申请期限的，受影响的时间应在 1 年期内扣除。扣除后尚未超过 1 年申请期限的，人社部门应予受理。

此处关于扣除正当事由耽误的期限的规则，引入了民法诉讼时效制度中的期间中止原理，但又有所区别，适用中应当正确把握。关于对不能归责于申请人自身原因的正当事由，《审理工伤保险行政案件规定》虽进行了具体规定，但在实际运用中，当事人和司法界对于正当事由的界定尚存在一定的模糊认识，值得商榷。使用该规则时，应注意以下几个方面：

（一）对存在不能归责于申请人本人的正当事由超期申请的，被耽误的时间应从 1 年期内扣除，扣除后自应主张权利之时至申请时不超过 1 年期限的，方符合受理条件

我国立法中关于权利人主张权利的时限问题，存在“时效”和“期限”两种概念。民事立法设置的是诉讼时效制度，是指在法定期间内不行使权利的权利人将丧失胜诉权的法律制度，并规定了诉讼期间可以中止或中断。行政立法没有采用民法中“时效”的概念，主要使用“期限”的概念。但无论是“时效”还是“期限”，其立法主旨都是督促权利人及时行使权利，以维护法律关系的稳定性，二者具有异曲同工之义。

“期限”是指权利义务产生、变更和消灭等的时间，包括日和期间。通常“期限”是不变的。民法中的诉讼时效期间中止概念，是指在诉讼时效期间的最后 6 个月内，因不可抗力或者其他障碍不能行使请求权的，诉讼时效中止；从中止时效的原因消除之日起，诉讼时效期间继续计算。时效中断是指基于权利人向义务人主张权利或提起诉讼、申请仲裁等导致时效中断，从中断时其诉讼时效期间重新计算。在行政立法中，更多的是引入了民法中关于诉讼时效中止的立法原理，而不是中断原理。如《行政复议法》第九条第二款规定：“因不可抗力或者其他正当理由耽误法定申请期限的，申请期限自障碍消除之日起继续计算。”《行政诉讼法》第四十八条第一款亦规定：“公民、法人或者其他组织因不可抗力或者其他不属于其自身的原因耽误起诉期限的，被耽误的时间不计算在起诉期限内。”这两项规定类似于民法理

论中的时效期间中止原理，即扣除耽误的期限后继续计算期限。但有所不同的是并非在法定时效期间的最后6个月产生中止的原因，而是在有权主张权利的法定期间内的任何时间，只要发生符合扣除的期间，前面已经开始的期间中止，待影响消除后，继续计算期间，也不是中断后重新计算期间。《工伤保险条例》第二十条第三款对时限可以中止进行了明确规定："作出工伤认定决定需要以司法机关或者有关行政主管部门的结论为依据的，在司法机关或者有关行政主管部门尚未作出结论期间，作出工伤认定决定的时限中止。"《审理工伤保险行政案件规定》第七条中"由于不属于职工或者其近亲属自身原因超过工伤认定申请期限的，被耽误的时间不计算在工伤认定申请期限内"的规定，虽没有明确使用中止的用语，但亦是如此理解。此外，结合《工伤保险条例》第十七条第二款的规定，对职工或者其近亲属提出的工伤认定申请，在法定的1年申请期内，如果产生不能归责于申请人本人的正当事由的，可从正当事由产生之日起中止期间计算，至正当事由结束之后继续计算期间。因正当事由被耽误的时间扣除后，至申请之日，前后期间不超过1年的，才符合受理条件。

对上述理解，更多的是为提醒受伤害职工或者其近亲属，应当及时维护自身权利。不能把期间中止理解为民法时效制度中的期间中断，故而怠于行使权利，造成不利后果。另外从搜索大数据中发现，有85%的类案，法官的主流思想与本规则认识是相一致的，但也有少部分案例，法官将权利人申请中出现正当事由的应扣除期间理解为期间中断，认为影响消除后可以重新开始计算1年申请期间。还有一些案例，法官出于过于同情受伤职工弱势群体的观点，对前后期间的计算时间较为宽泛、模糊，即扣除正当事由耽误的时间后，也没有严格限定在1年期内。这两种情况，法官的理解和执行都是有失偏颇的。

（二）正确理解不能归责于申请人自身原因的正当事由

《审理工伤保险行政案件规定》第七条规定了不可抗力、人身自由受到限制、属于用人单位原因、社会保险行政部门登记制度不完善、当事人对是否存在劳动关系申请仲裁、提起民事诉讼6项不能归责于申请人自身原因的正当事由。关于不可抗力、人身自由受到限制以及存在劳动关系申请仲裁、提起民事诉讼方面，实践中争议不大，但对哪些情况属于用人单位的原因认识比较模糊，需统一一下思想。

1. 不宜将用人单位怠于行使工伤认定申请权简单理解为属于用人单位的原因耽误申请期限。《工伤保险条例》第十七条第一款规定了用人单位在30日内提出工伤认定申请的情形，第二款则规定了个人提出申请的情形。但并未规定用人单位的申请是个人申请的前置条件。故单位不申请不影响个人申请。在单位应予申请的法定期限内未行使申请权的，职工个人或者其近亲属应依据第二款规定，积极行使自身应当行使的权利。对个人主张因多次向单位提出申请、等待单位申报工伤等原因造成超期申请的，如果没有证据证明用人单位存在阻碍个人申请等的事实，则不属于因用人单位原因造成个人超期申请的正当事由。

2. 属于用人单位的原因造成个人申请超期的正当事由主要有以下四种情形：（1）有证据证明用工单位之间推诿扯皮，导致个人不能及时确定实际用工单位。这主要是针对受伤劳动者服务于多个用工单位，或者与具备用工主体的单位之间没有签订劳动合同的情形。（2）明确存在用工单位设置障碍阻挠个人在法定期限内行使申请权的。一些用工单位没有按时给劳动者缴纳社会保险，发生工伤后，为了逃避责任，采取多次协商赔付或承诺予以金钱赔付等情形导致延误个人申请。如个人持有与单位协商工伤赔偿的协议，约定的履行期超出了个人可以申请工伤认定的法定期限的，逾期后也未履行协议义务的，此明显属于用工单位的责任。（3）有证据证明，足以让个人相信单位已经向人社部门提出工伤认定申请的情形。如发生工伤事故后，用人单位出具事故调查报告，报送人社部门，并有主要人员告知个人已经上报、等待回复等情况延误个人履行申请权的，可视为“属于用工单位的原因”。（4）因用人单位不配合、不办理，导致个人无法及时提供工伤情况证明以及劳动合同等证明材料而耽误申请期限的情形。

四、辅助信息

《工伤保险条例》

第十七条　职工发生事故伤害或者按照职业病防治法规定被诊断、鉴定为职业病，所在单位应当自事故伤害发生之日或者被诊断、鉴定为职业病之日起30日内，向统筹地区社会保险行政部门提出工伤认定申请。遇有特殊情况，经报社会保险行政部门同意，申请时限可以适当延长。

用人单位未按前款规定提出工伤认定申请的，工伤职工或者其近亲属、工会组织在事故伤害发生之日或者被诊断、鉴定为职业病之日起1年内，可以直接向用人单位所在地统筹地区社会保险行政部门提出工伤认定申请。

按照本条第一款规定应当由省级社会保险行政部门进行工伤认定的事项，根据属地原则由用人单位所在地的设区的市级社会保险行政部门办理。

用人单位未在本条第一款规定的时限内提交工伤认定申请，在此期间发生符合本条例规定的工伤待遇等有关费用由该用人单位负担。

第十八条 提出工伤认定申请应当提交下列材料：

（一）工伤认定申请表；

（二）与用人单位存在劳动关系（包括事实劳动关系）的证明材料；

（三）医疗诊断证明或者职业病诊断证明书（或者职业病诊断鉴定书）。

工伤认定申请表应当包括事故发生的时间、地点、原因以及职工伤害程度等基本情况。

工伤认定申请人提供材料不完整的，社会保险行政部门应当一次性书面告知工伤认定申请人需要补正的全部材料。申请人按照书面告知要求补正材料后，社会保险行政部门应当受理。

第二十三条 劳动能力鉴定由用人单位、工伤职工或者其近亲属向设区的市级劳动能力鉴定委员会提出申请，并提供工伤认定决定和职工工伤医疗的有关资料。

《审理工伤保险行政案件规定》

第七条 由于不属于职工或者其近亲属自身原因超过工伤认定申请期限的，被耽误的时间不计算在工伤认定申请期限内。

有下列情形之一耽误申请时间的，应当认定为不属于职工或者其近亲属自身原因：

（一）不可抗力；

（二）人身自由受到限制；

（三）属于用人单位原因；

（四）社会保险行政部门登记制度不完善；

（五）当事人对是否存在劳动关系申请仲裁、提起民事诉讼。

《工伤认定申请时限问题复函》

山东省人民政府法制办公室：

你办《关于对〈工伤保险条例〉第十七条、第六十四条关于工伤认定申请时限问题的请示》(鲁府法字〔2004〕34号)收悉。经研究，对你办关于《工伤保险条例》第十七条、第六十四条工伤认定申请时限问题的理解，我们没有不同意见。

《山东省人民政府法制办关于对〈工伤保险条例〉第十七条、第六十四条关于工伤认定申请时限问题的请示》

国务院法制办公室：

我省烟台市人民政府法制办公室就《工伤保险条例》实施后申请时限问题向我们请示(见“烟法制〔2004〕23号”)，根据我们的理解，我们认为：

一、《工伤保险条例》施行前《企业职工工伤保险试行办法》没有对工伤认定申请时限作出规定，该条例实施前职工发生事故伤害或者按照职业病防治法规被诊断、鉴定职业病而未向法定行政机关提出工伤认定申请的，申请时限应自该条例施行之日起开始计算。

二、申请时限应扣除因不可抗力耽误的时间。

以上理解当否，请批示。

后　记

最高人民法院在《人民法院第五个五年改革纲要（2019—2023）》中提出，完善类案和新类型案件强制检索报告工作机制。类案同判研究机制的健全完善对促进统一法律适用、提升司法公信力具有重要意义和价值，实现类案公正无疑是促进和谐社会建设的重要举措。中国法学会（最高人民法院）审判理论研究会、中国应用法学研究所按照最高人民法院党组的要求，积极开展类案检索与裁判规则的编写工作。为此，由中国应用法学研究所刑事行政审判研究部主任韩德强担任行政类案件规则编写的首席专家，与平顶山市中级人民法院院长王辉领衔的编写团队，根据要求合作编写工伤认定类行政案件裁判规则。

平顶山市中级人民法院党组始终把案例指导工作作为增强司法能力的重要抓手和推动法院全面发展的基础性、系统性工程，大力开展案例研讨活动，有力促进各项审判工作的高效开展。为进一步推动行政审判领域类案研究成果的深入转化，促进工伤认定案件的适法统一，平顶山市中级人民法院对本书编写工作给予高度重视，专门挑选长期从事行政审判实践和司法调研工作的资深法官、优秀法官助理和调研能手等组成高质量的编写团队，并拨付专项经费用于论文撰写过程中需要的书籍资料、调研座谈等，为本书顺利成稿提供了坚强有力的保障。为了保障写作质量，编写团队又分设 3 个写作小组，保证落实到人，确保按时按质完成任务。

本书的编撰历时一年有余，其间，主编韩德强主任三次到平顶山市中级人民法院进行调研指导，对于工伤认定类案裁判规则的编写原则与定位、案例筛选、体例要求等进行全方位把关，统一编写思路、编写模式与编写方向，保障稿件高质量完成。副主编王辉带领编写团队成员一起拟定提纲、确定思路，多次主持召开专家座谈会、专题研讨会和编写团队例会，及时研究解决编写工作中存在的困难和问题，统筹各项编撰工作稳步推进，并亲自动手撰写部分裁判规则，为本书付出了极大的心血。编写团队在主编、副主编的统筹指导下，始终以高昂的热情投入本书的撰写之中，其中召开座谈会 7 次，编写团队例会 24 次，历经 11 次修改，8 次统稿，终成此书。本书展现了编写团队广博的知识和全面的研究视角，体现了深刻的问题意识、强烈的现实感和敏锐的洞察力，也凝聚着这些同志多年审判经验的积累，具体问题的深入思考，前沿理论的睿智升华。

全书 20 个规则基本反映了现今工伤认定领域的行政诉讼案件类型，明确了类案规则。在国家努力构建服务型政府、提升群众司法获得感、幸福感和安全感的大背景下，希冀通过对该领域类案规则的梳理和编撰能够为行政机关依法行政提供帮助，为人民法院裁判确立法律适用尺度标准，并引导公众理性行使诉权维护合法权益，提高法治意识。

感谢 Alpha 法律智能操作系统为本书提供的案例检索支持与帮助！

编　者